AF562457

SIN CENSURA TO YOU

Vol. 1

Varios autores

Sin censura
To You

OPINIONES PROHIBIDAS
EN RR.SS. Y MASS MEDIA
RESCATADAS PARA LA HISTORIA

VOLUMEN 1

LIBRO INTERACTIVO: LEER · VER · ESCUCHAR

Este libro es un vehículo de comunicación dinámico e interactivo. Muchos de sus autores incorporan formas de contacto, como web, blog o red social, pero también códigos QR donde acceder a un video o audio en que complementan, a viva voz las explicaciones escritas.

¿CÓMO SE LEE UN CÓDIGO QR?

Sólo necesitas un teléfono inteligente con conexión a internet y descargar una aplicación con esta función (hay muchas y son gratuitas, busca "lector de QR"). Una vez descargada, abres la aplicación y colocas el teléfono enfocando alguno de los códigos que aparecen en este libro. Verás cómo el programa lo escanea de inmediato y te muestra un link. Al pinchar sobre él, se abrirá un vídeo, un audio o una web. Déjate sorprender.

Sin Censura To You. Volumen 1

Imbuk Ediciones. Primera edición, junio 2021.
Diseño cubierta: Imbuk Ediciones con imágenes de uso liberado

Se realiza Depósito Legal según ley 19.733

ISBN: 978-956-09414-6-6

Edición impresa con Bubok Publishing

¡Gracias!

A todos los profesionales y divulgadores independientes que, para proteger a la población de imposiciones arbitrarias y tóxicas, renuncian al beneplácito de las multinacionales, de los gobiernos y de los medios masivos, para hablar sin miedo, arriesgando, con ello, su tranquilidad, su sueldo, su prestigio e, incluso, su vida.

La humanidad entera, presente y futura, les debemos lo más valioso: la posibilidad de elegir con libertad, desde la vereda del conocimiento, un camino firme para la evolución de nuestra conciencia.

Prólogo

2020 y 2021 pasarán a la historia por muchas cosas y no solo por aquellas más obvias. Leyendo entre las líneas borrosas del discurso establecido, descubriremos que fueron los años en que los dictadores más feroces de la biografía terrestre quedaron opacados frente a la más exitosa de todas las tiranías: la autoimpuesta por una humanidad aterrorizada ante un enemigo invisible que, supuestamente, estaba en todas partes.

¿Cómo y por qué sucedió? Por una parte, el sistema económico fiduciario colapsaba tras las bambalinas bancarias, sin que el contribuyente medio lo sospechase, desinformado por un periodismo vendido a los grandes poderes. Por otra, las élites tutoras de tal engendro necesitaban camuflar su responsabilidad poniendo en práctica una fórmula expresamente diseñada para beneficiarse del previsible agotamiento de un capitalismo basado en la deuda. Su estrategia pasaba por una guerra biológica disfrazada de fortuita pandemia. Esto permitió paralizar la actividad económica que ocupaba, principalmente, al espectro poblacional más abundante, a fin de neutralizar la temida rebelión de los de abajo contra los de arriba, dado que los ciudadanos achacarían su hambre al bicho y no a los banqueros. La fórmula de "generar el problema, esperar la reacción y proponer la solución" les quedaba redonda porque, además, el miedo a un virus que, prensa mediante, podían volver tan permanente y peligroso como desearan, permitiría inyectar pseudo-vacunas con que eliminar a la parte de la población improductiva y reprogramar al resto al servicio de su agenda. Ante un escenario en que la fuerza laboral de antaño sería sustituida por máquinas o bien, por humanos transgénicos y 100% obedientes, el grupo humano más dependiente sobraba, pero también el más combativo. ¿Cómo amedrentar a los rebeldes? De dos formas, inicialmente: primero, más allá del descrédito, buscaron despersonalizarlos ante sus semejantes bajo etiquetas como "negacionistas", "conspiranoicos" e "irresponsables". De este modo, sus propios allegados, presos del pánico al contagio, actuarían como policías, ejerciendo una presión cercana y constante contra ese grupo abstracto, peligroso y con nombre de secta. Al mismo tiempo, se normalizaría y globalizaría la prohibición de las opiniones alternativas, por muy autorizados curricularmente que fuesen sus voceros. Cualquier fisura en la narrativa establecida sería retirada de las principales redes bajo la excusa de la protección de la salud, donde la hipotética amenaza estaría en todo planteamiento que cuestionase el consejo oficial. El método científico, la investigación rigurosa, la comprobación empírica y el juramento hipocrático acabaron en la basura ante un discurso monolítico en favor del objetivo último: inyectar a toda la población una vacuna experimental injustificada. Recordemos que la probabilidad de morir por Covid era menor al uno por ciento.

Comprendidos los motivos de esta aparente pandemia, tengamos en cuenta que el terreno que hizo posible la cosecha de tal atentado, había sido labrado y abonado antes, no solo debilitando la logística que debiera hacer frente a la crisis, sino acostumbrando a la población a desentenderse de la política hasta el punto de tolerar la inexistencia, en la práctica, de la separación de poderes y el deterioro de la democracia que eso supone. De hecho, a casi nadie le escandaliza que los diputados ya no se deban al pueblo, sino a sus partidos, o que los jueces sean propuestos por los políticos de turno. Es decir, la desidia en la aplicación rigurosa de las constituciones o del método científico no es exclusiva del ámbito médico ni de la actual contingencia sanitaria. En el entorno jurídico se han ignorado, por décadas, los procedimientos que debieran establecer lo verdadero y lo falso, lo justo y lo injusto al servicio del bien común. El más escandaloso ejemplo lo tenemos en España y se rescata también en este libro: el Expediente Royuela, un informe que acusa al aparato estatal de más de mil asesinatos organizados y ocultados por medio de la Fiscalía General de Cataluña, muchos de ellos para eliminar enemigos políticos o ideológicos. Esta denuncia tiene presunción de autenticidad por sus 36.000 documentos de evidencias, habiendo tres periciales caligráficas corroborando que letra y firma de las órdenes de asesinato contenidas en dichas notas son del Fiscal Jefe de Cataluña de esos tiempos. Si tal denuncia fuese por un sólo muerto, merecía ser investigada, pero se documentan 1.136 asesinados con nombres, apellidos y estrategia de eliminación. No obstante, se evita a toda costa su abordaje judicial, siquiera, para establecer su hipotética falsedad y castigar a los difamadores. ¿El riesgo a que se conozca la verdad sería demasiado alto?

Hago un paralelismo con otro asunto, también recogido aquí, sobre este "modus operandi" de las instituciones que nos gobiernan, pues resulta comparable con lo que hacen con el dióxido de cloro, otro escándalo en el contexto sanitario. Se trata de una sustancia mineral con una gran presunción terapéutica, pues disfruta de incontables testimonios en todo el mundo de su eficacia e inocuidad para múltiples patologías, entre ellas, la Covid, motivo de peso para ser urgentemente estudiada. Sin embargo, las autoridades competentes, en una actitud cuasi criminal por sus mortales consecuencias, deniegan la elaboración de estudios bajo los parámetros oficiales. Es decir, la persiguen por no tener informes legales que confirmen su inocuidad y, a la vez, no permiten que se estudie con las garantías pertinentes. ¿Tendrá que ver el hecho de que sea una solución muy barata, fácil de fabricar, que no crea dependencia y que podría sustituir a unos 4000 medicamentos? ¿Qué motivaciones se esconden, entonces, en quienes debieran servir a los ciudadanos? ¿A quiénes sirven en realidad?

Sea cual fuere el motivo del indisimulado deterioro de nuestras instituciones, me colma la sospecha de que, mientras escribo estas líneas, asistimos a su fin con el derrumbe de los pilares que sostenían nuestro sistema y cosmovisión. Me refiero a los cinco paradigmas oficialistas que articulaban nuestra vida cotidiana e interpretación de la realidad: el económico, el político, el religioso, el científico y el educativo. Todos, en su versión tóxica, se encuentran en caída libre, vencidos por la torpeza ambiciosa de unos pocos que aspiran a amortiguar su propio desplome por medio de una guerra psicobiológica que, cual termita, socave silenciosamente nuestras libertades y anestesie nuestro último asomo de discernimiento. Fracasarán, porque en un universo bipolar, no hay oscuridad sin luz. El paisaje corrupto, y hasta satánico, que se desvela ante nosotros debiera ser el primer síntoma del detox que viene, limpieza que sólo puede darse haciendo visible la suciedad. Con esa confianza sigo promoviendo mensajes de lucha y esperanza bajo la lluvia de andamios y proyectiles.

¿Qué papel juega esta obra en tal apocalipsis? Amplificar la luz. Esquivar la censura mediática, difundir las denuncias legítimas y expandir los mensajes con potencial despertador del innato poder que ostentamos por ley natural. "Sin Censura To You" rescata, en un soporte más independiente y perdurable que los digitales, aquellas voces disidentes acalladas por la persecución en los medios masivos y redes sociales. Buscamos evitar que, una vez más, la historia escrita la cuenten los de siempre: los vencedores en el pasado y provisionales beneficiados de esta guerra, los aferrados a la cima de la pirámide. Eso pasaría si cada reporte divergente quedara publicado solo en plataformas digitales privadas, tan frágiles a esta renovada inquisición. Reunirlas, pues, en ese resistente dispositivo inalámbrico que es el libro en papel de calidad editorial, invulnerable a los virus electrónicos, las tormentas solares, los ataques cibernéticos y la censura mediática, era una misión digna de intentarse. El hecho, además, de poder registrarlo en el Depósito Legal, donde cinco ejemplares quedarían a disposición del público por unos 200 años, volvía más inexcusable el intento, facilitando así, a las generaciones futuras, otra perspectiva más desinteresada de la actualidad. Imbuk Ediciones, por otro lado, disfruta de una ventaja afín a este objetivo: somos 100% independientes. Ni debemos favores ni los requerimos. De algo que sirva el desafío que supone la autogestión. Todo ello sumado a nuestra preocupación en los temas planteados, dio forma a este libro, resultado de la generosa respuesta de sus protagonistas, auténticos abanderados de la justicia y soberanía humanas. Se trata del primer volumen de una obra que puede crecer en más tomos, si así lo quieren nuevos e intrépidos expositores desde la trinchera de su coherencia.

Gracias, lector, por asumir tu poder adquiriendo esta obra. Y gracias a sus valientes autores por esta radical invitación a comprometernos con nuestros principios más allá del temor. Pues jamás el miedo alfombró el camino hacia la libertad.

Mireya Machí. Editora.

Introducción: La censura

En los ochenta, en Chile, había censura. Eso, a nadie le sorprende. Se trataba, entonces, nada menos que de la dictadura de Pinochet, un régimen ante el cual no existen mayores discrepancias al momento de señalarlo como, por lo bajo, uno de los más autoritarios de la historia de Chile del último siglo. Y esa censura, ese celo severo de la cúpula militar, ¿cómo se manifestaba? Para los más jóvenes quizá convenga aclarar: existían no pocas publicaciones, prensa escrita, impresa, revistas en su mayoría, de línea editorial abiertamente crítica al régimen. APSI, Análisis, Cauce, La Bicicleta y la mucho más moderada Hoy, entre las más destacadas que recuerdo. Pero había un sinfín de otras publicaciones, más o menos profesionales, más o menos críticas, incluso ácidas, de más corta existencia. Las cinco que señalo primero eran revistas de un tiraje importante; no se trataba, como alguien pudiera quizá pensar, que circulaban dentro de un círculo marginal, restringido. Para nada. Se vendían en los kioskos y se vendían muchísimo. Por decenas de miles de ejemplares, cada edición. Entonces, claro, con cierta regularidad (pero no en forma constante) la cúpula censuraba. Impedía que se publicaran fotos, suspendía temporalmente la publicación de alguna, tijereteaba, borraba. Pero esas revistas y diarios -Fortín Mapocho, luego La Época- existieron y vivieron en más de un sentido un verdadero auge durante, más o menos, 1983 y 1989. Eso yo lo palpé en primera persona, porque como adolescente con claras inclinaciones por las letras, las compraba y consumía con verdadera fruición. Incluso todavía guardo no pocos números por ahí.

Hoy, treinta, treinta y cinco años después, el fenómeno de la censura resurge con fuerza. Es, además, esta vez, de carácter planetario. Se expresa, ciertamente, de otra forma a cómo lo hacía en los ochenta bajo Pinochet. Cualquiera podría decir que, de haber vuelto a agudizarse el fenómeno, ahora lo hace de manera mucho más suave. Puede ser, pero eso no lo tengo tan claro. De partida, es diferente. Hace treinta años, las vías de difusión masivas se concentraban en medios de comunicación, medios de prensa escrita; hoy el diálogo comunicacional se ha ensanchado exponencialmente y se expande por el sinfín de "microplataformas" de las redes sociales, por ejemplo. Y el celo censor, estratégicamente, se deja caer justo ahí. Y en forma para nada blanda ni liviana. Basta que se transite por los contenidos vedados, proscritos, para que se deje caer el corte, implacable. Es, tal como hace treinta y cinco años en Chile, censura de corte marcadamente ideológico. Es decir, que no va por el lado del sesgo ético o moral (de impedir contenido de sexo o violencia explícita, por ejemplo). No. En este mundo 2021 lo que más le inquieta al Gran Hermano es que la feligresía se aparte o manifieste señales de cuestionamiento a la Gran Verdad. Hoy, por ejemplo, lo que dicta la OMS es sacrosanto. Las vacunas, y particularmente, las vacunas COVID, forman parte central de esa Verdad Revelada.

El asunto es que, hoy, los medios "profesionales" están, en su gran mayoría, de grandes a chicos, alineados bajo esa Gran Verdad. En corto, para todos esos medios el actual asunto del COVID se condensa y resume como una amenaza sanitaria para todo el planeta de marca mayor, ante la cual la única solución verdaderamente efectiva, confiable, viable, es la vacuna. Punto. No hay más, no existe "ciencia" más allá de eso. Y mientras esos medios, con sus equipos de autómatas, respetan esto sin chistar y se encargan de diseminar la Verdad Revelada sin desmayo, solo queda la alternativa del desmarque personal, independiente, o bien, de estas "microplataformas".

La censura cambió el color de sus uñas, se las esmaltó rosadas. Que eso no te engañe a creer que el filo y el celo no es como el de antes. Puede ser incluso peor.

Pablo Salinas
*Biografía en páginas finales.

PARTE I

Pandemia
y
Salud prohibida

desde una perspectiva científica

Dra. Roxana Bruno

EL MITO DEL SIGLO XXI

Siglo veintiuno después de Cristo. El final de las dos primeras décadas de nuestro siglo quedó marcado por el zarpazo de la garra sucia de una nueva bestia mitológica. La realidad y la fantasía se fusionaron para generar algo tan ficticio que sería imposible de lograr, de no ser por la creación de un mito. El mito de un virus sobrenatural, engendrado para alimentar un relato fantástico de acontecimientos globales extraordinarios. Eventos inverosímiles, sustentados en una invención puramente cientificista de contagios masivos silenciosos, de enfermos asintomáticos y en la sentencia ineludible de la muerte por asfixia, como único final posible tras el contacto con la bestia.

En la mitología griega, Quimera era un monstruo híbrido que recorría los campos de Licia -en Asia Menor- exhalando fuego por su boca, carbonizando poblaciones y rebaños a su paso. Este ogro sembraba el terror por su naturaleza mixta: tenía cabeza de león, cuerpo de macho cabrío y cola de dragón (o serpiente).

El SARS-CoV-2 es la Quimera del siglo XXI: un virus totalmente recombinante. Esto quiere decir que el agente mortal al que se le atribuye la enfermedad llamada COVID-19 -y mantiene al mundo en vilo hace 15 meses-, es un revoltijo obtenido en el laboratorio mediante la unión de fragmentos de genes de distinto origen. Su genoma se compone de secuencias atribuidas a coronavirus, obtenidas a partir de heces de murciélago: un verdadero salto vanguardista, al no poder disponer de dragones. SARS-CoV-2 también contiene un sesgo extraño característico de los genes de serpientes. En el virus, la cabeza de león de Quimera está simbolizada con la corona que le da nombre: coronavirus, como el "rey de la selva", capaz de dominar y de ser el mayor de los depredadores. Los accesorios de macho cabrío que lo componen quedan librados a la imaginación del lector.

Es la tercera vez que un coronavirus aparece como un peligro pandémico. Los dos anteriores, SARS y MERS, aparecieron y desaparecieron sin intermediarios de manera inexplicable. Ambos se esfumaron solos, sin dejar rastro y sin necesidad de vacunas. Sin embargo, nunca se dejó de financiar la investigación destinada a modificar las secuencias genéticas encontradas en los excrementos de las especies de murciélagos de Europa, Asia y África [1] [2] [3] [4] [5] [6]. El propósito declarado siempre fue altruista: estar preparados para el inminente ataque de una enfermedad de origen animal contra la población mundial, por medio de un coronavirus. La tercera y anunciada ofensiva, la actual, quedó sentenciada: habría de ser combatida con trapos en el rostro y vencida, tan solo, por la adquisición de inmunidad artificial mediante la inyección de nuevos genes.

La Quimera del siglo XXI muestra características biológicas que son incompatibles con un virus originado por una evolución natural. Nos dijeron que el único intermediario posible entre los

---

[1] Woo PC, et al. Molecular diversity of coronaviruses in bats. Virology. 2006;351:180–187. doi: 10.1016/j.virol.2006.02.041. https://www.ncbi.nlm.nih.gov/pmc/articles/PMC7111821/pdf/main.pdf

[2] Tong S, et al. Detection of novel SARS-like and other coronaviruses in bats from Kenya. Emerg. Infect. Dis. 2009;15:482–485. doi: 10.3201/eid1503.081013. https://www.ncbi.nlm.nih.gov/pmc/articles/PMC2681120/pdf/08-1013_finalD.pdf

[3] Drexler JF, et al. Genomic characterization of severe acute respiratory syndrome-related coronavirus in European bats and classification of coronaviruses based on partial RNA-dependent RNA polymerase gene sequences. J. Virol. 2010;84:11336–11349. doi: 10.1128/JVI.00650-10. https://www.ncbi.nlm.nih.gov/pmc/articles/PMC2953168/pdf/0650-10.pdf

[4] Rihtaric D, Hostnik P, Steyer A, Grom J, Toplak I. Identification of SARS-like coronaviruses in horseshoe bats (Rhinolophus hipposideros) in Slovenia. Arch. Virol. 2010;155:507–514. doi: 10.1007/s00705-010-0612-5. https://www.ncbi.nlm.nih.gov/pmc/articles/PMC7087122/pdf/705_2010_Article_612.pdf

[5] Quan PL, et al. Identification of a severe acute respiratory syndrome coronavirus-like virus in a leaf-nosed bat in Nigeria. mBio. 2010;1:pii: e00208–pii: e00210. doi: 10.1128/mBio.00208-10. https://www.ncbi.nlm.nih.gov/pmc/articles/PMC2975989/pdf/mBio00208-10.pdf

[6] Balboni A, Palladini A, Bogliani G, Battilani M. Detection of a virus related to betacoronaviruses in Italian greater horseshoe bats. Epidemiol. Infect. 2011;139:216–219. doi: 10.1017/S0950268810001147. https://www.cambridge.org/core/journals/epidemiology-and-infection/article/detection-of-a-virus-related-to-betacoronaviruses-in-italian-greater-horseshoe-bats/7390BA9B07866E066E64880AA5E2F7CD#

murciélagos y los seres humanos, fue una sopa, preparada con ingredientes adquiridos en el Mercado de Huanan, ciudad de Wuhan, que vende pescado, carne y animales salvajes vivos. Pareciera ser que, en ese mercado, aparecieron algunos de los primeros "casos" de COVID-19.

Para alguien con imaginación, esta creación culinaria a base de murciélagos, transformada en pócima mágica, podría parecerse a un arma biológica perfecta, porque habría entrado en un cuerpo humano por primera vez en forma de sopa letal, causando en el pulmón una neumonía atípica.

Toda la evidencia genómica, estructural, médica y científica contradice fuertemente la teoría del origen zoonótico (transmitido desde un animal hacia el hombre) de manera natural, e indicaría que el SARS-CoV-2 se aproxima mucho más a un producto de laboratorio, artificial, creado utilizando los coronavirus de murciélago como molde. Además, aunque se lo considera un virus respiratorio, difiere significativamente de todos los otros virus respiratorios. Está catalogado como muy transmisible y letal, se dice que afecta múltiples órganos, se le atribuye la capacidad de pasar totalmente desapercibido y de permanecer agazapado durante largos períodos "de infección" supuestamente asintomática. Lo curioso es que nunca se aislaron partículas virales infecciosas con afinidad demostrable por tejidos respiratorios humanos, ni se documentó jamás el daño causado -en forma directa- por la infección del virus en cultivos de células de las vías respiratorias humanas (lo que se conoce como efecto citopático).

Este novedoso virus se cultiva en células de riñón de mono. El criterio y rigurosidad indican que aquello que se observa en estas células, no se puede extrapolar a las células del pulmón humano. Por ello todavía no se entiende por qué gran parte de la comunidad científica acepta los cultivos en células de riñón de mono como un aislamiento respiratorio válido, cuando en los hechos, con las muestras extraídas de las vías respiratorias de pacientes con diagnóstico de COVID-19, no se ha conseguido infectar ni un solo cultivo de células humanas de pulmón, ni de riñón; quizás será porque nunca se prestó atención a los artículos en los que se describen estos falsos aislamientos. Tampoco se entiende por qué gran parte de la comunidad científica acepta como válida la premisa de su elevada virulencia, siendo que la supervivencia a la infección supera ya el 99% y, además, la secuencia genética que supuestamente indica la presencia del virus, se detecta (casi a la fuerza) tanto en individuos sanos como en enfermos. Podríamos decir, con cierto júbilo, que ninguna predicción se cumplió y que estamos ante un escandaloso mito de nuestro siglo: una historia imaginaria que altera las verdaderas cualidades de un virus y le da más valor y poder letal del que tiene en realidad, encarnando, de forma simbólica, fuerzas inéditas de la naturaleza. En otras palabras, nos encontramos ante un golpe de ficción en seco, un registro de muertes iterativo cuasi-perfecto, capaz de sembrar terror y justificar medidas irracionales, que hubieran sido inaplicables fuera de una concepción imaginaria y distorsionada del universo. Una especie de relato perverso de ultraje a la humanidad pergeñado por un sistema político, pseudo-científico, social y comunicacional, a todas luces abyecto y demencial.

Resulta algo más que llamativa la claudicación de la civilización ante el tótem de la ciencia que ella misma construyó, acaso traducido en el miedo a la muerte, capaz de dejarnos impávidos frente a la imposición del nuevo monstruo quimérico, que sirve tanto de arma de manipulación mediática como de herramienta de condicionamiento social. El miedo al nuevo virus confirió poderes a unos, mientras otros concedieron derechos y libertades como nunca antes. El miedo avaló la excusa para imponer el distanciamiento físico de las personas y para naturalizar el encarcelamiento domiciliario. Todo lo cual aceitó la tenaza geopolítica global para la aceptación voluntaria del experimento encubierto de transgénesis humana, el atropello en nombre de la ciencia más infame de la historia de la humanidad.

En el mito griego, por orden del rey Yóbates de Licia, el héroe Belerofonte entró en los campos arrasados y encontró a un sobreviviente que le reveló por qué nadie había logrado matar a Quimera: la razón era que el monstruo escupía fuego y quemaba vivos a sus atacantes en el suelo. Belerofonte, con la ayuda del caballo alado Pegaso, voló repetidamente sobre la cabeza de la bestia y consiguió matarla con el plomo del extremo de su lanza, que se derritió en la garganta de Quimera por acción de su propio fuego.

Se desconoce, por el momento, quién está destinado a ser el Belerofonte de nuestro siglo, quién tomará la forma de caballo alado para elevar al héroe que acabará con el monstruo quimérico del siglo XXI, quién dará fin al mito que nos devora el presente y el futuro, vengando por fin a tantas víctimas inocentes.

Desde la aparición del SARS-CoV-2 en diciembre de 2019, numerosos científicos éticos han denunciado que el virus no parece haber evolucionado de forma natural y que se trata de una sofisticada modificación de laboratorio[7]. Todas las huellas indican que el desencadenamiento de este patógeno no ha sido accidental[8]. En la comunidad científica internacional también hay quienes definen al SARS-CoV-2 como un Arma Biológica y consideran a la actual pandemia como una Guerra Biológica sin Restricciones. Por eso piden que se lleven a cabo investigaciones sobre los gobiernos y los individuos sospechosos[9] y solicitan que se juzgue a los responsables de este brutal ataque a la humanidad, porque la escala y la coordinación de los eventos del fraude sanitario, reflejan un grado inaceptable de degradación en la investigación científica y la salud pública. Bajo un disfraz sanitario, se ha inducido el colapso económico de las naciones y se ha arrojado a la pobreza extrema a 90 millones de personas.

Los datos epidemiológicos indican que COVID-19 es una enfermedad con muy baja relación entre el número de fallecimientos causados por ella y el número total de habitantes en el mismo período de tiempo (tasa de mortalidad)[10] . Se han contabilizado 2,6 millones de fallecidos totales por COVID-19 en todo el mundo

---

[7] https://www.lavanguardia.com/internacional/20200419/48600740779/coronavirus-nobel-frances-montagnier-manipulacion-virus-sida.html

[8] Yan, L.-M., Kang, S., Guan, J. & Hu, S. Unusual Features of the SARS-CoV-2 Genome Suggesting Sophisticated Laboratory Modification Rather Than Natural Evolution and Delineation of Its Probable Synthetic Route. *Zenodo.org (preprint)*, (2020). http://doi.org/10.5281/zenodo.4028830

[9] Yan, L.M., Kang, S., Guan, J. & Hu, S. SARS-CoV-2 Is an Unrestricted Bioweapon: A Truth Revealed through Uncovering a Large-Scale, Organized Scientific Fraud. (2020) https://www.researchgate.net/publication/344545028_SARS-CoV-2_Is_an_Unrestricted_Bioweapon_A_Truth_Revealed_through_Uncovering_a_Large-Scale_Organized_Scientific_Fraud/citations

[10] https://news.google.com/covid19/map?hl=es-419&gl=AR&ceid=AR%3Aes-419

hasta el día 15 de marzo de 2021. La población mundial actualizada a la misma fecha es de 7.730 millones de habitantes. Con esos datos, la tasa de mortalidad total por COVID-19 es del 0,034% (lo cual se traduce, aproximadamente, en 1 persona fallecida cada 3.000 habitantes). Las estimaciones de la Organización de Naciones Unidas (ONU) revelan que la enfermedad cardíaca se ha mantenido como la principal causa de muerte a nivel mundial durante los últimos 20 años: casi 9 millones de personas en 2019 (aproximadamente 1 persona fallecida cada 800 habitantes). La segunda causa de muerte en 2019 fueron los infartos cerebrales. La enfermedad de Alzheimer y otras formas de demencia ocupan el tercer lugar, tanto en América como en Europa. No se dispone aún de los datos completos de 2020. Posiblemente el COVID-19 podría contribuir al aumento en los fallecimientos por enfermedades pulmonares y respiratorias, que fueron la cuarta causa de muerte en 2019[11]. Estos datos reflejan, por sí solos, las causas de muerte que podrían representar verdaderas "pandemias" y que, sin embargo, han sido postergadas y desatendidas por las autoridades de casi todos los países del mundo, con la excusa de reservar recursos para los enfermos de COVID-19.

Además de baja tasa de mortalidad, la enfermedad llamada COVID-19 ha evidenciado baja relación entre el número de fallecimientos causados por ella y el número de afectados por esa enfermedad en un mismo período (tasa de letalidad); aun así, se sigue coaccionando, con la complicidad de los gobiernos locales, para implementar una inmunización artificial experimental a escala global como única salida posible del esperpento actual. Las mal llamadas "Vacunas contra COVID-19" son, en realidad, los vehículos de un experimento global de posible alteración del material genético de las personas, con consecuencias impredecibles. Desafortunadamente, por las reacciones adversas que presentan, ya se han cobrado la vida de varios miles de voluntarios y de incautos en todo el mundo. De no detenerse de inmediato el plan de inoculaciones masivas, podría asolar a millones de personas, afectando la vida y la salud de seres humanos nacidos y por nacer.

11 https://news.un.org/es/story/2020/12/1485362

¿Podemos presuponer que la coordinación de los eventos de esta pandemia responde a un fraude científico-sanitario a escala global? El 18 de octubre de 2019 se celebró en Nueva York el "Evento 201". Allí se realizó la puesta en escena de un simulacro de pandemia. Se simularon todos los detalles de un escenario planetario casi idéntico al que se estrenó el pasado 31 de diciembre de 2019 en Wuhan, China. El simulacro fue coordinado -a la perfección- por el Centro Johns Hopkins para la Seguridad en la Salud, el Foro Económico Mundial y la Fundación que preside un conocido matrimonio de filántropos. Al selecto evento acudieron 130 personas. Congregaron a poco más de una docena de expertos mundiales de los negocios, a líderes de gobiernos y de salud pública. El libreto simuló el brote de un nuevo coronavirus transmitido de murciélagos a cerdos y de los cerdos a las personas, que causaría una enfermedad (zoonosis). Casualmente, tanto el patógeno como la enfermedad que simularon se basó en un coronavirus de tipo SARS que se transmitiría mediante personas con síntomas leves de manera lenta y silenciosa, lo cual desencadenaría, en poco tiempo, una pandemia severa a escala global. Hay datos realmente premonitorios en la simulación. Uno de ellos es la propagación de la enfermedad entre el personal de atención médica, lo cual provocaría un colapso sanitario. Simularon que toda la población humana sería susceptible por igual. Todos se contagiarían. Por ello, durante los primeros meses de la pandemia, el número de casos aumentaría exponencialmente. Se acumularían incontables muertes, con consecuencias económicas y sociales cada vez más graves, hasta que ningún país podría mantener el control. Se cerrarían los aeropuertos y se restringiría la libre circulación de las personas. Otro dato premonitorio de la simulación, es que se dispondría de un medicamento con actividad antiviral que, si bien prometería ayudar a salvar la vida de los enfermos, no serviría para limitar la propagación de la enfermedad. Cualquier parecido con el fármaco *Remdesivir* es pura casualidad. En la parodia, no habría posibilidad de que hubiera una vacuna disponible en el primer año y la inmunidad natural de las personas se descartaría por completo. La pandemia continuaría hasta que hubiera una vacuna efectiva o hasta que el 80-90% de la población mundial hubiera estado expuesta. El escenario de pandemia por un nuevo coronavirus simulado en Nueva York se terminaría a los 18 meses, con un saldo de 65 millones de muertos. Recién entonces la pandemia comenzaría a disminuir, pero a partir de ese momento sería probable que se convirtiera en una enfermedad infantil endémica.

Por todo ello, la Organización Mundial de la Salud (OMS) tendría disponible un arsenal virtual de "vacunas" y contratos vigentes con compañías farmacéuticas. Con ellas habría acordado suministrar productos terapéuticos y vacunas experimentales a los países con mayor necesidad durante una pandemia grave, en caso de que la misma OMS lo solicitara. Dispondrían que los gobiernos deberían proporcionar más recursos y apoyo para el desarrollo y la fabricación de vacunas, terapias y diagnósticos y, por lo tanto, se necesitaría también de la capacidad para desarrollar, fabricar y distribuir rápidamente grandes cantidades de material para controlar un brote global.

Es también casi un aviso: los organizadores vaticinaron que sería muy probable que gran parte del daño económico que fuera a ocasionar una pandemia, se debería al comportamiento contraproducente de personas, empresas y países. Por ello, en el informe oficial del evento, señalaron que, tanto los gobiernos como el sector privado, deberían asignar una mayor relevancia al desarrollo de métodos eficaces para combatir la información errónea y la desinformación. Recomendaron a los gobiernos asociarse con empresas tradicionales y "de redes sociales" para investigar y desarrollar enfoques efectivos con que contrarrestar la desinformación. Destacaron la necesidad de desarrollar capacidad para inundar los medios masivos con información rápida, precisa y consciente. Podríamos pensar que se recomendó a los gobiernos estructurar una forma globalizada del "Ministerio de la Verdad", donde las compañías de medios debían comprometerse a garantizar que se diera prioridad a los mensajes "autorizados" y que se suprimieran los mensajes "falsos", incluso a través del uso de la tecnología. Cualquier coincidencia con *Chequeado*, *Fake News* y con la censura de los canales y redes sociales, es eso: pura coincidencia.

El documento original que recoge las recomendaciones está disponible para cualquier persona y puede encontrarse en el sitio oficial del "Evento 201"[12]. Es un documento mucho más amplio y

[12] https://www.centerforhealthsecurity.org/event201/

explicativo, que vale la pena revisar. Es sugerente que estas recomendaciones existían desde hacía tiempo y, además, participaba el Foro Económico Mundial, por lo tanto, es lícito pensar que en octubre de 2019 se disponía de una hoja de ruta oficial para lo que comenzó dos meses después, el 31 de diciembre de 2019.

El Centro Johns Hopkins para la Seguridad de la Salud tuvo que explicar en un comunicado[13] que esa simulación premonitoria no fue una predicción. En el comunicado afirmaron: "Para el escenario, modelamos una pandemia ficticia de coronavirus, pero declaramos explícitamente que no era una predicción. En cambio, el ejercicio sirvió para resaltar los desafíos de preparación y respuesta que probablemente surgirían en una pandemia muy severa". El comunicado finaliza: "No estamos prediciendo que el brote de CoV-2019 matará a 65 millones de personas. Aunque nuestro ejercicio de mesa incluyó un nuevo coronavirus simulado, las entradas que usamos para modelar el impacto potencial de ese virus ficticio no son similares a CoV-2019".

Hay aclaraciones que oscurecen. A pesar del comunicado, todo conduce a pensar que el escenario simulado se estaba preparando desde mucho antes. En este sentido, merece la pena escuchar la conferencia TED del año 2015 de Bill Gates. Desde entonces, el bienhechor magnate ya alertaba que los países se estaban preparando para guerras nucleares, pero que las futuras guerras no serían nucleares, sino biológicas, probablemente ocasionadas por virus nuevos, que podrían devastar grandes poblaciones. Por ello, advertía a los gobiernos que les convenía apostar por la inversión en investigación y desarrollo en salud, para prepararse ante la llegada de un nuevo virus mortal[14].

De acuerdo con un artículo publicado en abril en Newsweek[15] el doctor Anthony Fauci -quien, por su parte, dirigió el equipo de respuesta a la pandemia de la Casa Blanca- financió al laboratorio de Patógenos Peligrosos de Wuhan para una arriesgada investigación sobre coronavirus. Según esta fuente, el

---

13 https://www.centerforhealthsecurity.org/news/center-news/2020/2020-01-24-Statement-of-Clarification-Event201.html

14 https://www.youtube.com/watch?v=6Af6b_wyiwI

15 https://newsweekespanol.com/2020/04/eu-financio-laboratorio-wuhan-coronavirus/

programa comenzó en el año 2014 con el respaldo del Instituto Nacional de Alergias y Enfermedades Infecciosas. El Instituto Nacional de Salud destinó un total de $ 7.4 millones de dólares para financiar un proyecto dirigido a recolectar y estudiar los coronavirus de las heces de murciélagos y para investigaciones de ganancia de función en coronavirus. Con dicho programa se financió directamente a la doctora Shi Zheng-Li, la viróloga que dirige el laboratorio de virología de Wuhan. El proyecto que recibió la financiación, dice textual: "Usaremos datos de la secuencia de la proteína S, tecnología de clones infecciosos, experimentos de infección *in vitro* e *in vivo* y análisis de la unión del receptor para probar la hipótesis de que los umbrales de divergencia porcentuales en las secuencias de la proteína S predicen el potencial de derrame". Con "potencial de derrame" se refiere a la capacidad de un virus para pasar de animales a seres humanos, lo cual requiere que el virus pueda unirse a receptores en las células humanas. El proyecto se refiere a experimentos para mejorar la capacidad del coronavirus de murciélago para infectar células humanas y animales de laboratorio, utilizando técnicas de ingeniería genética. Es decir, el proyecto financiado se proponía experimentar con los datos de la secuencia de la proteína S, con tecnología de clones virales infecciosos, con experimentos de infección *in vitro* (en cultivos celulares) e *in vivo* (en animales de laboratorio) y mediante el análisis de la unión del receptor (ACE2-h), usar la ingeniería genética para mutar y mejorar la capacidad de la proteína S (Spike) del coronavirus de murciélago para infectar células humanas y animales de laboratorio.

Y no es la primera vez que se financia un proyecto de estas características. Hace una década, se produjo una situación similar sobre la investigación de ganancia de función en los virus de la gripe aviar, donde el Dr. Anthony Fauci también desempeñó un papel importante. El doctor Fauci argumentó que valía la pena el riesgo que implicaba la investigación porque permite a los científicos hacer preparativos como, por ejemplo, investigar posibles medicamentos antivirales que podrían ser útiles "si ocurriera una pandemia".

¿Financiando los experimentos en coronavirus estaban preparando la pandemia actual? La investigación que se realiza para conseguir una ganancia de función en los virus, implica la manipulación de secuencias genéticas obtenidas de heces de murciélagos en el laboratorio de Wuhan. La ganancia de función viral se refiere a mejorar la capacidad de virus, que de por sí no son patógenos para el hombre, para producir enfermedades (patogenicidad) o de transmitirlas (transmisibilidad). Es decir, los virus inofensivos (que no pueden saltar especies) se manipulan para hacerlos mortales o, al menos, para permitir que infecten a los seres humanos con mayor facilidad. Se trata de un juego arriesgado que consiste en hacer modificaciones genéticas para saltar las barreras biológicas. La argumentación que emplean para justificar este tipo de investigación es "que necesitamos saber cómo los virus se adaptan y mutan, para poder descubrir cómo combatirlos si obtienen dichas funciones de forma repentina y natural". Si en el laboratorio se les realizan modificaciones genéticas, se les cultiva y se les enseña a infectar tejidos humanos usando un receptor que, además, no es su receptor habitual en murciélagos, la ganancia de capacidad para entrar a una célula humana no ha ocurrido de manera ni repentina, ni natural. ¿Se ha financiado al Laboratorio de Patógenos Peligrosos de Wuhan para iniciar un juego con el cual se ha creado el riesgo potencial de generar una pandemia con coronavirus de murciélagos? No lo sabemos. Tan solo sabemos que la pandemia se desató. Con un coronavirus de murciélagos.

¿Cómo se construye un virus quimérico?

Para construir un virus quimérico se necesita un molde, una secuencia genética, sobre la cual cortar y pegar mediante ingeniería genética todos los elementos necesarios para construir partículas virales sintéticas completas. Además, pueden insertarse regiones de resistencia a las enzimas que degradan el ADN y el ARN, para hacer más estables las partículas virales sintéticas, resistentes a la degradación.

Para entrar en una célula, un virus debe unirse a un receptor, con gran afinidad. En los coronavirus de tipo SARS, esta unión se hace mediante la subunidad S1 de la proteína espiga (Spike). A continuación, la subunidad S2 de la proteína espiga debe escindirse y separarse de la subunidad S1: sin esta abertura de proteínas S1-S2, el virus no podría ingresar en la célula que va a infectar. Si este corte no se produjera, el virus se uniría al receptor, pero no sería liberado para avanzar al interior celular. Para hacer el corte entre S1 y S2, se necesita de una enzima que sea de localización extracelular y que se encuentre presente en el tejido que se quiere infectar. Pero también se necesita la inhibición de la respuesta inmune del infectado, para pasar de incógnito y no ser reconocido. Por lo tanto, se necesitan secuencias inmunosupresoras, o lo que es lo mismo, un disfraz, capaz de camuflar la presencia viral y poder entrar en las células sin ser detenido en el intento. Una vez que el virus está dentro de la célula, se necesita usar las herramientas que lleva en su genoma: el conjunto de enzimas, tal como la polimerasa RdRp, la helicasa, etc. para poner a trabajar a la maquinaria celular, en beneficio del virus que acaba de ser ingresado.

¿Cómo se construyó el coronavirus quimérico?

La secuencia genómica del SARS-CoV-2 se creó utilizando un coronavirus de murciélago como molde. En una de las primeras publicaciones sobre el SARS-COV-2 en la revista *Nature*, el equipo del Dr. Yong-Zhen Zhang demostró que, en términos evolutivos, el SARS-CoV-2 era muy parecido, en un 97% idéntico, a dos coronavirus de murciélagos ya conocidos, el ZC45 y el ZXC21[16]. Ambos habían sido descubiertos y caracterizados por laboratorios militares de investigación bajo el control del gobierno del Partido Comunista Chino (PCC)[17]. Inmediatamente después de la publicación de este artículo, el gobierno del PCC cerró el laboratorio del Dr. Zhang sin ofrecer ninguna explicación[18].

Las proteínas de la espiga o Spike, esas puntas que rodean el exterior de las partículas de coronavirus y conforman "la corona" son las que median la interacción con los receptores de la célula huésped y, por lo tanto, determinan a qué huéspedes y a qué tejido

---

[16] Wu, F. et al. A new coronavirus associated with human respiratory disease in China. *Nature* 579, 265-269 (2020). https://www.nature.com/articles/s41586-020-2008-3

[17] Hu, D. et al. Genomic characterization and infectivity of a novel SARS-like coronavirus in Chinese bats.
Emerg Microbes Infect 7, 154 (2018). *https://www.ncbi.nlm.nih.gov/pmc/articles/PMC6135831/*

[18] Lab That First Shared Novel Coronavirus Genome Still Shut Down by Chinese Government. *Global Biodefense*, https://globalbiodefense.com/headlines/chinese-lab-that-first-shared-novel-coronavirusgenome-shut-down/

va a poder infectar. En el caso del SARS-CoV y del SARS-CoV-2, ambos virus originarios de murciélagos, el receptor es la enzima Convertidora de Angiotensina 2 (ACE2 humana, ACE2-h). La zona de unión al receptor, la que determina la interacción de la espiga del virus con ACE2-h, parece haber sido manipulada artificialmente. Con la modificación de la zona de unión al receptor, el virus SARS-COV-2 ha adquirido la capacidad de unirse al receptor ACE2 humano con una afinidad 20 veces superior que el SARS-CoV del brote de noviembre del año 2002. Unirse al receptor con una afinidad tan elevada es una ganancia de función del SARS-CoV-2, que el SARS-CoV no tenía y que no es un evento natural, sino artificialmente adquirido. Esto está respaldado por el hallazgo de un sitio único de digestión con enzimas de corte específico (llamadas EcoRI y BstEII). Los sitios de corte están localizados en ambos extremos de la zona de unión al receptor, dentro de la espiga, en el genoma del SARS-CoV-2. Cabe destacar que estos dos sitios, que se usan para clonación molecular, no existen en los genes Spike de otros beta-coronavirus, lo cual indicaría que no eran sitios naturales y se introdujeron específicamente por la conveniencia de manipular la zona crítica de unión al receptor. Esta manipulación la convierte en una porción extremadamente fácil de intercambiar, más cuando se trata de la zona crítica de unión al receptor dentro de S1.

La introducción del sitio de corte por la enzima EcoRI cambiaría los aminoácidos de la proteína. Todos los coronavirus de murciélagos del SARS y similares al SARS llevan exclusivamente un residuo de T (Treonina) en este lugar. El SARS-CoV-2 es la única excepción en la naturaleza en que esta Treonina ha mutado a una Serina.

Entre 2007 y 2008, el grupo de la Dra. Zhengli Shi, directora del Laboratorio de Wuhan, publicó intercambios de esta región de unión al receptor en las proteínas Spike de varios coronavirus de murciélagos similares al SARS, usando esta técnica de biología molecular y luego validó que las proteínas Spike quiméricas recombinadas que obtuvo, se unían con los receptores ACE2 humanos.

Cuando la S1 está unida al receptor, la subunidad S2 de la proteína Spike debe cortarse, porque sin esta separación de S1 y S2, el virus no podría ingresar: se uniría al receptor, pero no sería liberado para avanzar al interior celular. Y para hacer este corte, se necesita una enzima que sea extra-celular y se encuentre en el tejido que se quiere infectar. Pues bien. La Furina es una enzima que puede cortar la subunidad S2. Está presente en casi todos los tejidos extra-celulares humanos y es muy específica sobre las áreas que corta. Esto prueba que el SARS-CoV-2 fue creado en un laboratorio. El punto de corte de Furina en el SARS-CoV-2 es único, no hay ningún coronavirus que sea similar, como para pensar que el SARS-CoV-2 haya evolucionado o mutado. El punto de escisión de Furina que está en el SARS-CoV-2 no se encuentra ni en humanos, ni en los murciélagos, ni en los pangolines. Todo indicaría que se ha insertado artificialmente. No puede haber mutado, porque no es probable que 12 pares de bases de nucleótidos se hayan insertado "de forma natural" porque los insertos completos no son parte de los mecanismos de mutación naturales.

Conociendo la estructura quimérica del virus, podemos interpretar las consecuencias clínicas. Además de Furina, existen varias enzimas que cortan las proteínas espiga, por ejemplo, la Plasmina: una enzima que está presente en la sangre y que degrada la fibrina. Fibrina es una proteína plasmática que puede causar coágulos sanguíneos. Cuando se disuelve un coágulo de sangre, se genera un subproducto conocido como dímero D. En casos graves de COVID-19 uno de los marcadores es la detección de niveles elevados de dímero D, que indican la presencia de coágulos sanguíneos.

Se ha descrito recientemente que las plaquetas sanguíneas humanas expresan el receptor ACE2 y por lo tanto la presencia de la proteína Spike del virus, al unirse al receptor, provoca activación plaquetaria y eventos de trombosis asociados con coagulación intravascular. Las personas con COVID-19 que además presentan comorbilidades que aumentan su susceptibilidad a la infección, es decir, hipertensión, diabetes, enfermedad coronaria, enfermedad cerebrovascular, enfermedad pulmonar obstructiva crónica y disfunción renal, tienden a tener niveles elevados de Plasmina. La plasmina elevada es la que, al menos en parte, podría aumentar el riesgo de casos graves de COVID-19, al contribuir al trabajo de la

Furina de escindir S1-S2, y facilitar la entrada viral y la activación de la agregación plaquetaria, lo cual también explica por qué COVID-19 es más bien un trastorno de la coagulación, que una infección pulmonar.

Por la expresión de la enzima ACE2 en los tejidos humanos, que no se encuentra expresada en pulmón, pero sí se expresa en corazón y riñón, se podría esperar que los anticuerpos que se generen contra S1, ya sea por la infección severa o por la vacunación, puedan formar inmunocomplejos (conjuntos formados por la unión específica de un anticuerpo con el antígeno correspondiente). Los inmunocomplejos podrían interferir con la función de la enzima ACE2 en el delicado equilibrio de regulación en el sistema renina-angiotensina, debido a que interviene actuando sobre los sustratos Angiotensina I, Angiotensina II, Angiotensina 1-9, lo cual podría afectar el sistema que equilibra el mecanismo de la vasoconstricción.

Por la expresión mayoritaria de la enzima ACE2 en el testículo humano y su función en la reproducción, podríamos esperar daño testicular. Desde la aparición del brote de SARS-CoV-1 de 2002 en China y del brote de MERS en 2012 en Arabia Saudita, se sabe que los coronavirus de tipo SARS dañan múltiples órganos y se ha demostrado el daño irreversible que provoca en el sistema reproductivo masculino. En los pacientes que han pasado por una infección COVID-19 natural, en la que se encuentran pocos síntomas leves o moderados (de curso oligosintomático), no se observan secuelas ni daño en los testículos, ni en la calidad del semen. Pero una complicación demostrada en pacientes con COVID-19 severo, tanto en fallecidos como en pacientes recuperados, es la inflamación de los testículos (orquitis autoinmune). Se ha podido observar extensa inflamación y destrucción del testículo, con infiltración de linfocitos y macrófagos y depósito de anticuerpos autoinmunes en testículo, lo cual indica que la respuesta inmune específica contra el virus es la causa principal del daño testicular.

El virus no tiene tropismo testicular demostrado, no se encuentran virus SARS en los testículos. Ni tampoco se detectan secuencias del genoma del SARS en los testículos afectados, es decir, los coronavirus no ingresan a los túbulos seminíferos, ni se detectan en muestras de semen, ni se contagian por las relaciones sexuales. Todo lo cual sugiere que el impacto en los testículos se debe a la respuesta inmune por el depósito de las inmunoglobulinas. Por estos hallazgos científicos, antes de aprobar una inoculación masiva en la población con cualquiera de las mal llamadas "vacunas" contra COVID-19, resulta necesario evaluar en los ensayos preclínicos en animales y en los ensayos clínicos a mediano y largo plazo, que la respuesta inmune inducida por la inmunización no va a inducir anticuerpos que más tarde se depositen en el testículo y puedan causar la ya observada epididimitis y orquitis, que puedan provocar infertilidad irreversible a mediano y largo plazo. Todo esto representa evidencia suficiente para alertar a las autoridades, para rechazar la vacunación experimental y para exigir extrema precaución con las vacunas contra COVID-19, porque no se han respetado los tiempos, ni las fases, ni los protocolos de experimentación que exige la aprobación de una vacuna segura y eficaz. Como si fuera poco, algunas empresas farmacéuticas realizan los anuncios de sus ensayos clínicos a través de la prensa y no mediante publicaciones científicas revisadas por pares.

En resumen, además de ser experimentos de ingeniería genética, con genes sintéticos y nanotecnología, parece que están en una carrera de especulación financiera desenfrenada y no están dispuestos a evaluar la seguridad y eficacia a mediano y largo plazo, ni mucho menos dispuestos a abandonar la carrera por los posibles efectos adversos que puedan ocasionar, porque ya tienen inmunidad legal y patrimonial y gozan del beneficio de las cláusulas de confidencialidad.

Una de las mayores preocupaciones es que ninguna de las vacunas anteriores para coronavirus funcionó, al contrario, provocaron una enfermedad aumentada por los anticuerpos que, en lugar de proteger, hicieron que las células dejaran entrar más rápido el virus y acelerasen la replicación, aumentando su infecciosidad y su virulencia.

Además, se vio que causan hipersensibilidad inmunológica en ratones, dando lugar a una inmunopatología grave, es decir, disfunción del sistema inmunitario. Recordemos las dos mielitis transversas, las esclerosis múltiples, las parálisis faciales, las trombosis, las convulsiones, las muertes repentinas.

Por la participación de la enzima ACE2, podría verse afectado el sistema renina-angiotensina causando un daño multiorgánico. En los varones, el depósito de los anticuerpos en el testículo podría anular la espermatogénesis (producción de espermatozoides) y en la mujer, podría generar inmunidad cruzada con sincitinas, o afectar la expresión de los genes sincitina 1 y 2 que interviene en el desarrollo de la placenta y en el implante del embrión[19]. Desconocemos en qué magnitud a mediano y largo plazo pueden provocar toxicidad, mutaciones, daños en el desarrollo fetal, o cáncer.

Por todas estas razones médico-científicas, es que todos los hombres y mujeres que han despertado están luchando por la verdad: porque es momento de ponerse de pie y de decir ¡basta! Es momento de cuestionar a los científicos que sostienen el relato COVID-19, de indagar a los laboratorios, de investigar de manera independiente a las instituciones responsables de la posible creación y fuga del SARS-CoV-2 y de averiguar si hay un encubrimiento científico del origen real del virus. Es hora de investigar a la OMS, a los organismos de financiación; de indagar cuáles de los científicos que participaron fueron engañados por un fraude científico y cuáles estaban siendo plenamente conscientes de la naturaleza y magnitud de esas operaciones.

La comisión de expertos internacionales enviados por la OMS a China un año después de que comenzara la pandemia para investigar los orígenes del SARS-CoV-2, han descartado la teoría de que el virus proviene de un laboratorio. La comisión de la OMS comenzó su investigación en enero de 2021 en Wuhan, bajo el seguimiento de cerca de las autoridades chinas. En un tiempo récord de investigación, descartaron la teoría de que el nuevo coronavirus salió de una fuga de laboratorio y negaron que fuera creado por científicos. El equipo que visitó Wuhan dijo que el virus puede haber pasado de los animales (murciélagos y pangolines) a los seres humanos, pero hasta hoy, no han presentado las pruebas que

---

[19] https://cienciaysaludnatural.com/las-vacunas-contra-covid-19-podrian-afectar-la-fertilidad/

certifiquen su conclusión. El jefe de la comisión de investigación de la OMS, el Dr. Peter Ben Embarek, dijo que era "extremadamente improbable" que el virus se propagara desde una fuga de laboratorio en la ciudad de Wuhan. Su hipótesis sostiene que el virus podría haberse propagado a través de alimentos congelados importados y continúan la búsqueda del origen.

El informe de los enviados de la OMS a Wuhan no convenció ni a la opinión pública, ni a los científicos. En este sentido, el 4 de marzo de 2021 se hizo pública una carta abierta firmada por veintiséis académicos del "Grupo de París", en la que solicitan una investigación internacional sobre el origen de la crisis mundial, llamada pandemia COVID-19, con el fin de esclarecer el verdadero origen del virus SARS-CoV-2[20]. Es realmente urgente explicar cómo un virus de murciélagos pudo pasar a los seres humanos. Y ofrecer las pruebas correspondientes. Para ello, es necesario realizar una investigación cuidadosa de todas las personas que trabajaban en el Instituto de Virología de Wuhan, así como también de todos los experimentos realizados, con los detalles de las manipulaciones de coronavirus de murciélagos y la ganancia de función para infectar células humanas en el laboratorio, lo cual, quizás por accidente, por negligencia, o con intencionalidad manifiesta, pudo culminar con la aparición del brote de un nuevo coronavirus: el tercer brote de un SAR-CoV con las consecuencias de la actual pandemia global del COVID-19.

Para encontrar la verdad, es necesario saber con qué finalidad se realizaban los experimentos con coronavirus en el laboratorio de Virología de Wuhan y si acaso estaban investigando una vacuna, tal como afirmó el Dr. Luc Montagnier, quien, en el año 2008, recibió el premio Nobel de Medicina por participar en el descubrimiento del virus de la inmunodeficiencia humana (VIH). El Dr. Montagnier afirmó que el coronavirus causante de la pandemia es obra del laboratorio de Wuhan, es decir, es un producto de fabricación humana, que contiene algunas secuencias idénticas a las del VIH y que posiblemente se trató de una fuga accidental

[20] https://s.wsj.net/public/resources/documents/COVID%20OPEN%20LETTER%20FINAL%20030421%20(1).pdf

del Laboratorio de Patógenos Peligrosos de Wuhan, mientras investigaban una vacuna contra el SIDA[21] .

Las declaraciones del Dr. Montagnier coinciden con las investigaciones del Dr. Steven Carl Quay, cuya principal conclusión es que el SARS-CoV-2 tiene un 99,8% de probabilidades de ser un virus diseñado en un laboratorio, y solo un 0,2% de tener un origen natural o zoonótico[22] . El Dr. Steven Carl Quay es médico, investigador y actualmente es el presidente ejecutivo de una conocida empresa bio-farmacéutica con sede en Washington. Es imperdible la entrevista que le realizó Jorge Casesmeiro Roger, acerca de su investigación y análisis estadístico en torno al origen de la pandemia[23] . Recomiendo su lectura. En la entrevista, el Dr. Steven Carl Quay da sus argumentos: no cree que este virus haya sido soltado como parte de un programa de guerra biológica, sino que ha sido un escape accidental o una fuga que pudo ser debida a un científico infectado. Concluye con firmeza que el SARS-CoV-2 es un virus derivado de laboratorio y que el Instituto de Virología de Wuhan es el laboratorio donde fue diseñado. Por esa razón, solicita que se haga la recopilación de los datos que apoyen o refuten la probabilidad de que se trate de un arma biológica.

Sea que su origen es natural o artificial, ya no nos queda tiempo: el mundo se tiene que enfrentar a la verdad del mito COVID-19 y debemos actuar, porque está en juego el futuro de la humanidad. Las economías de los países han sufrido el peor retroceso en 90 años: ya se escucha hablar de la necesidad de reconstruir un mundo más justo, tras la crisis que ha provocado el monstruo quimérico coronavirus.

Lo cierto es que el hambre asolará en más de 20 países en los próximos meses y debemos tomar medidas urgentes para evitarlo. Un informe reciente elaborado por la Organización de las Naciones Unidas para la Agricultura y la Alimentación (FAO) y el

---

[21] https://www.lavanguardia.com/internacional/20200419/48600740779/coronavirus-nobel-frances-montagnier-manipulacion-virus-sida.html
[22] https://zenodo.org/record/4477081#.YDa7yHmCHIV
[23] https://www.elimparcial.es/noticia/222345/sociedad/steven-carl-quay:-pruebas-contundentes-apuntan-que-el-covid-es-un-virus-disenado-en-wuhan.html

Programa Mundial de Alimentos (PMA), señala que, si bien la mayor parte de los países afectados se encuentran en África, el flagelo del hambre aumentará en prácticamente todas las regiones del mundo, incluida América Latina. ¿Qué haremos como hermanos latinoamericanos? El Salvador, Guatemala, Honduras, Haití y Venezuela son los países con más alto riesgo de inseguridad alimentaria y hambre. Yemen, Sudán del Sur y el norte de Nigeria son también países en emergencia y podrían convertirse en catástrofes humanitarias debido a que hay familias que ya están en peligro de morir de inanición[24].

El mundo tiene frente a los ojos una catástrofe humanitaria mucho peor que el coronavirus: el director general de la FAO indicó que las personas que están en este momento a un paso de morir de hambre suman 34 millones.

Creo que es hora de reflexionar. Propongo: qué tal si todos alzamos el vuelo de la libertad y por fin volamos alto, montados en el caballo alado Pegaso de nuestra imaginación. Qué tal si decidimos ser los Belerofontes de éste, nuestro único siglo, y asestamos un lanzazo de olvido al monstruo mitológico. Qué tal si dejamos de hablar de casos, de contagios y de vacunas. Qué tal si le damos protagonismo a la verdadera pandemia que nos arrasa: la del miedo, disfrazado de egocentrismo, indiferencia y deshumanización. Qué tal si nos ocupamos de encender, dentro de nosotros mismos, las luces que esfumen los mitos creados en la oscuridad. Propongo.

Roxana Bruno
*Biografía en páginas finales

[24] https://es.wfp.org/

Interesante e inspiradora entrevista a Roxana Bruno en “Palabra de Vecino”. Dos horas de puro oro.
18-Enero-2021

Documental breve que hicimos en Mendoza cuando nos juntamos UNAPSI (Unión de Profesionales de Salud Integrativa), Médicos por la Verdad y Epidemiólogos Multidisciplinarios Argentinos.
Enero 2021.

Incoherencias anónimas sobre la plandemia

RECUERDA:

Hay un 99'9% de probabilidades de que tu auto funcione bien. Pero, por si acaso, te recomendamos que le eches este aceite experimental que podría romper el motor. Esta campaña es voluntaria. Pero si continúas con tu aceite de siempre, te retiraremos el permiso de circulación, por precaución.

(Tu gobierno)

Dra. María José Martínez Albarracín

COVID-19 ES UN SÍNDROME DE INMUNODEFICIENCIA MEDIADA POR TÓXICOS Y/O POR VACUNAS.

Cuando empezamos a saber de la "nueva enfermedad" supuestamente producida por el nuevo virus chino Sars-CoV-2, apenas sabíamos que era una neumonía intersticial bilateral. Luego supimos que había enfermos que fallecían por un síndrome inflamatorio hiperagudo o "Tormenta de Citocinas" y finalmente, cuando desoyendo las recomendaciones de la OMS un grupo de patólogos italianos empezaron a hacer autopsias supimos que los endotelios de diversos vasos sanguíneos, incluidas arterias, estaban dañados, trombosados y en ellos se producía acúmulo de NETs (trampas o redes de cromatina de neutrófilos apoptóticos).

Durante el verano y otoño de 2020, aunque se ha estado repitiendo reiterativamente por el oficialismo y los *mass media* que estábamos inmersos en supuestos rebrotes y "segundas olas" de covid-19, la clínica y fisiopatología de la citada covid no tenía nada que ver con la epidemia primaveral que se produjo de forma cuasi sincrónica, en muchos países del viejo mundo. Apenas catarros y asintomáticos: casos PCR positivo y alguna neumonía.

Un virólogo de la universidad de Zúrich, nos confirma en el otoño-invierno de 2020 que el SarsCov2, según el modelo elaborado en Wuhan con la supuesta intención de crear una vacuna contra el VIH, se había extinguido por sí mismo. Su amiga, la patóloga Dra. Schmied de la Universidad de Ulm, utilizando fotos con el electromicroscopio del lavado bronquial de pacientes con covid y haciendo posteriormente un cultivo celular, encuentra sólo en pacientes inmunodeprimidos con sintomatología pulmonar, algunas partículas virales, de las cuales las menos son coronavirus. Sobre todo, encuentra estafilococos, estreptococos, adenovirus y sorprendentemente, muy frecuentemente, Borrelia, y las Borrelias sabemos que aparecen en inmunosupresión. Curiosamente en el Lyme crónico (en relación con Borrelia burgdorferi) se observa un aumento de la actividad de **Nagalasa** y parece ser que la Nagalasa se comporta como antagonista de la vitamina D activa. (1-25-dihidroxi vitamina D).

También sabemos que la bacteria Prevotella spp. (germen oportunista en flora bucal) se ha asociado frecuentemente con covid-grave: **(1)**

Por otra parte, sabemos que los pesticidas y herbicidas contienen sustancias que se comportan como lipoxinas, es decir, como citocinas depresoras del sistema inmune, y que las personas con obesidad sufren una covid más grave. Como los pesticidas son liposolubles y se acumulan en el tejido adiposo, ésta puede ser una razón de dicha susceptibilidad.

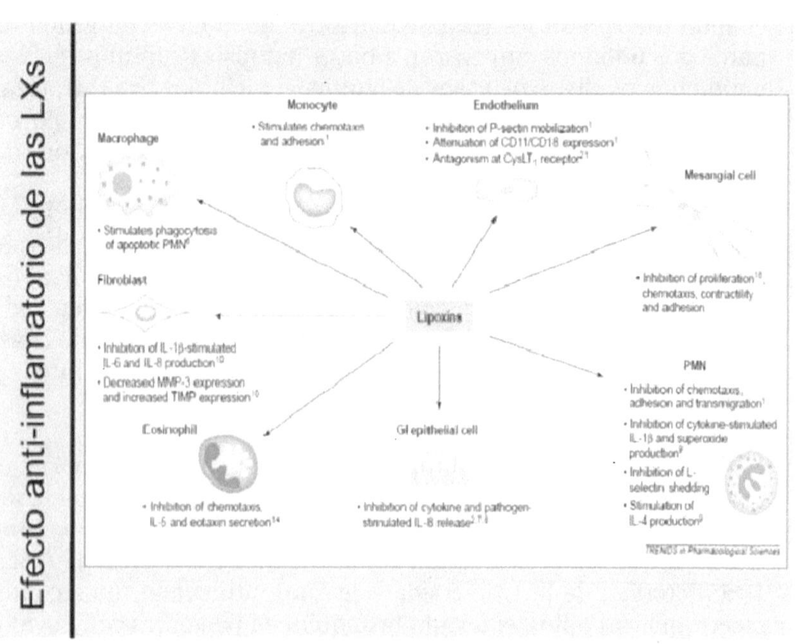

Todo el problema de la covid-19 es con mucha probabilidad un problema de inmunodeficiencia que puede estar inducido por sucesivas vacunaciones debido a infección por gamma-retrovirus contaminantes de dichas vacunas, como ha dicho la viróloga norteamericana Judy Mikovits, o por desregulación de los gamma retrovirus endógenos como pensamos nosotros. Así, cuando la persona sufre un proceso gripal se puede producir un síndrome de ADE o similar (patología TH2) con inflamación sistémica, tormenta de citocinas y daño endotelial: trombosis y acúmulo de NETS, eso es la covid-19 grave.

Según declaraciones a la prensa del inmunólogo Ignacio Melero (Univ. Navarra) la covid-19 grave es una reacción inflamatoria:

"Esta reacción inflamatoria se sabe que está detrás de la muerte de muchos pacientes... Lo que llamamos distrés respiratorio del adulto (SARS) lo precipitan muchos tipos de enfermedades, como la sepsis bacteriana o la pancreatitis aguda o estar en un incendio e inhalar humos tóxicos".

"Empezamos a tener una foto muy precisa de los mecanismos que provocan la destrucción de tejido y **perpetúan y aumentan esa reacción inflamatoria**", dice el inmunólogo. "Otra cosa que sabemos es que algunas de las citocinas que liberan los macrófagos están entre los mejores inductores de NETs en las otras tres células". "Nosotros nos estamos centrando mucho en una citocina que se llama interleucina-8".

"Desde que tenemos los datos preliminares de la netosis, hay una enzima llamada PAD4 que es absolutamente necesaria para que ocurra esta liberación de los NETs que, en principio, se produce para defendernos de bacterias y hongos". (Esta proteína PAD4 parece desempeñar un papel en el desarrollo de granulocitos y macrófagos que conduce a la inflamación y respuesta inmune).

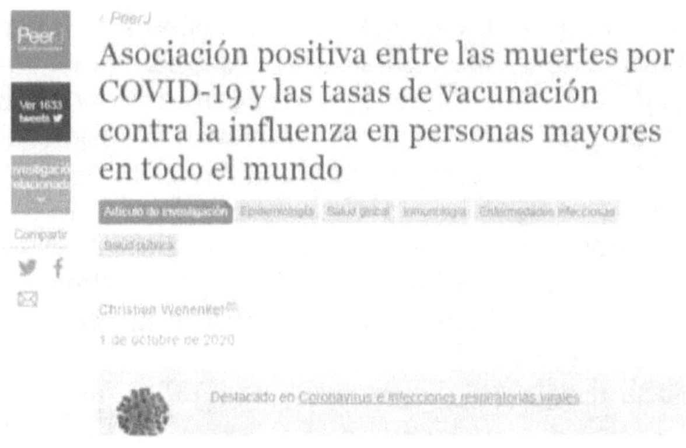
‹ PeerJ

Asociación positiva entre las muertes por COVID-19 y las tasas de vacunación contra la influenza en personas mayores en todo el mundo

Christian Wehenkel

1 de octubre de 2020

Destacado en Coronavirus e infecciones respiratorias virales

Publicaciones científicas como la de la fotografía anterior **(2)** y otros estudios:

COVID-19 severity in Europe and the USA: ***Could the seasonal influenza vaccination play a role?*** *EBMPHET Consortium1,**

Hospital de Barbastro (Huesca): **Hipótesis: Posible interferencia inmunológica entre el Polisorbato 80 de la vacuna antigripal adyuvada y el Sars-CoV-2 como causa de la pandemia por coronavirus**, o los del biólogo Bartomeu Payeras, correlacionan significativamente la covid grave con la vacunación antigripal previa, por lo que hay fundadas sospechas de que las vacunas de la gripe han podido desencadenar un síndrome tipo ADE o ENFERMEDAD AUMENTADA POR VACUNA, porque contuvieran **péptidos inmunosupresores** como la **nagalasa**: Alfa-NAcetilgalactosaminidasa) que también es una enzima que producen las células cancerosas.

http://despiertavivimosenunamentira.com/medicos-holisticos-asesinados-al-descubrirlas-vacunas-estan-cargados-enzimas-cancerigenos/

En 1991, el bioquímico japonés Nobuto Yamamoto proclamó que había encontrado un activador de macrófagos con extensas propiedades inmunomoduladoras. Más tarde sus utilidades terapéuticas se extenderían supuestamente a numerosas patologías: autismo, infección por VIH o cáncer.

La Vitamin D-binding protein (DBP o proteína transportadora de vitamina D), también conocida como globulina Gc, es una proteína naturalmente promovida por los linfocitos T y B, perteneciente a la familia de las albúminas, que se asocia a la vitamina D y se encarga de llevarla a los tejidos. Yamamoto proponía que una de estas globulinas gc podía transformarse, tras desglicosilación en las células, en una MAF, o proteína activadora de macrófagos, **cambiando el perfil de dichos macrófagos de M2 a M1**. La DBP se considera ya, hay bastantes estudios al respecto **(3)**, como una proteína multifuncional de gran importancia clínica que, entre otras funciones, **puede modular la respuesta inmune e inflamatoria.**

La nagalasa desglicosila la proteína gc (DBP), que de esta

forma ya no puede convertirse en un factor activador de macrófagos (MAF) e **induce una potente inmunosupresión**. De hecho, Yamamoto publicó un trabajo que relacionaba la inefectividad del sistema inmune ante las infecciones con la enzima Nagalasa: **(4)**

Pathogenic significance of alpha-N-acetylgalactosaminidase activity found in the envelope glycoprotein gp160 of human immunodeficiency virus Type 1.

Es un artículo demoledor cuyo resumen dice lo siguiente:

La proteína de unión a vitamina D3 (proteína Gc) sérica es la precursora del principal factor activador de macrófagos (MAF). La actividad precursora de la proteína Gc sérica se perdió o se redujo en pacientes infectados por VIH. Estos sueros de pacientes contenían alfa-N-acetilgalactosaminidasa (Nagalasa) que desglicosila la proteína Gc del suero. La proteína Gc desglicosilada no se puede convertir en MAF,y, por tanto, pierde la actividad precursora de MAF, lo que conduce a inmunosupresión.

La nagalasa en el torrente sanguíneo de los pacientes infectados por el VIH se unió complementariamente con IgG del paciente, lo que sugiere que esta enzima es inmunogénica, aparentemente un producto génico viral. De hecho, nagalasa fue inducible mediante el tratamiento de cultivos de células mononucleares de sangre periférica de pacientes infectados por VIH con un agente inductor de provirus. Esta enzima fue inmunoprecipitable con suero anti VIH policlonal pero no antienzima constitutiva celular ni antinagalasa tumoral. Los parámetros cinéticos (valor de km de 1,27 mM y pH óptimo de 6,1) de la nagalasa en suero del paciente eran distintos de los de la enzima constitutiva (valor de km de 4,83 y pH óptimo de 4,3).

Esta glicosilasa (nagalasa) debería residir en una proteína de la envoltura vírica capaz de interactuar con los O-glicanos de la membrana celular. Aunque la gp 160 clonada no mostró actividad de nagalasa, el tratamiento de gp160 con tripsina expresó actividad de nagalasa, lo que sugiere que se requiere la escisión proteolítica de gp160 para generar gp120 y gp41 para la actividad de nagalasa. La gp120 clonada mostró actividad de nagalasa mientras que la gp41 no mostró actividad nagalasa.

Dado que la escisión proteolítica de la proteína gp160 es necesaria para la expresión tanto de la capacidad de fusión como de la actividad nagalasa, nagalasa parece ser una base enzimática para la fusión en el proceso infeccioso. **Por tanto, nagalasa parece desempeñar un papel doble en la infectividad viral y la inmunosupresión.**

Adicionalmente, nagalasa parece estar involucrada en los procesos de degradación de la matriz extracelular que acompañan la invasión de las neoplasias malignas.

Es de destacar también que la DBP aumenta en el suero por los estrógenos (hormonas sexuales femeninas) pero no por andrógenos (hormonas sexuales masculinas) **lo que explicaría que los varones suelen sufrir una covid más grave.** También disminuye la expresión de DBP en los diabéticos. **(5)**

Es importante hacer un inciso respecto a inmunosupresión por nagalasa, ya que las vacunas para covid-19 se basan todas ellas de una manera u otra en la *Spike protein* del Sars-CoV-2. Siendo además su dominio más antigénico la subunidad de fusión (S2).

Dicha subunidad de fusión de la proteína espiga, según la secuencia que se ha difundido, contiene cuatro inserciones peptídicas que se corresponden con la **proteína gp120 con actividad nagalasa**, según demostraron los autores del estudio del Instituto de Tecnología de India **(6)** que fue retirado rápidamente por presiones políticas pero que fue confirmado por el Virólogo Luc Montaigner, premio Nobel por descubrir precisamente el VIH.

Finalmente, resaltar que la actividad nagalasa también se ha comprobado en los sueros de los pacientes infectados con virus de la gripe (influenza) y que reside en la actividad hemaglutinante de dichos virus. Es decir que **la nagalasa es un componente intrínseco de la hemaglutinina** (HA) de los virus de la gripe, y es precisamente el antígeno HA uno de los que se utiliza para fabricar las vacunas antigripales **(7)**.

Otro modo en que las vacunas antigripales pudieron haber

ocasionado un síndrome de tipo ADE es porque sus antígenos sintéticos hayan producido **anticuerpos aglutinantes, pero no neutralizantes**. Cuando la persona enferma de gripe o catarro, sea por contagio o por reacción inflamatoria a su propia carga tóxica, elimina virus endógenos, entonces los anticuerpos no neutralizantes, por **reacción cruzada**, pueden desencadenar el síndrome de ADE.

¿Qué fue lo que pasó en primavera en España y otros países? Si el síndrome Covid19 hubiera estado provocado exclusivamente por un virus, sea el Sars-CoV-2 u otro, se habría manifestado de la misma manera en primavera, en verano y en otoño, ¿por qué no ocurrió así? Evidentemente porque **el Sars-CoV-2 no era la causa**, o al menos no era la única causa.

Otros factores que se han relacionados con la covid-19, además de la vacunación antigripal previa, son **las REM**, especialmente de **tipo 5G** y otros **tóxicos ambientales** que se comportan como **favorecedores o desencadenantes de inflamación** y, por tanto, inmunoalteradores, especialmente como **depresores de la inmunidad celular**.

Se discute el papel de las microondas como factor que interfiere con el proceso de inmunidad celular **(8).**

Expliquemos el síndrome de ADE (Antibody dependent enhancement) **(9) (10):**

En el SINDROME de ADE, los anticuerpos facilitan la entrada de virus en las células inmunes de la serie mieloide *(macrófagos, y células dendríticas), en vez de producirse la presentación normal del antígeno.* Estos virus enteros en el macrófago **inhiben la producción de interferón**, a través de diversos mecanismos, con lo que disminuye la **respuesta inmune innata contra los virus** a la vez que éstos se multiplican dentro de la célula. Cuando los nuevos virus salen al exterior del macrófago, **aumenta la infección**. Los linfocitos activados producen una gran cantidad de citocinas y quimiocinas desencadenando lo que se conoce como "**tormenta de citocinas**". Los neutrófilos acuden a las zonas inflamadas para realizar la fagocitosis, pero al estar cubiertos de partículas víricas son atacados por linfocitos citotóxicos y células NK y mueren produciéndose en dichas zonas inflamadas **acúmulo de NETS** (redes de material nuclear de los neutrófilos apoptóticos).

Teóricamente, la **mejora inmunológica de la enfermedad** puede ocurrir de dos maneras. En primer lugar, los niveles de anticuerpos no neutralizantes o subneutralizantes pueden **potenciar la infección** por SARS-CoV-2, otros coronavirus, o virus influenza en las células diana. En segundo lugar, los anticuerpos podrían **potenciar la inflamación** y, por tanto, la gravedad de la enfermedad pulmonar **(11)**. Una descripción general de estas infecciones dependientes de anticuerpos y los efectos de mejora de la inmunopatología se resumen en la siguiente figura:

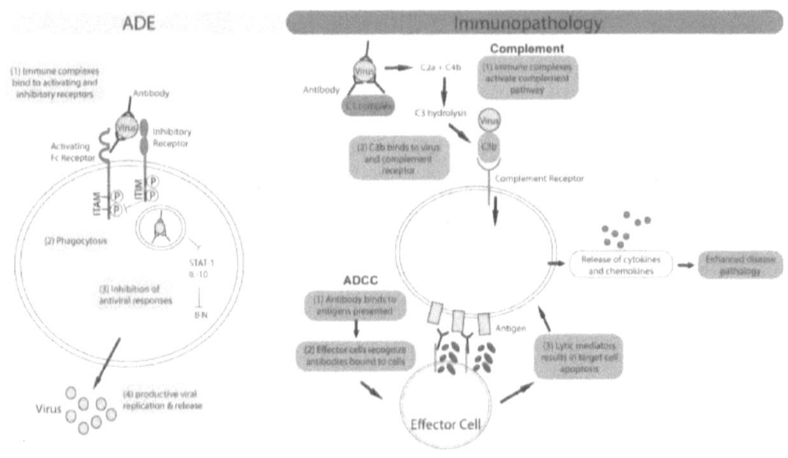

Figura 1. Mecanismo de la inmunopatología mediada por anticuerpos y ADE. **Panel izquierdo**: para ADE, la internalización de complejos inmunes está mediada por la activación de los receptores Fc en la superficie celular. La co-ligación de receptores inhibidores da como resultado la inhibición de respuestas antivirales que conduce a una mayor replicación viral. **Panel derecho**: los anticuerpos pueden causar inmunopatología activando la vía del complemento o la citotoxicidad celular dependiente de anticuerpos (ADCC). Para ambas vías, la activación inmune excesiva da como resultado la liberación de citocinas y quimiocinas, lo que conduce a una patología de la enfermedad aumentada.

Un caso conocido de ADE se produce en el Dengue **(12) (13)**

Las células presentadoras (macrófagos, monocitos y dendríticas) se activan a través de receptor TLR2 /MyD 88 y activan respuesta TH2 (CD4) con aumento de IL 4,5,6,10 y 13 contribuyendo así a una actividad inflamatoria e inmunodepresora **(supresión perfil Th1 y activación perfil Th2)** contraria a la eliminación del virus y propicia al daño endotelial, mientras que la elevación de interferón-gamma e interleucina 2 (PERFIL Th1) es beneficiosa.

En el ADE INTRÍNSECO se produce un apagamiento de la inmunidad innata proporcional al aumento de partículas virales y la disminución de la expresión de receptores TOLL (TLRs). De esta manera, la unión de los complejos inmunes a células dendríticas y monociticas disminuye la transcripción de TLRs y aumenta la de SARM y TANK (proteínas que inhiben la expresión de TLRs) en células monocíticas generando un círculo vicioso de replicación viral y estimulación inmune (citocinas). La supresión de los TLRs conlleva la disminución de la expresión de interferón de tipo I lo cual es crucial para favorecer la replicación viral y el daño endotelial por supresión de la producción de óxido nítrico (potente vasodilatador y antivírico).

Mediadores de la inflamación

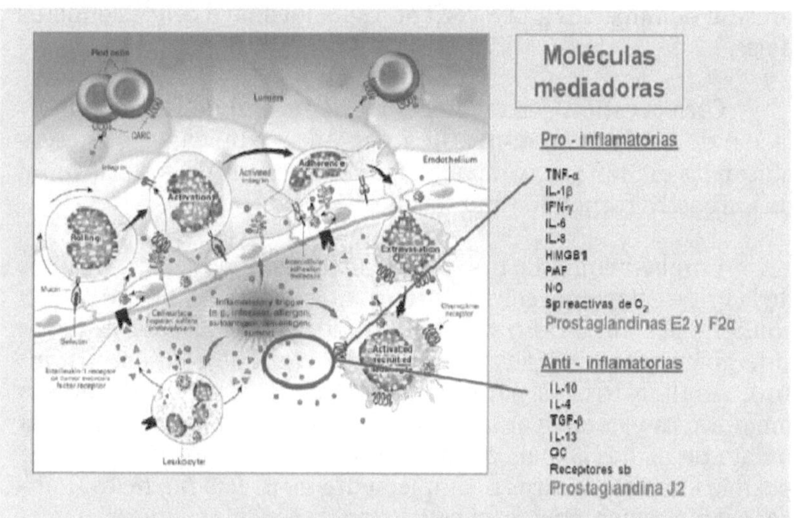

En la covid-19 grave hemos visto, gracias a las autopsias, que los endotelios vasculares están dañados y en ellos se han encontrados estos NETs. ¿Son acaso las células endoteliales susceptibles a un determinado virus? ¿Tienen los receptores necesarios para facilitar la entrada en dichas células endoteliales de un determinado virus como el Sars-CoV-2? ¿Por qué los endotelios pulmonares han sido los inicialmente atacados produciéndose la característica neumonía intersticial bilateral?

En primer lugar, el **receptor ACE2** no se expresa (o apenas lo hace) en células pulmonares y de vías respiratorias, según el artículo revisado por pares **(14)**:

The protein expression profile of ACE2 in human tissues.

Por esta razón, el supuesto virus Sars-CoV-2, si tiene como receptor a ACE2, no podría dañar directamente el aparato respiratorio, aunque el receptor sí parece expresarse en los pericitos microvasculares de algunos órganos como el corazón.

En la covid-19 grave se ha visto, además del acúmulo de NETs en vasos sanguíneos, alta expresión de **Interleuquina 8**, citoquina producida por macrófagos y células endoteliales. Su acción principal es **proinflamatoria y angiogénica**. Es un potente factor quimiotáctico de neutrófilos, en los que induce la expresión de integrinas, favoreciendo su adhesión a células endoteliales.

Otra cuestión que favorecería el daño endotelial es la circulación de **tóxicos liposolubles** por vía sanguínea, ya que estos atacan las membranas celulares. Pues bien, científicos del hospital de Barbastro respondieron esta cuestión:

Emulsionantes de tipo detergente contenidos en las vacunas de la gripe estacional como **Chiromas**, cuyo adyuvante MF59C.1 contiene polisorbato-80 y sorbitol trioleato, en una cantidad considerablemente alta (1,175 mg) o **Fluzone** que contiene triton-100, resultan tóxicos para las células endoteliales al dañar sus membranas y desactivar las **C-lectinas** que suponen una defensa innata de dichas células contra la invasión de virus. Por tanto, la posible entrada de virus o simplemente *virus like particles* (antígenos virales contenidos en las vacunas) en células endoteliales de aquellos órganos con mayor red vascular como el pulmón, pudieron ir facilitando un fenómeno inmune de tipo ADE que se desencadenó ante un contagio con virus similares, es decir, los virus de la gripe que circulan todas las temporadas invernales.

Este fenómeno de ADE pudo, a su vez, estar facilitado si las vacunas antigripales contenían algún tipo de péptido con capacidad inmunosupresora así como en aquellas personas que tuvieran en sus organismos cierto acúmulo de tóxicos con capacidad de inmunodepresión. A este respecto es de notar que la Covid-19 grave se produjo con mayor frecuencia en personas con obesidad, incluso jóvenes como ya hemos explicado y es bien sabido que los tejidos adiposos acumulan tóxicos provenientes, en su mayor parte, de los pesticidas y herbicidas que son liposolubles y se comportan como análogos de las Lipoxinas (citocinas con función inmunodepresora).

Por otra parte, hay que destacar que ADE también puede ser producido o facilitado por el antígeno HA (hemaglutinina) de las vacunas antigripales:

En el estudio citado a continuación **(15)**, el análisis de citometría de flujo mostró que el mecanismo de entrada del virus en macrófagos de ratones podría ser a través de HA a receptores de virus específicos, o HA más anticuerpo a través de receptores Fc. Estos resultados indican que el ADE de la infección por el virus NWS (influenza A murina) se produce realmente en macrófago murino primario portador del receptor Fc, dependiendo de la concentración de anticuerpo en presencia de la proteasa apropiada para la escisión de HA viral:

Aumento de la infección del virus influenza A NWS en macrófagos murinos primarios por anticuerpo monoclonal anti-hemaglutinina

El ADE comienza cuando el virus unido al anticuerpo se une a los receptores Fc activadores para iniciar la endocitosis o fagocitosis mediada por el receptor Fc. Este proceso facilita la entrada del virus en los monocitos, macrófagos y células dendríticas que expresan el receptor Fc. Sin embargo, la unión a los receptores Fc activadores sola es insuficiente para ADE. Esto se debe a que la activación de los receptores Fc desencadena la producción de moléculas de señalización que también inducen la expresión del gen estimulado por interferón (IFN) (ISG), independiente del IFN de tipo I.

Se han observado reinfecciones con CoV humanos y no hay ningún informe de que la infección secuencial sea más grave que la infección primaria. Del mismo modo, tampoco hay pruebas que sugieran que la gravedad del SARS o del MERS esté 10 relacionada con los anticuerpos CoV con reactividad cruzada basal, por lo tanto, es necesario que confluyan otros factores causales de inmunodepresión.

El apoyo clínico para la inmunopatología mediada por anticuerpos proviene de la observación de que el SARS grave se manifestó en la semana 3 de la enfermedad, en un momento en que la carga viral del tracto respiratorio estaba disminuyendo debido al aumento de los títulos de anticuerpos **(16)**.

Además, Ho y sus colegas observaron que los pacientes con SRAS que desarrollan respuestas de anticuerpos en la segunda semana de enfermedad tienen más probabilidades de desarrollar una enfermedad grave en comparación con los que desarrollan anticuerpos en la tercera semana de enfermedad o más tarde **(17)**.

Se estableció un vínculo más directo entre los anticuerpos y la enfermedad en los macacos rhesus chinos, cuando los anticuerpos específicos del SARS-CoV después de la vacunación indujeron una patología pulmonar grave en comparación con los animales no vacunados tras la exposición viral. **(18)**

El ADE o EAM de la infección puede producirse in vitro para muchos virus diferentes, incluido el virus de la inmunodeficiencia humana **(19)**, la gripe o influenza **(15)** y los virus del Ébola **(20)**. De manera similar, el ADE in vitro de virus de tipo salvaje y virus de pseudotipo, en células derivadas de mieloides que expresan el receptor Fc en presencia de concentraciones subneutralizantes de Ac. de sueros inmunes, también se ha descrito para SARS-CoV y MERS-CoV **(21)**. En el caso de los CoV, se ha demostrado que los anticuerpos pueden unirse a la proteína del pico de superficie exponiendo el virus a la activación proteolítica y la entrada mediada por el receptor Fc **(21)**.

Por otra parte, sabemos que la vacunación también puede

ocasionar ADE: la vacuna quimérica tetravalente contra el dengue (Dengvaxia) es un ejemplo de ello **(22)**. Otros dos ejemplos notables de enfermedad amplificada inducida por vacuna son el virus respiratorio sincitial (VSR) **(23) (24) (25) (26)** y el sarampión atípico **(27) (28)** donde la enfermedad grave fue más prevalente después de la vacunación con viriones inactivados.

El mecanismo exacto de la inmunopatología potenciada por anticuerpos en los modelos de infección por CoV no se comprende bien. Sin embargo, las vacunas contra virus como el VSR mostraron una inmunopatología mejorada similar después de la vacunación. Se ha postulado que las vías efectoras mediadas por anticuerpos son la causa de la inmunopatología mejorada **(24)**. Además de unirse al antígeno y activar la endocitosis o fagocitosis mediada por el receptor de Fc, los anticuerpos también provocan una serie de respuestas mediadas por Fc, a saber, la activación del complemento y la citotoxicidad celular dependiente de anticuerpos (ADCC).

Sin embargo, una respuesta efectora mediada por Fc aberrante y sobreestimulada también puede conducir a una inmunopatología grave y daños (29) (30). Por ejemplo, un estudio observó que el anticuerpo IgG anti-proteína Spike de pacientes con SARS grave de macacos Rhesus, inmunizados con una vacuna CoV contra el SARS, vectorizada por vacuna de Ankara modificada, condujo a la producción de citocinas proinflamatorias y al reclutamiento de macrófagos inflamatorios en el parénquima pulmonar **(18)**.

También se ha comprobado en ratones que los animales más viejos tienden a responder mal a la vacunación (31) (32).

LAS ENFERMEDADES AUTOINMUNES SUPONEN UNA RESPUESTA INFLAMATORIA AMPLIFICADA Y DESREGULADA.

Respecto a este punto es de notar que las **vacunaciones excesivas y prematuras en la vida de un individuo** predisponen al **desarrollo de un perfil inmunitario Th2** (inmunidad humoral y adquirida) **en detrimento del perfil Th1** que es el que prevalece en la inmunidad innata y celular. Es conveniente reflexionar sobre la importancia y función de dichos perfiles inmunológicos.

Cualquier infección vírica se desarrolla en el contexto de **nuestro viroma**, es decir que, aunque una persona pueda sufrir un contagio vírico por "resonancia" con el individuo enfermo (recordemos que toda persona expuesta a virus no sufre un contagio y que éste depende del estado inmune basal del posible receptor) el proceso infeccioso cursará con expresión o activación de sus propios virus endógenos. Cuando esto ocurre, la señalización vírica marca o "infecta" células dañadas o intoxicadas de manera que no están cumpliendo adecuadamente sus funciones. El perfil de inmunidad Th1 favorecerá la muerte de dichas células y la fagocitosis de los detritus orgánicos produciéndose, a continuación, la renovación celular y la reparación del tejido dañado por la infección.

En el caso de una **vacunación**, lo que ocurre es que la expresión incompleta de antígenos víricos, desencadena principalmente una respuesta humoral con producción de anticuerpos, es decir, **expresión principal del perfil inmune Th2**, este perfil es proinflamatorio, provocando una **inflamación de bajo grado** que puede ser atenuada pero que no es "resolutoria" de ninguna situación tóxica o alterada que hubiera podido desencadenar la infección viral.

Por otra parte, la producción mantenida de Ac contra Ag víricos que son compatibles con Ag expresados por retrovirus endógenos, puede dar lugar a fenómenos autoinmunes o al mantenimiento de un perfil inflamatorio crónico de bajo grado que favorezca la ADE o síndromes similares como el **Síndrome hemofagocítico**.

En el grupo de trabajo con el que estoy colaborando tenemos la convicción de que **Covid-19 es, en realidad, un proceso autoinmune.** Me explico:

Es absurdo decir que un mismo virus puede producir cuadros clínicos tan diversos como la ausencia de síntomas, el resfriado leve, la neumonía intersticial bilateral y la vasculitis multiorgánica con tormenta de citoquinas aguda y mortal. Si se producen estas enormes diferencias clínicas es debido al paciente, a su estado inmunológico, no al virus. Por lo tanto, urge estudiar qué determina dicho estado inmune.

Por otra parte, se ha visto en las autopsias que lo que se encuentra en los vasos sanguíneos dañados (pues ***la covid grave es básicamente una vasculitis***) es un **gran acúmulo de NETs** o trampas extracelulares de macrófagos y éstas son características del Lupus Eritematoso Diseminado, enfermedad autoinmune por excelencia y que además de no ser transmisible puede ser ocasionada por reacciones 12 vacunales y diversos químicos tóxicos. Por cierto, el Lupus se trata también con hidroxicloroquina.

Otros factores que apoyan la autoinmunidad son el **aumento de interleucina 8** y los **anticuerpos antiinterferón** encontrados en los enfermos de covid grave.

Según un artículo publicado en *Science* a finales de septiembre:

Bastard y col. identificaron individuos con títulos altos de autoanticuerpos neutralizantes contra IFN-α2 e IFN-ω tipo I en aproximadamente el 10% de los pacientes con neumonía grave por COVID-19. Estos autoanticuerpos no se encontraron ni en personas infectadas que eran asintomáticas, ni en individuos sanos.

La coautora, Isabelle Meyts, inmunóloga pediátrica de los Hospitales Universitarios de Lovaina dice, "Nunca ha habido una enfermedad infecciosa explicada a este nivel por un factor en el cuerpo humano. Y no es una cohorte aislada de europeos. **Los pacientes son de todo el mundo, de todas las etnias** ". Otro hallazgo es que el 94% de los pacientes con anticuerpos que atacan al interferón eran hombres, lo que ayuda a explicar por qué los hombres tienen un mayor riesgo de enfermedad grave.

En un estudio, Jean-Laurent Casanova, genetista de enfermedades infecciosas de la Universidad Rockefeller, y su equipo concluyen que "**Al menos el 10% del COVID-19 crítico es un ataque autoinmune**."

Los AC ANTIINTERFERÓN (33) suponen un trastorno de **inmunodeficiencia adquirida** poco frecuente, caracterizado por la aparición de susceptibilidad a infecciones oportunistas diseminadas (en particular, infección micobacteriana no tuberculosa diseminada, salmonelosis, peniciliosis e infección por el virus de la varicela zoster) en adultos previamente sanos (VIH negativos). Está asociada a la presencia de autoanticuerpos anti-interferón gamma adquiridos. Los hallazgos clínicos característicos incluyen linfadenopatía (cervical o generalizada), fiebre, pérdida de peso y/o lesiones cutáneas reactivas.

En relación con la deficiencia adquirida de interferón es importante destacar su relación con los **HERVs (retrovirus endógenos humanos) (34)**.

Los retrovirus endógenos (ERV) son abundantes en los genomas de mamíferos y contienen secuencias que modulan la transcripción. El impacto de la propagación de ERV en la evolución de la regulación genética sigue siendo poco conocido. Los ERV han dado forma a la evolución de una red transcripcional subyacente a la respuesta de interferón (IFN), una rama importante de la inmunidad innata, y los ERV específicos de linaje han dispersado numerosos potenciadores inducibles por IFN de forma independiente en diversos genomas de mamíferos.

Aunque estas secuencias reguladoras probablemente surgieron de virus antiguos, ahora constituyen un depósito dinámico de potenciadores inducibles por IFN que alimentan la innovación genética en las defensas inmunitarias de los mamíferos.

La prevalencia de potenciadores inducibles por IFN en los LTR de estos antiguos retrovirus no es una coincidencia, sino que puede reflejar adaptaciones virales anteriores para explotar las vías de señalización inmunitaria que promueven la transcripción y replicación viral. De hecho, varios virus existentes, incluido el VIH, poseen elementos reguladores cis inducibles por IFN.13

A este respecto recordar la secuencia peptídica del VIH encontrada en la *Spike protein* del Sars-CoV-2 y estudiada en el artículo citado: ***Uncanny similarity of unique insert in the 2019-nCoV Spike protein to HIV-1 Gp 120 and Gag*** (*Pashant Pradham et alt.*) De la que también se hizo eco el Premio Nobel Luc Montaigner.

SÍNDROMES HEMOFAGOCÍTICOS

Otro tipo de fenómenos y síndromes clínicos relacionados con la covid-19 grave y que pueden guardar estrecha relación con la autoinmunidad son los llamados **síndromes hemofagocíticos.**

El síndrome hemofagocítico (SHF) o linfohistiocitosis hemofagocítica es una entidad clínica con elevada mortalidad, típicamente reconocida en la edad pediátrica, sin un correcto tratamiento puede ser fatal: el riesgo de una rápida progresión a fallo multiorgánico y de afectación del sistema nervioso central con secuelas a largo plazo son las consecuencias más graves de un retraso diagnóstico **(35) (36).**

Los síntomas iniciales suelen ser fiebre y afectación progresiva del estado general y el factor desencadenante puede ser **infeccioso, oncológico, autoinmune o metabólico**.

Los síndromes hemofagocíticos (SPH) son afecciones raras que ponen en peligro la vida y se caracterizan por una sobreestimulación del sistema inmunológico que conduce a inflamación sistémica, hipercitocinemia e insuficiencia multiorgánica. Se dividen a grandes rasgos en linfohistiocitosis hemofagocítica primaria (HLH) y síndromes hemofagocíticos secundarios.

La HLH primaria es causada por mutaciones genéticas que alteran la función citotóxica de los linfocitos T citotóxicos y asesinos naturales (NK) y, por lo general, están presentes en la infancia y la niñez. HLH primario incluye HLH familiar (fHLH), donde los pacientes tienen mutaciones autosómicas recesivas en diversos genes (Perforin(PRF1), MUNC 13-4 (UNC13D), MUNC 19-2 (STXBP2) y sintaxina 11 (STX11). La HLH primaria también incluye otros síndromes de inmunodeficiencia hereditaria como el síndrome de Chédiak-Higashi, el síndrome de Griscelli y el síndrome de Hermansky-Pudlak tipo II.

Los síndromes hemofagocíticos secundarios generalmente afectan a adolescentes y adultos y no están asociados con defectos genéticos conocidos, aunque se han informado casos raros de fHLH **después de los 70 años**.

SÍNDROME HEMOFAGOCÍTICO SECUNDARIO

En el SPH secundario o reactivo, a menudo hay una **"condición predisponente" asociada que causa una desregulación inmunológica**, como una neoplasia maligna (en particular linfoma), inmunodeficiencia o enfermedad autoinmune, y / o un "desencadenante", más comúnmente una infección como la del virus de Epstein-Barr. En algunos casos, no se identifica un proceso patológico asociado **(37)**.

El SPH también puede denominarse síndrome de **activación de macrófagos** (MAS) cuando se presenta en pacientes con **enfermedades autoinmunitarias** como artritis idiopática juvenil, enfermedad de Still del adulto y lupus eritematoso sistémico **(38)**. La activación inmunitaria patológica que caracteriza a HPS / HLH puede ser difícil de distinguir de la activación fisiológica de macrófagos. Por ejemplo, ni la presencia ni la cantidad de hemofagocitosis en las biopsias de médula ósea son específicas de HPS / HLH.

CONCLUSIONES

1.- La covid-19 grave es un síndrome de inmunidad alterada y no una enfermedad infecciosa.

2.- No está producida por un virus, sea el Sars-CoV-2 u otro. Puede, en todo caso, estar desencadenada por una infección vírica en determinadas circunstancias.

3.- Para que se produzca covid-grave es necesario que concurran determinadas situaciones fisiopatológicas e inmunopatológicas previas que pueden haber sido propiciadas por vacunaciones anteriores, especialmente la vacunación antigripal.

4.- Igualmente, determinadas condiciones metabólicas como diabetes, obesidad, y deficiencias de vitamina D activa, son determinantes en la Covid-19.

5.- Por esta razón planteamos la covid-19 grave como un síndrome Hemofagocítico o de Enfermedad Aumentada por la Vacuna antigripal.

6.- Otros factores coadyuvantes serían aquellos capaces de inducir inmunodepresión, especialmente linfopenia, como es el caso de la exposición a REM especialmente las de alta potencia como la 5G y la proximidad a antenas emisoras, los pesticidas y herbicidas, metales pesados y otros tóxicos ambientales.

7.- Los tratamientos con antivirales e inmunodepresores son totalmente inadecuados, mientras que el tratamiento temprano con antiinflamatorios u otros tratamientos no convencionales como **los tratamientos oxidativos (ozonoterapia, peróxido de hidrógeno o dióxido de cloro) serían los más indicados.**

BIBLIOGRAFÍA:

1.-Las proteínas Prevotella sobreexpresadas asociadas a COVID-2019 mediadas por interacciones huésped-patógeno y su papel en el brote de coronavirus. Abdul Arif Khan, Zakir Khan (Bioinformatics 2020)15
2.- Asociación positiva entre las muertes por COVID-19 y las tasas de vacunación contra la influenza en las personas mayores en todo el mundo Christian Wehenkel (Peer journal, 2020)
3.- Vitamin D binding protein: a multifunctional protein of clinical importance. Marijn M Speeckaert et alt.(Epub 2005).
4.- Pathogenic significance of alpha-N-acetylgalactosaminidase activity found in the envelope glycoprotein gp160 of human immunodeficiency virus Type 1 Nobuto Yamamoto (Pub Med, 2006)
5.- Vitamin D Binding Protein: A Historic Overview Roger Bouillon (Front. Endocrinol. 2020)
6.- Uncanny similarity of unique inserts in the 2019-nCoV spike protein to HIV-1 gp120 and gag. Prashant Pradhan et alt. (BioRXiv, preprint. 2020)
7.- Pathogenic significance of alpha-N-acetylgalactosaminidase activity found in the hemagglutinin of influenza virus Nobuto Yamamoto, Masahiro Urade (Microbes and Infection, 2005)
8.-Microwaves and cellular immunity: I. Effect of whole body microwave irradiation on tumor necrosis factor production in mouse cells. E.E Fesenko (Bioelectrochemistry and Bioenergetics, 1999)
9.- Molecular mechanism for antibody-dependent enhancement of coronavirus entry. Wan Y. (J. Virol. 2020)
10.- Antibody-dependent enhancement of SARS coronavirus infection and its role in the pathogenesis of SARS. Yip M.S. (Hong Kong Med J. 2016)16
11.- Is antibody-dependent enhancement playing a role in COVID-19 pathogenesis? Negro Francesco (Swiss Med Wkly. 2020)
12.- Antibody- dependent enhancement in the inmunopathogenesis of severe dengue, implications for the development and use of vaccines. B. Alejandro Cácers Munar et alt. (Acta Colombiana 2019)
13.- Dengue viruses and mononuclear phagocytes. I. Infection enhancement by non-neutralizing antibody. S B Halstead, E J O'Rourke (Pub Med 1977)
14.- The protein expression profile of ACE2 in human tissues. Feria Hikmet et alt. (Mol. Syst. Biol. 2020)
15.- Infection enhancement of influenza a NWS virus in primary murine macrophages by anti-hemagglutinin monoclonal antibody. Ochiai H. et alt. (J Med Virol. 1992)
16.- Clinical progression and viral load in a community outbreak of

coronavirus-associated SARS pneumonia: a prospective study. Peiris J.S. et alt Lancet. 2003
17.- Neutralizing antibody response and SARS severity. Ho M.S. et alt. (Emerg Infect Dis. 2005)
18. Anti-spike IgG causes severe acute lung injury by skewing macrophage responses during acute SARS-CoV infection. Liu L. et alt (JCI Insight. 2019)
19.- Antibody-dependent enhancement of human immunodeficiency virus type 1 infection. Robinson J.R. et alt. (Lancet. 1988)
20.- Infectivity-enhancing antibodies to Ebola virus glycoprotein. Takada A. et alt. (J Virol. 2001)
21.-Antibody-dependent sars coronavirus infection is mediated by antibodies against spike proteins.17 Wang S.F. et alt.(Biochem Biophys Res Commun. 2014)
22.- Effect of dengue serostatus on dengue vaccine safety and efficacy. Sridhar S. et alt (N Engl J Med. 2018)
23.- An epidemiologic study of altered clinical reactivity to respiratory syncytial (RS) virus infection in children previously vaccinated with an inactivated RS virus vaccine. Kapikian A.Z. et alt (Am J Epidemiol. 1969)
24.- Respiratory syncytial virus disease in infants despite prior administration of antigenic inactivated vaccine. Kim H.W. (Am J Epidemiol. 1969)
25.- Respiratory virus immunization..I. A field trial of two inactivated respiratory virus vaccines; an aqueous trivalent parainfluenza virus vaccine and an alum-precipitated respiratory syncytial virus vaccine. Fulginiti V.A. et alt. (Am J Epidemiol. 1969)
26.- Field evaluation of a respiratory syncytial virus vaccine and a trivalent parainfluenza virus vaccine in a pediatric population. Chin J. et alt. (Am J Epidemiol. 1969)
27.- Immunoglobulin g antibody-mediated enhancement of measles virus infection can bypass the protective antiviral immune response. Iankov I.D. et alt (J Virol. 2006)
28.- Measles immunization with killed virus vaccine. Serum antibody titers and experience with exposure to measles epidemic. Raug L.W. et alt.(Am J Dis Child. 1965)
29.- Fc-Mediated antibody effector functions during respiratory syncytial virus infection and disease. Van ERP E.A. et alt. (Front Immunol. 2019)
30.- Antibody-mediated complement activation in pathology and protection. Goldberg B.S. et alt. (Immunol Cell Biol. 2020)18
31.- A double-inactivated severe acute respiratory syndrome coronavirus vaccine provides incomplete protection in mice and induces increased eosinophilic proinflammatory pulmonary response upon challenge. Bolles M. (J Virol. 2011)
32.- Vaccine efficacy in senescent mice challenged with recombinant SARS-CoV bearing epidemic and zoonotic spike variants. Deming D. et alt. (PLoS Med. 2006)
33.- Sars-CoV-2 ORF3b is a potent interferon antagonist whose activity is further increased by a naturally occurring elongation variant. Yoriyuki Konno et alt. (Cell reports 2020)
34.- Regulatory evolution of innate immunity through co-option of endogenous retroviruses. Edward B. Chuong et alt.(Science 2016)
35.- Sindromes hemofagocíticos: La importancia del diagnóstico y tratamiento precoces. Itziar Astigarraga et alt. (Anales de pediatría 2018)
36.- Hemophagocytic síndromes (HPSs) including hemophagocytic lymphohistiocytosis (HLH) in adults: A systematic scoping review. Anna Hayden et

alt.(Elsevier, 2016)
37.- Diagnostic and therapeutics guidelines for hemophagocytic lymphohistiocytosis. Henter J. et alt.(Pediatr. Blood Cancer, 2007)
38.- Hemophagocytic syndrome in patiens with systemic autoimmune diseases: analysis of 30 cases. Fukaya S. et alt (Rheumatology, 2008).

ESTUDIO SOBRE LAS VACUNAS COVID

21/marzo 2021

JUSTIFICACIÓN

En el presente documento, firmado por 60 médicos y 36 biólogos, se presentan argumentos de peso avalados por estudios científicos previos y reportes de casos reales sobre muertes y efectos adversos registrados a las agencias del medicamento de todo el mundo; información empírica y objetiva en la que los abajo firmantes nos respaldamos, para pedir el CESE INMEDIATO DE LAS CAMPAÑAS DE VACUNACIÓN destinadas a implementar productos génicos en la población sana, con la excusa del virus SARS CoV 2. Creemos firmemente que los riesgos no son asumibles, ni un solo efecto adverso o muerte debe ser tolerado. Entendemos que es imprescindible demostrar sin ningún lugar a dudas, el aislamiento del virus SARS CoV 2, su cultivo directo de pacientes con RT PCRs positivas, para asegurar al 100% su presencia y demostrar su conexión directa con la enfermedad denominada COVID 19, antes de exponer a la población a cualquier ensayo clínico. Consideramos una absoluta barbaridad la experimentación con productos génicos en las personas sanas, ya que supone un ataque directo al código deontológico de nuestra profesión, la cual se fundamenta en la preservación de la salud y la vida.

Ha sido aceptado por las instituciones (OMS) y por los gobiernos, en base a un paradigma biológico obsoleto y reduccionista, que el llamado síndrome COVID-19 está producido por un virus denominado SARS-CoV-2, el cual no ha sido aislado y purificado de forma objetiva según reconocen los principales estamentos académicos. **(1)**

El síndrome COVID-19 no es una entidad nosológica desconocida en medicina, ya que tiene las características clínicas y biológicas de los síndromes hemofagocíticos o de inmunidad alterada que, si bien, pueden estar desencadenados (lo cual no es lo mismo que causados) por infecciones víricas o bacterianas, es preciso que confluyan diversas condiciones fisiopatológicas e inmunopatológicas previas, para su desarrollo y manifestación clínica, entre las que se encuentran tóxicos y vacunas, particularmente la vacunación y revacunación antigripal. **(2,3,4)**

Como única solución para la pandemia de COVID-19, declarada por la OMS, se ha propuesto, sin tener en cuenta otras opciones de tratamiento, tanto convencionales como alternativas **(5)** una vacunación universal para la que se han desarrollado, a marchas forzadas y sin las suficientes garantías de eficacia y seguridad, una serie de fármacos de terapia génica que no cumplen los requisitos biológicos de las vacunas, aunque se intenten equiparar con las mismas. La actual aprobación de las llamadas "vacunas covid" por la FDA y por la EMA es condicionada y para uso de emergencia, estando todavía en fase EXPERIMENTAL: fase IV o de estudio postcomercialización, habiéndose desarrollado en un tiempo record, ya que se han superpuesto las fases I y II de los estudios con voluntarios. Se argumenta que esta rapidez en la comercialización de dichas vacunas ha sido posible gracias a la colaboración internacional y a la gran inversión económica realizada por estados e instituciones, pero EL TIEMPO NECESARIO para realizar los estudios de eficacia y seguridad no se puede acortar por estos motivos **(6)**. Además, no es lo mismo producir un fármaco para estudio en voluntarios, que fabricarlo DE MANERA INDUSTRIAL para uso en millones de personas y de forma acelerada. Esto conlleva problemas de logística que las empresas no sabemos si han resuelto de manera adecuada, complicando aún más los riesgos derivados de la falta de seguridad **(7)**.

Están en fase de desarrollo y / o comercialización, una serie de vacunas tanto convencionales como experimentales (GÉNICAS) que supondrán enormes beneficios para la Industria Farmacéutica (es notable que MERCK, empresa líder y con la mayor experiencia en la fabricación de vacunas, se haya quedado al margen de esta carrera).

Hay actualmente cuatro tipos de vacunas: dos convencionales y dos nunca antes probadas ni aprobadas (génicas).

A mi juicio, las que ofrecen más dudas son las NUEVAS VACUNAS GÉNICAS, en realidad son más bien fármacos para tratamiento génico, ya que no entran en la definición y comportamiento biológico de lo que se supone es una vacuna. De estas hay, a su vez, dos tipos:

I.-VACUNAS DE ARN ENCAPSULADO: (Pfizer, Moderna y Cure Vac): (8,9)

Las nuevas vacunas de ARNm con nucleósidos modificados contienen N 1 -metilpseudouridina en lugar de uridina y codifican un péptido optimizado (P2-mutado) de longitud completa de la Glicoproteína S encapsulada en nanopartículas lipídicas (LNP) que contienen polietilenglicol y colesterol.

El BNT162b2 LNP de Pfizer, también contiene ALC- 0315 (4-hidroxibutil) azanedil) bis (hexano-6,1-diil)bis(2-hexildecanoato) y ALC-0159 (2[(polietilenglicol)-2000]-N,N-ditetradecilacetamida), 1,2-Distearoil-sn-glicero-3 fosfocolina, DSPC . Colesterol, cloruro de potasio, dihidrógenofosfato de potasio, cloruro sódico, fosfato disódico dihidratado, sucrosa y agua para inyección **(8)**.

El LNP de Moderna ARNm 1273 contiene SM-102 (más probable 8 - ((2-hidroxietil) (6-oxo-6- (undeciloxi) hexil) amino) octanoato de heptadecan-9-ilo) y 1,2-dimiristoil-rac-glicero-3-metoxipolietilenglicol-2000 (PEG) .

La vacuna BioNTech se administra por vía intramuscular (IM) en dos dosis de 30 µg con 21 días de diferencia, el producto Moderna en dos dosis de 100 µg IM con 28 días de diferencia.

Es de destacar que en los ensayos clínicos en fase 1 de BioNTech (para valorar dosis-eficacia) se comprobó la misma eficacia (producción de anticuerpos) con 10 microg que con 30 microg de ARN. Pero la toxicidad aumentaba con el aumento de la cantidad de ARN. A pesar de ello se decidió seleccionar la dosis más alta y administrar también una segunda dosis. **(9)**.

En cuanto al ARNm de Moderna hay que señalar que es una dosis muy alta (100 microg.), por lo que inducirá mayor toxicidad.

Otros dos tipos de vacunas de ARNm sintético LNP COVID-19 también han entrado en pruebas: CureVac acaba de iniciar un ensayo de fase 2/3 para su producto de ARNm deficiente en uridina sin modificar (CVnCoV), y durante el verano Arcturus Therapeutics e Imperial College London comenzaron el ensayo en fase 1 de vacunas de ARN autoamplificadoras **(10)** basadas en un alfavirus que codifica proteínas no estructurales para replicar el inmunógeno de proteína S.

Las actualmente comercializadas (Pfizer y Moderna) consisten en moléculas de ARNm modificado (se ha cambiado un nucleósido o elemento constituyente del ARN, la uridina, por una metil-pseudouridina), envueltas en cápsulas nanolipídicas constituidas por lípidos neutros (polietilenglicol) y lípidos catiónicos de elevada toxicidad **(9)**.

Este ARNm contiene la secuencia genómica capaz de codificar un análogo de la *Spike protein* del SARS-CoV-2, por lo que se supone que, una vez dentro de la célula, utilizará la maquinaria celular (ribosomas) para traducir la secuencia de bases de dicho ARN a la secuencia de aminoácidos de la proteína S, dicha proteína o más bien fracciones de la misma, serán expuestas en la membrana celular junto a moléculas del MHC para ser reconocidas como antígenos por las células inmunes que desarrollarán una respuesta de anticuerpos frente a los mismos, pero también de Linfocitos T.

De manera que, si ya existen linfocitos T8 citotóxicos por infecciones anteriores por otros coronavirus, lo cual es frecuente, o en una segunda exposición, se producirá un ataque con destrucción y muerte de aquellas células que expresen en su membrana los antígenos derivados de la proteína S vacunal. Esto afectará a las células musculares, en el lugar de la inyección, pero también puede afectar a otras células, particularmente células inmunes y endotelios vasculares. **(11)**

Es importante destacar al respecto, la estructura tridimensional de la *Spike protein* que es de tipo cuaternario, estando formada por diversas subunidades, algunas de las cuales tienen homologías de secuencia importantes con proteínas endógenas, lo que es conocido en ciencia como epitopos inseguros **(12)**, por lo que no se puede descartar que se produzca reacción inmune cruzada, lo que daría lugar a procesos y enfermedades autoinmunes.

El proceso de inmunización protectora descrito es una suposición teórica simplificada de las acciones que el ARN alterado, introducido en un organismo por vía parenteral puede hacer y hará.

Enumeramos otras posibilidades concomitantes y/o alternativas, así como los posibles riesgos no tenidos en cuenta:

1º) Distribución del ARN vacunal:

Al ser inoculado por vía parenteral, el ARN vacunal se distribuirá por todo el organismo, como se ha comprobado experimentalmente, pudiendo entrar en las células endoteliales vasculares y en las células inmunes (leucocitos y linfocitos) y particularmente en células hepáticas e incluso nerviosas puesto que las partículas nanolipídicas le permiten atravesar la barrera hematoencefálica **(13)**. Por esta razón todas estas células y los órganos que forman pueden ser dañados.

2º) Homologías de secuencia del ARN vacunal (Epítopos inseguros):

La *Spike protein* del SARS-CoV-2 es una proteína de fusión de tipo 1 similar a la de otros virus como el VIH y virus influenza **(14)** y tiene homologías de secuencia importantes con proteínas de fusión codificadas por HERVs (retrovirus endógenos que forman parte de nuestro genoma donde cumplen importantes funciones). Concretamente la subunidad de fusión S2, pero también la subunidad de unión S1, de dicha *Spike protein*, tiene homología con la Sincitina 1 (Syn-1) del HERV-W codificado en el cromosoma 7 del genoma humano **(15)**. Esta proteína Syn-1 es imprescindible para la formación adecuada de la placenta humana y, por tanto, para un normal desarrollo de la gestación. Pero también es necesaria para la unión del espermatozoide con el óvulo, por lo que es imprescindible para la fecundación **(15)**. Como consecuencia de la analogía de la *Spike protein* y la Syn-1 se puede producir una reacción cruzada de anticuerpos contra las sincitinas y provocarse abortos e infertilidad femenina. Esto podría ocurrir en el proceso de formación y exposición celular de subunidades de la *Spike protein* o durante su proteólisis metabólica. Por otra parte, ya se ha podido comprobar la producción de abortos como reacción adversa a estas vacunas de ARN **(16).**

3º) La *Spike protein* del SARS-CoV-2 tiene también homologías de secuencia con la proteína sincitina 2 (Syn-2) codificada por HERV-FRD en el cromosoma 6 del genoma humano.

La Sincitina 2, admás de intervenir en la formación de la placenta, posee actividad inmunosupresora con la que consigue hacer invisible el feto ante el sistema inmune de la madre, con lo cual se impide el rechazo alogénico y la muerte fetal. Por esta razón, una posible reacción cruzada de anticuerpos hacia la *Spike protein*, que afectara a la Sincitina 2, podría provocar el rechazo inmune materno del feto, además de otros efectos colaterales no deseados como parte de esta previsible inmunidad cruzada. De hecho, ya se ha comprobado la muerte de nonatos tras la vacunación covid materna **(17) (18)**.

4º) Posible comportamiento como patógeno sintético del ARN vacunal:

Está descrito en la literatura científica el fenómeno por el cual determinadas infecciones víricas desencadenan la expresión de proteínas HERVs (por ejemplo, virus de la influenza A) **(19)**. También se ha documentado la mayor morbimortalidad por COVID GRAVE en personas vacunadas de la gripe (influenza) en todo el mundo **(3)**, por lo que nos planteamos que, determinadas infecciones y antígenos vacunales, pueden producir modificaciones inmunitarias que impliquen la expresión de proteínas HERVs facilitando la evolución hacia cuadros de autoinmunidad.

Hace más de 20 años se comenzó a observar que en el suero de pacientes con cáncer y con VIH aparecían anticuerpos contra proteínas que parecían provenir de retrovirus endógenos. Ya con el avance de la tecnología se comprobó que, efectivamente, había retrovirus endógenos que se estaban transcribiendo. (Christopher Ormsby. Research Scientist - Centro de Investigaciones en Enfermedades Infecciosas, Instituto Nacional de Enfermedades Respiratorias "Ismael Cosío Villegas")

En una reciente CARTA dirigida a la EMA, asi como a la presidenta de la Comisión Europea y al presidente del Consejo de Europa, un grupo de reputados científicos y médicos, demuestra, basándose en evidencias científicas, que las vacunas génicas de ARN y ADN pueden producir un síndrome COVID, en lugar de prevenirlo, así como ser la causa de efectos muy graves al facilitar la producción de microtrombosis en órganos como pulmones, corazón, riñón y cerebro.
https://doctors4covidethics.medium.com/urgent-open-letter-from-doctors-and-scientists-to-the-european-medicines-agency-regarding-covid-19-f6e17c311595

Por otra parte J. Patrick Whelan MD PhD , en un documento publicado sobre comentarios previos a la aprobación de las vacunas covid por la FDA, el 9 de dic 2020:
https://www.regulations.gov/document/FDA-2020-N-1898-0246
El pediatra y especialista en síndrome inflamatorio multisistémico (MIS-C). explica: *"Me preocupa la posibilidad de que las nuevas vacunas destinadas a crear inmunidad contra la proteína pico del SARS-CoV-2 (incluidas las vacunas de ARNm de Moderna y Pfizer) tengan el potencial de causar lesiones microvasculares en el cerebro, corazón, hígado y riñones de una manera que actualmente no parece evaluarse en los ensayos de seguridad de estos posibles fármacos."*

Ya que en base a estudios científicos publicados (reportados en el enlace arriba) parece probable que sólo la *Spike protein* sea la causante del síndrome covid (no un virus completo) por lo que las vacunas génicas serían capaces de producirlo. En otras palabras, las proteínas virales parecen causar daño tisular sin replicar activamente el virus.

No podemos asegurar que el ARN encapsulado no se pueda comportar como un patógeno sintético, es decir como un *virus like particle*, que produzca efectos parecidos a la patología inflamatoria englobada en el síndrome Covid-19 ya que es un tipo de inmunopatología M2-TH2, y el virus artificial podría afectar principalmente a las células inmunes (macrófagos y linfocitos). Es de destacar que según notificación de *Yellow Card* (U.K.) la muerte por trastornos generales similares a los descritos como COVID-19, está asociada de manera muy notable con la vacuna covid **(20).**

Reputados científicos han destacado que la *Spike protein* tiene una secuencia de aminoácidos similar al péptido Gp120 de la proteína de fusión del VIH (Luc Montaigner, Bill Gallaher, Roxana Bruno y Prashant Pradham) por lo que podría inducir linfopenia y, por tanto, inmunodepresión. (Universidad de Queensland, Australia y la Farmacéutica CLS) **(21)**

Por otra parte, hay constancia de que las vacunas de ARNm de Pfizer fueron comercializadas sin garantía suficiente de calidad en su fabricación, lo cual genera importante incertidumbre añadida, a su eficacia y seguridad y demuestra que los organismos reguladores como la EMA y la FDA, son sometidos a "presiones diversas" para agilizar los trámites de aprobación sin las necesarias garantías. Adjuntamos enlace que explica, en base a una filtración de correos electrónicos, dichos aspectos.
https://www.bmj.com/content/372/bmj.n627?fbclid=IwAR3j4ys1ZDxsgk6R1xhs-Gi-fCZXL8qWRGPjQzftNBbd7CiQbMwzjtJGIY3s

Tampoco podemos descartar que este ARN truncado pueda expresar otras proteínas preocupantes, dada su homología con las sincitinas, y los riesgos que la expresión ectópica de las sincitinas supone para la salud (esclerosis múltiple y esquizofrenia) **(22, 23, 24).** Así como diabetes **(60).**

Según la EMA: (25)

Los niveles de ARNm truncado "y las cantidades de una proteína potencial producida por el ARNm truncado serían demasiado bajas para constituir un riesgo de seguridad". Pero lo cierto es que nadie lo sabe con seguridad, pues igualmente reconoce: "La experiencia con la integridad del ARNm es limitada".

Otra preocupación derivada de las vacunas génicas es que la información transmitida por una sola proteína viral al sistema inmune de las personas, por las vacunas experimentales, esté en la base de seleccionar mutaciones que provoquen cepas resistentes a los posibles anticuerpos formados de manera demasiado selectiva, es decir, únicamente contra la *Spike protein* del virus, convirtiendo de esta manera, una epidemia fácilmente controlable por la inmunidad de grupo, (en la infección natural se produce inmunidad frente a diversos antígenos víricos) en una epidemia monstruosa con continuos brotes, ocasionando "una catástrofe sin precedentes" (sic). Esta es la opinión del virólogo, experto en vacunas, Geert-vanden-Bossche, transmitida a la OMS mediante una carta abierta, en la que pide que se detenga la vacunación anticovid. (Página siguiente, un fragmento de dicha carta, en inglés)

https://drive.google.com/file/d/1BMVud-LApmWDt7MeVd_1I6LzCLXj3cND8/view

https://drive.google.com/file/d/1fB9ivJa5BRWmSh_Re-JmgZhabR2ZzlYyZ/view

Geert Vanden Bossche, DMV, PhD, *independent virologist and vaccine expert, formerly employed at GAVI and The Bill & Melinda Gates Foundation.*

To all authorities, scientists and experts around the world, to whom this concerns: the entire world population.

I am all but an antivaxxer. As a scientist I do not usually appeal to any platform of this kind to make a stand on vaccine-related topics. As a dedicated virologist and vaccine expert I only make an exception when health authorities allow vaccines to be administered in ways that threaten public health, most certainly when scientific evidence is being ignored. The present extremely critical situation forces me to spread this emergency call. As the unprecedented extent of human intervention in the Covid-19-pandemic is now at risk of resulting in a global catastrophe without equal, this call cannot sound loudly and strongly enough.

As stated, I am not against vaccination. On the contrary, I can assure you that each of the current vaccines have been designed, developed and manufactured by brilliant and competent scientists. However, this type of prophylactic vaccines are completely inappropriate, and even highly dangerous, when used in mass vaccination campaigns during a viral pandemic. Vaccinologists, scientists and clinicians are blinded by the positive short-term effects in individual patients, but don't seem to bother about the disastrous consequences for global health. Unless I am scientifically proven wrong, it is difficult to understand how current human interventions will prevent circulating variants from turning into a wild monster.

Racing against the clock, I am completing my scientific manuscript, the publication of which is, unfortunately, likely to come too late given the ever increasing threat from rapidly spreading, highly infectious variants. This is why I decided to already post a summary of my findings as well as my keynote speech at the recent *Vaccine Summit* in Ohio on Linkedin. Last Monday, I provided international health organizations, including the WHO, with my analysis of the current pandemic as based on scientifically informed insights in the immune biology of Covid-19. Given the level of emergency, I urged them to consider my concerns and to initiate a debate on the detrimental consequences of further 'viral immune escape'. For those who are no experts in this field, I am attaching below a more accessible and comprehensible version of the science behind this insidious phenomenon.

While there is no time to spare, I have not received any feedback thus far. Experts and politicians have remained silent while obviously still eager to talk about relaxing infection prevention rules and 'springtime freedom'. My statements are based on nothing else but science. They shall only be contradicted by science. While one can barely make any incorrect scientific statements without being criticized by peers, it seems like the elite of scientists who are currently advising our world leaders prefer to stay silent. Sufficient scientific evidence has been brought to the table. Unfortunately, it remains untouched by those who have the power to act. How long can one ignore the problem when there is at present massive evidence that viral immune escape is now threatening humanity? We can hardly say we didn't know - or were not warned.

In this agonizing letter I put all of my reputation and credibility at stake. I expect from you, guardians of mankind, at least the same. It is of utmost urgency. Do open the debate. By all means: turn the tide!

Author: Geert Vanden Bossche, DVM, PhD (March 6, 2021) - https://www.linkedin.com/in/geertvandenbossche/

Esto se ha observado perfectamente en explotaciones animales en las que las vacunas han producido mutaciones que han ocasionado epidemias peores que la original.

5º) Posible comportamiento de otras proteínas vacunales como análogos de proteínas HERVs del tipo de las sincitinas:

Debido a las homologías de secuencia encontradas entre las sincitinas y la *Spike protein* del SARS-CoV-2, es posible que la secuencia de ARN vacunal exprese péptidos antigénicos (epítopos inseguros) similares a las sincitinas o bien que determinados fragmentos derivados de la proteólisis metabólica de la *Spike protein* vacunal se acumulen en el organismo y tengan un comportamiento similar al que se observa en la expresión extemporánea de dichas proteínas sincitinas. Se sabe que la Sincitina 1 está anormalmente expresada en procesos autoinmunes como la esclerosis múltiple y la diabetes tipo 1, además de en cuadros psiquiátricos como la esquizofrenia y el TOC. **(22, 23,24).**

También se podría producir este fenómeno por la activación de los propios HERV-W a consecuencia de la vacunación como se ha comprobado en determinadas agresiones tóxico-infecciosas y en el COVID grave **(19,26).**

6º) Problemas derivados de la interacción con el receptor ACE2:

Se acepta que el receptor de la *Spike protein* del SARS-CoV-2 es el enzima ACE2 que se encuentra ampliamente distribuido por todo el organismo humano. Sin embargo, tiene una expresión predominante en los órganos sexuales masculinos: testículos, encontrándose tanto en las células de Leydig (productoras de testosterona) como en las de Sertoli (túbulos seminíferos) donde cumple importantes funciones de maduración testicular, no dependiente de hormonas, siendo imprescindible para la función reproductiva masculina **(27).** La posible unión de la proteína espiga vacunal con dicho receptor, o bien el depósito de complejos antígeno-anticuerpo en el mismo, puede dar lugar a la inflamación del órgano testicular con desarrollo de orquitis y posible infertilidad masculina.

También en otros órganos donde la expresión de ACE2 es elevada **(28)** como riñón, corazón e intestino, podrían producirse cuadros inflamatorios con insuficiencia funcional de los mismos. Ya se han observado muertes por problemas cardiacos e intestinales, según notificaciones de *Yellow card (U.K.)* y *VAERS (USA).* **(61)**

Por otra parte, en tejido nervioso, ACE2 es receptor de unas proteínas llamadas sinapsinas **(29)**, muy importantes para diversas funciones de interconectividad neuronal, pudiendo su alteración ocasionar cuadros de diversa gravedad y complejidad.

La reducción de la funcionalidad ACE2 **(30)**, ocasionada por la *Spike protein* (infección o VACUNA) parece conducir a un aumento de la permeabilidad vascular. Si a esto añadimos lesión endotelial causada por los lípidos catiónicos de la LNP o por los detergentes vacunales, como el polisorbato 80, que lleva la vacuna de AstraZeneca **(31)**, se va a producir un aumento de la expresión de "factor tisular" con activación de la vía extrínseca de la coagulación y con inhibición de la expresión de plasminógeno (disminución de la fibrinolisis). Esto favorecerá que se produzcan TROMBOSIS. Estas trombosis serán más frecuentes donde haya flujo sanguíneo lento (venas, capilares como los pulmonares y especialmente sinusoides). Esto concuerda con la relativa frecuencia de trombosis del seno cavernoso observadas, particularmente con la vacuna de AstraZeneca. También se pueden producir trombosis en los miembros inferiores por la circulación sanguínea antigravedad.

7º) Silenciamiento génico:

El ARN cumple en la célula diversas funciones de regulación, además de la traducción en proteínas de la información genética. Es bien conocido el fenómeno de silenciamiento génico producido por el ARN interferente **(32)** de manera que los ARN vacunales se pueden comportar como interferentes, bloqueando determinadas funciones vitales. Ha sido recientemente publicado que dicho ARN puede suprimir las proteínas supresoras de tumores, facilitando con ello la aparición de cánceres, especialmente derivados del sistema inmune (linfomas y leucemias linfocíticas):

MEDICAL SHOCKER: Scientists at Sloan Kettering discover

mRNA inactivates tumor-suppressing proteins, meaning it can promote cancer. Tuesday March 02, 2021 by: S.D. Wells Tags: badhealth, covid cancer, Dangerous Medicine, dirty vaccines, DNA, DNA mrna, mRNA, mrna dangers, mRNA vaccines, RNA, vaccine wars, vaccines dirty

También es motivo de preocupación el silenciamiento génico de la proteína diana del receptor testicular ACE2, por lo que su silenciamiento podría conducir a la esterilidad masculina e incluso a la falta de desarrollo testicular en niños impúberes.

8º) Interacción con HERV-K: (33)

Otra homología encontrada (Gallaher) entre la *Spike protein* y proteínas Hervs humanas es con proteínas HERV-K (cromosoma 6), dichas proteínas tienen relación con enfermedades que afectan a las motoneuronas, por lo que una hiperexpresión de las mismas puede ocasionar enfermedades del tipo de las parálisis (mielitis transversa, ELA).

9º) Conformación priónica (34)

Investigaciones llevadas a cabo últimamente demuestran que el ARN de las vacunas covid puede inducir la formación de priones con potencial para causar enfermedades neurodegenerativas como Alzheimer y ELA.

Las proteínas de unión al ARN, TDP-43 y FUS y su plegamiento incorrecto y posterior depósito patológico podría explicar, tanto la pérdida de función sufrida en algunas enfermedades neurodegenerativas, como la ganancia de toxicidad observada en ELA (Esclerosis Lateral Amiotrófica).

Los resultados del estudio citado, indican que el ARN de la vacuna de Pfizer para Covid-19 tiene secuencias específicas que pueden inducir a TDP-43 y FUS a incorporarse al mismo en sus conformaciones patológicas como priones. En el análisis realizado se identificaron dieciséis repeticiones en tándem UG (ΨGΨG) y se identificaron secuencias ricas en UG (ΨG) adicionales. Se encontraron también secuencias de GGΨA. Posiblemente estén presentes secuencias de G cuádruplex, por lo que se necesita un programa informático para verificarlas. Además, la proteína de pico (espiga) formada por la traducción de la vacuna de ARN se une a la enzima convertidora de angiotensina 2 (ACE2), una enzima que contiene zinc, y esta interacción tiene potencial para aumentar el zinc intracelular. Se ha demostrado que los iones de zinc causan la transformación de TDP-43 en su configuración patológica de prión.

Es sabido que el plegamiento de TDP-43 y FUS en sus conformaciones patológicas como priones causa ELA, degeneración lobar temporal anterior, enfermedad de Alzheimer y otras enfermedades neurológicas degenerativas. El hallazgo mencionado en el artículo citado, así como los riesgos potenciales adicionales, llevan al autor a creer que la aprobación regulatoria de las vacunas basadas en ARN para el SARS-CoV-2 fue prematura y la vacuna puede causar mucho más daño que beneficio.

10º) Posible inserción genómica del ARN vacunal en el ADN (35)(36)

Produciéndose mutagénesis insercional en células en división celular, especialmente de la línea germinal (espermatocitos y ovocitos) e inmunitarias en regresión blástica por estímulo antigénico.

11º) Problemas derivados de las nanopartículas lipídicas LNP (37)

Los lípidos catiónicos ionizables son el excipiente crítico en los sistemas de LNP ya que impulsan el atrapamiento y la administración intracelular.

Pfizer contiene ALC-0315 que es el lípido catiónico, y el otro es ALC-0159, el péptido PEGilado.

SM-102 (heptadecan-9-yl 8 - (2-hidroxietil) (6-oxo-6- (undeciloxi) hexil) amino) octanoato) es un lípido ionizable patentado que se utiliza para formar nanopartículas lipídicas en la vacuna Moderna COVID-19 .

La eliminación o aclaramiento de las nanopartículas lipídicas que encierran el ARN vacunal no está estudiado en humanos, pero los estudios realizados en ratas demostraron que pueden permanecer en los organismos durante meses y que su toxicidad es muy elevada **(9).**

La interacción de los lípidos catiónicos vacunales con moléculas vitales cargadas negativamente: aminoácidos, proteínas y A.N. produce diversas disfunciones, por ejemplo, de enzimas, lo que puede conducir a diversas alteraciones bioquímicas y patología a largo plazo.

La interacción con los fosfolípidos de las membranas celular y mitocondrial produce daño de los enzimas de la cadena respiratoria que se encuentran en dicha membrana, ocasionando depresión de la respiración celular (daño cardiovascular y hematológico).

Daño hepático por toxicidad celular directa con hepatolisis periportal. Debido a que la eliminación de estos lípidos se produce exclusivamente por vía hepatobiliar.

12º) Alergia y anafilaxia al polietilenglicol (38).

El polietilenglicol es uno de los lípidos que componen las nanocápsulas en que está envuelto el ARNm, es un lípido tóxico pero utilizado por sus ventajas, como excipiente en otros fármacos y diversos productos. Muchas personas se encuentran sensibilizadas al mismo por exposición previa, lo que supone que, en el nuevo contacto con el polietilenglicol vacunal, y teniendo en cuenta que la vía de administración es parenteral y, por tanto, muy directa, pueden desarrollar un cuadro anafiláctico que podría ser mortal.

13º) Síndrome de ADE: *Antibody-dependent enhancement* (enfermedad aumentada por vacuna):

Este es uno de los principales y más documentados problemas que presentan las vacunas COVID y no solamente las de ARNm sino todos los tipos, incluyendo las de virus inactivados, de antígenos proteicos y de ADN vectorizado.

En todas las pruebas con vacunas para SARS-CoV y virus similares (sincitial respiratorio), realizadas en todo tipo de animales (ratones, felinos y primates) se ha producido el fenómeno inmunológico conocido como mejora de la infección mediada por anticuerpos, o enfermedad aumentada por vacuna, que consiste en que, al ser expuesta la persona vacunada al virus salvaje o circulante, con posterioridad a la vacunación, en lugar de experimentar una protección, sufre una enfermedad más grave que la natural e incluso la muerte. **(39,40, 41, 42,43, 44).**

Todos estos posibles efectos adversos fueron publicados por la FDA (*)

FDA Safety Surveillance of COVID-19 Vaccines :
DRAFT Working list of possible adverse event outcomes
Subject to change

- Guillain-Barré syndrome
- Acute disseminated encephalomyelitis
- Transverse myelitis
- Encephalitis/myelitis/encephalomyelitis/ meningoencephalitis/meningitis/ encepholapathy
- Convulsions/seizures
- Stroke
- Narcolepsy and cataplexy
- Anaphylaxis
- Acute myocardial infarction
- Myocarditis/pericarditis
- Autoimmune disease
- Deaths
- Pregnancy and birth outcomes
- Other acute demyelinating diseases
- Non-anaphylactic allergic reactions
- Thrombocytopenia
- Disseminated intravascular coagulation
- Venous thromboembolism
- Arthritis and arthralgia/joint pain
- Kawasaki disease
- Multisystem Inflammatory Syndrome in Children
- Vaccine enhanced disease

II.- VACUNAS DE ADN VECTORIZADO (AstraZeneca, Janssen, SputniK, Cansino)

Los fármacos génicos que se están experimentando como vacunas COVID de este tipo, constan de un gen vírico, retrotranscrito a partir de la información contenida en la secuencia de ARN vírica correspondiente a la *Spike protein.* Este ADN, para poder entrar en las células, está vehiculizado en un vector viral, es decir, un adenovirus modificado genéticamente para que no se pueda reproducir. Hay varios tipos de vectores según el tipo de vacuna, generalmente son adenovirus humanos (ad. tipo 5, Ad. tipo 26, vacunas Sputnik y Janssen, respectivamente) pero también los hay de chimpancé como es el caso de la vacuna de AstraZeneca (ChAdOx1 n CoV-19):

La vacuna ChAdOx1 nCoV-19 (AZD1222) consiste en el vector de adenovirus de simio de replicación deficiente ChAdOx1, que contiene la glicoproteína de superficie estructural de longitud completa (proteína de pico) de SARS-CoV-2, con una secuencia líder del activador del plasminógeno tisular. ChAdOx1 nCoV-19 expresa una secuencia codificante de codón optimizado para la proteína de pico (número de acceso de GenBank MN908947).

Sin embargo, es conocido que un mismo ARNm puede codificar para diferentes proteínas en función de situación y tipo celular **(45)**, por lo que se podrá sintetizar la *Spike protein*, pero no podemos descartar que se produzcan también otras proteínas, con funciones desconocidas o interferentes.

En cuanto a su funcionamiento, se supone que el ADN transcribirá un ARNm que codificará la *Spike protein* del SARS-CoV-2 y a partir de este momento el proceso sería similar al que ocurre en las vacunas de ARNm.

POSIBLES RIESGOS O EFECTOS ADVERSOS:

1º.- El vector ChadOx1, a diferencia de otros vectores similares (Chad2), se caracteriza por su **alta infecciosidad.**

Puede infectar a todas las células del organismo menos a los eritrocitos, a la vez que su estímulo del sistema inmune es menor (46). Por esta razón, y por contener restos de ADN humano debido a la utilización de líneas celulares humanas: Células T-REx-293, derivadas de la línea celular HEK-293 (células embrionarias de riñón humano procedente de aborto), para cultivo, no es posible descartar el riesgo de mutagénesis inserciona l **(47)**, particularmente en células inmaduras en proceso de división celular como las células germinales o inmunes.

2º.- Inmunodeficiencia inducida por las vacunas de vector viral:

Otro problema relacionado con los vectores de adenovirus es su posibilidad de inducir inmunodeficiencia. Esto se ha comprobado con el vector Ad. tipo 5 cuando se han probado en humanos vacunas con dicho vector viral, puesto que, particularmente los varones vacunados, eran más susceptibles de ser infectados con el VIH **(48)**. Tampoco es posible descartarlo completamente en los vectores de adenovirus de simio como la vacuna de Oxford y AZ ya que la modificación de la línea celular HEK-293 se hace con adenovirus de tipo 5.

Por otra parte, es sabido que la Universidad de Queensland, Australia, abandonó un proyecto de vacuna COVID vectorizada debido a que en los ensayos clínicos se estaban produciendo positivos en pruebas de VIH **(49).**

3º.- Problemas en la coagulación: (informe de evaluación de la EMA) (50).

La vacuna de AstraZeneca tiene una secuencia de proteína activadora del plasminógeno etiquetada en la secuencia codificante de la *Spike protein*. El activador del plasminógeno es importante en la coagulación sanguínea, si se producen anticuerpos contra éste, o se produce su silenciamiento génico, se ocasionarán problemas en la coagulación, trombosis principalmente, pero también se podrían producir hemorragias, lo que ocasionaría un accidente cerebrovascular o ataque cardiaco. Esto se está observando actualmente como efecto adverso de dicha vacuna, por lo que varios países han decidido interrumpir su inoculación. (concretamente, 17 países europeos han suspendido la vacunación con AstraZeneca, a 16/3/2021) **(51)**

Se ha observado con esta vacuna, de manera recurrente, la trombosis del seno cavernoso. La reducción de la funcionalidad ACE2, ocasionada por la *Spike protein* **(52)** (infección o VACUNA) parece conducir a un aumento de la permeabilidad vascular, si a esto añadimos lesión endotelial causada por detergentes vacunales: polisorbato 80 que también lleva la vacuna AstraZeneca **(31)**, se va a producir un aumento de la expresión de "factor tisular" con activación de la vía extrínseca de la coagulación y con inhibición de la expresión de plasminógeno (disminución de la fibrinolisis). Hay que recordar que la vacuna AstraZeneca contiene un gen de plasminógeno, lo que puede agravar aún más la probabilidad del daño trombótico que puede producir la *Spike protein* vacunal.

En cuanto al SENO CAVERNOSO, es una zona sinusoidal venosa que, por su localización anatómica, está cerca de las ADENOIDES (amígdala faríngea) y el tejido linfoide (células inmunes) es una de las dianas genéticas de la *Spike protein*.

Sin embargo, no se puede descartar que todas las vacunas

para COVID produzcan problemas en la coagulación, pues la regulación a la baja de ACE2, debido a su interacción con la *Spike protein* expresada por dichas vacunas, puede contribuir al aumento del riesgo trombótico por su causa. **(52)**

4º.- Trombocitopenia (53,54):

Se ha comprobado que el vector recombinante derivado de Adenovirus 5 se une rápidamente a las plaquetas sanguíneas circulantes, provocando trombocitopenia. Ad5 activó tanto las plaquetas como las células endoteliales directamente in vitro, como lo demuestra la inducción de P-selectina y la formación de cadenas de plaquetas con factor Von Willebrand, y también in vivo, como lo demuestra la inducción de ARN mensajero de E-selectina. La activación plaquetaria derivada de esta unión en las sinusoides, particularmente hepáticos, genera microtrombos pero no se descarta que sea también un mecanismo que explique las trombosis sinusoidales que se producen tras la vacunación. En general todas las vacunas COVID que utilizan vectores de adenovirus, utilizan el Adenovirus tipo 5 en un momento u otro de su elaboración. Por ejemplo, la AstraZeneca, lo emplea para la producción de la línea celular HEK-293. **(50).**

"Las trombosis venosas eran un poco raras, no se correspondían con las que se suelen ver en la población general. Eran inusuales por ser especialmente graves. Normalmente son algo serio, pero en algunos casos eran trombosis masivas que afectaban no solo al cerebro, sino a otros órganos, como el bazo, el hígado, los pulmones, el sistema venoso profundo... Y se ha observado también que en algunos pacientes además de la trombosis tenían las plaquetas muy bajas. Eso es muy extraño entre personas que tienen una trombosis venosa normal y corriente. Lo que se está estudiando ahora es que pueda ser un fenómeno o bien parecido a la coagulación intravascular diseminada o un fenómeno disinmune y que eso sea lo que está provocando que la sangre se trombose en el sistema venoso y que haya una afectación del número de plaquetas tan llamativa" **(55).**

5º.- Utilización de células embrionarias humanas procedente de aborto: (50: pág. 14) (56).

Para la fabricación de la vacuna AZD1222 se ha utilizado una línea celular recombinante: T-REx-293 cell elaborada a partir de células HEK293 cell line que proceden de riñón de embrión humano abortado. Además de las posibles consideraciones éticas, en estas células quedan siempre residuos de ADN que resulta tóxico y puede producir cáncer **(47)**. Además, en el desarrollo de las células de cultivo T-REx, se emplea el adenovirus humano de tipo 5 asociado con el riesgo de producir inmunodeficiencia **(48).**

6º.- Otros excipientes: Polisorbato 80.

El polisorbato 80 se emplea como emulsionante para mezclar los componentes vacunales, pero además de su conocida toxicidad, los polisorbatos administrados por vía parenteral se han asociado con graves efectos adversos incluyendo la muerte de neonatos **(58)**, puede contribuir al daño endotelial facilitando la producción de trombos **(31)**.

Tampoco se ha utilizado en los ensayos clínicos de la vacuna AstraZeneca un placebo inerte sino la vacuna meningocócica tetravalente: Nimenrix de Pfizer. Por lo que se hace más difícil valorar los efectos adversos de dicha vacuna génica en los ensayos clínicos.

III.- VACUNAS DE SUBUNIDADES PROTEICAS (Novavax y Sanofi/GSK) en desarrollo: fase 3 y fase 2 respectivamente.

IV.- VACUNAS DE VIRUS INACTIVADOS (vacunas chinas: Sinovac, Sinopharm)

Su difusión es menor, sabemos que se están utilizando en países de América Latina como Perú, mientras que en Europa no se están distribuyendo. Suponemos que se utilizan, para su producción, cultivos de células VERO E6, (células de riñón de mono) puesto que en otras células como las humanas no se ha demostrado el crecimiento del SARS-CoV-2.

El principal problema de ambos tipos de vacunas (subunidad proteica y virus inactivados) es la producción de Síndrome de ADE o enfermedad aumentada por vacuna, tras la exposición ulterior al virus circulante u otros coronavirus.

Este efecto adverso es común a todo tipo de vacunas COVID

debido a las características de los coronavirus y al tipo de reactividad inmune que producen, habiéndose comprobado exhaustivamente **(39, 40, 41, 42, 43, 44)**. Es particularmente preocupante, según algunas diferencias raciales, de manera que la raza negra y la hispanoamericana son más susceptibles a desarrollarlo. Nos llama particularmente la atención que, por ejemplo, los estudios clínicos en fase 3 de la vacuna de ARNm de Pfizer, hayan experimentado con tan pocos individuos de ambas razas **(59)**.

Es de destacar también el hecho de que no se ha realizado desafío viral, es decir, exposición de los vacunados al virus salvaje por lo que no se puede descartar la principal preocupación que suscitan estas vacunas: La enfermedad aumentada por vacuna o síndrome de ADE, ya que en los estudios de desafío con animales todos sufrieron enfermedad grave o murieron (Fuente: Robert F. Kennedy Jr. presidente de *Children´s Health Defense*. 22 mayo 2020) y se va a exponer a millones de seres humanos a esta eventualidad.

Tampoco hubo prevención de la infección en los animales vacunados, por lo menos con alguna de estas vacunas. Todos los monos vacunados tratados con la vacuna Oxford se infectaron cuando se los desafió, según se juzga por la recuperación del ARN genómico del virus de las secreciones nasales. No hubo diferencia en la cantidad de ARN viral detectado en este sitio en los monos vacunados en comparación con los animales no vacunados. Es decir, todos los animales vacunados estaban infectados. (Fuente: "¿Funcionó la vacuna Oxford Covid en monos? Realmente, no", por William A. Haseltine). Por lo que no se sabe si la vacunación evitará la trasmisión del virus, pudiendo contribuir de esta manera, A LA DIFUSIÓN DE VARIANTES MAS PELIGROSAS para los que no se habrán desarrollado anticuerpos (Carta del Dr. Geert-vanden-Bossche a la OMS).

También hay que destacar que, las vacunas génicas, han hecho los estudios de fase tres con personas jóvenes y sanas mayoritariamente, muy pocos mayores de 70 años, habiéndose descartado voluntarios que presentaban ya anticuerpos contra el SARS-CoV-2 (por posible ADE), personas con patologías activas y polimedicados, así como embarazadas y niños. Por lo que nos parece una grave irresponsabilidad, estar utilizándolas en dicha población. **(61)**

Es importante insistir en el grave riesgo de desarrollo de enfermedades autoinmunes **(60, 22)**, que no se diagnosticarán, probablemente, hasta pasado un tiempo variable tras la inoculación.

Finalmente, desde el punto de vista ético, también hay que considerar que todas las vacunas génicas para covid han utilizado, en una u otra forma, células procedentes de aborto fetal humano **(56,57)**.

CONCLUSIONES:

A) Todos los tipos de vacunas covid pueden producir ADE: enfermedad aumentada por vacuna (Vaccine enhanced disease).

B) Se han probado con muy pocos individuos de las razas más expuestas a dicho síndrome, como son la RAZA NEGRA y la LATINOAMERICANA MESTIZA.

C) RESPECTO A LAS denominadas vacunas génicas (RNAm y DNA vectorizado) NUNCA antes se han experimentado en la población humana de manera generalizada. Están en FASE EXPERIMENTAL (fase IV postcomercialización).

D) Tienen una APROBACIÓN CONDICIONADA para uso de emergencia. En las fases de prueba se ha descartado a los voluntarios con anticuerpos covid (debido al posible desarrollo de ADE) (Pfizer).

E) Las fases de prueba se han hecho principalmente con individuos jóvenes y sanos, mientras que el nº de personas mayores de 65-70 años y con patologías o polimedicadas ha sido INSUFICIENTE.

F) En las conclusiones de los estudios de esta vacuna no se descarta que se pueda evitar la transmisión y, por tanto, el contagio a individuos sanos.

G) Tampoco se sabe si protegerán de nuevas variantes víricas ni cuánto durará la protección.

H) No hay evidencia de que no puedan producir trombosis y trombocitopenia, debido al elevado nº de casos que se han producido tras la inoculación de las mismas y en un periodo de tiempo muy corto.

I) Hay CIENCIA BÁSICA que obliga a DESCARTAR EL POSIBLE RIESGO de los siguientes efectos adversos graves que no se han tenido en cuenta, algunos de los cuales se pueden producir a medio o largo plazo:

1.- PATOLOGÍA NEUROLÓGICA Y PARÁLISIS.
2.- ENFERMEDADES AUTOINMUNES COMO ESCLEROSIS MÚLTIPLE Y DIABETES.
3.- ESTERILIDAD FEMENINA Y ABORTOS.
4.- ESTERILIDAD MASCULINA.
5.- INMUNODEFICIENCIA.
6.- CÁNCER, especialmente LEUCEMIAS Y LINFOMAS.
7.- ESQUIZOFRENIA Y TRASTORNOS DEL COMPORTAMIENTO (TOC).
8.- DEMENCIA Y ELA.
9.- ALTERACIONES GENÉTICAS POR SILENCIAMIENTO GÉNICO Y/O MUTAGÉNESIS INSERCIONAL.

BIBLIOGRAFÍA:

(1) Here are 2 compilation pdfs containing ~60 responses from 47 institutions in 10 countries re the isolation/purification/existence of "SARS-COV-2" last updated February 12, 2021:
Part 1: https://www.fluoridefreepeel.ca/wp-content/uploads/2021/02/FOI-replies-SARS-COV-2-isolation-existence-causation-47-institutions-Feb-12-2021-chrono-part-1.pdf
Parte 2: https://www.fluoridefreepeel.ca/wp-content/uploads/2021/02/FOI-replies-SARS-COV-2-isolation-existence-causation-47-institutions-Feb-12-2021-chrono-part-2.pdf
(2) https://cauac.org/articulos/covid19-y-autoinmunidad/
(3) Positive association between COVID-19 deaths and influenza vaccination rates in elderly people worldwide . Christian Wehenkel. Peer journal, sept. 2020.
(4) COVID -19 severity in Europe and the USA: Could the seasonal influenza vaccination play a role? EBMPHET Consortium.
(5) DIOXIDO DE CLORO: Una solución segura y potencialmente efectiva para superar el COVID-19. COMUSAV, octubre 2020.
(6) Use of Emergency Use Listing procedure for vaccines against Covid-19. Q&A.
Pfizer, "A Phase 1/2/3 Study to Evaluate the Safety, Tolerability, Immunogenicity, and Efficacy of RNA Vaccine Candidates Against COVID-19 in Healthy Individuals", BioNTech.
Peter Doshi, "Pfizer and Moderna's '95% effective' vaccines—we need more details and the raw data", thebmjopinion, 4 janvier 2021
(7)https://www.bmj.com/content/372/bmj.n627?fbclid=IwAR3j4ys1ZDxsgk6R1xhs-GifCZXL8qWRGPjQzftNBbd7CiQbMwzjtJGIY3s

(8) EUROPEAN MEDICINES AGENCY (Science Medicines Health) Assessment Report Comirnaty, 19 feb. 2021.EMA/707383 2020 corr.
(9) Entrevista a dra Vanessa Schmidt-Kruger MDC-Berlin. http://enformtk.u-aizu.ac.jp/howard/gcep_dr_vanessa_schmidt_krueger/
(10) Determinadas vacunas utilizan ARN autoamplificable (replicón), es decir, el ARN introducido se multiplica por sí mismo en el interior de la célula, lo que hace que se genere una cantidad muy superior del antígeno contra el que se pretende crear inmunidad.
(11) https://doctors4covidethics.medium.com/urgent-open-letter-from-doctors-and-scientists-to-the-european-medicines-agency-regarding-covid-19-f6e17c311595
(12) https://www.bitchute.com/video/6KglPiluyvIr/
(13) VSK : "Este mecanismo atraviesa la barrera hematoencefálica debido al transporte mediado por ApoE. Entonces, los LNP pueden causar daño en el cerebro" Entrevista citada en (9).
(14) The coronavirus spike protein is a class I virus fusion protein: structural and functional characterization of the fusion core complex. Berend Jand Bosch et al. J. Virol aug 2003.
(15) Regulation of the human endogenous retroviral Syncytin-1 and cell-cell fusion by the nuclear hormone receptor PPARγ/RXRα in placentogenesis. Matthias Ruebner et al. Journal of Cellular Biochemistry, 2012.
Syncitin-1 and its receptor is present in human gametes. B. Bejerregaard et al. Gamete Biology. Mar 2014.
(16) According to the FDA's adverse reporting system, 3 dozen cases of spontaneous miscarriages or stillbirths occurred after taking the Covid-19 vaccination. PUBLIC HEALTH INFORMATION. The Epoch Times By Meiling Li, March, 1-2021.
https://trikooba.com/2021/03/17/un-pediatra-embarazada-que-publico-orgullosamente-en-redes-su-vacunacion-contra-el-covid-pierde-el-bebe-8-dias-despues/
(17)Endogenous retrovirus-encoded Syncytin-2 contributes to exosome-mediated immunosuppression of T cells. Adjimon G.Lokossou et al. Biology of Reproduction. July 2019.
(18) Response to nCoV2019 against the background of endogenous retroviruses. William Gallaher PhD. Emeritus Professor.Department of Microbiology, Immunology & Parasitology . Profbillg 1901, 13 feb 2020.
Yeadon, https://archive.is/LniCU
Bruno, https://cienciaysaludnatural.com/las-vacunas-contra-covid-19-podrian-afectar-la-fertilidad/)
(19) Transcriptional derepression of the ERVWE1 locus following influenza A virus infection. Fang Li et al. J.Virol. 2014 https://pubmed.ncbi.nlm.nih.gov/24478419/
(20) Efectos adversos vacunas COVID. Yellow Card. https://www.gov.uk/government/publications/coronavirus-covid-19-vaccine-adverse-reactions
(21) https://www.debate.com.mx/salud/Suspende-Australia-investigacion-de-vacuna-contra-coronavirus-por-falsos-positivos-a-VIH-20201210-0201.html
(22) The Human Endogenous Retrovirus Envelope Glycoprotein, Syncytin-1, Regulates Neuroinflammation and Its Receptor Expression in Multiple Sclerosis: A Role for Endoplasmic Reticulum Chaperones in Astrocytes, J Mathews et al. The Journal of Inmunology, August 2007 DOI: 10.4049/jimmunol.179.2.1210
(23)The contribution of immune and glial cell types in experimental

autoimmune encephalomyelitis and multiple sclerosis. Samuel S. Duffy et al. School of Medical Science, The University of New South Wales, Sidney, Australia. Oct. 2014.
(24) Syncytin-1, an endogenous retroviral protein, triggers the activation of CRP via TLR3 signal cascade in glial cells Wang X, Liu Z, et al.Brain Behav Immun. 2018 Jan;67:324-334. doi: 10.1016/j.bbi.2017.09.009. Epub 2017 Sep 18.
(25) The EMA covid-19 data leak, and what it tells us about mRNA instability https://www.bmj.com/content/372/bmj.n627?fbclid=IwAR3j4ys1ZDxsgk6R1xhs-Gi-fCZXL8qWRGPjQzftNBbd7CiQbMwzjtJGIY3s
(26) First evidence of pathogenic HERV-W envelope expression in the lynfocytes in association with the respiratory outcome of COVID-19 patients. Emanuela Balestrieri et al. (university of Rome Italy, et University of Lyon France) 2021.
(27) The Novel Angiotensin-Converting Enzyme (ACE) Homolog ,ACE2, Is Selectively Expressed by Adult Leydig Cells of the Testis. Gabrielle C. Douglas et al. Endocrinology 2004.
(28) The Protein Expression Profiles of ACE2 in Human Tissues. Feria Hikmet et al. Mol. Syst. Biol. Julio 2020.
(29) Angiotensin-converting enzyme 2 in the brain: properties and future directions. Huijing Xia et al. Journal of Neurochemistry, 2008.
(30) ACE2 down- regulation may contribute to the increased thrombotic risk in COVID-19. Laura Lupi et al. European Society of Cardiology, 2020.
(31) Teoría de la interferencia inmunológica entre los polisorbatos parenterales y el SARS-CoV-2. Papel de las C-Lectinas. Juan F. Gastón et al. Hospital de Barbastro, Huesca, España, 2020.
(32) Modificaciones Químicas en ARN Interferente: De la investigación básica a las aplicaciones terapéuticas. Álvaro Somoza. Investigación Química. Madrid, 2010.
(33) Human endogenous retrovirus-K contributes to motor neuron disease. Wensue Li et al. HHS PUBLIC ACCESS, Sci. Transl.Med. Sept. 2015.
(34)COVID-19 RNA Based Vaccines and the Risk of Prion Disease J. Bart Classen, MD* Microbiology & Infectious Diseases (Received: 27 December 2020; Accepted: 18 January 2021)
(35) mRNA, Nanolipid Particles and PEG: A triad Never Used in clinical vaccines is going to be tested on hundreds of millions of people. Alejandro Sousa et al. BIOMEDICAL.J. of Scient. And Tech. Research. Feb 2021.
(36) https://www.nosmintieron.tv/bombazo-el-director-medico-de-moderna-admite-que-la-vacuna-experimental-de-arnm-modifica-el-adn/
(37) Entrevista a dra Vanessa Schmidt-Kruger MDC-Berlin. Citada en (9).
(38) Polyethilene glycol as a cause of Anaphylaxis. Katharina Wylon et al. Allergy Asthma Clin Inmunol. Dec 2016.
(39) Antibody-dependent enhancement and SARS-CoV-2 vaccines and therapies . Wen Shi Lee,et al. Nature Microbiology sep. 2020.
(40) Antibody-dependent enhancement and SARS-CoV-2 vaccines and therapies . Wen Shi Lee,et al. Nature Microbiology sep. 2020.
(41) Imnmunization with SARS Coronavirus Vaccines Leads to Pulmonary Immunopathology on Challenge with the SARS Virus. Chien-Te Tseng et al. Plos One. April 2012.
(42) Antibody-dependent sars coronavirus infection is mediated by antibodies against spike proteins.Wang S.F. et alt.(Biochem Biophys Res Commun. 2014)
(43) Anti-spike IgG causes severe acute lung injury by skewing macrophage

responses during acute SARS-CoV infection. Liu L. et alt (JCI Insight. 2019).
(44) https://red.cienciaysaludnatural.com/lecciones/peligros-de-la-mejora-dependiente-de-anticuerpos-ade-de-estas-inyecciones/
(45) Deep surveying of alternative splicing complexity in the human transcriptome by high-throughput sequencing. Qun Pan. Et al. Nature Genetics. 2008 Nov. https://www.nature.com/articles/ng.259
(46) Simian adenovirus as vaccine vectors. Susan J. Morris,et al. Future virology. Sept. 2016.
(47) Insertional mutagenesis and autoimmunity induced disease caused by human fetal and retroviral residual toxins in vaccines. Peter Jarzina et al. Issues L. & Med. 221 (2016) https://heinonline.org/HOL/Landing-Page?handle=hein.journals/ilmed31&div=23
(48) Use of Adenovirus type-5 vectored vaccines: a cautionary tale. Susan P. Buchbinder et al. THE LANCET, oct.,19-2020.
(49) https://laverdadnoticias.com/mundo/Vacuna-contra-COVID-19-provoca-positivos-de-VIH-Australia-cancela-su-compra-20201210-0300.html
(50) EUROPEAN MEDICINES AGENCY. 29 january 2021,EMA/94907/2021. Committee for Medical Products for Human Use (CHMP) Assessment Report. Covid-19 vaccine AstraZeneca. Common name: Covid-19 vaccine (ChAdOx1-S Recombinant) Procedure nº EMEA/H/C/005675/0000.
(51) Noticias de prensa sobre interrupción vacunación AstraZeneca:
https://www.mentealternativa.com/8-paises-europeos-suspenden-la-vacuna-de-astrazeneca-por-graves-casos-de-trombos/
https://www.google.com/amp/s/www.lavanguardia.com/vida/20210311/6299811/dinamarca-suspende-vacunacion-astrazeneca-graves-casos-trombos.amp.html
https://www.irishpost.com/news/ireland-temporarily-suspends-use-of-astrazeneca-covid-vaccine-206242
https://www.google.es/amp/s/amp.noticiasdenavarra.com/actualidad/unioneuropea/2021/03/15/alemania-suspende-vacuna-astrazeneca/1129099.html
https://www.eldiestro.es/2021/03/en-espana-se-suspende-la-vacunacion-con-astrazeneca-durante-15-dias-por-prevencion-que-pensaran-ahora-las-814-278-personas-ya-vacunadas-con-este-producto/
(52) ACE2 down-regulation may contribute to the increased thrombotic risk in COVID-19. Laura Lupi, et al. European Heart Journal. July 2020. https://academic.oup.com/eurheartj/article/41/33/3200/5874082?login=true
(53) Adenovirus-platelet interaction in blood causes virus sequestration to the reticuloendothelial system of the liver. Daniel Stone et al. J. Virol. 2007 https://pubmed.ncbi.nlm.nih.gov/17301138/
(54) Polyethylene glycol modification of adenovirus reduces platelet activation, endothelial cell activation, and thrombocytopenia. Sean E. Hofherr et al. Hum. Gene. Ther. Sep. 2007.
https://pubmed.ncbi.nlm.nih.gov/17767399/
(55) https://elpais.com/sociedad/2021-03-18/las-trombosis-detectadas-tras-la-vacuna-son-raras-no-se-corresponden-con-las-que-se-suelen-ver-en-la-poblacion-general.html
(56) Vaccines that use human fetal cells draw fire. Meredith Wadman. Science 368 (6496), 1170-1171.
(57) Sobre utilización tejidos aborto:
https://cogforlife.org/guidance/
(58) Lessons from the E-ferol tragedy. Balistrery WF et al. Pediatrics, 1986.
(59) Safety and Efficacy of the BNT162b2 mRNA Covid-19 Vaccine. Fernando P.

Polack M.D. et al. The New England Journal of Medicine. Dic 2020.
(60) An ancestral retroviral protein identified as a therapeutic target in type-1 diabetes. Sandrine Levet et al. JCI Insight. Sept. 2017
(61) ALGUNAS NOTIFICACIONES SOBRE EFECTOS ADVERSOS.
- OPEN LETTER FROM THE UK MEDICAL FREEDOM ALLIANCE TO:
Nadhim Zahawi, Minister for COVID-19 vaccines deployment
Matt Hancock,Secretary of State for health and Social Care.
CC Boris Johnson Prime Minister, 5-feb-2021.

Listado efectos adversos UK (se actualiza semanalmente)
https://www.gov.uk/government/publications/coronavirus-covid-19-vaccine-adverse-reactions
https://www.eldiestro.es/2021/03/ya-son-460-las-personas-muertas-y-243-612-los-efectos-secundarios-detectados-por-la-vacuna-en-reino-unido-llaman-poderosamente-la-atencion-los-datos-de-astrazeneca-habiendo-empezado-a-usarse-mas-tard/
https://dailyexpose.co.uk/2021/03/13/shocking-uk-gov-release-6th-update-on-adverse-reactions-to-covid-vaccines-which-sees-rate-increase-to-1-in-166/
Más efectos adversos: trombocitopenia.
http://dsru.org/pharmacovigilance-evidence-review-time-trends-in-adverse-event-reporting-in-the-eu-us-and-uk-thrombocytopenia/
https://greatgameindia.com/astrazeneca-immune-response-blood-clots/
SOBRE EL ARN DEFECTUOSO de Pfizer.
https://www.bmj.com/content/372/bmj.n627?fbclid=IwAR3j4ys1ZDxsgk6R1xhs-Gi-fCZXL8qWRGPjQzftNBbd7CiQbMwzjtJGIY3s
http://www.christianitydaily.com/articles/11054/20210305/covid-vaccination-resulting-in-significant-number-of-deaths-serious-injuries-in-german-nursing-home-whistleblower-reveals.htm
Enorme nº de muertes registradas por VAERS solo un día después de vacuna COVID.
https://odysee.com/@mentealt:1/vaers-vaccine-expose-huge-list-of-deaths-within-a-day-of-injection:e?r=EQrH2GB5x6rFzvrhU1C8nt1bCV4yZqMh
https://m.bles.com/ultimas-noticias/estragos-de-la-vacunacion-cerca-de-3-900-muertos-entre-estados-unidos-y-la-union-europea.html?t=wk8796ec

FIRMAS. Este artículo está avalado por los siguientes médicos y biólogos:

1. Mª José Martínez Albarracín. Universidad de Murcia. Actualmente no colegiada.
2. Manuel Alejandro Sousa Escandón Doctor por Universidad de Santiago de Compostela. Colegiado 2702700 (Lugo)
3. Luis Marcelo Martínez. Médico genetista. Universidad de Buenos Aires MN 107982
4. Ricardo Falcón Lambán. Doctor por la Universidad de Zaragoza. Número de colegiado 50.0549
5. Emilio Morales Prado. Doctor por Universidad de Sevilla.
Colegiado: 5466 del RICOM de Sevilla.
6. Carlos González de la Cuesta Lic. Universidad de Santiago Doctorado en Univ. de Navarra Nº Colegiado 2235, Ourense
7. Ana María Montenegro Portillo. Doctora por la Un. de Granada. Nº Colegiada 08324
8. Silvano Baztán Guindo, Doctor en Med. Univ.de Navarra, Nº colegiado 313103445
9. José Manuel Esteban Hernández. Doctor por Universidad Literaria de Valencia
10. Juan José Martínez. Licenciado la Universidad de Valladolid.
Doctor por la Universidad del País Vasco Nº Colegiado 202003256, Guipúzcoa.
11. Manuel Gutiérrez Ontiveros. Universidad de Sevilla Nº de Colegiado 8803
12. Rafael Reinoso Casado. Universidad de Navarra Colegiado 26/1651
13. Carmen Soler Arnedo. Universidad de Valencia. Colegiada 14762

1. Jon Ander Etxebarria Garate - Licenciado en Biología por la Universidad de Oviedo. Facultad de León Colegiado Nº Col. 2 – Colegio de Biólogos de Euskadi
2. Almudena Zaragoza Velilla - Licenciada en Biología por la Universidad Autónoma de Madrid Nº Col. 19086M – Colegio de Biólogos de Madrid
3. Ane Miren Yusta Sanz - Licenciada en Biología de Ecosistemas por la Universidad del País Vasco Nº Col. 1584- Colegio de Biólogos de Euskadi
4. Pablo Honduvilla Ruiz – Licenciado en Biología por la Universidad de Valencia Nº Col. 30401-CV – Colegio Oficial de Valencia.
5. Carmen Zaballa Ramos - Licenciada en Ciencias Biológicas por la Universidad del País Vasco.
6. Dr. Francisco Molino Olmedo - Doctor en Ciencias Biológicas por la Universidad de Granada.
7. Jesús García Felgueroso - Licenciado en Biología por la Universidad de Oviedo.
8. José Manuel Cantó Sánchez - Licenciado en Biología por la Universidad de Granada. Catedrático de Biología y Geología.
9. Marina Castells Quero – Licenciada en Biología por la Universitat de Barcelona.
10. José Muñoz Moreno – Licenciado en Biología Fundamental por la Universidad de Granada.
11. Bartomeu Payeras Cifre – Licenciado en Biología por la Universidad de Barcelona.
12. Andrea Nuevo Álvarez - Licenciada en Biología por la Universidad de Oviedo.

14. Consuelo Vázquez Picos. Facultad Oviedo. Nº colegiada 33063647.
15. Buenaventura Hernández Machín. Univ. de Las Palmas de Gran Canaria.
Nº colegiado: 35/35/05158
16. Blanca Asunción Lario Elboj. Universidad de Zaragoza Nº de colegiado 50/11417
17. Esther Vilarnau Reig. Universidad Autónoma de Barcelona, Nº Col. 28034 Barcelona.
18. Eva Monge Casares. Universidad de Valladolid.
19. Concepción Ortiz de Zárate Maguregui. Universidad del País Vasco UPV (EHU)
Nº Col. 33_09732 Asturias.
20. María Carmen Martínez Poyato Universidad de Murcia. Nº Colegiada en Murcia 302921
21. Emilio Guzmán Sánchez Nº colegiado 8812, Zaragoza
22. Ana Mar Gil Urnicia. Universidad de Navarra. Nº Colegiado 4.765. Navarra
23. Juana María Legaz Domench Universidad de Navarra. CNP:98-0007636-49
24. Dictino García Gonzalo. Universidad de Bilbao Nº Colegiado 5005957, Vitoria
25. Teresa Arraez Salvago Universidad de Granada. Nº Colegiada 1805727 Granada
26. José María Olivares Barrero. Universidad de Granada. Nº Colegiado 18/1805431.
27. José María Altarriba U. Autónoma Barcelona Nº Colegiado 3457 Oviedo
28. Pedro López Bastida Universidad de Murcia. Número de colegiado 2546
29. María Amparo Soriano Gil Univ. Literaria de Valencia, Nº Colegiado 464617462
30. Francisco Javier Ramos Alija. Nº Colegiado 242403479, León.

13. Estíbaliz Tello Mendiguchia - Licenciada en Biología por la Universidad de Barcelona.
14. Sergio Acosta López – Licenciado en Biología por la Universidad de Alicante.
15. Nayely Espinoza Covarrubias - Licenciada en Biología por la Universidad Autónoma Metropolitana de México.
16. Rebeca Lavandera García – Licenciada en Biología por la Universidad de Oviedo.
17. Daniel de la Torre Llorente - Doctor en Ciencias Biológicas por la Universidad Autónoma de Madrid. Profesor titular de universidad.
18. Rosa Domingo Bernardo – Licenciada en Biología por Universidad Complutense de Madrid.
19. Alejandro Polo Santabárbara - Licenciado en Biología Ambiental por la Universidad Autónoma de Madrid.
20. María Jesús Blázquez García - Licenciada en Biología por la Universidad Complutense de Madrid. Catedrática de Biología y Geología.
21. Miguel Cancela Bañuelos – Licenciado en Biología por la Universidad Autónoma de Madrid.
22. María Dolores Munuera Martínez - Licenciada en Biología por la Universidad de Murcia.
23. Laura Tobaruela Lana – Licenciada en Biología por la Universidad de Barcelona.
24. Fernando López-Mirones – Licenciado en Biología por la Universidad Complutense de Madrid.
25. María Esperanza Manzano Piedras - Licenciada en Biología por la Universidad Autónoma de Madrid.
26. Jon Ortega Rodrigáñez - Licenciado en Biología por la Universidad Autónoma de Madrid.

31. Mª Jesús Galán Dueñas Nº Colegiado 4109943.
32. María Fuentes Caballero. Universidad Central Barcelona Nº Colegiado 6974. Cádiz.
33. Koldo Aso Medialdea Universidad de Valladolid. Nº Colegiado 3399, Donostia
34. José Luis Jiménez Sales. Universidad de Salamanca. Nº Colegiado 10/1002170, Cáceres.
35. Carlos Muñoz-Caravaca Ortega Universidad de Valencia
Nº Colegiado 024617772
36. Luis Fernando Cámara. Universidad del País Vasco. Nº Colegiado 48-3200
37. Tatiana Botella Arias Universidad de Barcelona. Nº Colegiado 32.461
38. José Ramón Blanco Sánchez
Universidad de Alcalá de Henares. Nº Colegiado 2867889
39. Ángeles Gimeno López Universidad Autónoma Bcn Nº Colegiado 18768
40. Ricardo Arriola López. Universidad País Vasco. Nº Colegiado 3855, Gipuzkoa
41. Blanca Rodríguez Tuñas. Facultad Medicina de Sevilla. Actualmente no colegiada
42. Angustias Ferrer Pertiñez. Nº Colegiado. 11.058
43. Francisco Tomás Verdú Vicente. Universidad de Valencia. Nº Colegiado 14.268 Valencia.
44. María Jesús Martínez Yuste. Universidad de Zaragoza Nº Colegiada 5007480
45. Mª Luisa Escandón Pérez. Universidad de Sevilla Nº Colegiada 33/4112465
46. José María Méndez Bayón. Universidad de Valladolid, Nº Colegiado 26/9-4421, en La Rioja.

27. Jacinto Martínez Ródenas – Licenciado en Biología por la Universidad de Murcia.
28. Isabel López López – Licenciada en Biología por la Universidad de Barcelona.
29. Xabier Jauregui García – Licenciado en Biología por la Universidad del País Vasco.
30. Felisa Basaldúa Lázaro – Doctora en Biología por la Universidad del País Vasco.
31. Eduardo Gabriel Lucía Manica – Licenciado en Biología por la Universidad Veracruzana
32. Gabriel Cantó Martínez – Licenciado en Ciencias Ambientales por la Universidad de Murcia. Profesor de Biología y Geología.
33. Alejandro Iruela Alonso – Licenciado en Ciencias Ambientales por la Universidad Rey Juan Carlos de Madrid.
34. Francisco Javier Rueda – Licenciado en Biología por la Universidad Complutense de Madrid
35. Ramiro Castillo Burgos – Licenciado en Biología por la Universidad Nacional de Trujillo.
36. Vicente I. Costa Ciscar – Licenciado en Biología por la Universidad de Valencia.

47. Sofía María Jesús Labrada Trenado. Universidad Central Barcelona.
Nº Colegiada 23916, Barcelona.
48. Susanna Petit Petermann. Universidad Autónoma de Barcelona. Ejerzo en Suiza nº col Suiza 035967.
49. Pedro Luis Rocamora Jover. Nº Colegiado 6287, Alicante.
50. Carmen Martí Amiguet. Universidad de Valencia. Nº Colegiado 2971 en Gipuzkoa.
51. Dinah Morales Pérez. Universidad de Sevilla Nº Colegiado 213978-3 (Huelva).
52. Juan Antonio Martínez Candel. Universidad de Valencia Nº colegiado 464609360
53. Raquel Fuentes Cuenca. Universidad de Alicante. ES 03-8248-7.
54. Concha Antón Antón. Universidad de Valencia. Nº Colegiado 10.812
55. María Europa Sierra Benítez. Facultad Medicina de Cádiz. Actualmente no colegiada.
56. Angustias Ferrer Pertiñez. Nº Colegiada 11.058, Sevilla
57. Concha Antón. Universidad de Valencia Nº Colegiada 46-10812
58. M. Susana Sanz Cardeñosa. Universidad autónoma Barcelona. Nº Colegiada 36104.
59. Servando López Gómez. Médico rehabilitador. Nº Colegiado 111104692, Cádiz.
60. Elena Castro Méndez. Universidad de Sevilla. Nº Colegiada 41/13027.

Entrevista en Scabelum TV con el abogado Luis de Miguel Ortega con información completa sobre la Vacuna Covid-19 que posibilita un criterio fundamentado.

María José Martínez Albarracín.
*Biografía en páginas finales

Dr. Dan Macías

NO HAY EVIDENCIA DE QUE INFECTADOS ASINTOMÁTICOS TRANSMITAN VIRUS RESPIRATORIOS CON POTENCIAL PANDÉMICO.

El **7 de enero de 2020**, China afirmó que la causa de la enfermedad llamada Neumonía de Wuhan podría ser un nuevo coronavirus, pero negó que se transmitiera de persona a persona. El 16 de enero el CDC de Taiwan ante la aparición de casos de neumonía atípica que no habían visitado el mercado de Wuhan, sugirió que el nuevo coronavirus realmente se transmitía de persona a persona, pero la OMS desestimó la advertencia ese mismo día, informando que no había evidencia "clara" respecto a ese tipo de transmisión. Sin embargo, cinco días después, el 21 de enero, China admitió que el nuevo coronavirus se contagiaba de persona a persona. El 23 de enero, día en que China aisló a 11 millones de personas, la OMS afirmó que la Neumonía de Wuhan no constituía una emergencia sanitaria internacional de salud pública. Una semana después, el 30 de enero, la OMS se retractó y admitió que efectivamente se trataba de una emergencia sanitaria internacional de salud pública, cuando más de veinte países registraban casos y había 170 fallecidos en China, con más de diez mil contagiados en ese país.

El **24 de enero de 2020**, tres días después que China admitiera que el nuevo coronavirus efectivamente se transmitía de persona a persona, fue publicado en *The Lancet* un artículo (1) médico al respecto, comunicando que en el Hospital de Wuhan había ocurrido el contagio de algunos visitantes. El reporte consignó que una familia china de seis integrantes, procedente de Shenzhen, visitó Wuhan por una semana, entre el 29 de diciembre y el 4 de enero de 2020, sin visitar el mercado de Wuhan ni tener contacto con animales, aunque dos miembros de la familia visitaron el hospital de Wuhan, y al regresar a su ciudad de origen todos presentaron neumonía inexplicada, excepto un niño de 10 años, infectado pero asintomático.

El **30 de enero de 2020** dos periodistas del departamento de prensa de la revista *Nature* publicaron un artículo (2) basado en una entrevista a distintos científicos británicos y titulado "Lo que los científicos quieren saber sobre el brote de coronavirus", que plantea varias preguntas, como, por ejemplo "¿Pueden las personas infectadas diseminar el virus sin mostrar síntomas?" Ahí se menciona el caso del niño asintomático de 10 años y afirma que si los casos infectados asintomáticos fueran comunes y pudieran diseminar el virus, contener la enfermedad sería muy difícil, ya que, según los dos periodistas, la clave para controlar el virus del SARS (2002-2003) habría sido aparentemente el hecho de que esa infección generaba pocos casos asintomáticos (aunque, en realidad, la evidencia científica revisada muestra que nunca se ha documentado transmisión del virus del SARS por parte de infectados asintomáticos, así que atribuirle esa relevancia a los asintomáticos fue un error o tergiversación de los periodistas). El mismo artículo plantea que una forma de determinar si las personas asintomáticas pueden contagiar o no, es estudiar a los contagiados en China que son obligados al confinamiento domiciliario junto a sus familiares y, al monitorear a todos los miembros de la familia, sería posible determinar quién contrae el virus y cómo.

El mismo **30 de enero**, la revista *New England Journal of Medicine* (NEJM) publicó un artículo, una carta (3), entre cuyos autores se encuentra Christian Drosten, el mismo virólogo que introdujo la RT-PCR para diagnosticar COVID19. Esta carta era un reporte acerca de varios casos secundarios (los primeros de Alemania) donde la transmisión parecía haber ocurrido durante el período de incubación o pre-sintomático del individuo supuestamente transmisor y fue acompañado de una consideración teórica: *personas asintomáticas son potenciales fuentes de infección y entonces sería conveniente replantear la dinámica de transmisión del brote viral de este nuevo coronavirus*. Los autores del artículo manifestaron su preocupación de que hubiera diseminación de partículas virales pese a la recuperación de los infectados, aunque no había demostración de que esas partículas fueran contagiantes. ¿Mencionaron esa amenazante posibilidad especulativa sólo por mencionar "algo"... o para echar a girar una bola de nieve?

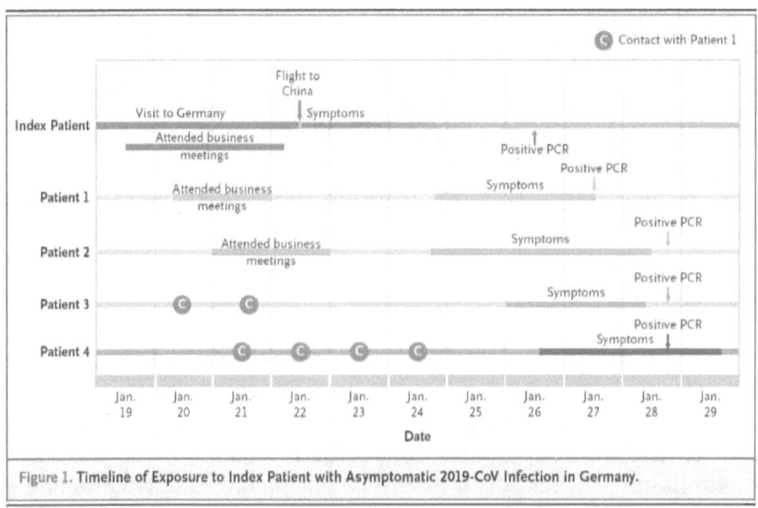

Figure 1. **Timeline of Exposure to Index Patient with Asymptomatic 2019-CoV Infection in Germany.**

En el reporte, el Caso Índice (Index Patient) que permitió detectar al transmisor, fue una mujer que había viajado desde Shanghai, China, a Munich por asuntos de negocios, iniciando síntomas durante el retorno a su país y declarándolos varios días después, siendo sometida al test PCR y obteniendo un resultado "Positivo". El rastreo de contactos identificó al Paciente 1 (Patient 1), supuesto transmisor, quien había tenido contacto con dos empleados de su empresa, identificados como Paciente 3 (Patient 3) y Paciente 4 (Patient 4), en los mismos días que tuvo contacto con la mujer china. Además, en esos mismos días la mujer tuvo reuniones con otro miembro de la misma sociedad comercial, el Paciente 2 (Patient 2), sin participación del Paciente 1.

Luego de haber tenido contacto con la mujer china y con los pacientes 3 y 4, el Paciente 1 tuvo una enfermedad breve e inespecífica, se recuperó y -por el rastreo de casos- fue localizado y examinado con RT-PCR, cuyo resultado fue "Positivo". Al día siguiente, los pacientes 1 y 2 (que ya tenían síntomas), también fueron localizados y recibieron un resultado "Positivo" para SARS-CoV-2 en la RT-PCR. El Paciente 2 no tuvo contacto con el Paciente 1, sino que sólo con la mujer china, y también desarrolló síntomas y tuvo una RT-PCR con resultado "Positivo".

Aunque el Paciente 1 se había recuperado (sus síntomas habían desaparecido) al momento de ser diagnosticado, su saliva continuaba presentando una carga viral elevada (108 copias/mL) según RT-PCR cuantitativa, aunque no pudo demostrarse que esas partículas virales en saliva fueran capaces de contagiar, ya que no se hizo un cultivo viral, técnica que habría podido refutar (o avalar) esa aprehensión. Los autores del artículo no mencionaron por qué no se aplicó esa técnica de laboratorio si el paciente fue atendido precisamente en la División de Enfermedades Infecciosas y Medicina Tropical en Munich, Alemania. Tampoco pudo demostrarse si el Paciente 1 era capaz de transmitir sus partículas virales a otros o no.

El **5 de febrero**, es decir, seis días después de publicarse el reporte en la revista NEJM, los autores contactaron telefónicamente a la mujer china para clarificar si realmente estaba asintomática durante su estadía en Munich. Ella dijo que durante el vuelo hacia Munich, el 19 de enero, un pasajero detrás de ella estaba tosiendo; que el día 20 de enero en la madrugada tuvo sensación febril que contrarrestó con paracetamol (y aparentemente no volvió a tener ese síntoma ni a consumir ese medicamento); que el 21 de enero presentó fatiga junto con dolores musculares y torácicos, que atribuyó al desfase horario; que el 22 de enero sintió frío y lo contrarrestó arropándose, tras lo cual tomó el avión de regreso a China, y el día 23 de enero se sintió definitivamente enferma y tuvo fiebre (aproximadamente 38°C), siendo hospitalizada el día 25 de enero. Estos datos no se incluyeron en el artículo, sino que se consignaron en un Apéndice Suplementario, un texto independiente cuya existencia se menciona al término del artículo y debe ser buscado intencionalmente en la versión electrónica de la revista NEJM.

En este artículo no está consignado qué protocolo de RT-PCR fue aplicado para obtener los resultados "Positivos", qué valor de Ct se consideró como resultado "Positivo", así que está pendiente demostrar si SARS-CoV-2 estaba presente en las secreciones respiratorias de los pacientes o no; según se desprende del artículo, no se demostró que SARS-CoV-2 fuera el único causante de los síntomas de la mujer y de los otros casos, ya que no se menciona si les realizaron o no la batería de exámenes destinada a identificar otros virus; los autores no demostraron en qué sentido ocurrió la transmisión y al respecto caben varias preguntas, ya que la secuencia cronológica de aparición de síntomas no significa nada respecto a quién pudo haber sido el primero en adquirir el virus.

• ¿De veras puede **probarse** que el contagio de una persona se debió al contacto con otra persona específica? No hay técnica de laboratorio que permita demostrar eso fehacientemente, de manera confiable (99,9% de certeza), como lo haría un Test de Paternidad, para vincular al virus de un individuo exclusivamente con el virus de otro, ya que, a diferencia de los seres humanos, los virus se multiplican mediante clonación. Ante una persona en quien se demuestra que efectivamente tiene un virus particular y no tiene ningún otro virus como causante de sus síntomas, no hay forma de determinar quién de sus contactos -que también tienen el mismo virus- fue el transmisor del virus que esa persona tiene.

• ¿Fue la mujer china, procedente de Shanghai, quien contagió separadamente a los pacientes 1 y 2, o fue a la inversa (es decir, uno de ellos la contagió)?

• El contagio del Paciente 3 y del Paciente 4 ¿se pudo corroborar con la rigurosidad debida para considerarlos como "Infectados"?

• ¿Acaso el Paciente 1 fue el único ser humano que pasó tiempo con los pacientes 3 y 4, como para contagiarlos, o ellos tuvieron contacto con más personas de la comunidad/localidad donde viven, como por ejemplo los miembros de su núcleo familiar o vecinos, que tenían síntomas manifiestos? ¿Acaso los pacientes contagiados y el presunto contagiador tuvieron contacto únicamente entre sí durante los días previos y sucesivos al momento del supuesto contagio?

• ¿Cómo determinar en qué momento fueron contagiados los pacientes 3 y 4, si no existen test para determinar la fecha de contagio?

Es importante mencionar que el análisis de las aguas residuales en Italia aportó evidencia de que circulaba SARS-CoV-2 en diciembre de 2019, y es posible que haya habido circulación de ese virus en Alemania varias semanas antes que se detectara el primer caso (Paciente 1).

Surgen otras preguntas:

• ¿La mujer china fue realmente contagiada por el pasajero del avión tosiendo detrás de ella en el viaje de Shanghai a Munich?

• Ese pasajero tosiendo detrás de ella en el avión ¿realmente estaba infectado por SARS-CoV-2 o tenía tos por rinovirus, por influenza u otro virus? ¿O tenía tos porque era la manifestación de una enfermedad crónica (Asma, EPOC u otras)? ¿Ó la tos que tenía era el efecto adverso de un fármaco que estaba consumiendo, como el Enalapril?

• ¿La mujer china fue contagiada inadvertidamente por alguien más en el aeropuerto de Shanghai, antes de tener contacto con aquél pasajero?

• ¿La mujer china fue contagiada por alguien de su propio vecindario, en Shanghai?

• ¿La mujer china fue contagiada por alguien al descender en el aeropuerto de Munich o por alguien en el lugar donde se hospedó?

¿Hay alguna forma de responder sin recurrir a ficciones, sin conjeturar? ¿O consideramos que un determinado hecho o acontecimiento está "demostrado", probado, simplemente por darse los presupuestos para ello?

Si los miembros de una familia hipotética realizan actividades cotidianas en la ciudad, retornan habitualmente al domicilio en la noche, y de pronto uno de ellos inicia síntomas respiratorios, realizándose una PCR que resulta Positivo, pero se encuentra que otro miembro del grupo no tiene síntomas pese a que tiene una PCR que también es Positiva, ¿quién fue la fuente de contagio?, ¿quién transmitió las partículas virales? ¿Uno de ellos contagió al otro dentro del hogar o ambos fueron contagiados en forma independiente, por un tercero, en algún lugar de la ciudad?

RT-PCR no diferencia entre organismos activamente replicantes y organismos no viables, lo cual es vital a la hora de dictaminar si alguien está actualmente infectado o no por SARS-CoV-2 y si podría ser un transmisor de copias virales viables (capaces de infectar a quien las inhale) o no. Además, una prueba de RT-PCR podría permanecer positiva después del período de infecciosidad, ya que la duración media de la negativización de las muestras de secreciones respiratorias obtenidas con hisopo nasofaríngeo para adultos inmunocompetentes con enfermedad leve ha demostrado ser 22 días y ha habido casos de mayor duración, o sea que una persona post-sintomática podría tener un resultado de RT-PCR "Positivo". Y a aquellos en quienes se obtiene resultado positivo no se les aplican otras técnicas para detectar otros posibles agentes infecciosos presentes, que evidenciarían una coinfección, pudiendo ser ese otro germen la causa de los síntomas. RT-PCR "positiva" solamente significa que el examen detectó material genético del nuevo coronavirus en la persona examinada. Y eso sólo permite afirmar que la persona fue infectada **en algún** momento (lo cual podría ser confiable en caso de que el resultado "Positivo" se haya obtenido con menos de 30 ciclos de procesamiento de la muestra), pero RT-PCR "Positivo" no significa que esa infección sea reciente o actual, ni determina si esos viriones son competentes o no, así que tampoco significa que esa persona sea contagiosa.

El **21 de febrero**, no habiendo ni un solo caso documentado de transmisión viral desde un infectado asintomático a otra persona, un grupo de investigadores envió a la revista JAMA un artículo (4) titulado "Presunta transmisión de COVID19 por un infectado asintomático", que fue publicado en esa revista el 14 de abril. Describía que en Anyang cinco personas emparentadas tuvieron contacto con una mujer de Wuhan el 10 de enero y todos juntos visitaron el 13 de enero a unos enfermos internados en el hospital local, que no contaba con casos identificados de COVID19. Días después el grupo de parientes desarrolló la enfermedad, pero la mujer no y al ser examinada con PCR los resultados obtenidos fueron contradictorios: negativo el 26 de enero, positivo el 28 de enero y nuevamente negativo los días 5 y 8 de febrero. Los autores estimaron que los resultados negativos habrían sido supuestamente "falsos negativos" (por falla del kit o error al tomar la muestra), y decidieron arbitrariamente considerar a esa mujer con tres resultados de PCR negativos como si fuera una verdadera infectada. Así insinuaron en sus conclusiones que los infectados asintomáticos supuestamente podrían transmitir el virus mediante un mecanismo que requería mayores estudios. Es decir, plantearon gratuitamente que ese tipo de transmisión era un hecho y que lo único que estaría pendiente sería aclarar algunos "detalles" respecto a cómo ocurría.

El **23 de mayo de 2020** un estudio (5) italiano titulado "Supresión de un brote de SARS-CoV-2 en el municipio italiano de Vo" y esgrimido como argumento para confinar ciudades enteras, en su cuarta página admite explícitamente:

"We assumed that presymptomatic, symptomatic and asymptomatic infections transmit the virus5..."

("**Nosotros asumimos** que presintomáticos, sintomáticos

y **asintomáticos transmiten** el virus...").

Assume es un verbo inglés que significa "aceptar algo como cierto sin contar con pruebas". Este estudio es una muestra de que el **23 de mayo de 2020**, luego de cinco meses y habiendo millones de contagios, no había ni un solo caso documentado para demostrar esa teoría de que los asintomáticos transmitan el virus, así que los autores del artículo se ven en la necesidad de hacer un acto de fe y basar su investigación en la especulación -jamás demostrada- de que los asintomáticos supuestamente podrían contagiar a otros.

En síntesis, no hay evidencia de que los asintomáticos contagien o transmitan SARS- CoV-2. Y ningún artículo publicado acerca de COVID19, ha logrado demostrar esa teoría. De hecho, no han logrado esclarecer si es que los contagiados de esos estudios adquirieron el virus por contacto con algún otro miembro de la comunidad, que tenía síntomas claros.

Finalmente, cabe recordar que la OMS esperó hasta el 11 de marzo, cuando había casi 120 mil contagiados y unos 4300 fallecidos en 113 países, para declarar que COVID19 era una pandemia y entrar en escena. En ese contexto de histeria colectiva, fomentada y amplificada mediáticamente, la opinión de las personas fue guiada por estos mismos medios, quienes difundieron la idea de que había diseminadores silenciosos del virus, que pasaban desapercibidos entre los ciudadanos y tales diseminadores, conocidos como "asintomáticos", supuestamente tendrían responsabilidad directa en el aumento diario de los contagios.

Sin evidencia, sin datos, sin hechos demostrables. Sólo la ignorancia y miedo de la población general, exacerbados por los medios de comunicación. El miedo es una emoción latente, como una semilla que nos parece inerte pero sólo está dormida, lista para crecer; el terrorismo mediático regó diariamente esa semilla, hasta que germinó y se transformó en pánico colectivo, que llevó a las personas a apropiarse de ideas televisivas infundadas e intensamente diseminadas. **Así empezó el terror acerca de los asintomáticos.**

Se han impuesto las normativas sanitarias más costosas y menos beneficiosas de este siglo en cientos de países y en muchos de ellos tales medidas continúan luego de 10 meses. Es natural que las personas que componen la población general se nieguen a cuestionar la calidad de sus propios razonamientos, porque es duro aceptar que algo tan íntimo, como el pensamiento de cada uno, fue o está siendo conducido por otra persona o, peor aún, por una empresa de comunicaciones televisivas, ya que eso implica aceptar la vulnerabilidad e ingenuidad que nos caracteriza como seres humanos. **Nadie está dispuesto a dudar de su propia inteligencia ni a plantearse que quizás tomó una decisión equivocada** en virtud de la cual ha conducido su vida en los últimos meses.

¿Existe registro de que un infectado asintomático haya transmitido alguna vez alguno de los virus respiratorios más estudiados en los últimos 20 años?

Mayo de 2003: El documento (6) de consenso de la OMS sobre el SARS (SARS-CoV-1), cuyo brote inició en noviembre de 2002, señala que **no se ha reportado casos de transmisión de SARS por parte de infectados asintomáticos**.

Julio de 2005: Habiendo transcurrido casi tres años desde que comenzó a estudiarse el SARS-CoV-1, un estudio (7) en Singapur respecto a la infección asintomáticas, hizo notar un hecho evidente y sólido: **los países con brotes de SARS (SARS-CoV-1) han corroborado la ausencia de transmisión viral por parte de infectados asintomáticos.**

Octubre de 2005: los autores Macfarlane y Lim publicaron (8) que las medidas de control de una pandemia por Influenza deberían cambiar ya que, a diferencia del SARS (2002-2003), la Influenza aparentemente sería muy infecciosa, incluso desde su fase asintomática.

Sin embargo, ¿cuál es la evidencia para sostener la transmisión de Influenza por parte de infectados asintomáticos? Fraser y (Neil) Ferguson describieron en **noviembre de 2003**, en su artículo (9) *"Factors that make an infectious disease outbreak controllable"*, un modelo de transmisión de la influenza, pero ese es sólo un modelo matemático de transmisión viral y el artículo no provee ninguna referencia convincente para sostener la idea de la transmisión viral por parte de infectados asintomáticos. La publicación más antigua de R. B. Couch en los 70's establece que la diseminación viral puede ocurrir a veces antes de iniciar síntomas clínicamente significativos, pero la **diseminación viral** no puede ser deformada para que signifique **transmisión viral**. La mucosidad infectada de la vía aérea debe ser traspasada, arrojada, a otro individuo para que la influenza sea transmitida de una persona a otra. Rinorrea, tos y estornudos son factores importantes en la transmisión de la infección mediante gotitas respiratorias y fomites y no podría ocurrir una transferencia clínicamente significativa de secreciones respiratorias de parte de quien no produce secreciones respiratorias, por ser precisamente alguien asintomático (10).

Diseminación viral es el concepto derivado de la **vacunación intranasal** contra influenza y se refiere a la presencia de copias virales de influenza en estado viable o competente en las secreciones del tracto respiratorio superior, que es corroborable luego de uno o más días post-vacunación mediante toma de muestras nasales que son sometidas a cultivo viral. Este fenómeno, que demuestra que es probable la replicación nasal del virus influenza inactivado contenido en la vacuna intranasal contra ese virus, y que esas copias son expulsadas de las células nasales donde fueron producidas, para localizarse extracelularmente y aparecer en secreciones nasales, ha suscitado preocupaciones sobre la potencial transmisibilidad de influenza a los contactos de quien reciba esa vacuna. Sin embargo, la diseminación viral no se equipara con la transmisión porque la transmisión requiere más copias virales de las que se detecta en muchos hisopos nasales y no debe usarse livianamente como marcador de infectividad. Diseminar significa "emitir y dejar caer" como las lágrimas o las células descamadas de la piel o el efluvio telógeno (caída del cabello), pero no significa "arrojar, lanzar algo hacia otras personas" y tampoco propagar ampliamente copias virales en el ambiente, ya que no hay datos para afirmar y/o cuantificar eso. Diseminación es un concepto distinto al de Transmisión y no podemos ni debemos deformar el concepto diseminación para que signifique transmisión. Diseminación es un fenómeno pasivo (si es que ocurre) mientras que transmisión es un fenómeno activo.

Enero de 2006: la OMS publicó un artículo (11) titulado "Intervenciones no farmacológicas para una pandemia de Influenza. Medidas internacionales" y en su segunda página aborda el tema de personas infectadas por Influenza sin síntomas, mencionando que, tras analizar los resultados de 10 (diez) estudios, su conclusión era que "la infecciosidad de esas personas no ha sido estudiada". Y, sin embargo, en noviembre de 2003, Fraser y Ferguson habían publicado (10) su estudio "matemático" dando por hecho que personas asintomáticas contagiaban, a pesar de que ese supuesto que no había sido estudiado ni demostrado.

Abril de 2009: científicos de la Escuela de Medicina de la Universidad de Brown y del Departamento de Enfermedades Infecciosas del Hospital de Rhode Island publicaron una revisión sistemática(12) de 16 (dieciséis) estudios, señalando que los individuos asintomáticos, los cuales representan un 30% de los infectados por Influenza, son incluidos arbitrariamente como "transmisores" del virus en las **estimaciones** de los **modelos teóricos** computacionales de transmisión de la Influenza publicados el año 2004 y 2006 y basándose en esa **especulación** (de que aparentemente existiría transmisión viral por parte de asintomáticos) esos modelos teóricos afirmaron que los infectados asintomáticos podrían causar un 30% a 50% de los contagios.

Al asignar esa **exagerada** magnitud a una mera **especulación**, y realizar cálculos en base a ese constructo, las **estimaciones** -de cuán efectivos serían el aislamiento y cuarentena- maquinaron la forma de concluir que la reducción en la tasa de ataque inicial de la infección por Influenza dependía, entre otros, de la cooperación ciudadana y de disminuir la supuesta tasa de transmisión viral por parte de asintomáticos y presintomáticos.

Si los infectados presintomáticos (en fase de Incubación) de Influenza, en vez de transmitir el virus y causar el supuesto 30% o 50% de los nuevos contagios, causaran un porcentaje pequeño o nulo, la cuarentena -dirigida a evitar la infecciosidad durante el período de incubación- sería ineficaz, mientras que el aislamiento individual de los enfermos e infectados y el rastreo de contactos podría ser una mejor medida para contener la diseminación del virus Influenza.

Dado que los conceptos "diseminación viral" y "transmisión viral" son muy distintos entre sí, pero su uso se ha prestado para confusión, los autores de la revisión sistemática analizaron esos 16 (dieciséis) estudios para determinar cuánta **transmisión** viral puede producirse a partir de la **diseminación** viral y no encontraron evidencia alguna que apoyara esa hipótesis. Analizaron estudios de distinto tipo: algunos realizados en personas infectadas voluntariamente con Influenza; otros, en personas vacunadas contra la Influenza; otros, en personas infectadas que permanecen en sus domicilios; y otros que abordan la posibilidad de brotes por causa de infectados asintomáticos.

Así fue como encontraron que:

a) en personas voluntariamente infectadas por Influenza: los síntomas **no** son sinónimo de diseminación viral; la diseminación es mayor por parte de quienes tienen síntomas; la capacidad de diseminación viral de Influenza se correlaciona directamente con la intensidad de los síntomas; los asintomáticos voluntarios han sido pobremente estudiados en cuanto a su supuesta capacidad de diseminación viral; y **no se ha encontrado casos de transmisión de Influenza que fuesen provocados por la diseminación viral de parte de asintomáticos**.

b) en personas vacunadas contra la Influenza: la *diseminación* viral se correlaciona fuertemente con la aparición de fiebre y con la presencia de síntomas, pero esos estudios no cuentan con datos que avalen la *diseminación* viral por parte de infectados presintomáticos, y **no hubo ninguna infección de Influenza por parte** de sintomáticos ni **de asintomáticos**.

c) en estudios de cohortes domiciliarias: la *diseminación* es un fenómeno a baja escala previo a los síntomas; la *diseminación* aumenta cuando surgen los síntomas, no antes; **los estudios de cohortes domiciliarias tampoco avalan la hipótesis de que las personas asintomáticas *transmitan* la infección.**

d) un reporte (comentado también por la OMS en su artículo del año 2006) fue el único que abordaba la posibilidad de brotes por supuesta transmisión asintomática. Y ese reporte era incapaz de determinar si **esos casos de Influenza habían adquirido la infección por contacto** con el supuesto transmisor asintomático o **con otras personas de la comunidad**.

La misma revisión concluye: que la transmisión de Influenza

por parte de infectados presintomáticos **es una inferencia** (por no decir especulación) basada en la simple presencia de virus en el tracto respiratorio superior de esas personas, pero no se basa en experimentos apropiados para evaluar la transmisión viral; y que **tampoco hay evidencia** para afirmar que las personas asintomáticas puedan efectivamente **transmitir** la influenza por el simple hecho de tener partículas virales a nivel nasofaríngeo, sino que solamente hay evidencia respecto a que pueden **diseminar** el virus. **Diseminar no es transmitir**: los infectados asintomáticos pueden *diseminar* el virus de la Influenza, pero los estudios no avalan que tales personas *transmitan* la Influenza. Además, tampoco ha sido adecuadamente investigada la infección resultante del contacto con objetos contaminados con secreciones respiratorias infectadas.

Actualmente no hay evidencia concluyente de transmisión por contacto directo o por fómites (objetos contaminados) del SARS-CoV-2 en humanos (13), sino que sólo hay informes circunstanciales sugiriendo la transmisión mediante fómites. Por ejemplo, en un grupo de infecciones asociadas con un centro comercial (mall) en China, varias personas afectadas informaron que no tenían contacto directo con otros casos de pacientes y los investigadores propusieron la posibilidad teórica de transmisión por fómites cuando notaron que estas personas usaban instalaciones comunes compartidas (como ascensores y baños), pero sin poder descartar la transmisión respiratoria en esos entornos (14).

En una investigación detallada de un gran brote intrahospitalario vinculado a 119 casos confirmados en un hospital de Sudáfrica, se propuso la transmisión por fómites dada la distribución separada de casos en múltiples salas (15). Sin embargo, el hospital no tenía una política de mascarilla universal en el momento del brote, no había ventilación especial y la carga de infección entre los trabajadores de la salud era considerable. Como resultado, no se pudo excluir la transmisión respiratoria del personal infectado.

A juzgar por la calidad de los reportes sobre esa supuesta vía de contagio, es poco probable que los niveles de ARN viral o virus vivo que permanecen transitoriamente en las superficies causen infección, especialmente cuando se trata de entornos sin casos activos conocidos. Imponer restricciones físicas entre escolares para que no tengan contacto directo o prohibir el intercambio de lápices u otros utensilios dentro del aula son medidas basadas en una especulación originada de reportes circunstanciales.

Abril de 2017: En un brote de MERS-CoV estudiado en Korea del Sur, se hizo un estudio16 para determinar cuán contagiosa podría ser una persona que estando infectada permanecía asintomática: es decir, cuántos de sus contactos (personas que comparten con quien está infectada) adquieren la infección. El caso estudiado fue el un individuo infectado asintomático que había tenido durante 36 hrs 82 contactos, los cuales fueron examinados con PCR y medición de anticuerpos contra MERS-CoV y todos los resultados fueron negativos, o sea, **no hubo transmisión viral de MERS-CoV hacia ningún contacto**.

Enero de 2018: habiendo trascurrido 6 años desde el primer brote de MERS-CoV, la OMS admite(17) que, hasta la fecha, no hay datos que avalen el supuesto contagio a partir de personas infectadas asintomáticas.

Junio de 2018: Una investigación(18) en Emiratos Árabes Unidos para medir niveles de anticuerpos en personas infectadas por MERS-CoV y sus contactos domiciliarios, especificó que 31 infectados eran asintomáticos o tuvieron síntomas leves, y entre sus 124 contactos domiciliarios (personas que compartieron el hogar durante mínimo 12 hrs) los test serológicos no encontraron evidencia alguna de que hubiera habido transmisión viral, lo cual permitió plantear que **no ocurre la transmisión viral desde asintomáticos infectados por MERS-CoV hacia sus contactos.**

Diciembre de 2018: Una revisión sistemática (19) de la literatura encontró diez artículos respecto a la infección asintomática por MERS-CoV y concluyó que **no hay evidencia alguna de que un asintomático infectado por MERS-CoV haya contagiado a alguien.**

Abril de 2020: en la página 2 de su reporte N° 73, la OMS comunica (20) que, a la fecha 2 de abril de 2020, **no se ha documentado que exista la transmisión por parte de asintomáticos.**

Mayo de 2020: Tras detectarse que una mujer china

hospitalizada, con infección por SARS-CoV-2 pero asintomática, había tenido contacto con 455 personas, incluyendo 35 pacientes, 196 familiares y 224 profesionales de la salud, fue organizado un estudio (21) para el seguimiento de todos los contactos. El tiempo que la mujer compartió con otros pacientes fue 4 días y el tiempo compartido con sus familiares fue 5 días. Los contactos fueron aislados, observados y evaluados con exámenes sanguíneos y tomografía computarizada (scanner) de tórax, además de PCR en al menos 2 ocasiones, corroborando que **no se produjo ni un solo contagio de COVID19 entre los 455 contactos de la persona asintomática**.

Junio de 2020: en su Repositorio Institucional para compartir información, la OMS comunica (22) que **"la transmisión de la COVID-19 avanza desde las personas sintomáticas a otros individuos** que, sin elementos protección, entran en contacto cercano con ellas".

A partir de la posibilidad **teórica** de una **potencial** transmisión viral desde infectados asintomáticos hacia sus contactos y considerando su **presunta** relevancia para la salud pública, se han hecho múltiples estudios en los últimos 18 años (entre 2002 y 2020) para determinar cuál es el verdadero rol de los que permanecen asintomáticos luego de haber sido infectados por virus respiratorios como el de la Influenza y los betacoronavirus: SARS-CoV-1, MERS-CoV y SARS-CoV-2, el causante de COVID19. Sin embargo, **luego de 18 años de investigación, no se ha encontrado ni un solo caso de transmisión viral de parte de un asintomático hacia sus contactos**, sin importar si el tiempo de contacto fue de horas o de días, y la OMS así lo consigna acerca de cada virus estudiado, incluyendo COVID19.

El **7 de enero de 2020**, China afirmó que la causa de la enfermedad llamada Neumonía de Wuhan podría ser un nuevo coronavirus, pero negó que se transmitiera de persona a persona. Hasta el 7 de diciembre de 2020, hubo más de 75 mil publicaciones científicas acerca de SARS-CoV-2 y COVID19, pero pese a eso no ha podido profundizarse en cuanto al tamaño de la población infectada que permanece asintomática ni sus características: no se sabe si las personas con infección persistentemente asintomática por SARS-CoV-2 tienen características demográficas, características clínicas, inmunológicas o virológicas que difieren de aquellos que desarrollan síntomas, o cómo difiere su potencial de transmisión. Las personas llamadas "Asintomáticos" son personas que están sanas, o sea sin síntomas respiratorios ni generales, pero cuando les realizan el test RT-PCR de alguna manera resulta "Positivo". Pero RT-PCR "Positivo" no es sinónimo de infección viral confirmada mediante exámenes de laboratorio.

El **7 de enero de 2021**, la revista JAMA publicó un artículo (23) en inglés cuyo título en español podría traducirse, resumidamente, como "Transmisión de un virus respiratorio por parte de personas asintomáticas". Ese artículo dice claramente que no involucró personas, o sea, el estudio NO usó datos de pacientes reales. El artículo es un resumen de los resultados obtenidos mediante un programa de computador, que se llama **Proyecto R para Estadística Computacional versión 4.0.1** y ese programa es alimentado con datos, y esos datos son elegidos libremente por un grupo de personas, que son los mismos autores del artículo. O sea, este estudio no se basó en datos de pacientes reales, no se basó en contagios reales ni en asintomáticos reales. Concretamente, este artículo se basa en conjeturas y por eso mismo dentro del texto del artículo se repite más de veinte veces la palabra inglesa ***assumption***, que significa "Aceptar algo como si fuera cierto, pero sin contar con pruebas". Los autores partieron de dos hipótesis, o sea de dos enunciados no verificados: la primera hipótesis es que el 30% de los infectados son asintomáticos y la segunda hipótesis es que los infectados asintomáticos contagian un 25% menos que los infectados que son Sintomáticos (en otras palabras, la capacidad contagiosa de un asintomático supuestamente llega a ser el 75% de la capacidad contagiosa de un sintomático).

El artículo no es capaz de determinar si los infectados asintomáticos transmiten el virus o no, porque el artículo no está diseñado para ese fin ni está diseñado para "demostrar" que los asintomáticos transmiten virus respiratorios, sino que los autores simplemente parten dando por hecho que los asintomáticos contagian: los autores sin esgrimir ningún fundamento, dan por sentado que es así, dan por sentado que los asintomáticos respiratorios serían transmisores de virus respiratorios y lo afirman con tanta liviandad que no entregan ninguna cita bibliográfica que avale la idea de que supuestamente existe transmisión de un virus respiratorio por parte de infectados asintomáticos.

El programa computacional arrojó un resultado, que consiste en que más de la mitad de la transmisión viral supuestamente proviene de personas asintomáticas. Pero al interpretar los resultados del artículo es necesario considerar que ese programa computacional no analiza, no cuestiona, no piensa, sino que solamente hace cálculos. Analizar es tarea del lector.

Los mismos autores admiten que su artículo emplea un modelo computacional **simplista** para evaluar un fenómeno mucho más complejo, como es la contagiosidad de los virus respiratorios. Para entender qué quisieron decir los autores cuando admitieron que su artículo sobre los asintomáticos está basado en un modelo simplista, hay que saber qué significa la palabra ***simplistic*** en el diccionario inglés: "Excesivamente simple, que trata un problema con falsa simplicidad, omitiendo o ignorando factores esenciales o detalles importantes". **¿Has considerado lo riesgoso de tomar decisiones sobre la salud de las personas en base a un modelo computacional que omite factores esenciales?**

Además, los mismos autores admiten que usaron deliberadamente este modelo para probar suposiciones sobre la transmisión por parte de personas asintomáticas y admiten que sus resultados carecen de precisión cuantitativa así que los resultados del análisis computacional solamente muestran que en escenarios hipotéticos, sería relevante la transmisión por parte de personas asintomáticas...siempre y cuando existiera ese fenómeno.

Para esos escenarios hipotéticos, la computadora llegó a un cálculo aproximado donde más del 50% de los contagios se deberían a personas asintomáticas, siempre y cuando las personas asintomáticas fueran capaces de transmitir virus respiratorios. Y la relevancia de ese cálculo aproximado es que, si aceptamos que más del 50% de los contagios se debería a personas asintomáticas, entonces ese estudio de la revista JAMA sería el instrumento perfecto o casi perfecto para que los gobiernos puedan continuar exigiendo el uso de mascarilla, distancia social, confinamiento de las personas y sus familias, represión de las actividades comerciales, etc. Pero no hay ningún caso documentado de que las personas asintomáticas trasmitan virus respiratorios y **esa es la gran flaqueza de ese artículo**. O sea, el artículo **se basa en una**

especulación, y si esa especulación fuera cierta, recién entonces los cálculos computacionales podrían tener algún valor.

Los autores recibieron la correspondencia de algunos lectores, y respondieron lo siguiente: *"Varios comentaristas han preguntado sobre el valor base de la infecciosidad de las personas sin síntomas en relación con las que tienen síntomas. En el manuscrito, citamos tres estimaciones relevantes basadas en datos...Era necesaria una suposición de base para mostrar los efectos de los diferentes valores de infecciosidad relativa y la proporción de individuos que nunca desarrollaron síntomas. El valor del 75% se utilizó para la línea de base, ya que se encuentra dentro del rango de estimaciones descritas anteriormente. Ese 75% es sólo un punto de referencia...Incluso con un 0% de infecciosidad de individuos que nunca presentan síntomas (muy improbable), más de la mitad de la transmisión aún proviene de individuos presintomáticos si el inicio ocurre alrededor del momento de máxima infecciosidad".*

¿Acaso está demostrado rigurosamente que "el inicio ocurre alrededor del momento de máxima infecciosidad"? ¿Y qué tal si el inicio NO ocurre ahí?

Además, ¿cómo se demuestra que la transmisión proviene de individuos presintomáticos? Aquí son aplicables los mismos cuestionamientos mencionados sobre la publicación del 30 de enero en la revista NEJM, en las primeras páginas de este escrito.

¿Has considerado que desde el año 2002 hasta la fecha, es decir después de 18 (¡dieciocho!) años de estudios sobre virus respiratorios con potencial pandémico, como son SARS, MERS e Influenza, todavía no hay casos debidamente documentados de personas que se hayan infectado por causa de un "asintomático"? Transcurrió todo el año 2020, se publicaron cientos de informes y estudios sobre SARS-CoV-2, se cuentan más de 120 millones de contagiados hasta la fecha de hoy (última semana de marzo de 2021) y **todavía no hay ni un solo caso documentado que se haya debido a alguien que estaba asintomático. Ni uno solo.** ¿Lo habías considerado? Es importante, es un asunto acerca del cual debemos reflexionar.

(1) https://www.thelancet.com/action/showPdf?pii=S0140-6736%2820%2930154-9
(2) https://media.nature.com/original/magazine-assets/d41586-020-00166-

6/d41586-020-00166-6.pdf
(3) https://www.nejm.org/doi/pdf/10.1056/NEJMc2001468?articleTools=true
(4) https://jamanetwork.com/journals/jama/fullarticle/2762028
(5) https://www.nature.com/articles/s41586-020-2488-1.pdf
(6) https://www.who.int/csr/sars/en/WHOconsensus.pdf
(7) https://www.ncbi.nlm.nih.gov/pmc/articles/PMC3371799/
(8) https://www.ncbi.nlm.nih.gov/pmc/articles/PMC1273436/pdf/bmj33100975.pdf
(9) https://www.ncbi.nlm.nih.gov/pmc/articles/PMC395937/pdf/1016146.pdf
(10) https://www.bmj.com/content/331/7525/1145.1/related
(11) https://www.ncbi.nlm.nih.gov/pmc/articles/PMC3291414/
(12) https://pubmed.ncbi.nlm.nih.gov/19320359/
(13) https://www.ncbi.nlm.nih.gov/pmc/articles/PMC7505025/
(14) https://pubmed.ncbi.nlm.nih.gov/32163030/
(15) https://www.krisp.org.za/manuscripts/StAugustinesHospitalOutbreakInvestigation_FinalReport_15may2020_comp.pdf
(16) https://academic.oup.com/cid/article/64/10/1457/3748301
(17) https://apps.who.int/iris/bitstream/handle/10665/180973/WHO_MERS_IPC_15.2_eng.pdf?sequence=1
(18) https://academic.oup.com/cid/article/68/3/409/5037289
(19) https://www.sciencedirect.com/science/article/pii/S1477893918303430?via%3Dihub
(20) https://www.who.int/docs/default-source/coronaviruse/situation-reports/20200402-sitrep-73-covid-19.pdf?sfvrsn=5ae25bc7_6
(21) https://www.resmedjournal.com/article/S0954-6111(20)30166-9/fulltext
(22) https://apps.who.int/iris/handle/10665/332657
(23) https://jamanetwork.com/journals/jamanetworkopen/fullarticle/2774707

Video de Dan Macías: ¿Es necesaria, segura y eficaz la sustancia experimental de Pfizer?

Incoherencias anónimas sobre la plandemia

No lo llames CIENCIA
si no puedes cuestionarlo.

Llámalo
SISTEMA DE CREENCIAS.
Llámalo
RELIGIÓN.
Llámalo
SECTA.

Pero deja de llamarlo
CIENCIA.

Dr. Luis Marcelo Martínez

UN GRITO DE LIBERTAD

Transcripción literal de testimonio entregado en entrevista con Brian, de @bahia.despierta (Instagram). Tras la manifestación en Plaza de Mayo de un sábado de abril de 2021 junto con otros médicos, abogados, psicólogos y periodistas por la verdad.

Empecé con todo esto al ver que perdíamos la libertad. Ahí empecé a buscar datos, a investigar y denunciar. Mi movida fue un grito de libertad. El juez es mi conciencia. Si yo me hubiese quedado callado o en la tranquilidad de mi consultorio, sin comprometerme con la causa, no hubiese podido dormir nunca más. Me pregunto hacia a dónde nos dirigimos, qué estamos haciendo con nuestra vida. Y ante cada desafío, surgen cosas muy buenas, conocer gente de la misma frecuencia, de distintos países, etc. Pero lo más importante es decirle ciao al miedo. Entonces puedes juntarte con quien quieras. No van a imponernos ningún sistema totalitario, porque no lo aceptamos, porque nadie va a decirnos cómo vivir nuestra vida. Nosotros estamos bien, estamos sanos y los médicos saben cómo hacerlo: tomar sol, hidratarse, alimentarse bien, tener buenos sentimientos, controlar lo que pensamos... pero, sobre todo, tener una sana interacción con familiares y amigos. Y no tener miedo. A nada. Tampoco a la 5G, isopos, etc. Si tú estás firme y bien parado, no hay hachazo que te tumbe. Nos han envenenado con flúor en el agua, que hace que la gente esté apática, adormecida, sin impulso de rebeldía. Pero el organismo humano es tan versátil, tan adaptable, tan plástico, que cuando estás bien sintonizado (mente-corazón-cuerpo), no hay hachazo que te voltee.

Estamos todos en un proceso de despertar. Todos nosotros somos los protagonistas: todos en el mundo que están actuando por la verdad, libres del miedo. Nuestros actos están regidos por el corazón. ¿Qué es la verdad? ¿hay un plan o no lo hay? A medida que el tiempo pasa, la confusión es más profunda. Llegará un momento en que dirán: todo lo que pasó fue un error, nos hemos equivocado. Pero ahora estamos en un estado de confusión generalizado, que fue intencional, pero que ahora se salió de control.

Estamos en una marea de confusión y miedo relacionado con la incertidumbre y un futuro que se va desdibujando. Como colectivo estamos atravesando un agujero de realidad y está cambiando todo lo que conocíamos. Antes solo conocíamos lo externo, lo superfluo, lo material, lo económico. Y ahora se pierde el sentido de todo eso, ¿para qué te sirve el dinero, si no tienes libertad? ¿para qué te sirve la ropa de marca, si vas con una mascarilla en la cara? ¿para qué te sirve el auto, si no puedes salir? Toda la realidad está cayendo a pedazos porque estamos en esa transición a una nueva realidad, que todavía no existe, pero la estamos diseñando. Antes de hacer un dibujo en un papel, lo imaginas, lo visualizas a partir de una idea intangible. Por eso debemos ser cautos con lo que pensamos y lo que sentimos. El armado de la realidad es: 1) La imaginas, 2) La sientes, 3) La plasmas en el papel, 4) La materializas. Entonces, estamos ante la responsabilidad de construir la nueva realidad. Y los constructores son los más capaces de imaginar y visualizar. No todos tenemos el mismo nivel de percepción y razonamiento. Hay distintos grados, como en el colegio y la universidad. Quien está en la universidad no puede pretender que el de primer grado entienda la aritmética avanzada. Y los protagonistas son quienes pueden visualizar el nuevo mundo, el mundo ideal, ese que nunca antes existió. Por eso estamos desorientados. Somos la semilla rompiendo la cáscara para transformarse en algo totalmente distinto y esa metamorfosis duele y da miedo.

¿Dónde está nuestra madre y padre, el regocijo, la protección ante esto? Adentro nuestro. Estamos solos y lo único que tenemos es nuestro ser. El paso 1 que debemos dar es la conexión con nuestro interior, sin distraernos tanto con lo de afuera. Tampoco pasar de todo, sino hacer lo que hay que hacer, pero sin entrar en frustración o desazón cuando en ese intento de poner orden, nos sentimos solos. A la larga, todos estamos solos y ahora debemos considerar que no todos tienen la predisposición para salir.

Por otro lado, ¿cómo se planifica esta acción? ¿Ir contra el gobierno? No hay gobierno, todos esos políticos son actores, desde 1810 hasta hoy. Son una farsa, un montaje. Los gobiernos no ganan o pierden en unas elecciones. Todo está en un libreto, es un teatro. Desde arriba ya está todo escrito para cada país. No perdamos tiempo con esos actores de cine, ni prestarles atención, porque no existen en nuestra realidad. Ante los decretos, normas o restricciones, ni caso, que no te importe. Lleva tu vida normal, con tu gente, con tus allegados, con colegas afines. Cuando todo está bien y tu mente está bien, en la práctica nadie te molesta. Esto pasa cuando no tienes miedo. Si temes que te denuncien, creas el cortocircuito que atraerá la denuncia. Debemos ser como niños, que no temen si hacen bien o mal, solo actúan, de forma inocente.

Yo he estado moviéndome para tomar una acción concreta y si se ordenara un cierre general, ahí sí debemos tomar acciones concretas, pero de forma estratégica. Ir a la Plaza de Mayo a prender fuego o romper todo, no sirve. Debe ser pacífico, en fraternidad y en autoobservación. Qué estamos pensando, qué somos, qué queremos crear. Con la iniciativa de grupos de jóvenes organizados, lo que yo imagino es la gran posibilidad de que los chicos, los jóvenes del continente completo interactúen y se interrelacionen y juntos pongan todos en marcha este nuevo proceso de creación. El nuevo mundo es de los jóvenes y son los responsables de diseñarlo, no de heredarlo, porque no queda nada que heredar. Todo el sistema se cayó, se está desmantelando la matrix. En el colegio nos atiborraron de mentiras y enhorabuena que todo eso se cae, porque formábamos un esquema de pensamiento en un escenario ficticio. Por eso, este es el gran momento para la emancipación total. Y eso viene de nuestros pensamientos y convicciones.

Yo brego por esa liberación de estos grupos que están empezando a darse cuenta y les falta una pequeña vuelta de tuerca. Va a llegar el momento en que van a experimentar esa libertad, que es cuando ya no te importa nada. Justo ahí eres más poderoso, porque ya no tienes miedo a morir. Eso nos da toda la libertad. Debemos entender qué es la vida y la muerte, porque entonces pierdes todo miedo y vamos en ese camino. Eso despierta todo el potencial que tenemos. Desde el punto de vista psico-emocional-espiritual somos una potencia inigualable. El ser humano es la suma de Todo. En nuestro organismo está presente el reino mineral, hasta oro hay en nuestro cuerpo. También están presentes las bases del reino vegetal y del reino animal. Tenemos todo eso y estamos por encima de eso.

La excusa para este delirio ha sido médico-sanitaria. Así que casualmente nos tocó a los médicos entrar en esto, porque esta tercera guerra mundial la libraron sobre la base de un pretexto sanitario. El arma es la información y las vacunas, a mi modo de ver, pero principalmente la información, es una batalla informativa. Si uno no es cauto, corremos riesgos de perder la batalla. Por eso hay que tener cierto conocimiento, sin entrar en un estado obsesivo frenético. Hay gente que, de una forma u otra, está obsesionada con la información y debemos tener en cuenta que ahí se libra la batalla. Y cuando hablamos de batalla, hablando de cuestiones geopolíticas o regionales, podemos ir más lejos y pensar que es una guerra entre el bien y el mal. Pues esa guerra se libra dentro nuestro. La ves afuera, pero está adentro tuyo. Eso es el Armagedón, la batalla final entre el bien y el mal que ocurre en la mente y el alma del ser humano. Estamos en esas instancias. Yo no analizo cuestiones de la Biblia, pero intuyo que estamos en un momento apocalíptico. Apocalipsis significa revelación, caída de los velos, entrar en un estado de comprensión. Y fíjate cuántas cosas hemos empezado a entender y a descubrir. Es un momento apocalíptico, porque muchas verdades están saliendo a la luz. Eso es muy movilizador e impactante y esta pelea entre el bien y el mal en el escenario informativo tiene detrás una fuerza, atrás de la OMS, de los gobiernos, etc. Atrás mío y de todos nosotros también hay otra fuerza. Yo, cuando pasaba días y madrugadas enteras obteniendo información, he sentido que había una fuerza que me guiaba. Me ha ocurrido que ciertos datos se aparecían delante de mí y encontraba lo necesario para montar un rompecabezas. Entonces empezaba a desarrollar los documentos.

Hay una fuerza que nos mueve a todos. Cuando nos sintamos cansados, debemos confiar en esa fuerza interior. Y de última, no hay ni bien ni mal, son las polaridades de la realidad en la que estamos viviendo, que es dual en esta dimensión. Hay que integrarlo y trascenderlo. Ahí es cuando esta batalla termina victoriosa. Estamos en pleno proceso. Recuerden todos que no se pueden tomar buenas decisiones en estado de desesperación, de ira, de miedo, de confusión. Así no se toma una decisión acertada. ¿Cómo le hacemos frente a eso? De vuelta. Entrando en nuestro interior. Hacer silencio, aquietar los pensamientos, hacer una pausa mental. Cuando cierras los ojos y ves ese color negro, es un universo gigante dentro tuyo. Zambúllete dentro y ahí está todo. Cuando nos estabilizamos, podemos ver qué decisiones tomar. Incluso, cuando hay mucha gente, cuando hay tumulto (ya que no somos monjes tibetanos), debemos aprender a lidiar con eso. Ahí estamos más propensos al error, algo normal en los grupos humanos, que haya desavenencias, competencias y egos. Eso pasa en todas las agrupaciones, que surgen peleas, desencuentros, he visto de todo. Y siempre hice ese mismo aporte: estemos tranquilos, olvidemos las sonseras, las cuestiones que ensalzan nuestro ego. Acá nadie es más que nadie, somos los eslabones de una cadena y si se rompe uno, se cae la cadena. Debemos cuidarnos entre todos, valorar que todos formamos esa cadena que está moviendo el mundo.

Una vez que arranca esta movida no hay manera de bajarse. Pero el poder total está en manos de la gente normal.

Yo no diría que hay que responsabilizar al prójimo, sino empoderar. Esta lucha informativa tiene que ver con la salud, con la vida y la muerte. Entonces, tienes todo el sistema, el gobierno, los médicos que sirven a los laboratorios, al establishment, que están diciendo "blanco" y luego está una minoría de profesionales libres, honestos, valientes que dicen a la gente, no, eso no es blanco, es negro y acá están las pruebas, todo documentado con respaldo científico y análisis de la evidencia de lo que hay y lo que no hay. Por ejemplo: el virus no se aisló, por tanto, no hay evidencia de que exista. Así, esa fue nuestra función. Hemos sido abogados de la gente. Acá el botín es el ciudadano común y nosotros (los médicos) somos los abogados de ustedes diciendo "no tengan miedo". Esto es una movida del ciudadano común pues él es el botín. No es una cruzada de médicos, que solo están para informar y sacar el programa de miedo, haciendo entender a la gente que la posibilidad de enfermarse y/o morir va más allá de una gripe, de internarse o lo que sea. A partir de ahí, el poder está en la gente. ¿cuál es el acto de poder?

1) No dar bola a los medios de información masivos. Das una mirada, pero no te influye más, pues sabes que son las directivas de un sistema que se cae a pedazos.

2) Sintonizarse con uno mismo una vez al día

3) La unión y el empoderar al otro. Decirle que el poder está en sus manos, en las manos de todos nosotros. ¿Por qué? Porque somos más, somos muchos, somos todos. Que no nos mareen con los medios de comunicación, que aplican estrategias que están por encima del entendimiento del ciudadano común, para manejar la voluntad y decisión de las masas. Por eso, la mejor decisión es apagar los televisores. Cuiden la información que les entra por los ojos y los oídos. Seamos selectivos con películas, con música, con las letras de las canciones, etc. Porque todo está diseñado con una intención. Escucha solo lo que te haga sentir bien en tu cuerpo y sal de todo lo que te desestabilice.

Recordemos que estamos en un tumulto psicológico masivo y que algunos de repente se van a inmovilizar, a desorientar o a caer en un estado de comodidad momentánea y necesitarán ir de a poquito. Hay que manejarlo con el máximo amor que podamos.

Todo este circo, no en vano, utiliza una excusa sanitaria

porque ese es el talón de Aquiles del ser humano, en términos generales. Podrían haber simulado una guerra nuclear, pero no lo hicieron. Podría haber una invasión militar, pero no lo hicieron. Porque nuestra fragilidad es el miedo y la estrategia se dirige a ese punto. Porque la gente siempre tendrá la duda ¿y si es cierto? ¿y si en verdad existe la amenaza? A veces, hasta los despiertos tienen momentos de duda y de temor, porque acá está abierto un mecanismo que mueve fibras muy profundas del ser humano. Por eso insisto: no tengan miedo a nada, porque no hay nada nuevo bajo el sol, más que nuestras ideas. Es una guerra de información. La vacuna está latente y esperando para el que tenga miedo. La gente se vacuna contra el noticiero, contra la televisión, pues la gente no sabe lo que pasa dentro de los hospitales. La mafia, la inmundicia institucional lo coordina todo de esa forma. Es cierto que hubo muertos, pero son fallecidos institucionalizados, sin que nunca sepamos la causa. Hay gente que hace cuadros particulares como trombosis y demás, para los que puede haber una suma de factores y si no estás bien parado en tu organismo y alimentación, estás medicado y tienes temores, adentro del hospital te va a ir mal. Por eso es menester de inmediato la toma de conciencia absoluta de cómo se cuida el cuerpo: 1) alimentación natural sana y consciente, 2) abandonar la comunicación que nos da el sistema.

¿Qué lleva a la gente a cumplir los protocolos? El miedo al virus, el miedo al juicio de los demás, a la policía, a la multa. Si estás conectado y ya el miedo no te acompaña, te das cuenta cómo debemos retomar nuestra vida de acá para adelante.

Y en este grito de unión y convocatoria no perdamos de vista hasta qué punto nos influye nuestro propio miedo en esto de "estar solo en la lucha" o de que "si no somos muchos no funciona" o de "si te encierran a vos, me pueden encerrar a mí también", pues ese intento de movilizar a todos en masa, puede ser un operar simbólico interno desde el miedo. Entonces, el solo cambio de frecuencia en uno mismo va a generar una unión natural entre todos los colectivos humanos y no va a ser necesario salir a arriar a la gente. Si lo hacemos arriando a la gente opera el miedo individual de que, si no me apoyan los demás, a mí me va a ir mal. A mí me ha pasado, pero he tratado de procesar todo eso. Ahora ya sé que el miedo no es buen compañero y el asunto es la frecuencia interna, el encuentro de uno con uno mismo. Cuando estás pleno no necesitas a nadie ni a nada, ni siquiera una pareja. Uno está pleno, todo lo que necesitas está dentro tuyo. No hace falta reunir piezas para lograr algo. Ese algo se va a concretar en términos de energía, pero tenemos que empezar a moverla dentro nuestro. No significa que meditando en un sillón vas a mover cinco mil personas. Pero si todos hacemos este trabajo de reconexión con nosotros mismos, naturalmente nos vamos a unir de manera fraterna y nadie va a tener que salir a arriar a nadie. Es un laburo que empieza con uno, tomando conciencia que tenemos que empezar en nosotros. Hay que entrar en esa frecuencia privada que dice "no necesito a nadie, en mí está todo, está la plenitud, la paz y la seguridad de que todo está bien". Y es así. Yo en este momento no estoy en desesperación, porque sé que todo lo que está ocurriendo, se cae. Dentro de nada querrán ponernos otras restricciones. No pasa nada, toda esta pavada se cae. Destetémonos de esta bobada. Si todos los televisores del país estuvieran apagados, ¿cómo nos enteramos de las restricciones? Si ya ni la policía, ni la gendarmería quiere saber más nada de todo esto, están hinchados, porque ya saben lo que pasa y son candidatos a la vacuna. Pero están informados, no son sonsos. Entonces, si hubiera un apagón masivo de las telecomunicaciones, ¿cómo hace el gobierno para orquestar estas medidas? Es imposible. Saldrías a la calle y harías tu vida y nada cambiaría. Yo, en estos días, con toque de queda, me muevo en la madrugada y no veo nada nuevo, ni barricadas, ni controles. Eso significa que todo es informativo. En esta guerra de información, uno se repliega porque se comió la estupidez que nos están bombardeando. Hagamos el ejercicio de imaginar que hay un gran apagón de los medios de comunicación y van a ver cómo, en un día, estamos todos destetados de esta pavada.

No hay que tener miedo a nada. Recuerden: en nosotros está todo. Esto no es una charla mística, es la verdad, es un ejercicio que debemos hacer porque es el momento de hacerlo. Démonos cuenta de lo que somos, entremos en una comunión con uno mismo. No necesitamos a nadie que salga afuera a hacer ruido con las cacerolas. Por frecuencia, las cosas se van a ir dando. En cuánto tiempo. Falta muy poquito. Uds. los jóvenes, no teman por que pueden cerrar el comercio en la ciudad, etc. porque en el futuro quizá no podamos vivir en ciudades, sino que viviremos en el campo, en la naturaleza. Porque parte de este sistema establece sus reglas del juego y los que estamos de más somos nosotros. Entonces, o aceptas el juego con la boca calladita, o nos vamos. Y va a estar bueno salirse, porque entonces sales de la ilusión. Y quien se queda dentro de esa joda, vivirán dentro de esa ilusión que durará poco, pues si te vacunas, tienes riesgo de muerte, si te creíste lo del virus, tienes riesgo de muerte, si te encierras en tu casa, tienes riesgo de muerte. Y quién no lo tiene. Quien se sale. Algún día vamos a morir, obviamente, pero cuando sea el momento, de forma natural y de buena manera.

Yo creo que ahora llega la hora de diseñar esto. ¿Qué es vivir en la naturaleza y en comunidad? Que vamos a usar energías limpias, que vamos a prescindir de muchas cosas que hoy nos da el sistema. Por ejemplo, nos hablan del 5G y su velocidad para bajar videos. Pero en años, lo que va a pasar, es que nos vamos a comunicar con el pensamiento. Ya está pasando, que piensas en alguien y en segundos te llama. No falta tanto para comunicarnos inalámbricamente de cabeza a cabeza. Esto ya se está dando en nosotros. Si pudiésemos comunicarnos telepáticamente, no necesitaríamos esos teléfonos, ni el 5G. Esa es la tecnología de la que hablaban las culturas originarias. La máxima tecnología es un altar donde están todas las fuerzas reunidas. Hacia eso vamos. Energías limpias, qué es eso. Cuando empecemos a ir a la naturaleza, finalmente, tendremos acceso a fuerzas de energía que ya existen, pero que no han sido aún liberadas. Salir de la ciudad no significará un retroceso, al contrario. Nosotros vamos hacia más progreso. Para mí el retroceso es seguir adentro de una estructura matricial donde el ser humano termina siendo un elemento robótico del sistema y totalmente conectado a una realidad digital que es un mundo paralelo, como es internet o los chats de comunicación, incluso. Porque se genera una dependencia psicológica de esa tecnología. Eso se hace para que la gente no interactúe en vivo y en directo, en persona, corazón a corazón o mente a mente. Entonces, en esa vamos a estar. Y hoy por hoy, si los comerciantes temen que les vayan a cerrar, piensen que es la situación del momento, y hay que encararlo con alegría, porque es lo mejor para nosotros. Las reglas de esa matriz no son las nuestras, entonces nos vamos. Y quien se quede en el juego, como están achicando la cantidad de participantes, les va a ir mal.

Les insto a seguir trabajando como comunidad, estamos todos juntos, en los grupos que se unen con esta misma intención, para imaginar, para visualizar el mejor mundo posible. Liberen su potencia creativa, estando en paz y en amor. Hagan dieta de información. El teléfono, un día a la semana, déjenlo apagado, no pasa nada. No se preocupen, no tengan miedo. Nos tenemos el uno al otro, como los eslabones de esa cadena. Cada uno seguiremos haciendo nuestro trabajo, sin temor y siempre divirtiéndonos. Riámonos. Y empoderándose cada uno. Nadie es responsable de nada malo, ni del otro. Cada uno hace lo que puede, hasta donde ve, hasta donde siente y está bien. Vamos de a poquito, pero vamos a llegar.

Cada vez que nos encontramos los médicos que tenemos cierta participación en esta divulgación, ocurre algo muy fuerte. Este compartir la vivencia, estando metidos en esta cruzada tan intensa, cuando nos abrazamos, ocurre algo increíble, muy emotivo, dentro de cada uno. Lloramos, nos reímos, tratamos de estar en contacto de piel. Y es muy potente. Y cuando entran periodistas comprometidos, que son muy poquitos, como todos, es como un arca de Noé, vemos el trabajo de cada uno y es algo muy emocionante. Agradezco que estas cosas ocurran y agradezco que estemos en una situación que nos lleve a tener estas experiencias. De repente, ves que esta plandemia hace que las potencias del ser humano se liberen y se activen. Esto es inimaginable y muy lindo.

A la larga, cuando el médico hace medicina, la única certeza que tiene es lo que pasa en su corazón y en el corazón del paciente. Uno no sabe ya si un antibiótico le va a hacer más bien que mal. Ahora lo que sí sé es que la enfermedad parte de la mente, de lo que estás pensando y estás sintiendo. Nosotros, los que no tenemos miedo, estamos sanos y si te sale un dolor de garganta, la manejas. Hoy la gente piensa que, si le sale un dolor de garganta, se va a morir. Se acabó también el tiempo de idealizar, de idolatrar al doctor. Nosotros no somos nada si no le damos cabida al corazón cuando estamos delante de una persona. La capacidad de curar de un médico está en la palabra. Solo un médico que te sabe programar, puede curarte y eso se hace a través de la palabra. Cuando el médico te dice "te quedan 3 meses de vida", te programó para morir. Si te dice "no vas a poder tener más hijos", te programó para que no tengas hijos. Ahora, cuando el médico te programa para que se liberen todas tus potencias, te cura. Entonces, aquí el poder está en la palabra y en el corazón. No sirven los títulos, no sirven toda la sarta de estupideces que nos enseñaron en la facultad, que lo único que hacen es que un médico sea funcional a un sistema económico y de poderes. No sirve para nada. Entonces, la ciencia también está muerta. Se murió todo lo que conocíamos. Hoy por hoy, si yo me tengo que poner a diseñar qué tipo de médico voy a ser en el futuro, que lo estoy haciendo, tengo que entrar en contacto con todo esto, con la intimidad del alma del ser humano. Así tenemos que hacer todos nosotros, cada uno en lo suyo, reeditarse, nos tenemos que recrear. Y va a salir todo bien y muy lindo. Acuérdense.

ENTREVISTA EN LA QUINTA COLUMNA

Entrevista al Dr. Luis Marcelo Martínez, por Ricardo Delgado, bioestadista y comunicador, en su canal La Quinta Columna.

Luis Marcelo Martínez
*Biografía en páginas finales

“Jugar con los síntomas de una gripe es fenomental para el Sistema. Porque la gripe es el cuadro más inespecífico en el ser humano. Después de un estrés, de un agotamiento psicofísico, de haber pasado por un mal momento, desarrollas síntomas similares a la gripe.

Entonces, es la excusa perfecta para que todo el mundo se aterrorice y vaya corriendo a testearse, porque te hicieron creer que está circulando un virus mortal.

Llevar la Medicina a un virus es un reduccionismo violento, porque es la pérdida de la comprensión de lo que es el proceso de Salud-Enfermedad”.

Dr. Luis Marcelo Martínez
Médico genetista
Magister en Ingeniería Genética y Biología Molecular.
“Médicos por la verdad - Argentina”

Incoherencias anónimas sobre la plandemia

Tania Bernoff

EL FENÓMENO COVID

En estos tiempos sin precedentes, es muy difícil tener un punto y contexto de comparación como para entender el fenómeno sanitario que estamos experimentando y que, a fecha de publicación de este libro, dura un año y cinco meses ya. Escribo esto como científica, investigadora, químico farmacéutico titulada en la Universidad de Valparaíso de Chile y también desde la perspectiva de un ser humano de este mundo.

Es difícil ver cómo todo el mundo conocido se desmorona ante tus ojos y cómo la población lo acepta con completa sumisión y agradecimiento. Desde que se instaló este nuevo sentido de normalidad, se manifestaron al mismo tiempo sus contradicciones y sin sentido para la lógica.

En el comienzo, en Israel, desde febrero se instauraron una serie de protocolos de ingreso al país para impedir la entrada de infectados de otros países (recordemos que Israel tiene el turismo como una de las actividades más importantes para sustentar la economía), como: medición de temperatura al ingreso del aeropuerto; el traslado de pasajeros de países como China, Corea, España e Italia, en vehículos especiales a sus domicilios para mantener cuarentenas estrictas domiciliarias y supervisadas por el Ministerio de Salud; y otras. Esto es lo que el gobierno de Israel "vendió" al mundo para ejemplificar un supuesto modelo exitoso de enfrentar una pandemia. En la práctica, nada de esto fue verdad. Durante febrero no se tomaban test PCR a la población (aun presentando síntomas) ni tampoco a los pasajeros que llegaban a Israel con los llamados "Síntomas COVID19". Cuando analizamos, en retrospectiva, el por qué, vemos que la razón era, muy probablemente, las elecciones al comienzo de marzo 2020. Hasta ese momento, el PM Benjamín Netanyahu no tenía posibilidad de salir electo dada la alta oposición a su gobierno, juicios por corrupción pendientes sin resolver y un ambiente hostil hacia su persona. Cuando se le preguntó qué pasaba con el coronavirus, él respondió literalmente: “el coronavirus es un invento” lo que sembró mucha confusión entre sus simpatizantes. Luego, creó su gabinete anti-Corona y, como nunca, en un país con 33 partidos políticos, en el cual jamás existe consenso para decisiones básicas, mágicamente, derecha e izquierda estaban de acuerdo, religiosos y no religiosos compartían los mismos ideales, todo esto frente a nuestros ojos sin generar sospechas por parte de la población, salvo contadas excepciones, como yo, que no podía entender qué estaba ocurriendo.

Fuimos despojados de nuestros derechos básicos de reunión, movilización, tránsito, etc., recluidos bajo arresto domiciliario sin gran explicación, más que una supuesta pandemia que había generado 60 supuestos infectados en un país de 9 millones de habitantes. Bajo la figura de asintomáticos fuimos todos sospechosos de una supuesta enfermedad que en más del 90% de la población no tenía manifestación alguna, pero, así como la figura del que es culpable hasta que se pruebe lo opuesto, todo aquel que no mostrase un test PCR negativo (y aún si lo mostraba) era sospechoso de algo invisible, desconocido e imposible de evidenciar por nuestra lógica. En un comienzo, cuando teóricamente no conocíamos la naturaleza, propiedades y capacidades de este patógeno, el afán protector de cada país del mundo, se veía comprensible y parecía correcto en su accionar. Yo apoyaba las medidas restrictivas y aberrantes, en un comienzo, esgrimiendo como razón: “es nuestro deber para con nuestro rol en la salud pública”. Me producían repulsión los detractores y pensaba, incluso, que la censura debía ser permitida, dada las circunstancias extremas que vivíamos. Sin embargo, sentía cierta incomodidad por la pérdida tan fácil y sin oposición de nuestros derechos básicos, hasta que, cuando tomé una cuota del miedo imperante, se me impuso ese grito interno que me decía que algo estaba muy mal y que debía rebelarme. Fue entonces, que esa incomodidad continua que padecía me hizo preguntarme:

- **¿Qué sucedería si testearan al 90% de la población?** Bajaría la mortalidad y subirían los infectados y los asintomáticos y ya no vivirían en anonimato, sabrían que están enfermos.

- **¿Pero, no es la definición de enfermo, como *persona que sufre incapacidad de algún tipo*?**

- **Si los asintomáticos están sanos por definición, ¿porque tratarlos como enfermos?**

Fue allí que me di cuenta de las debilidades básicas en la narrativa.

- ¿Por qué todos debemos estar encerrados y destruir las economías si sólo es necesario encerrar a los vulnerables?

Esas preguntas me llevaron a buscar lo más lógico: estadísticas de enfermedades respiratorias de otros años por país. Mientras más evidencia revisaba, más claro me quedaba que todo este fenómeno era un asunto perceptivo y no real. Más aún cuando trataba de volver a regresar a dichas estadísticas y comencé a ver que las desaparecían de internet. Y luego, la censura de todo lo que sirviera a un investigador para despertar.

Básicamente, esta mentira estaba basada en los modelos del Imperial College de Inglaterra, los discursos de Dr. Fauci y el modelo del primer país atacado por esta pandemia, China, pareciendo lógicos, verdaderos modelos a seguir como ejemplos exitosos. Pero al menor análisis estadístico de otros años y la comparación de infección y muertes por enfermedades respiratorias varias, la verdad irrumpía gritando que la narrativa oficial no se estaba guiando por ningún parámetro numérico real.

Israel mostró sus acciones preventivas rápidas y exageradas, convirtiendo al país, a la semana siguiente de las elecciones, en un territorio bajo un estado de emergencia peor que el implementado frente a cualquier guerra de las que hemos vivido: los malls (centros comerciales) fueron convertidos en hospitales de campaña, los hoteles, en residencias sanitarias u hospitales para albergar y poder dar atención a decenas de miles de enfermos. A esa altura, toda la población estaba en pánico, ya que el país decidió detener sus actividades y entrar en esta nueva realidad, contando solo con 60 supuestos infectados, lo cual no deja de ser curioso, porque **¿de dónde sacaban las cifras de miles de enfermos?**

En esos momentos, en un país con 33 partidos políticos que es altamente difícil de gobernar por la imposibilidad de ponerse de acuerdo, estaban todos felices con el Primer Ministro, contra el cual habían despotricado tanto solo unos días atrás. Por primera vez en mi vida, vi un escenario político con una sola opinión, unánime: acabar con el virus. Este fantasma que asolaba a todos, también amenazaba nuestras relaciones sociales, ya que la persona que tosiese, que osara salir de casa o gozar de cualquier tipo de libertad sin culpa, podía sufrir delación por parte de vecinos y hasta de sus círculos comunitarios o de supuestos amigos.

A nivel sanitario vimos otros fenómenos, como declaraciones asombrosas de muchos médicos de familia con años ejerciendo éticamente su profesión y siguiendo el juramento al cual todos ellos se someten. Recuerdo el primero que llamó mi atención, el Senador del Congreso de USA, Dr. Scott Jensen y médico de familia, quien declaró haber recibido un memorándum específico con el formato a llenar para cada certificado de defunción considerando la nueva enfermedad emergente llamada Covid19; me sorprendió que dijera que, en todos sus años de trabajo como médico, nunca se vio enfrentado a un conflicto de conciencia en el cual se lo obligaba a declarar, como causal de muerte a cualquier paciente fallecido por afección respiratoria, como paciente Covid19 sin ningún criterio tradicional de diagnóstico diferencial o criterio clínico con confirmaciones de laboratorio varias, lo cual cruzaba los límites de aquello que es racional, riguroso y ético.

Primeramente, para ordenar el curso de mi investigación, hice seguimiento a los estudios que afirmaban haber aislado el novedoso virus, pero nunca encontré un estudio donde se hubiese aislado el virus Sars-cov-2 según los procedimientos establecidos por Koch o por Rivers. Por tanto, la existencia de este virus teórico, pertenece a lo fantasmal. Luego, jamás se encontró más del 1% del material genético del virus en muestra alguna, el resto fue establecido por un modelo computacional y un consenso científico. Siguiendo la pista a estos supuestos hallazgos, no se ha encontrado un estudio que muestre la transmisión de humano a humano, por lo que la figura base de esta pandemia es ilusoria y teórica.

Prontamente, la OMS se apresuró a enviar protocolos de atención para los pacientes confirmados por prueba RT-PCR positivos -sin o con síntomas respiratorios, sin otro criterio de contraste- como pacientes Covid19. Esto quitó del panorama cualquier alternativa terapéutica racional y estos pacientes fueron desprovistos de su natural derecho a la elección de un tratamiento. Por el contrario, fueron únicamente tratados con paracetamol, lo cual, en neumonía sabemos que es absurdo, ya que independientemente del origen de la neumonía, debe ser tratada profilácticamente con antibióticos, incluso previo a identificar al germen causante. Más peligroso aún resulta que estos pacientes Covid19 eran candidatos tempranos a intubación, es decir, tan pronto presentaban menos de 95% de saturación de oxígeno, eran puestos en estas máquinas sabiendo, todo profesional de la salud del área de emergencias, que esta intervención rebaja enormemente las expectativas de supervivencia.

Estudiando a fondo el tema de los test RT-PCR, vemos la inconsistencia, frente a la evidencia empírica, del grado de veracidad de estos resultados, los cuales son altamente manipulables, dependiendo del número de ciclos de procesamiento de las muestras. Básicamente, cuando se obtiene un resultado positivo habiendo aplicado más de 35 ciclos, si esta muestra es cultivada para corroborar la presencia de copias virales viables, encontraremos que su capacidad de proliferación es nula. Entonces, un paciente positivo no es contagioso ni debe ser considerado como tal, ya que corresponde a un falso positivo. Dentro del catálogo de preguntas previas al test, están las de si el paciente estuvo en estrecho contacto y hace cuánto tiempo con un paciente Covid19 y en Israel vemos -causal o casualmente- que personas que han declarado la cercanía a un paciente Covid19 son sospechosamente más "propensos" a obtener un resultado positivo sobre el 90% de las veces, incluso si nunca se les realizó el test, o cancelaron su cita para que se los realizaran.

Ahora, además, considerando las políticas mundiales que han liberalizado el concepto de muerte "por" Covid19 intercambiándolo por muerte "con" Covid19, se fomenta algo ética y clínicamente inaceptable, ya que en los certificados de defunción no se debe consignar una causa distinta a la que realmente causó el deceso.

Todo lo anterior, ha contribuido a abultar falsa y artificialmente las cifras de decesos supuestamente atribuibles a esta nueva condición denominada Covid19. Y la pregunta que todo ser pensante se plantea, incluso si no pertenece al campo científico, es: **¿por qué durante una pandemia se necesita agrandar las cifras de infectados y de muertes, si *per se* debiesen ser alarmantes?**

Todas estas medidas llamadas "sanitarias" en el contexto mundial, se han transformado en una global dictadura

Sanitaria/Tecnológica mezcla de los conceptos de Huxley y Orwell, en la cual nos encontramos en un juego piramidal de Imposición/obediencia-sumisión, donde el nuevo dios axiomático e indudable es esta pseudociencia impuesta, en que el régimen chino constituye el modelo. En este nuevo escenario mundial no hace falta comprobar la existencia de un nuevo virus que ponga a la humanidad en jaque, simplemente hace falta crear la percepción de su existencia. Con ello, nos llevan a un cambio de comportamiento *ad hoc* con un atentado contra la libertades y derechos individuales.

Hemos concluido que nuestro rol como científicos es desafiar y cuestionar la actual narrativa oficial. Para ello hemos elegido entrar en este juego y jugarlo con sus reglas en su marco teórico y desde dentro de él hacer patentes sus contradicciones e inconsistencias racionales, lógicas y que constituyen una afrenta a la real y tradicional ciencia. En el marco de la supuesta "solución" a este fenómeno mundial, diversos laboratorios han comenzado una carrera desenfrenada por obtener una vacuna anti-Covid19 y ser los primeros en venderla a los países que la requieran.

Esta supuesta "vacuna" debiese básicamente cumplir con 3 objetivos:

1. Evitar la transmisión asintomática del virus.
2. Evitar casos severos, con el consiguiente descenso en las admisiones hospitalarias, ya sea en salas comunes o UTI/UCI.
3. Disminuir considerablemente los decesos a nivel global por esta causa.

Estudiando cada una de las hipotéticas vacunas, nos produce más que curiosidad que, al observar este fenómeno, cuantificamos la pérdida en bienes y servicios por sobre el 1,6 de trillones de dólares, por lo bajo, y billones de dólares en pérdidas personales y familiares del sustento de vida. Esto bajo la creación de un nuevo concepto: el enfermo asintomático, el cual jamás presentará signo alguno de enfermedad, aunque sea positivo al test RT-PCR que no detecta virus alguno. O sea, que, por la existencia de esta figura, la economía mundial e individual están en jaque, pero, pese a esto, ninguna de las actuales vacunas anti-Covid19 ha sido probada o hecha para inhibir la transmisión asintomática.

¿Cuál es entonces el real interés de los laboratorios?

Los datos de Pfizer muestran que no hubo fallecidos entre los infectados del grupo "No protegido" (que recibió agua salina, "placebo"), lo cual es sorprendente, ya que obtuvieron el mismo resultado que cabría esperar únicamente en el grupo "Protegido" (que recibió la sustancia experimental de Pfizer). Dado que tampoco hubo fallecidos entre los infectados del grupo "Protegido", es posible plantear que: (1) para evitar el fallecimiento por COVID19, el agua salina es igual de efectiva que la sustancia de Pfizer, o (2) la probabilidad de fallecer por COVID19 es demasiado pequeña como para cumplirse o (3) es demasiado pequeño el tamaño muestral, así que el estudio de Pfizer es incapaz de demostrar si realmente la vacuna logra el objetivo de disminuir la letalidad o no, por fallas en su diseño. Además, llama la atención que la tasa de infección en los voluntarios del grupo "No protegido" (que recibió agua salina, "placebo") fue más baja que el promedio del país donde vivían mientras estaba desarrollándose el experimento, lo cual es ilógico y permite plantear que los voluntarios tuvieron contacto con el virus bajo condiciones controladas o manipuladas, así que sus resultados no representan lo que ocurriría al aplicar masivamente la sustancia de Pfizer, porque esas personas- luego de ser inoculadas- se expondrán al virus en condiciones naturales (aleatorias), no controladas ni manipuladas, y no se cumplirían los supuestos beneficios que muestra el estudio pagado por Pfizer **¿cómo podemos demostrar que esta vacuna impide la muerte por la "letal" enfermedad?**

Ahora, y para finalizar con los eventos curiosos de esta narrativa del horror, vemos que, en los estudios, los síntomas denominados como efectos adversos de las vacunas son idénticos a los denominados síntomas Covid19.

¿Quién decide que es una u otra cosa?

De hecho, el manejo de las historias clínicas actuales, violando el derecho a privacidad que cada paciente gozaba antaño, permite el acceso a personas no relacionadas con la salud ni con los detalles sanitarios de los individuos. En caso de haber sido vacunado, sus síntomas de Covid19 son interpretados como efectos secundarios de la vacuna y/o síntomas de la enfermedad crónica base (en el caso que la tuviese) y enmascarados con analgésicos/antipiréticos en grandes proporciones, siendo archivado en una suerte de secreto. Sin embargo, al mostrar en la historia clínica no haber recibido vacuna anti-Covid19 alguna, se le realiza RT-PCR para ser tratado como paciente Covid19 casi por defecto. En adición, existen numerosos reportes de diarios oficiales del estado de Israel que declaran que todas las mujeres embarazadas en las cuales se experimentó, sufrieron abortos espontáneos dentro de las 24-48 hrs posteriores a la vacuna; más de 5.000 muertes en el mes de enero 2021 relacionadas todas a la vacuna; y que 2/3 de las mujeres en edad fértil que recibieron la vacuna, experimentaron pseudo menstruaciones con sangrados de entre 3-5 días posterior a la vacuna y en tiempos equidistantes a su ciclos menstruales habituales. Fuentes informales aseguran que las familias de pacientes que fallecieron por la vacuna fueron asediadas por funcionarios de la salud y públicos para que se mantuviesen en silencio al respecto.

En Israel, hoteles, spas, gimnasios y recitales son, desde marzo, solo para vacunados y recuperados de Covid19, obteniendo ellos una tarjeta que les da libre acceso a todo. El resto de los ciudadanos que somos sanos, estamos en una segunda categoría. Aunque pagamos los mismos impuestos que todos, nuestros derechos, despojados en un comienzo, nunca han vuelto a nosotros y actualmente el escenario se ve muy tétrico e incierto para quienes elegimos buscar la verdad con honestidad. Sólo nos queda confiar en el Todopoderoso que nunca nos desamparará.

Tania Bernoff
*Biografía en páginas finales

UN FRAUDE FARMACÉUTICO MUNDIAL QUE EMPEZÓ EN DICIEMBRE DE 2020

Algunas reflexiones sobre la pseudo-vacuna de Pfizer contra COVID19, tras analizar sus publicaciones dirigidas a médicos y gobiernos incautos y/o corruptos.

Dan Macías[1] • Tania Bernoff[2]
[1]Médico cirujano, Universidad Austral de Chile
[2]Químico farmacéutica, Universidad de Valparaíso

Pfizer, una empresa farmacéutica estadounidense, y BioNTech, una empresa de biotecnología alemana enfocada en desarrollar terapias contra el cáncer, formaron la alianza Pfizer-BioNTech (de aquí en adelante, simplemente "Pfizer") y produjeron una sustancia, una molécula experimental que ellos, haciendo referencia a *B*io*NT*ech, denominaron oficialmente BNT162b2 o Tozinamerán, pero que la mayoría de las personas insiste en llamar "vacuna Pfizer contra COVID".

¿Qué es una vacuna?

Una vacuna es, clásicamente, *un medicamento que contiene un germen (que puede estar atenuado, inactivado o muerto) o una porción proteica de él, y ese medicamento es administrado para estimular al sistema inmune con el fin de inducir una respuesta contra el germen mencionado, en personas que no han tenido contacto alguno con ese germen. El propósito es administrar a esas personas una dosis baja de gérmenes o de sus porciones proteicas, que sea manejable o fácil de contener por el sistema inmune.*

Algunos conceptos básicos sobre el desarrollo de vacunas

1. Etapas del desarrollo de una nueva vacuna

Los experimentos farmacéuticos para producir una sustancia experimental que llegue a ser catalogada como "vacuna" tienen varias etapas: EXPLORATORIA (identificación de la sustancia, lo cual requiere 2 a 4 años), PRECLÍNICA (experimentos en animales y evaluación de resultados, lo cual requiere 1 a 2 años), DESARROLLO

CLÍNICO (experimentos en personas voluntarias, lo cual requiere en promedio 6 a 8 años, segmentados en: Fase 1, para evaluar la inocuidad o seguridad; Fase 2, para evaluar la inmunogenicidad o capacidad de activar al sistema inmunológico de los inyectados; Fase 3, para evaluar la eficacia y tolerabilidad de la sustancia; y Fase 4 que se difiere para iniciarla con la comercialización y aplicación de la sustancia en múltiples recintos médicos), REVISION Y APROBACIÓN (lo cual requiere 12 a 18 meses) y FABRICACION (lo cual requiere 6 a 22 meses).

2. Eficacia de la sustancia experimental. ¿Por qué usar placebo?

Los experimentos para demostrar la eficacia de una vacuna se realizan reclutando varios miles de personas, las cuales son divididas en dos cohortes: una de ellas será inyectada con la sustancia experimental diseñada por el laboratorio y otra será inyectada con agua salina, también llamada "placebo". La sustancia experimental o sustancia **activa** presuntamente sería capaz de proteger contra un germen específico, por lo que se diferencia de la sustancia placebo o sustancia **inerte**, que no tiene ninguna propiedad, por tratarse simplemente de agua salina. Considerando que las vacunas están catalogadas como medicamentos con efecto protector, se considera que el grupo inyectado con la sustancia experimental (sustancia activa) es el grupo "protegido" (grupo experimental), mientras que el grupo que solo recibió agua salina (sustancia inerte) es el grupo "desprotegido" (grupo placebo).

Ante cualquier problema de salud, se debe cumplir con el principio ético "En primer lugar, no harás daño" y siguiendo ese principio los médicos pueden abstenerse de intervenir en la salud de una persona cuando la intervención es inútil o riesgosa, o cuando pone injustificadamente en riesgo al paciente, a cambio de (casi) nada, y en esos casos es mejor abstenerse, porque esa abstención al menos no daña al paciente. Es decir, una intervención se aplica solamente cuando *intervenir* sea mejor que *no hacerlo*. Aplicar un medicamento a una persona requiere haber demostrado, mediante experimentos científicos, que "aplicarlo" genera resultados superiores a "no aplicarlo".

Al realizar este tipo de experimento con una sustancia inyectable, el objetivo es que ningún individuo sepa qué le inyectaron, sino que luego de cada inyección cada uno manifieste espontáneamente sus síntomas, para que los investigadores puedan secretamente evaluar los efectos de la sustancia experimental de Pfizer en cuanto a: reacción cutánea local -en la zona de inyección- de la sustancia experimental, efectos corporales difusos (cansancio, cefalea, fiebre, desencadenamiento de enfermedades que los voluntarios no tenían, empeoramiento de enfermedades que los voluntarios ya tenían diagnosticadas, o incluso fallecimiento de uno o más voluntarios).

Al ser el placebo una sustancia incapaz de generar por sí misma efectos protectores o curativos (tal como sería una pastilla de azúcar o de almidón), los investigadores saben que se trata de una sustancia que objetivamente no tiene acción específica para el proceso patológico que están estudiando.

Para determinar el efecto real de un fármaco y distinguirlo de otras influencias como eventos aleatorios y percepción subjetiva de los voluntarios o de los investigadores, se divide a los voluntarios en dos grupos: uno recibe la sustancia real, experimental o activa y el otro recibe la sustancia inerte (placebo). Luego de administrar las dosis predeterminadas (una, dos o más) de la sustancia asignada a cada voluntario, se comparan los resultados de cada grupo y es esperable que cada grupo tenga efectos diferentes, ya que recibieron sustancias diferentes (uno recibió una sustancia activa y el otro una sustancia inerte). Algunos de esos efectos pueden ser favorables y otros desfavorables. Pero al comparar los efectos favorables de un grupo con los del otro, típicamente hay una diferencia a favor del grupo que recibió la sustancia activa, experimental), que corresponde a la eficacia de la sustancia experimental. Si la sustancia experimental no demuestra superioridad respecto de la sustancia inerte, entonces la sustancia experimental no puede autorizarse porque es tan inútil como la sustancia inerte.

3. Seguridad

Además de ser superior, la sustancia experimental debe ser segura: mientras más efectos adversos locales y corporales ("sistémicos") tiene una sustancia, es menos segura. Seguridad es la característica de un medicamente de poder usarse con una probabilidad muy pequeña de causar efectos tóxicos injustificables, así que la seguridad de un medicamento es una característica relativa cuya medición es problemática, debido a la falta de definiciones operativas y por razones éticas y legales. Los efectos tóxicos pueden surgir a corto, mediano y largo plazo, así que hay que observar periódica y sistemáticamente a las personas que recibieron la sustancia experimental, registrando los cambios que sufren como consecuencia de haberla recibido, y hay que seguir el mismo procedimiento con quienes recibieron placebo. Por ejemplo, cada dos o tres meses y durante varios años se debe hacer una lista de todos los problemas de salud surgidos en quienes recibieron la sustancia experimental y comparar con todos los problemas de salud surgidos durante ese tiempo en quienes recibieron placebo. Básicamente, se debe comparar el deterioro de la salud del grupo experimental ("protegido") con el deterioro de la salud del grupo placebo ("desprotegido") y ese seguimiento debe durar un tiempo suficiente para dar lugar a que aparezcan esos efectos que demoran más tiempo en aparecer, como son los síntomas de enfermedades autoinmunes.

Todo experimento farmacológico en humanos debe detectar los efectos adversos comunes y también los infrecuentes, y para ello se necesita un tiempo adecuado de seguimiento (monitorización formal de los cambios biológicos esperables o posibles que podrían desarrollarse en las personas que se sometieron a la sustancia experimental), porque **aquello que podría ocurrir en el 0,01% de los casos puede causar secuelas irreversibles en 10000 (diez mil) personas** cuando el universo inoculado fue de 100 millones, universo que fácilmente se logra vacunando a los ancianos y otros "grupos de riesgo" de Europa, por ejemplo, o a los de Sudamérica. Diez mil personas con daño irreversible (diez mil víctimas) representarían una completa catástrofe médica, auspiciada por el negocio farmacéutico.

4. Seguimiento

Se requieren varios años para observar minuciosamente los cambios biológicos y médicos que pueden sufrir las personas inyectadas con una sustancia experimental y dado que su salud se transformará gradualmente es imperativo comparar esos cambios con los que ocurren en quienes recibieron placebo, o sea que no fueron inyectadas con la sustancia experimental: los individuos que recibieron placebo actúan como los testigos vivientes de cuál es el efecto de no recibir la sustancia experimental, porque su estado de salud contrastará con el de los otros, que sí recibieron la sustancia.

- Si quienes recibieron placebo sobreviven *la misma cantidad* de tiempo (o tienen un estado de salud igual) que quienes recibieron la sustancia experimental, queda en evidencia que la sustancia experimental no protege contra la posibilidad de fallecer por la enfermedad que se desea neutralizar. Y en ese caso, queda en evidencia que recibir la sustancia experimental es IGUAL que no recibirla, así que ¿por qué aplicar una sustancia experimental INÚTIL?
- Si quienes recibieron placebo sobreviven *más* tiempo (o tienen un estado de salud mejor) que quienes recibieron la sustancia experimental, queda en evidencia que la sustancia experimental tiene un efecto deletéreo en la sobrevivencia (y estado de salud) de las personas. Y en ese caso, queda en evidencia que recibir la sustancia experimental es PEOR que no recibirla.
- Si quienes recibieron placebo sobreviven *menos* tiempo (o tienen un estado de salud peor) que quienes recibieron la sustancia experimental, queda en evidencia que recibir la sustancia experimental es MEJOR que no recibirla.

Considerando que las sustancias experimentales que han llegado a ser comercializadas como "vacunas" propiamente tales requieren en promedio 6 a 8 años para el desarrollo clínico de los experimentos, es fácil ver que en ese tiempo, relativamente prudente, se obtiene una cantidad de datos que permite respaldar al menos en cierto grado la seguridad o inocuidad de la sustancia experimental en el mediano plazo, determinando si recibir la sustancia experimental es IGUAL, PEOR O MEJOR que no recibirla: o sea, si se debe preferir la sustancia experimental o el placebo.

Recordemos que los voluntarios del grupo placebo (que no recibe ninguna sustancia terapéuticamente activa) quedan "a su suerte" y actúan como referente, patrón, molde o estándar contra el cual se comparan las consecuencias de haber administrado la sustancia experimental, para que con el paso del tiempo los investigadores puedan ver cuál es el efecto de dejar a las personas "a su suerte", sin intervenirlas con la sustancia experimental y corroborar si tal sustancia es segura y eficaz... o no. Pero hay que observar al grupo placebo durante suficiente tiempo y esos 6 a 8 años son una duración prudente para lograr un seguimiento serio y riguroso de los miembros del grupo placebo.

Acerca del producto de Pfizer

El producto farmacéutico elaborado por la empresa Pfizer no cumple con los requisitos de la definición clásica de "Vacuna", porque no contiene un germen ni una porción proteica de él, así que no merece ser llamado "vacuna". Además, para crear una, el requisito primordial es haber caracterizado adecuadamente al agente infeccioso, y eso no se ha hecho. Independientemente de si existe o no un nuevo coronavirus -causante de COVID19- lo concreto es que no ha sido aislado y purificado, tal como admiten sus propios descubridores.

¿Y entonces qué es el producto farmacéutico elaborado por la empresa Pfizer? ¿Y qué contiene? El producto farmacéutico en cuestión es, básicamente, una sustancia experimental inyectable, que contiene un segmento de la información genética (RNA) atribuido a un germen que ha sido llamado "el nuevo coronavirus del 2019", y ese segmento se inserta en la maquinaria de las células humanas y modifica el curso de su actividad metabólica, esclavizando a esas células para obligarlas a producir una proteína que aparentemente sería un componente viral llamado "Proteína Spike (o glicoproteína S)". Ese RNA de un nuevo coronavirus es fabricado artificialmente en grandes cantidades por Pfizer y envasado en ampollas junto a excipientes para ser administrado mediante una inyección intramuscular. Ese RNA, según sus propios fabricantes, es información genética del virus, o sea, el producto farmacéutico de Pfizer, mal llamado "vacuna", prácticamente está inyectándonos un gen del virus, ya que el RNA es un intermediario genético o un gen simplificado.

Esto significa que al recibir la sustancia experimental de Pfizer estamos siendo inyectados con información genética exógena, correspondiente a otra especie, para que nuestro cuerpo produzca una sustancia propia de esa otra especie y totalmente ajena a nosotros. La sustancia experimental de Pfizer programa al cuerpo humano para que empiece a producir fragmentos de un nuevo coronavirus, a sabiendas de que luego el sistema inmune humano tiende a generar anticuerpos contra esos fragmentos de coronavirus. Eso equivale a intervenir a un ser humano para que produzca bilis de cerdo o saliva de vaca y que luego esos mismos productos animales producidos por nosotros mismos, sean atacados con anticuerpos por nuestro sistema inmune. ¿Lo habías considerado? Dicho de otra manera, la inyección experimental de Pfizer primero induce al organismo humano a producir una sustancia que no es humana y luego induce al organismo humano a crear los anticuerpos para defenderse contra esa sustancia que el mismo organismo produjo. El cuerpo humano rebajado a la condición de máquina que produce algo innecesario para luego destruirlo y una empresa farmacéutica se enriquece gracias a ese proceso. ¿Hemos llegado a ser mano de obra gratuita para una empresa internacional? ¿Alguna empresa se adjudicó los derechos sobre nuestra biología para enyugarla y hacerla servir gratuitamente a sus intereses particulares? ¿Nuestros gobernantes entregaron nuestra biología al mejor postor?

El afán de los gobiernos por entregar el cuerpo de las personas a la sustancia experimental de distintas empresas farmacéuticas, así como la reducción de las libertades esenciales de los seres humanos en nombre de la salud pública, no se basa en preocupaciones racionales y tampoco realistas acerca de la seguridad de las personas. Además, **inocular a las personas con genes virales diseñados en un laboratorio** *es transmitirles a las personas un riesgo* que no existe en la naturaleza, así que es altamente probable que ese experimento genético expone a las personas a un riesgo mayor que la infección por coronavirus. En Chile, la probabilidad de que fallezca un infectado menor de 60 años ronda el 1%, o sea que la probabilidad promedio de sobrevivir es 9% para cualquier infectado de esa edad...Por eso mismo, inocular a los menores de 60 años (con todos los riesgos que ese experimento implica) no es ningún aporte a la salud de ese grupo de personas, pero aun así el gobierno de Chile se ha empeñado en inocular a la mayor cantidad posible de esas personas y los medios de prensa hegemónica continúan siendo sus cómplices para lograrlo.

Acerca de los estudios de Pfizer

El día 10 de diciembre de 2020, Pfizer libero los datos de su investigación PRECLÍNICA (realizada en macacos) acerca de la molécula experimental que había desarrollado y dio a conocer los resultados mediante un artículo llamado "*BNT162b vaccines are immunogenic and protect non-human primates against SARS-CoV-2*" que a mediados de marzo de 2021 ***todavía no cuenta con aprobación de pares académicos ni científicos***, siendo necesario señalar que una investigación que no cuenta con aprobación por pares no debería usarse para guiar otras intervenciones. Y pese a no contar con aprobación de los resultados de la fase preclínica, **ese mismo día 10 de diciembre de 2020 Pfizer dio a conocer los resultados de la Fase 3 del DESARROLLO CLÍNICO** de la misma molécula, resultados ***que extrañamente sí contaban con revisión por pares***, en un artículo llamado *"Safety and Efficacy of the BNT162b2 mRNA Covid-19 Vaccine"*, que esencialmente entregaba los resultados de la Fase 3 en más de cuarenta mil personas a pesar de que ***a esa fecha todavía la comunidad científica no contaba con los resultados de la Fase 2***.

De hecho, los resultados de la Fase 2 fueron publicados posteriormente, **el día 11 de diciembre de 2020**, mediante un artículo llamado *"BNT162b2 induces SARS-CoV-2-neutralising antibodies and T cells in humans"* que a mediados de marzo de 2021 ***todavía no cuenta con aprobación de pares académicos ni científicos***. Nuevamente es necesario señalar que **una investigación de Fase 2 que no cuenta con aprobación por pares no debería haberse usado para guiar la Fase 3** de un experimento humano que involucro a más de cuarenta mil personas alrededor de todo el mundo para demostrar cuán útil podría llegar a ser la sustancia de Pfizer. De un modo más simple, esta situación respecto a los estudios de Fase 2 y Fase 3 de Pfizer es un acto tan desvergonzado como adueñarse de un terreno (porque realizo estudio de Fase 3) sin contar con el título de propiedad (aprobación de los resultados de Fase 2 o de inmunogenicidad).

Observaciones críticas sobre como Pfizer obtuvo los datos que supuestamente avalarían la inmunogenicidad de su sustancia experimental.

El artículo del día 11 de diciembre de 2020, de Fase 2, llamado *"BNT162b2 induces SARS-CoV-2-neutralising antibodies and T cells in humans"*, aborda la inmunogenicidad de la sustancia experimental BNT162b2 y tiene varios autores, 33 de ellos son empleados de BioNTech y 21 de ellos son accionistas de BioNTech, que, junto con ser el aliado de Pfizer, es patrocinador del estudio y responsable del diseño, recopilación, análisis e interpretación de datos y también de la redacción del informe. Aquí es evidente que hay un gran conflicto de intereses, puesto que la investigación no fue realizada por un equipo científico independiente, sino por investigadores cuyo sustento -y el de sus familias- depende directamente de la empresa que se beneficia si los investigadores obtienen ciertos resultados.

La sustancia experimental de Pfizer, preparada por BioNTech, llamada BNT162b2, fue aplicada en dos dosis (provocación y refuerzo) a 37 adultos sanos que eran menores de 55 años, y los investigadores -o sea los empleados de BioNTech, que también son los autores del artículo- consignaron que la sustancia experimental aparentemente lograba inducir formación de anticuerpos y células T en los inyectados. Obtuvieron anticuerpos contra la proteína Spike del SARS-CoV-2, pero todos sabemos que tener anticuerpos no nos hace inmunes contra algo. Y los mismos autores dicen: *"Existe un amplio consenso reflejado en el diseño de los ensayos clínicos en curso de que una vacuna COVID-19* ***debería*** *inducir anticuerpos contra el SARS-CoV-2,* ***pero aún no se sabe*** *si las respuestas de anticuerpos serán suficientes para obtener una respuesta completa y prolongada o inmunidad protectora duradera contra el SARS-CoV-2, y cuál podría ser la contribución de las células T que son específicas contra el SARS-CoV-2* ". Eso es lo que dijeron los autores. Y agregaron otra frase "... ***no está claro si*** *este patrón de respuesta inmune* ***protegerá*** *de la infección por SARS-CoV-2* ***y evitará*** *el COVID-19"*. No está claro si protegerá y evitará, lo cual es algo para reflexionar.

Los autores están diciendo:

"Existe un amplio consenso de que ..."

¿Qué implica esa frase? ¿Realmente podemos decidir "por consenso" cuál es la verdad? ¿Podemos decidir por consenso sobre la salud de millones de personas?

En cualquier ensayo clínico para medir la eficacia de una nueva vacuna, se debe aplicar esa sustancia a un grupo de personas y comparar su reacción sanguínea (cantidad de anticuerpos producidos) con la de aquellas personas que sufrieron la infección en forma natural. Es decir, se deben medir los niveles de anticuerpos y comparar los resultados de ambos grupos, pero para que la comparación ocurra en igualdad de condiciones cada grupo debe estar compuesto por personas semejantes a las del otro grupo, en cuanto a cantidad, sexo, edad, nivel inmunológico, enfermedades, etc., y eso permite obtener resultados precisos, minimizando la posibilidad de atribuir los resultados a una causa equivocada: por ejemplo, si se inyecta la sustancia a un varón de 40 años, sano, sin enfermedades crónicas, lo ideal es comparar sus anticuerpos con los de otro varón (no con una mujer) de edad similar y características similares, que haya sufrido la infección en forma natural.

Los empleados de BioNTech afirman en el artículo que pusieron a prueba la sustancia diseñada por su empresa y lo hicieron de la siguiente manera: obtuvieron suero de 38 personas que se encontraban asintomáticas y recuperadas (convalecientes de COVID19) pero que habían tenido un resultado positivo en la PCR para COVID19, con síntomas de tan baja relevancia que solo uno había necesitado hospitalización y midieron los niveles de anticuerpos de esas personas convalecientes, comparándolos con los niveles de anticuerpos inducidos por la sustancia experimental de Pfizer en las 37 personas que la recibieron. Los empleados de la empresa concluyeron que las personas que fueron sometidas a recibir esa inyección desarrollaron niveles de anticuerpos que en promedio eran más del doble de los niveles obtenidos en personas convalecientes de COVID19, pero sin especificar si compararon el suero de un convaleciente de cierta edad con el suero de una persona inyectada que tenía la misma edad o no. De hecho, los empleados de BioNTech tampoco señalan si esos convalecientes eran ancianos o no, si eran inmunodeprimidos o no, si tenían enfermedades autoinmunes o no, todo lo cual es esencial para entender los resultados y realizar un análisis que tenga un mínimo de seriedad: ancianos, inmunodeprimidos y portadores de enfermedades autoinmunes pueden tener respuestas inmunológicas de poca cuantía ante una infección y en ese caso no son buenos referentes para determinar cuán robusta es la respuesta inmunológica inducida artificialmente por una sustancia experimental, ya que **sería equivalente a comparar la fuerza de un abuelo con la de su nieto adolescente**. Tampoco dicen si esos convalecientes realmente habían sido infectados recientemente por el virus o no (ya que los investigadores hicieron un acto de fe al suponer que esos convalecientes fueron diagnosticados en la fase aguda de la infección por SARS-CoV-2) o si los síntomas se debían a la infección por otro virus (que no fue buscado intencionalmente mediante un adecuado diagnóstico diferencial) o incluso por una bacteria, en cuyo caso obtener una PCR "positiva" en esos individuos tendría una asociación meramente casual y no causal con los síntomas que motivaron la realización de la PCR. Básicamente, los investigadores o empleados de BioNTech -cual náufrago en el mar aferrándose a una tabla- se tomaron de esos resultados de PCR (realizadas con un protocolo desconocido y que no habían sido corroboradas, a juzgar por la información disponible en el artículo), para obtener un patrón de comparación que validara su experimento.

Los empleados de BioNTech también quisieron conocer el efecto de la sustancia experimental en un tipo especial de células inmunológicas del ser humano, llamadas células T, que se encargan reconocer a un virus como un agresor, iniciar la reacción inmunológica antiviral y de destruir las células infectadas, para erradicar definitivamente a ese virus. Y compararon las células T de 37 personas sometidas a la inyección con la sustancia de Pfizer con las células T de 18 personas convalecientes de COVID19, cometiendo la misma falta de no comparar en igualdad de condiciones. Y se percataron de que antes de inyectar la sustancia de Pfizer, había personas que ya tenían células T dirigidas contra el virus, incluso sin haber sido infectadas por el virus, lo cual se llama *Reactividad cruzada* y podría hacer completamente innecesaria la vacunación contra COVID19 en un buen porcentaje de personas. También se percataron de que la sustancia experimental indujo una reacción contra múltiples epítopos (porciones virales proteicas específicas, formadas por ciertas combinaciones de aminoácidos) lo cual constituye en sí mismo un acoplamiento inespecífico de parte de los anticuerpos, que podría desencadenar enfermedades autoinmunes en las personas que reciban la sustancia experimental si alguna combinación de aminoácidos -detectada como "hostil" por parte de los anticuerpos- coincide con las combinaciones humanas. Y hay más de veinte proteínas humanas que tienen combinaciones de aminoácidos idénticas a las de la proteína Spike del virus (ejemplos: Hemoglobina, Colágeno, etc).

Sobre el artículo *promocional* que Pfizer publicó en la revista *New England Journal of Medicine* y que sirvió para impulsar definitivamente la inoculación masiva de su sustancia experimental.

El artículo del día 10 de diciembre, de Fase 3, titulado *"Safety and Efficacy of the BNT162b2 mRNA Covid-19 Vaccine"*, publicado en la revista electrónica *New England Journal of Medicine (NEJM)* a modo de lanzamiento promocional del producto llamado "vacuna BNT162b2 contra COVID19 basada en RNA mensajero", fue redactado por 29 investigadores, de los cuales 17 (o sea, casi un 60%) son empleados de Pfizer o de BioNTech, y esto supone un serio conflicto de interés, porque la misma empresa farmacéutica que se beneficia si su producto experimental "funciona" al ser aplicado a gran escala, es la encargada de los sueldos de los investigadores que podrían detectar las fallas del producto... o hacer la vista gorda ante ellas.

Cuando el juicio profesional de un investigador y la integridad de su accionar están bajo influencia indebida, aumenta la probabilidad de que ese investigador no aplique la rigurosidad debida a la hora de analizar los verdaderos y potenciales efectos de un producto farmacéutico experimental. Específicamente, los científicos que llevaron a cabo el estudio deberían haber sido un equipo independiente, como serían los investigadores asociados a una universidad, sin vínculos con la empresa interesada en la realización del estudio. Además, Pfizer se encargó de diseñar y conducir el estudio, junto con recolectar, analizar e interpretar los datos obtenidos y además redactar el informe sobre los resultados; por su parte, BioNTech fue el auspiciador del experimento, manufacturo las sustancias empleadas e intervino en la interpretación de los resultados y en la redacción del informe. Todo esto consta en el artículo de NEJM.

Dicho eso, es necesario señalar que ese artículo se basó en los resultados obtenidos en el experimento realizado por "Pfizer" con 43.448 personas, las cuales fueron divididas en dos cohortes: una de ellas (constituida por 21720 personas) fue inyectada con la sustancia experimental diseñada por "Pfizer" y otra (constituida por 21728 personas) fue inyectada con "placebo", que es simplemente agua salina. La sustancia experimental o sustancia **activa** presuntamente sería capaz de proteger contra COVID19, por lo que se diferencia de la sustancia placebo o sustancia **inerte**, que no tiene ninguna propiedad. Considerando que para Pfizer su producto es una "vacuna" y que el discurso oficial afirma que "todas las vacunas" tienen un efecto protector, podríamos decir -solo para efectos explicativos- que el grupo inyectado con la sustancia experimental (sustancia activa) es el grupo "protegido" (grupo experimental), mientras que el grupo que solo recibió agua salina (sustancia inerte) es el grupo "desprotegido" (grupo placebo). A modo de resumen...

Sustancia experimental (BNT162b2)		***Agua salina*** *(placebo)*
Sustancia activa **con** propiedades "protectoras"		*Sustancia inerte,* ***sin*** *propiedades terapéuticas*
Grupo experimental / "protegido"		*Grupo "desprotegido"*
21720 personas o voluntarios o participantes		*21728 personas o voluntarios o participantes*

Eficacia de la sustancia experimental

Al realizar este tipo de experimento con una sustancia inyectable, el objetivo es que ningún individuo sepa qué le inyectaron, sino que luego de cada inyección cada uno manifieste espontáneamente sus síntomas, para que los investigadores puedan secretamente evaluar los efectos de la sustancia experimental de Pfizer en cuanto a: reacción cutánea local -en la zona de inyección- de la sustancia experimental, efectos corporales difusos (cansancio, cefalea, fiebre, desencadenamiento de enfermedades que los voluntarios no tenían, empeoramiento de enfermedades que los voluntarios ya tenían diagnosticadas, o incluso fallecimiento de uno o más voluntarios).

Inyectar agua salina es una acción que objetivamente no tiene acción específica para el proceso patológico (COVID19) que están estudiando, porque el placebo es una sustancia incapaz de generar por sí misma efectos protectores o curativos (tal como sería una pastilla de azúcar o de almidón).

Seguridad

Todo experimento farmacológico en humanos debe detectar los efectos adversos comunes y también los infrecuentes, y para ello se necesita un tiempo adecuado de seguimiento (monitorización formal de los cambios biológicos esperables o posibles que podrían desarrollarse en las personas que se sometieron a la sustancia experimental), porque **aquello que podría ocurrir en el 0,01% de los casos puede causar secuelas irreversibles en 10000 (diez mil) personas** cuando el universo inoculado fue de 100 millones, universo que fácilmente se logra vacunando a los ancianos y otros "grupos de riesgo" de Europa, por ejemplo, o a los de Sudamérica. Diez mil personas con daño irreversible (¡diez mil víctimas!) representarían una completa catástrofe médica, auspiciada por el negocio farmacéutico.

Seguimiento (monitoreo, vigilancia u observación)

Se requieren varios años para observar minuciosamente y detectar los cambios biológicos y médicos que pueden sufrir las personas inyectadas con una sustancia experimental y dado que su salud se transformará gradualmente es imperativo comparar esos cambios con los que ocurren en quienes recibieron placebo, o sea que no fueron inyectadas con la sustancia experimental: **los individuos que recibieron placebo**, aquellos que no recibieron la sustancia experimental, actúan como los testigos vivientes de cuál es el efecto de no haberla recibido, porque su estado de salud contrastará con el de los otros, que sí recibieron la sustancia.

El 20 de mayo de 2020, al confeccionar la versión final de su protocolo para el experimento de Fase2 y Fase 3, Pfizer decidió que solamente aplicaría 2 (dos) años de seguimiento, pero publicó su artículo "científico" con pomposos resultados en la revista NEJM habiendo realizado un seguimiento de tan solo 2 meses. Y en la práctica los países tomaron la decisión de inyectar masivamente la sustancia a partir de ese artículo "científico".

Por si fuera poco, Pfizer alego en su artículo de NEJM, en diciembre de 2020 (redactado por su equipo de investigadores-empleados), que no le parecía recomendable respetar el seguimiento de 2 años, sino que, por razones supuestamente éticas y prácticas, sería conveniente administrar la sustancia experimental incluso a los miembros del grupo placebo. O sea, al hacer eso, Pfizer eliminaría el patrón, el estándar, y no habrá forma de comparar y determinar qué ocurre cuando las personas no son inyectadas con la sustancia experimental. Eso equivale a "no dejar cabos sueltos", a eliminar la única evidencia que podría inculpar a Pfizer si es que su sustancia experimental está actuando como un arma biológica contra quienes son inyectados con ella. Porque si son eliminados precisamente los testigos que podrían demostrar que sin "vacuna" las personas sobreviven con igual probabilidad que los "vacunados" o incluso con mayor probabilidad y/o con mejor estado de salud, entonces ¿cómo podríamos demostrar que la "vacuna" es inútil? ¿Como podríamos demostrar que se trata de un fraude sanitario y un atentado contra la integridad física de los "vacunados" ("protegidos")? Si todos los miembros del experimento, sean del grupo experimental o del grupo placebo, reciben la sustancia experimental, entonces se trataría de un solo y gran grupo experimental, con lo cual se rompe el diseño del estudio y carece de sentido haber formado dos grupos, porque finalmente uno absorberá al otro.

La decisión de los países acerca de aceptar la inoculación masiva se toma típicamente tras 6 a 8 años de estudio y seguimiento de ambos grupos del experimento, pero a estas alturas, ya no fueron 6 a 8 años, como debería haber sido. Tampoco fueron los 2 años que eligió Pfizer arbitrariamente. Fueron tan solo 2 meses y eso debe hacernos reflexionar.

Factores influyentes en la decisión de la FDA (aprobando la sustancia experimental de Pfizer) y en la decisión de las agencias de otros países.

Por una parte, Pfizer es una empresa farmacéutica estadounidense que se congracio con la FDA (una agencia gubernamental estadounidense), ya que aparentemente priorizo en su experimento de Fase 3 a los voluntarios estadounidenses para entregarle a la FDA datos principalmente estadounidenses; y por otra parte, el artículo que Pfizer publicó en la revista NEJM contenía datos escogidos y tratados con pinzas, los cuales fueron eficaces para rendir el criterio de los médicos incautos así como el de los infectólogos y vacunólogos negligentes de Estados Unidos y de los demás países del mundo. Los datos del artículo de la empresa "Pfizer" publicado en la revista NEJM están muy lejos de los datos que esa empresa entrego a la FDA de Estados Unidos para conseguir la aprobación de ese organismo estatal, cuyo veredicto fue determinante para que los demás países aceptaran el producto farmacéutico de "Pfizer".

Estados Unidos es un país con más de 300 millones de habitantes, los cuales, para una farmacéutica, son 300 millones de clientes... y eso es apetecible para cualquier empresa. Por otro lado, la FDA es un organismo de renombre mundial y por su trayectoria y tradición constituye un sello, una garantía, de calidad para cualquier producto farmacéutico. La FDA es la institución estadounidense encargada de analizar la seguridad y eficacia de cualquier sustancia experimental de uso médico que pretenda ser comercializada en Estados Unidos y todas las empresas farmacéuticas lo saben, incluso antes de diseñar sus productos. El producto farmacéutico de Pfizer (la sustancia experimental BNT162b2) necesitaba ser aprobado por la FDA, así que casualmente Pfizer realizo su estudio en 152 localidades, de las cuales 130 (86%) eran estadounidenses. Así que el producto de Pfizer fue estudiado principalmente en personas estadounidenses y los resultados publicados básicamente son representativos de esa población. Quizás para lograr que la FDA aprobara el producto de Pfizer fue influyente el hecho de que el estudio fue realizado a la medida de la población estadounidense, porque es sabido que los efectos de una sustancia pueden variar considerablemente según la constitución genética y condiciones de salud de las personas que reciben esa sustancia (y es posible que una sustancia que fue aplicada con buenos resultados en población asiática no tendrá los mismos resultados en población estadounidense).

¿Como fue calculada la eficacia de la "vacuna Pfizer contra COVID19"?

Según el propio laboratorio Pfizer, el parámetro que aplicaron sus empleados fue el Riesgo de llegar a enfermarse, o sea, solamente considerando casos sintomáticos confirmados de COVID19. El parámetro fue la probabilidad de que las personas llegaran a enfermarse, no la de llegar a infectarse. Enfermar (estar enfermo) es distinto a estar infectado (Enfermedad= infección + síntomas) y en este caso específico, Pfizer decidió incluir en sus resultados no a cualquier enfermo, sino a los enfermos que fueran elegidos para realizarse PCR y que además obtuvieran PCR "positiva", lo cual excluye a los infectados **asintomáticos** de sus cálculos, que precisamente por ser asintomáticos no fueron elegidos para ser testeados con PCR y entonces no se sabrá nunca cuántos se infectaron (con o sin síntomas) a pesar de haber recibido la inyección de Pfizer. Por lo tanto, el producto de Pfizer no fue estudiado acerca de si detiene la transmisión de Covid-19 o no. Probablemente es una sustancia que permite la transmisibilidad de SARS-CoV-2.

La publicación de Pfizer en NEJM (en la columna derecha

de la página 2605) establece lo siguiente: "*Vaccine efficacy was estimated by 100 x (1-IRR), where IRR is the calculated ratio of confirmed cases of Covid-19 illness per 1000 person-years of follow in the active vaccine group to the corresponding illness rate in the placebo group*". Traducción: "La eficacia de la vacuna fue estimada aplicando 100 x (1-IRR), donde IRR es la razón de casos confirmados de enfermedad por Covid-19 por cada 1000 personas-año de seguimiento en el grupo vacunado, a la razón la misma enfermedad en el grupo placebo".

Eficacia de la vacuna = 100 x (1-IRR)
= 100 x (1-IRR) = (1-IRR) x 100

Multiplicar por 100 es la forma de expresar el resultado como porcentaje, es decir, tras multiplicar por 100 se puede anotar el símbolo "%" junto al resultado.

Eficacia de la inyección= (1-IRR) x 100%

Considerar "la razón de casos confirmados de enfermedad por Covid-19 por cada 1000 personas-año de seguimiento" es equivalente a decir que consideran la cantidad de casos que surgirían en un grupo de 1000 personas si es que fueran monitoreadas (vigiladas u observadas) médicamente a lo largo de un año", y es una forma abreviada de incluir en un estudio a personas que solamente fueron monitoreadas durante un par de meses, es decir, es un truco matemático para homologar dos situaciones diferentes y así obtener una idea aproximada de una situación específica, sin haberla corroborado realmente. El uso de este truco para determinar la eficacia de la inyección de Pfizer implica el supuesto de que la tasa de incidencia de enfermedad por Covid-19 es constante en diferentes períodos de tiempo, sin importar las otras variables (ambientales, demográficas, etc.) que influyen en la transmisión viral, infección y enfermedad. Sin embargo, enfermar por Covid-19 no es un suceso mecánico o rígido, por lo cual es fácil ver que Pfizer empleo una formula simplista para cuantificar la eficacia del producto que deseaba posicionar en el mercado.

Una forma concreta de ejemplificar qué representan el IRR (escogido por Pfizer), o sea esos "casos... por cada 1000 personas-año de seguimiento" (que se lee "casos...por cada 1000 personas en cada año de seguimiento") es la siguiente: para una enfermedad que tiene una **tasa de incidencia de 12 enfermos por 1000 personas/año**, es esperable encontrar 12 enfermos por cada 1000 personas al cabo de un año monitoreando a esas 1000 personas. Y si observáramos a un grupo más pequeño, de 50 personas, encontraríamos 12 enfermos al cabo de 20 años monitoreando a esas 50 personas. ¿Es ético aplicar ese concepto para validar la inoculación masiva de una sustancia desconocida?

El IRR (***I**ncidence **R**ate **R**atio*, comparación entre dos tasas de incidencia) del artículo de Pfizer es la probabilidad de que enfermen los que recibieron la sustancia experimental (que estaban "protegidos") versus la probabilidad de que enfermen los que no recibieron la sustancia (aquellos que recibieron agua salina, "placebo" y por tanto estaban "desprotegidos"). El IRR de Pfizer fue 0,05 que es equivalente a decir 5% así que Pfizer dijo que la probabilidad de enfermar de Covid-19 estando en el grupo "protegido" era 5% y por ende la probabilidad opuesta (no enfermar) es lo que resta del total, o sea, 95%. Pfizer afirmó que su sustancia experimental tenía una eficacia de 95% para evitar la enfermedad por Covid-19, pero ¿cómo llego a ese resultado?

PRIMERO: Hubo 21720 personas que recibieron la sustancia experimental, quedando "protegidas" y de ellas hubo 8 (ocho) que enfermaron. A continuación, se plantea la pregunta: "¿Cuántas personas habrían enfermado, proporcionalmente, si en vez de 21720 hubieran sido 1000?". En lenguaje de proporciones, se dice que "8 es a 21720, como X es a 1000" y se resuelve con una "Regla de 3", ya que se trata de un problema de proporcionalidad entre tres valores conocidos y una incógnita.

$$\frac{8}{21720} = \frac{x}{1000} \qquad x = (8)(1000) \div 21720$$

$$x = 0{,}368$$

Es decir, en condiciones hipotéticas un grupo "protegido" compuesto por 1000 personas (en vez de 21720) habría tenido 0,368 personas enfermas de Covid-19...pero estos datos se obtuvieron considerando un seguimiento de 2 meses. El "tiempo (durante el cual los voluntarios estuvieron) en riesgo (de contraer la enfermedad)" se mide preferentemente en años. Dos meses son 60 días, que representan un total de 0,16 año. Así que debe dividirse 0,368 entre 0,16 año y el resultado sería el siguiente:

$$\frac{0{,}368\ personas}{0{,}16\ año} = 2{,}3\ personas\,/año$$

O sea, dentro de un grupo de 1000 personas "protegidas" por la sustancia experimental, se detectarían 2,3 casos nuevos de enfermedad por Covid-19 en cada año de seguimiento... **suponiendo** que la tasa de incidencia de la enfermedad es constante en diferentes períodos de tiempo (lo cual es altamente improbable).

SEGUNDO: Hubo 21728 personas que NO recibieron la sustancia experimental, sino que recibieron agua salina (placebo), quedando "desprotegidas" y de ellas hubo 162 que enfermaron. A continuación, se plantea la pregunta: "¿Cuántas personas habrían enfermado, proporcionalmente, si en vez de 21728 hubieran sido 1000?" y se resuelve con una "Regla de 3", igual que en el caso anterior.

$$\frac{162}{21728} = \frac{x}{1000} \quad / \quad x = 7{,}455$$

Es decir, en condiciones hipotéticas un grupo "desprotegido" compuesto por 1000 personas (en vez de 21728) que NO recibieron la sustancia experimental de Pfizer habría tenido 7,455 personas enfermas de Covid-19. Nuevamente hay que considerar que estos datos se obtuvieron considerando un seguimiento de 2 meses (o sea, 60 días), que representan un total de 0,16 año. Así que debe dividirse 7,455 entre 0,16 año

$$\frac{7{,}455\ personas}{0{,}16\ año} = 46{,}6\ personas\ /año$$

O sea, dentro de un grupo de 1000 personas "desprotegidas", se detectarían 46,6 casos nuevos de enfermedad por Covid-19 en cada año de seguimiento.

TERCERO: Ahora se comparan ambas probabilidades

$$IRR = \frac{2{,}3\ enfermos\ de\ Covid19\ entre\ los\ protegidos}{46{,}6\ enfermos\ de\ Covid19\ entre\ los\ desprotegidos} = 0{,}049$$

CUARTO: Según el parámetro que uso Pfizer,
Eficacia de la vacuna =(1-IRR)x100[%]
IRR=0,049

$$= (1 - 0{,}049) \times 100[\%]$$
$$= (0{,}95) \times 100[\%]$$
$$= 95\ \%$$

Ahora que hemos aclarado la metodología, es más fácil analizar los cálculos de los investigadores que redactaron el artículo de Pfizer publicado en NEJM. Y hay que considerar no solo las cifras pomposas que publica el laboratorio, sino también hay que determinar "¿Cuál es la relevancia clínica de ese resultado?, ¿cuál es el real beneficio para las personas al permitir que sus cuerpos reciban la intervención experimental elaborada por Pfizer? Porque los parámetros estadísticos no necesariamente van ligados a la relevancia clínica, sino que son conceptos exclusivamente matemáticos que no necesariamente se ajustan a la realidad ni constituyen una garantía de calidad. Si tenemos incertidumbre ante una situación clínica específica, podemos aclararla usando varios parámetros

Pfizer dice que luego de inyectar la **primera dosis de su sustancia experimental** en el grupo destinado para eso y la primera dosis de placebo en el otro grupo, hubo 10 casos severos de COVID19, de los cuales uno ocurrió en el grupo experimental (21720 voluntarios) y los otros 9 en el grupo placebo (21728 voluntarios).

En el grupo "protegido" (que recibió la sustancia experimental de Pfizer)
La probabilidad de que haya **casos severos de Covid-19 fue menor a 0,1%** $\left(\frac{1}{21720}\right) \times 100\% = 0{,}0046\%$ La probabilidad de que NO haya casos severos de Covid-19 fue 99,9% 99,995% (**99,9%**)

En el grupo "desprotegido" (que solo recibió inyección de agua salina)
La probabilidad de que haya **casos severos de Covid-19 también fue menor a 0,1%** $\left(\frac{9}{21728}\right) \times 100\% = 0{,}041\%$ La probabilidad de que NO haya casos severos de Covid-19 también fue 99,9% 99,959% (**99,9%**) **Con agua salina**

RESUMEN: Cuando las personas reciben la sustancia de Pfizer, la probabilidad de tener casos severos de Covid-19 (riesgo absoluto) es **menor a 0,1%** y cuando **no la reciben, también**.

Cuando las personas reciben la sustancia de Pfizer, la probabilidad de NO tener casos severos de Covid-19 es **99,9%** y cuando **no la reciben, también**. Si el riesgo absoluto de desarrollar Covid-19 severo es tan bajo que no alcanza a 0,1% (dentro del estudio de Pfizer), ¿cuál es la protección que otorgaría la sustancia de Pfizer?

El riesgo absoluto de desarrollar Covid-19 severo entre los "protegidos" es un 0,036% menos que en los "desprotegidos" (0,041% - 0,0046% = 0,036%), según el estudio de Pfizer. Y a pesar de esta diferencia menospreciable, cada gobierno está dispuesto a exponer a toda su población al riesgo de los eventos adversos causados por inyecciones experimentales a cambio de que las personas tengan un **0,036% menos de riesgo que el que ya tenían**. Si el valor inicial del riesgo absoluto es menor al 0,1% entonces cualquier reducción (y con mayor razón un 0,036%) tiene un efecto meramente cosmético. Esto puede graficarse así: el riesgo de contraer una enfermedad "X" es 20% pero el gobierno desea implementar una medida gracias a la cual el riesgo será 19,964% (19,9%), es decir que el riesgo será un 0,036% menor que el original. **¿Acaso hay alguna diferencia entre 20% y 19,9%?**

Esa reducción del riesgo absoluto representa una disminución del 87,8% (88%) del riesgo relativo, porque dividimos 0,036% entre 0,041% (0,00036 ÷ 0,00041= 0,878 u 87,8%). En otras palabras, en relación con el riesgo absoluto de los "desprotegidos" que era 0,041%, el riesgo absoluto de los inyectados ("protegidos") que llego a 0,0046% es 88% inferior. ¿Qué pensaría el lector si el precio de un producto era tan barato como 10 centavos y ahora mediante una "rebaja" puede comprarlo en 2 centavos (rebaja del 80%)? Algo así es lo que ha ocurrido en el mundo del siglo XXI: para conducir (manipular) la interpretación del público acerca de los resultados del estudio de Pfizer, se omite el riesgo real (absoluto) de desarrollar una enfermedad severa por Covid-19 y en cambio, con datos insuficientes, se elabora una comparación de riesgos, llamada riesgo relativo, y eso es lo que se les da a conocer.

¿Qué significa realzar el valor del riesgo relativo por sobre el riesgo absoluto? Pongamos un ejemplo. Yo quiero vender una mesa, la ofrezco argumentando que ella conlleva la garantía de que los juguetes que sean puestos sobre ella tendrán una baja probabilidad de caerse debido a la gran estabilidad de esa mesa respecto a otras: a esto se le llama Riesgo Relativo de caer. Este porcentaje de probabilidad no informa sobre cuál es la probabilidad normal (Riesgo Absoluto) de que los juguetes caigan si están puestos en una mesa diferente, por lo que la garantía ofrecida (escasa probabilidad de que los juguetes caigan) no es una garantía en el real sentido de la palabra. Una forma transparente de proceder sería informar cuál es el Riesgo Absoluto, lo que sería incluir en la oferta cuál es la probabilidad de que caigan los juguetes desde una mesa normal X, para luego comparar a su vez la probabilidad de que ocurra lo mismo desde una mesa especial. Así es como Pfizer usa el Riesgo Relativo para calcular la eficacia de su producto, sin considerar el riesgo real de morir (o infectarse hasta enfermar severamente) por el virus SARS-CoV-2 en condiciones "in vivo". Para que las personas conozcan la eficacia real de la inyección experimental de Pfizer, es necesario, en primer lugar, publicar el riesgo absoluto de adquirir dicha enfermedad severa (y/o morir), para luego compararlo con el riesgo de adquirirla (y/o morir) luego de ser inoculado.

¿Los resultados del estudio son aplicables en la realidad? Para eso hay que considerar la magnitud de la diferencia que queremos probar (efecto de la sustancia experimental versus efecto del agua salina) y el tamaño de la muestra. La percepción de los médicos sobre la magnitud del efecto de un tratamiento, depende de la forma en que éste se exprese. Así, dependiendo de la medida de efecto que decida utilizar el autor, el impacto de una intervención podrá aparecer de mayor o menor magnitud. A mayor diferencia entre cada uno de los efectos, más fácil será demostrar que la diferencia es significativa, pero si la diferencia es pequeña - como es el caso de Pfizer- las posibilidades de detectar diferencias se minimizan, así que el estudio de Pfizer no logra demostrar fehacientemente que la sustancia experimental realmente tenga la supuesta capacidad de disminuir los casos de enfermedad severa por Covid-19. Y mientras más pequeño sea el tamaño de la muestra - como es el caso de Pfizer, que solo incluyo 43448 voluntarios- más difícil será detectar si realmente la sustancia experimental hace una diferencia favorable o no -y que sea suficientemente relevante- en la salud de las personas inoculadas, así que, cuando las diferencias son pequeñas se requiere de muestras de gran tamaño. La percepción de los médicos sobre la magnitud del efecto de un tratamiento, depende de la forma en que éste se exprese. Así, dependiendo de la medida de efecto que decida utilizar el autor, el impacto de una intervención podrá aparecer de mayor o menor magnitud

Por ello es que el "95% de eficacia (inflada)" anunciado por Pfizer debe ser analizado críticamente, cuestionado y rechazado, considerando el contexto del estudio (conflicto de intereses), su diseño (voluntarios que poseían inmunidad antes de ser inyectados), las características de la muestra (escaso tamaño) o la población en estudio, de los potenciales sesgos (quiebre del doble ciego), etc. y no como un porcentaje mágico y esperado que nos subyugue hasta empujarnos a tomar decisiones clínicas irreflexivas acerca de la salud de las personas: se debe evitar la generalización de los resultados obtenidos en los voluntarios de ese estudio de Pfizer respecto de la población donde se aplicará masivamente la sustancia experimental, ya que esas personas pueden ser y son mucho más diversas que lo que el estudio logro representar y las características de sus reacciones biológicas están muy lejos de ser equivalentes a las detectadas en el estudio.

Para facilitar los cálculos del lector, puede usarse la siguiente formula:

$$Eficacia = \left(1 - \frac{número\ de\ enfermos\ en\ el\ grupo\ experimental}{número\ de\ enfermos\ en\ el\ grupo\ que\ recibio\ placebo}\right) x100\%$$

$$Eficacia\ de\ la\ vacuna\ tras\ la\ primera\ dosis, según\ Pfizer = \left(1 - \frac{1}{9}\right) x\ 100\% \quad =88\%$$

Ese 88% representa la disminución del riesgo relativo desde un 0,041% a 0,0046% en cuanto a la aparición de casos de enfermedad severa por Covid-19. Y el estudio de Pfizer dice que a contar del séptimo día luego de inyectar la **<u>segunda dosis de su sustancia experimental</u>** en el grupo destinado para eso (y la segunda dosis de placebo en el otro grupo), hubo 170 casos (**no especifica qué nivel de severidad**) de Covid-19, de los cuales 8 ocurrieron en el grupo experimental (cinco fueron menores de 55 años y tres fueron mayores de esa edad) y los otros 162 en el grupo placebo (114 fueron menores de 55 años y 48 fueron mayores de esa edad).

$$Eficacia\ de\ la\ vacuna\ tras\ la\ primera\ dosis, según\ Pfizer$$
$$\left(1 - \frac{8}{162}\right) x\ 100\% \quad =95\%$$

(95% de eficacia para Covid-19, no especifica qué nivel de severidad)

¿Acaso en ninguno de los dos grupos hubo casos de COVID

severo luego de la segunda inyección? En el grupo que recibió placebo deberían haberse generado casos severos, ya que no estaban bajo el efecto protector de ninguna sustancia. Esto debiera alertarnos, es algo para reflexionar y cuestionar porque a lo largo de todo el estudio, tampoco hubo fallecidos por COVID19 entre el grupo placebo. Si el virus SARS-CoV-2 está distribuido aleatoriamente en el mundo, las personas de cualquier país están expuestas a la probabilidad de ser infectadas por el virus y de fallecer como consecuencia de la infección. En Estados Unidos, por ejemplo, en el período de dos meses en que se recolectaron los datos hasta el 9 de octubre) la probabilidad de fallecer por COVID19 fue casi un 2%, o sea, de cada 100 infectados morirían 2 (dos) y por lo tanto las personas enroladas en el experimento, especialmente las del grupo "desprotegido", tienen esa probabilidad de fallecer en caso de llegar a ser infectadas. Y según el artículo de NEJM entre los 162 infectados del grupo "desprotegido" no falleció ninguno. Extraño, ¿no? Es más, el mismo artículo señala que en total en ese mismo grupo ("desprotegido") hubo 550 infectados: si hubiera fallecido el 2% de ellos, habrían ocurrido 10 fallecimientos, pero -repito- no hubo ninguno. Considerando que el estudio de Pfizer representa principalmente la realidad estadounidense, ¿cómo es posible que los integrantes estadounidenses del experimento que estaban "desprotegidos" hayan podido sustraerse de la tendencia epidemiológica estadounidense, como si hubieran estado en un ambiente distinto, protegido, donde la realidad local no les afectaba? ¿Firmar un contrato como voluntario de un estudio farmacéutico contra COVID19 hizo a los participantes menos débiles ante el virus, incluso estando "desprotegidos" ya que recibieron solamente placebo?

Nos parece anormal y artificial la forma en que los participantes fueron expuestos al virus: estaban distribuidos en 152 localidades que pertenecen a seis países, cuya tasa de contagio redondeada como "personas con PCR positiva, por cada 43000 habitantes" y tasa de letalidad calculada como "número de fallecidos con PCR positiva, por cada persona que tuvo PCR positiva". Obtuvimos como resultado promedio, en el año 2020:

País	Probabilidad de contagio, cada 43000 personas	Probabilidad de fallecer, cada 100 contagiados
USA	3893 (9%)	1,8%
Brasil	2520 (5,8%)	2,49%
Argentina	2216 (5,1%)	2,4%
Turquía	1621 (3,77%)	0,96%
Alemania	1427 (3,32%)	2,74%
Sudáfrica	1118 (2,6%)	3,4%
Voluntarios contagiados declarados en reporte del estudio Pfizer (=650, de los cuales 550 habían recibido inyección de agua salina y 100 recibieron inyección con la sustancia experimental)	650 (1,5%)	0%
Promedio de los países	4,9%	2,3%

La probabilidad de que los voluntarios del estudio de Pfizer se contagiaran fue menor que la de cualquier país donde vivían y fue menor que incluso el país con la tasa más baja de contagio (Sudáfrica), lo cual no tiene lógica.

Los investigadores (empleados de Pfizer) mencionan ante la FDA una categoría de enfermedad llamada "sospecha de COVID19", o sea, aquellos con COVID19 clínico que **no fueron examinados** con PCR. Según el informe de la FDA sobre la vacuna de Pfizer, hubo "3410 casos en total de COVID19 sospechosos, pero no confirmados, en la población general del estudio, 1594 ocurrieron en el grupo de la vacuna y 1816 en el grupo de placebo". Dicho de otro modo, "Pfizer" **omitió** en la revista NEJM (pero no ante la FDA) que hubo 3410 casos de personas con COVID19 clínico que **no fueron estudiados** mediante PCR para corroborar si efectivamente tenían la infección, aunque quizás los investigadores de "Pfizer" no se esforzaron por corroborar esa posibilidad porque **1594 personas** (de esos 3410) **con COVID19 clínico estaban entre los que habían recibido la sustancia**

experimental BNT162b2, que precisamente está diseñada para evitar los casos de COVID19. ¡Qué irónico sería que en el grupo "vacunado" se comprobara precisamente lo contrario de lo que conviene a los intereses de una empresa farmacéutica! Ante tal perspectiva, seguramente es mejor no ahondar realizando PCR en los casos "sospechosos" porque si resultaran 1594 "positivos" en el grupo "vacunado", y 1816 positivos en el grupo que no lo fue, la eficacia de la "vacuna Pfizer contra COVID19" podría ser tan baja como un 12% (sí, doce por ciento). Y la FDA pide que, como mínimo, sea un 30%, pero Pfizer justifico esos 1594 casos de COVID19 clínico alegando que sus síntomas quizás eran "posibles efectos de reactogenicidad post-vacuna" y decidió no realizarles PCR.

Las cifras nos muestran cuál sería la real eficacia de la inyección de Pfizer, considerando exclusivamente esos 3410 casos de COVID19 clínico

$$\left(1 - \frac{1594}{1816}\right) x\ 100\% = 12{,}2\%\text{ de eficacia}$$

Dicho de otro modo, Pfizer declara en la revista NEJM que hubo 170 casos de COVID19 confirmados mediante laboratorio (sumando los 8 casos confirmados en el grupo que recibió las dos dosis de la sustancia experimental y los 162 casos confirmados en el grupo que recibió placebo) pero omite que hubo 3410 casos de COVID19 clínico que nunca fueron confirmados ni descartados mediante laboratorio. Esos 3410 (=170 casos x 20) son una cantidad que no puede ni debe ser ignorada, ni siquiera con fines promocionales, porque ocultar esa información constituye algo que puede catalogarse como propaganda engañosa.

Según el protocolo del experimento de Pfizer, cuando una persona tiene incluso un solo síntoma (nausea, vomito, etc.) de una lista predeterminada en el protocolo del experimento, se considera "COVID19 clínico (sintomático)" y si mediante PCR se obtiene un resultado positivo se considera "COVID19 confirmado". Hubo 3580 (3410 + 170) personas con COVID19 clínico pero los investigadores realizaron test PCR solo a 170 personas. O sea, la cantidad de personas con COVID19 clínico que se dejó sin corroboración fue 20 veces mayor que el grupo de las personas en quienes los investigadores sí decidieron corroborar el diagnostico.

¿Por qué?

Quizás porque dentro de esas 170 personas (8 del grupo de la sustancia experimental y 162 en el grupo placebo) estaba más representado el grupo "desprotegido" (placebo), lo cual es muy conveniente para contrastar con las ventajas de estar en el grupo "protegido" (inyectado con la sustancia experimental); mientras tanto, dentro de esas 3410 personas restantes, en quienes se decidió no confirmar ni descartar el diagnostico, los síntomas afectaban casi en igual proporción tanto a "desprotegidos" como "protegidos", lo cual habría sido pésima propaganda para la empresa farmacéutica que está llevando a cabo el experimento. Los investigadores decidieron corroborar el diagnostico en un subgrupo de personas que casi selectivamente pertenecían al grupo "desprotegido", lo cual sirve para ensalzar las propiedades de la sustancia experimental de Pfizer y es una técnica útil para los planes de esa empresa, pero convierte a la ciencia en un verdadero chiste -un juego basado en la habilidad de manipular y cocinar cifras, careciendo de toda seriedad y de ética- y convierte a los seres humanos en objetos de experimentación a los que se debe convencer incluso mediante engaños que son publicitados en una prestigiosa revista para que las personas se sometan a la inyección experimental que una empresa farmacéutica diseño para ellos.

Además, llama la atención que, según el informe que Pfizer entrego a la FDA de Estados Unidos, luego de la primera dosis de la sustancia experimental, 638 voluntarios usaron antiinflamatorios, versus 332 voluntarios del grupo que recibió la primera inyección de agua salina (o sea, quienes requirieron antiinflamatorios en el grupo experimental fueron el doble de aquellos del grupo placebo); y que luego de la segunda dosis de la sustancia experimental, 945 voluntarios usaron antiinflamatorios, versus 266 voluntarios del grupo que recibió la segunda inyección de agua salina (o sea, quienes requirieron antiinflamatorios en el grupo experimental fueron el triple de aquellos del grupo placebo). En total, hubo 1583 prescripciones de antiinflamatorios entre los voluntarios que recibieron la sustancia experimental, mientras que solo hubo 598 prescripciones entre los voluntarios del grupo placebo. ¿Cómo fue que se tomó la decisión de prescribir antiinflamatorios mayormente a los del grupo experimental? Este notorio desbalance hace razonable plantear que quizás se rompió el doble ciego, esa técnica que permite mantener en secreto el grupo al que ha sido asignado cada participante, y los médicos del estudio prescribieron medicamentos que pueden haber modificado artificialmente los registros de efectos adversos, ocultándolos con fármacos.

Otra falla metodológica es que el estudio de Pfizer debió incluir exclusivamente personas susceptibles, para tener una medida real del impacto de aplicar la inyección experimental. Las personas susceptibles son aquellas que no han sido infectadas previamente y que al momento de recibir la sustancia experimental están libres de la infección y de la enfermedad, así que por lo tanto están en riesgo de contraerla. **Sin embargo, el estudio de Pfizer incluyo 3614 personas (8,3%) que tenían evidencia de haber sido infectados previamente.**

El estudio no realizo test PCR a los miembros del grupo familiar o a los contactos de los voluntarios que tuvieron PCR positiva a pesar de haber recibido la sustancia experimental, así que el estudio de Pfizer no cuenta con datos que permitan cuantificar si su sustancia logra detener la transmisión del virus o no.

Respecto a la enfermedad severa por Covid-19, nuestra impresión personal es que no hubo diferencia entre el grupo placebo y el grupo experimental y que no hay reducción ni incremento significativos del riesgo absoluto. Inyectar la sustancia experimental no es significativamente más eficaz que no-inyectarla. Por lo tanto, el estudio de Pfizer no permite sacar conclusiones acerca de efectividad y seguridad de este inóculo experimental genético.

Tania Bernoff y Dan Macías
*Biografía en páginas finales

Jon Ander Etxebarría Gárate

UTILIZACIÓN DE LA ESTADÍSTICA EPIDEMIOLÓGICA EN LA PANDEMIA

En este documento se analiza si la utilización de los estadísticos en epidemiología para ver la evolución de la pandemia en base a los que se han tomado las decisiones ha sido la más coherente y acertada.

1. Nº DE TEST PCR

La metodología empleada por las administraciones sanitarias utiliza como parámetro básico para establecer las medidas restrictivas, la IA a los 14 días (Incidencia acumulada de casos/100.000 habitantes a los 14 días), y para ello se basa en los positivos a dicho test, variando el número de test a conveniencia. Así las administraciones sanitarias realizan el número de test sabiendo que cuantos más test más positivos, en un gran porcentaje asintomáticos, elevándose con ello la IA a 14 días suma de los positivos en valor absoluto de los últimos 14 días teniendo como valor referencia los 500 casos por 100.000 habitantes.

Desde un punto de vista estadístico es esencial para seguir la evolución de los datos y con ello saber si realmente hay un rebrote o no, hay que señalar que no es lo más apropiado el hacer un número de test de forma indiscriminada sin criterios epidemiológicos para seguir la evolución de los contagios manejando continuamente subidas y bajadas a interés de las medidas adoptadas por la administración sanitaria, siendo más apropiado el haber tenido en cuenta un criterio base con un valor referencia de número de test a realizar diariamente de forma que nos diese bajo una misma referencia la evolución de los casos positivos y de sus porcentajes

Si observamos la evolución que tuvieron los test realizados desde que se volvió a la nueva normalidad a finales de mayo se puede apreciar que el número de test realizados antes de las elecciones del 12 de julio fueron bastante inferiores a los que se realizaron en el periodo posterior a las mismas.

De la gráfica se puede ver que en los primeros 12 días de julio se hicieron 37.024 test, mientras que los siguientes 12 días de julio se hicieron 54.407 test, es decir, un 46,95% más, recordando que justo después de las elecciones se tomaron medidas más restrictivas como las de la obligación de las mascarillas.

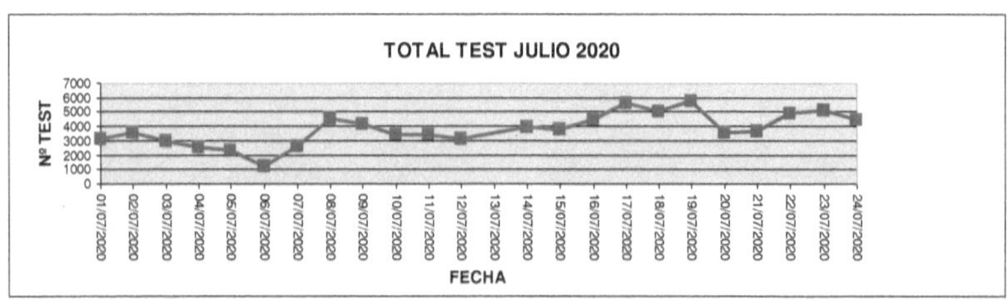

De la misma forma en el mes de noviembre se aprecia una disminución del total de test realizados, pasando de un valor medio de 14.264 en los primeros 15 días de noviembre a 11.011 en los 15 últimos días de noviembre, es decir un 22,81% menos, coincidiendo con las medidas de restricción que se tomaron al principio del mes de noviembre.

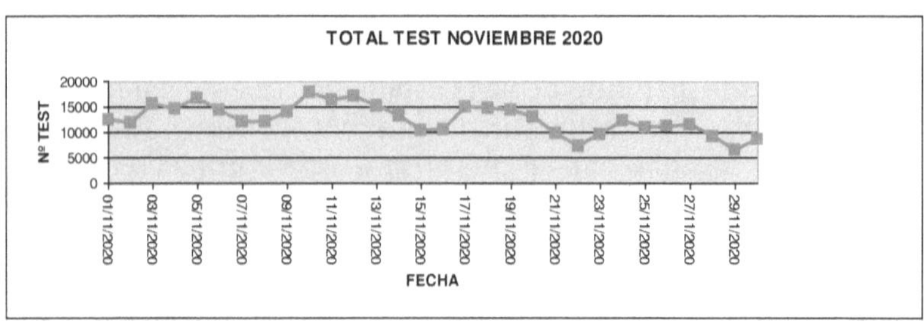

Este empleo de la realización de test a conveniencia podemos comprobar que se ha llevado a cabo siempre que se han tomado decisiones de restricciones. Si tenemos en cuenta el número de test realizados desde el 22 de diciembre 2020 fecha de las medidas para las navidades hasta los realizados a fecha actual con nuevas medidas a partir del 12 de enero volvemos a observar, como reiteradamente ha ocurrido en otras ocasiones que se tomaban medidas, que el valor medio de test realizados desde el 22 de diciembre al 6 de enero período navideño ha sido de 6.776 mientras que desde esa fecha y en los siguientes 15 días el valor medio de test de de 11.562, es decir un 71% más sobre los que se estaban realizando en la época navideña.

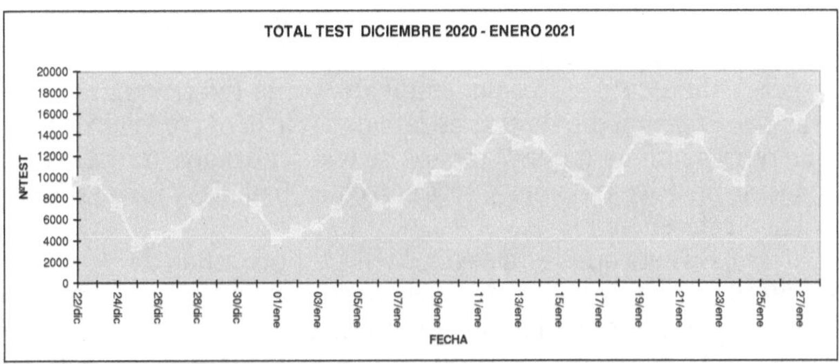

Otro dato a tener en cuenta con el número de test realizados se centra en que si cada test positivo en valor absoluto se considera que todos son correspondientes a individuos diferentes y, por lo tanto, se suman para el cálculo de la IA, se daría la circunstancia de que en Euskadi en este momento se habría controlado a toda la población incluso habiendo realizado más test que el total de habitantes (2.722.007 test frente a 2.180.000 habitantes), luego eso significaría que estaríamos chequeados el total de la población, y, por lo tanto, no tendría ningún sentido seguir realizando los test de PCR que se vienen realizando a diario.

En principio la administración sanitaria a la hora de utilizar los positivos en valor absoluto como si realmente se diera la circunstancia test realizado = persona diferente no es cierta, ya que sabemos que a una misma persona le han podido realizar más de un test, por lo que la utilización de muchos de los positivos en el cálculo de la IA acumulada a 14 días no es real si además lo comparamos con un umbral (500/100.000 habitantes) para con ello, en caso de superarlo, tomar las decisiones de restricción que se están tomando.

Durante esta pandemia se ha utilizado al libre albedrío y de una forma intencionada el nº de test que se han realizado, de manera que se han generado la segunda y tercera ola cuando la realidad de los datos dice que no han existido tales olas.

Segunda Ola

- En la supuesta segunda ola, que abarca como periodo de subida desde el 8 de octubre de 2020 al 12 de noviembre de 2020 y de bajada del 13 de noviembre de 2020 al 29 de diciembre de 2020, siendo el promedio de test realizado durante la subida de 12.633 con un promedio de % positivos calculado oficialmente del 7,90% y un 4,44% si lo calculamos de forma referenciada, mientras que el promedio de test de la bajada de la ola fue de 9.477, lo que representa un 24,98% menos de test realizados, mientras que los % de positivos son del 5,87% con cálculo oficial y un 4,78% con cálculo referenciado.
- En esta supuesta segunda ola el porcentaje de UCIs ocupadas al inicio (8 octubre-12 noviembre) fue de un 31,78% de promedio en la cresta de la ola y de un 37,88% en la bajada (13 noviembre-29 diciembre) es decir al final de la ola el % de UCIS era de un 6,11% más.
- Igualmente en esta 2ª ola si tenemos en cuenta el índice RO este pasa de un 1,15 en la cresta de la ola a un valor de 0,89 es decir con una bajada de un 22,78% porcentaje semejante al de la bajada del número de test realizados.

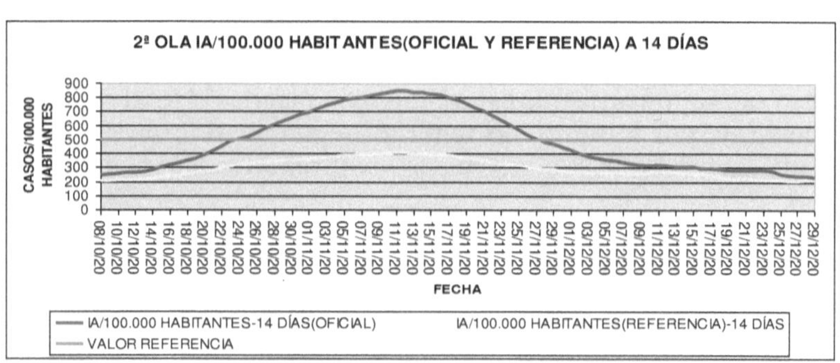

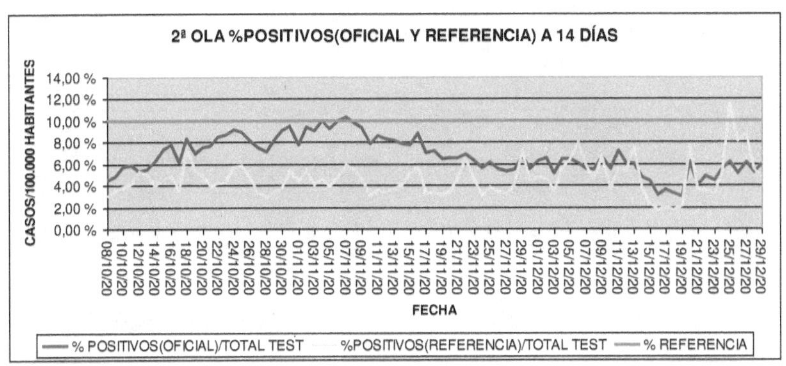

Tercera ola

- En la supuesta tercera ola, que abarca como periodo de subida desde el 2 de enero de 2021 al 2 de febrero de 2021 y de bajada del 3 de febrero de 2021 al 10 de marzo de 2021, siendo el promedio de test realizado durante la subida de 11.538 con un promedio de % positivos calculado oficialmente del 7,16% y un 4,71% si lo calculamos de forma referenciada, mientras que el promedio de test de la bajada de la ola fue de 9.602, lo que representa un 16,77% menos de test realizados, mientras que los % de positivos son del 4,87% con cálculo oficial y un 3,72% con cálculo referenciado.

- En esta supuesta tercera ola el porcentaje de UCIs ocupadas al inicio (2 enero- 2 febrero) fue de un 32,78% de promedio en la cresta de la ola y de un 44,84% en la bajada (3 febrero-10 marzo) es decir al final de la ola el % de UCIS era de un 12,06% más, hay que suponer que estos porcentajes son parecidos a los de otros años en las épocas de gripe como son estos meses.

- Igualmente en esta 3ª ola si tenemos en cuenta el índice RO este pasa de un 1,14 en la cresta de la ola a un valor de 0,86 es decir con una bajada de un 24,43% porcentaje ligeramente superior al de la bajada del número de test realizados.

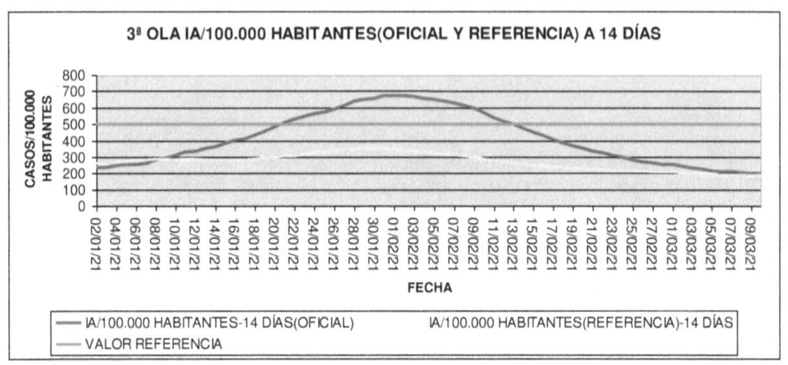

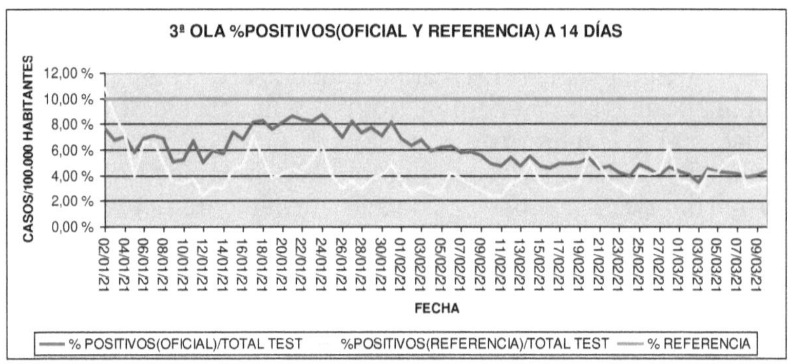

Es sabido que a más test realizados más positivos en valor absoluto, pero no necesariamente en porcentaje, siendo más coherente para hacer el seguimiento de la evolución de la pandemia normalizar el valor de los positivos en función de un valor fijo de test realizados diariamente de forma que se pudiese utilizar el porcentaje resultante como herramienta normalizada con una mayor lógica para controlar la evolución de las infecciones, y, dicho porcentaje, podría compararse con un valor umbral (por ejemplo superar el 10% durante al menos 3 días consecutivos), de manera que ese valor si sirviese para la toma de decisiones., o por lo menos utilizar el porcentaje aunque no estuviese normalizado.

La razón para considerar el valor del porcentaje y que el umbral para la toma de decisiones sea del 10%, se basa en que, si tomamos el valor de 500 casos/100000 habitantes de la IA a 14 días, eso nos indica que la media diaria de casos positivos sería de

36 lo que representan 779 contagios al día. Como todos sabemos que hay una fuerte correlación entre test realizados y positivos en valor absoluto, y por lo tanto de IA, lo cual no se aprecia con el porcentaje de positivos, se puede decir que si lo calculamos con el valor referenciado al promedio de test realizado desde el inicio de la pandemia, en este momento 6.891 test, tendríamos que los 779 contagiados representarían un 11,30%, justificando que si se utilizase este 10% de positivos comentado antes el índice utilizado sería mucho más coherente para que se pudiesen tomar medidas y que la población las entendiese, teniendo la impresión que no interesa el tomar este índice como referencia porque en ningún caso desde el mes de junio se podría haber tomado ninguna medida restrictiva alguna ya que sólo 2 veces se habría superado el valor del 10% siendo el valor promedio de este periodo de un 5,34%.

Si correlacionamos el nº de positivos cálculo oficial con el nº de test realizados se observa que dicha correlación es muy significativa (r=0,85), lo que confirma que a cuantos más test se hagan más positivos se obtienen, pero no así con el % de positivos.

Si realizamos esa correlación con el nº de positivos y el nº de test realizados calculada con respecto a un valor referencia se aprecia que no existe correlación significativa (r=-0,23) lo que indica que si se calcula con este valor referenciado no necesariamente a más test hay más positivos, pero en cambio si se establece con los porcentajes de positivos.

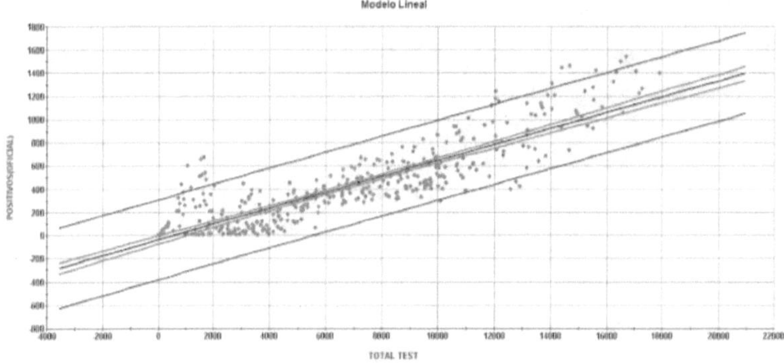

2. % POSITIVOS PCR

Es sabido que a más test realizados más positivos en valor absoluto, pero no necesariamente más porcentaje, y con el fin de hacer un seguimiento más real de la evolución de los positivos sería necesario normalizar el valor de los positivos en función de un valor fijo de test realizados diariamente de forma que se pudiese utilizar el porcentaje resultante como herramienta normalizada con una mayor lógica para controlar la evolución de las infecciones, y, dicho porcentaje, podría compararse con un valor umbral (por ejemplo superar el 10% durante al menos 3 días consecutivos), de manera que ese valor si sirviese para la toma de decisiones.

En principio más que el valor de la IA a 14 días lo que se debería aplicar es el % de positivos y observando el gráfico desde el mes de octubre donde se compara el % de positivos oficial y el % positivos teniendo en cuenta el valor referencia, vemos que el % total positivos oficial se mantiene prácticamente por debajo del 10% no habiendo razones para que se hayan tomado las decisiones que se han tomado, pero si vemos la gráfica de ese % de positivos respecto a ese valor referencia se observa que la curva presenta unos dientes de sierra que se mantienen a lo largo de estos meses con valores más cercanos al nivel del 5% con alguna punta aislada superior al 10% confirmando que en ningún momento se habrían podido haber tomado las medidas de restricción que se han llevado a cabo.

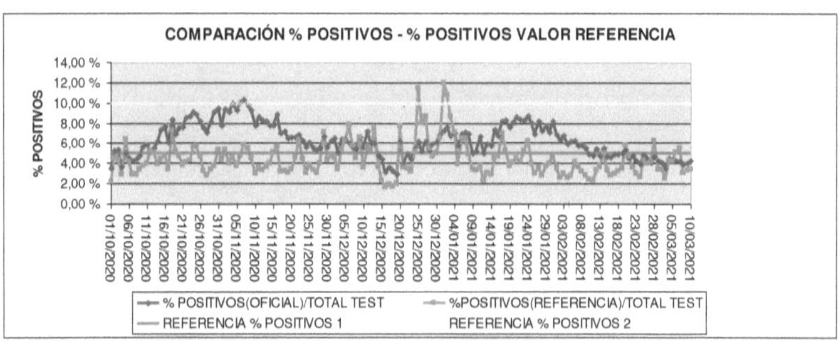

De la observación de los gráficos de los positivos en valor absoluto (oficial y referencia) se aprecia que los positivos contabilizados de forma oficial se correlacionan claramente con el nº de test realizados y, por lo tanto, en el período marzo-abril de 2020

al realizarse pocos test se obtenían pocos positivos pero sin embargo sabemos que los contagios que hubo fueron bastante superiores, y comparándolo con los positivos calculados en base a un valor referencia se comprueba que efectivamente los positivos en el período marzo-abril de 2020 expresan bastante mejor la realidad de lo que ocurrió en aquellas fechas, no siendo de gran significado infectivo lo ocurrido durante el resto del año hasta la fecha actual.

Si lo comparamos con el % de positivos calculado de forma oficial y con un valor referencia es todavía más significativo, ya que en el período inicial de la pandemia el porcentaje calculado con el valor referencia se correlaciona mejor que el cálculo oficial con lo realmente ocurrido, mientras que el resto del año hasta la fecha actual se presentan en ambos cálculos porcentajes que en ningún momento han seguido la tendencia del nº de test realizados como hemos comprobado en el gráfico anterior con el valor absoluto de positivos calculados de forma oficial.

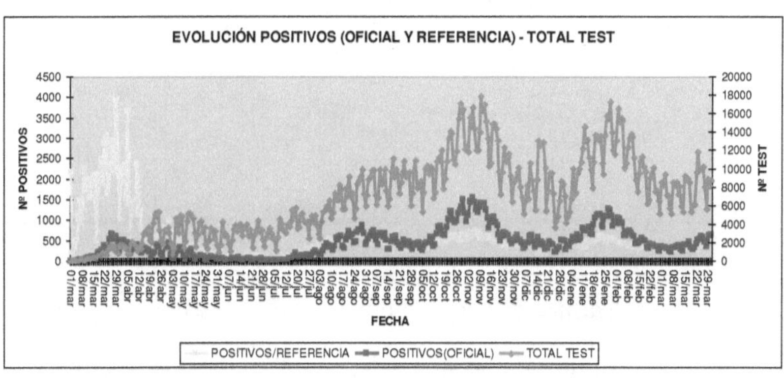

Si correlacionamos el % de positivos cálculo oficial con el nº de positivos obtenido se observa que no existe correlación (r=0,18), lo que confirma que a cuantos más positivos haya no necesariamente se obtiene un mayor porcentaje de los mismos respecto al total de test.

Si realizamos esa correlación con el % de positivos y el nº de positivos obtenidos calculado con respecto a un valor referenciado se aprecia que existe una correlación muy significativa (r=0,81) lo que indica que si se calcula con este valor referenciado el % de positivos va ligado a los positivos obtenidos.

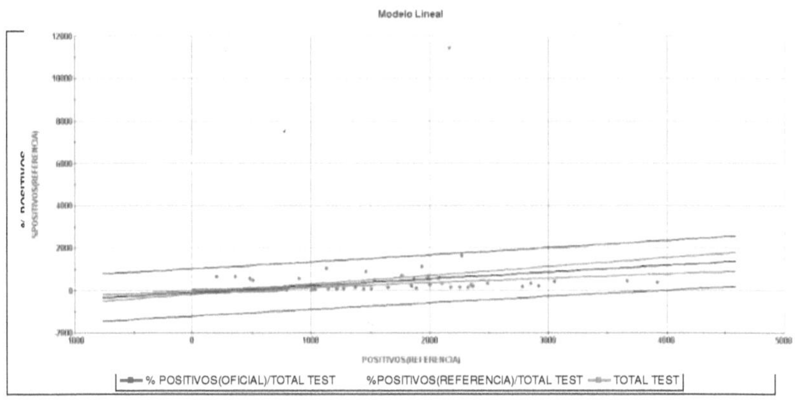

Si realizamos esa correlación con el % de positivos obtenidos de forma oficial y con respecto a un valor referenciado se aprecia que existe una correlación muy significativa (r=0,82) lo que indica que el % de positivos referenciado explica en su totalidad el % de positivos calculado oficialmente. Lo mismo se puede comentar entre el % positivos oficial y los positivos referenciados donde la correlación encontrada es total (r=1,00).

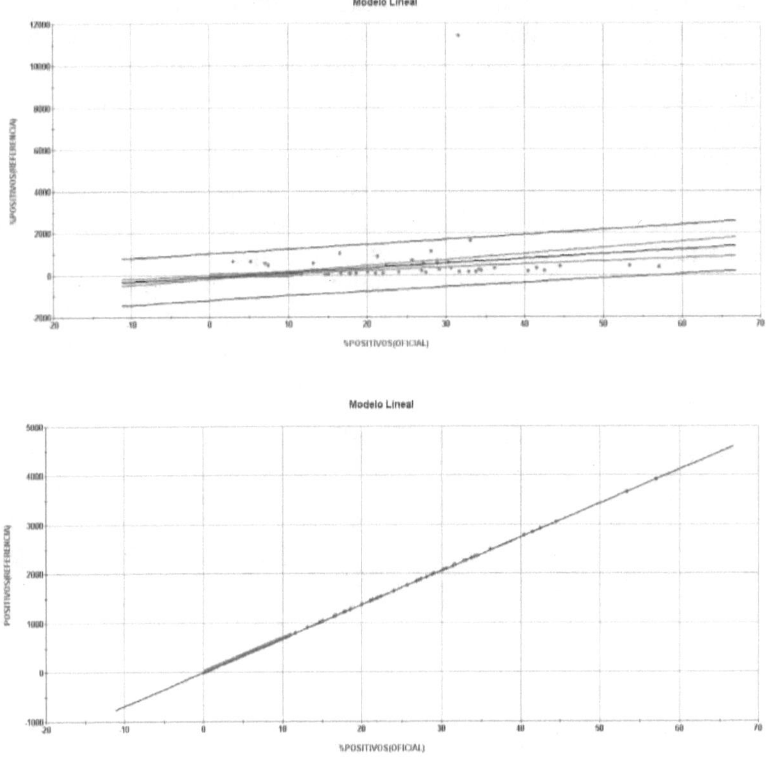

3. IA A 14 DÍAS vs IA a 10 DÍAS

El estadístico por excelencia que se está utilizando es la Incidencia Acumulada (IA) a 14 días, es decir la suma de los positivos en valor absoluto de los últimos 14 días. No se entiende que se estén utilizando los 14 días, período de cuarentena utilizado al inicio de la pandemia, y no los 10 días, periodo de cuarentena utilizado en la actualidad, al haber informado la OMS que el período de contagio era entre 7 a 10 días.

En el gráfico de la incidencia acumulada de casos por 100.000 habitantes en 14 días y 10 días podemos apreciar, por una parte, que en el período de marzo-abril de 2020 donde se dio el crecimiento exponencial de los contagios ni empleando los 14 días ni los 10 días las curvas hubiesen indicado que se deberían haber tomado medidas, y para el resto del año hasta la fecha actual, vemos que la curva utilizada de los 14 días está desde el 25 de octubre hasta el 28 de noviembre por encima de 500 casos/100.000 habitantes, apreciándose que ya el 13-14 de noviembre comenzaba a ir bajando, es decir, justo cuando se pusieron las últimas restricciones más severas, pero si tenemos en cuenta el IA a los 10 días vemos que sería el 3 de noviembre la fecha que superase el umbral establecido y en fecha del 20 de noviembre estaría por debajo de ese valor de 500 observando que esta superación se da de una forma ligera en ese período de tiempo, es decir, con los datos no se puede asegurar que la bajada que se da en ninguno de los dos

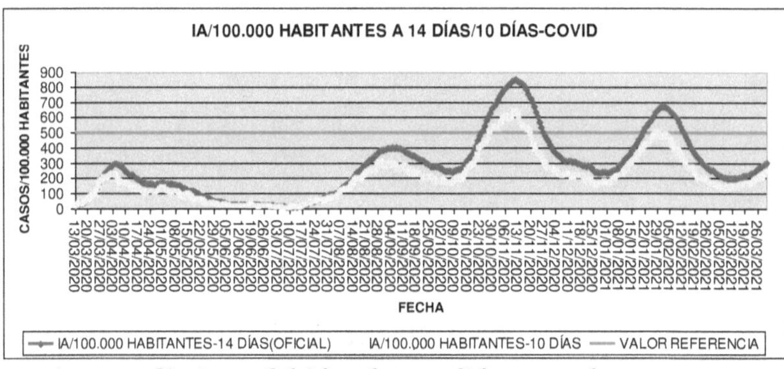

casos (14 y 10 días) sea debido a las medidas tomadas.

4. IA A 14 DÍAS (OFICIAL) vs IA a 14 DÍAS (REFERENCIADO)

Con el fin de realizar un seguimiento más lógico estadísticamente, y debido a que a más nº de test realizados automáticamente se dan más positivos en valor absoluto y por lo tanto una mayor IA a 14 días por 100.000 habitantes, es, por lo que es necesario normalizar los positivos en base a un valor de referencia de forma que podamos realizar una comparativa entre la IA oficial y la IA referencia con el fin de que se vea cuál de las dos maneras de calcular se ajusta más a lo ocurrido.

Para hacer esta normalización se tendría que hacerlo en función de un número de test diario fijo, calculando esa IA con esos positivos referenciados al igual que su porcentaje de manera que se utilice una herramienta normalizada con una mayor lógica para controlar la evolución de las infecciones, así como, establecer que dicho porcentaje tuviese como valor límite el 10% teniendo en cuenta que cuando se supere durante al menos 3 días consecutivos se pudiera utilizar adecuadamente el estadístico para la toma de decisiones.

Realizando el ejercicio de normalizar los datos de positivos en base a un número de test fijo diario, se ha utilizado el valor promedio de todos los test que se han realizado, 6.820 test desde el inicio de la pandemia, procediéndose a recalcular nuevamente esos positivos, pero con una referencia a un mismo valor de test realizados consiguiendo que tanto la evolución de los porcentajes de positivos como de la IA a 14 días sea mucho más significativa para hacer un seguimiento de la infección.

Examinando la comparativa del cálculo de la IA a 14 días utilizado por el Gobierno Vasco (oficial) y el cálculo de la IA a 14 días normalizado como se ha comentado anteriormente, en el período octubre a fecha actual, vemos que la IA a 14 días normalizada en ningún momento habría superado el valor referencia de los 500 casos por 100.000 habitantes, luego en ningún caso se podrían haber tomado decisiones en base a este índice.

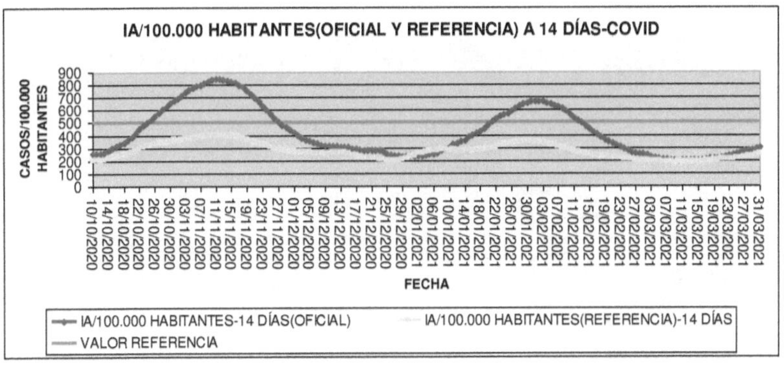

Si ese cálculo lo realizamos a lo largo de toda la pandemia se observa algo mucho más significativo, como es, que curiosamente en marzo-abril en pleno apogeo de la pandemia la utilización de la IA como la realiza el Gobierno Vasco no hubiese servido para tomar ninguna decisión ya que en ningún momento hubiese superado el valor referencia de 500, mientras que el cálculo referenciado, en esa fecha desde mediados de marzo a finales de abril, se hubiese superado ese valor referencia, con lo cual si se hubiesen

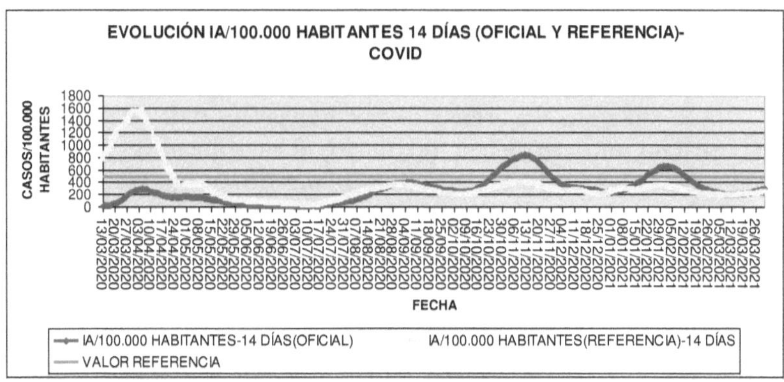

justificado ciertas decisiones.

Si correlacionamos la IA a 14 días cálculo oficial con el total de test realizados se observa que dicha correlación es muy significativa (r=0,82).

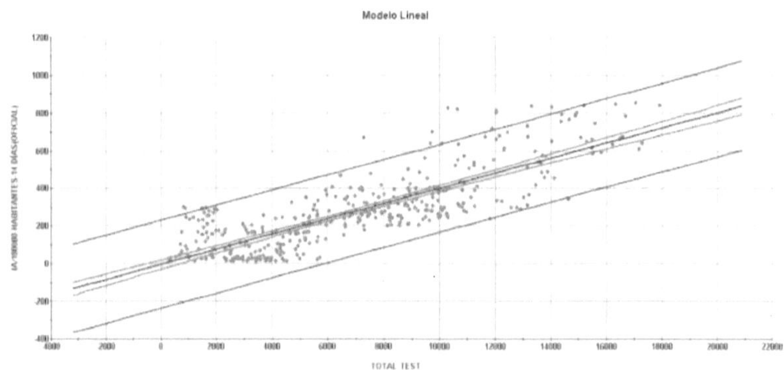

Si correlacionamos la IA a 14 días cálculo oficial con el nº de positivos obtenidos se observa que dicha correlación es muy significativa (r=0,89), lo que confirma que la IA como suma de positivos a 14 días no es nada más que utilizar el nº de positivos en valor absoluto, pero que no implica el que esté relacionado con el % de positivos.

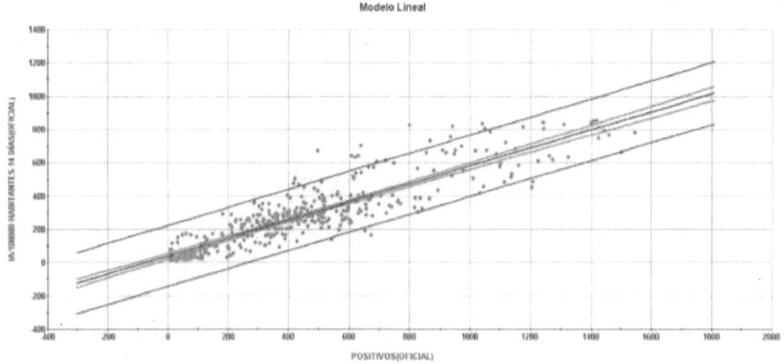

Si realizamos esa correlación con la IA a 14 días y el nº de positivos obtenidos calculado con respecto a un valor referenciado se aprecia que también existe correlación muy significativa (r=0,87).

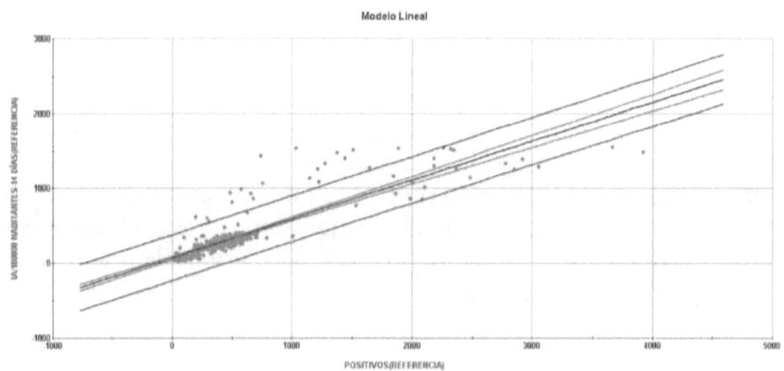

5. IA A 14 DÍAS GRIPE Y COVID

Ante la utilización del ratio de la Incidencia Acumulada a 14 días manejada por las administraciones sanitarias para con ello tomar las medidas de corte socioeconómico que se están adoptando se puede decir, en un primer lugar, que si se utilizase este ratio en las temporadas estacionales de la gripe, donde no hay restricción alguna, los casos por 100.000 habitantes superarían durante algunas semanas el umbral de 500 establecido para la covid incluso con valores bastante superiores a los alcanzados con el virus actual, teniendo en cuenta además que existen diferencias significativas entre cómo se gestionan las gripes y cómo se gestiona la covid.

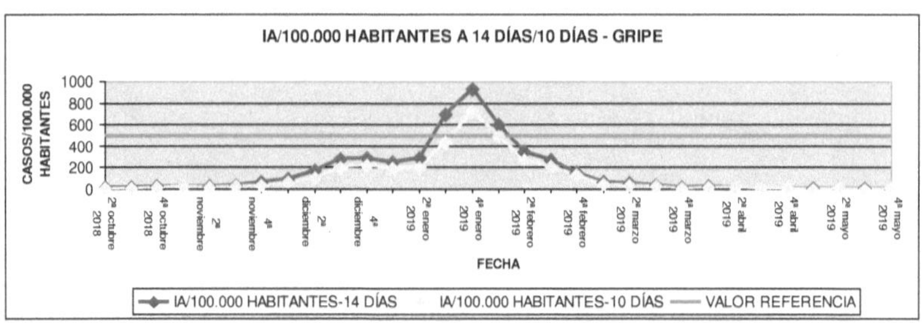

Si analizamos la IA a 14 días tanto de los períodos de gripe estacional temporadas 2018-2019 y 2019-2020 con la covid desde marzo 2020 hasta la fecha actual, se aprecia que la gripe en las dos temporadas estacionales hubiese superado el valor referencia de IA 500 establecido en estos momentos para la covid.

Por otra parte, respecto a la covid se aprecia que acabando de forma radical la gripe la segunda semana de marzo de 2020, a partir de ese momento se da un pico grande de covid, enfermedad con sintomatología parecida a la gripe pero que tiene algunas diferencias que hacen que, al menos, sea necesario reflexionar sobre las diferentes hipótesis sobre lo que hubiera podido ocurrir para que se de ese pico.

Posteriormente a ese pico de marzo-abril, la gráfica de la covid indica que para sacar conclusiones sería necesario hacer test de gripe a los positivos de covid con el fin de discernir si realmente ha desaparecido la gripe, y que papel real es de la covid, teniendo en cuenta que con toda probabilidad los datos estarán sobredimensionados por computarse la cantidad importante de positivos asintomáticos.

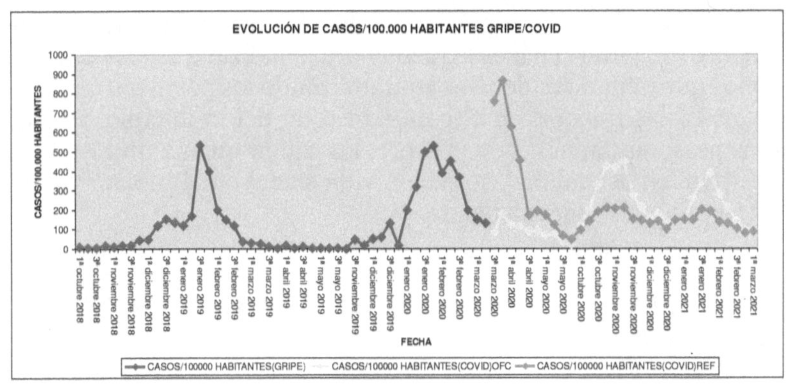

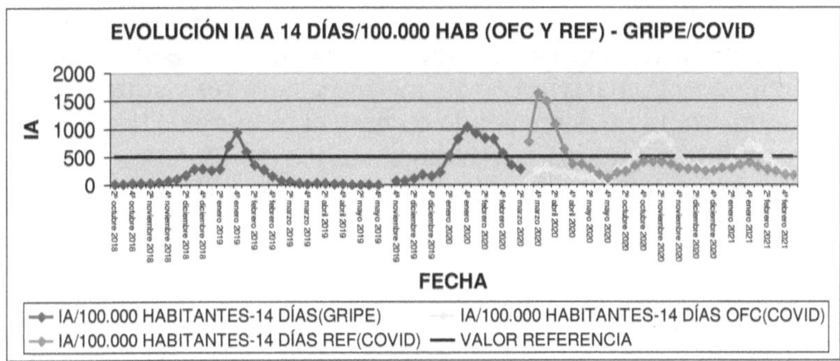

La vacunación de la covid se supone para los vacunados que lo que tiene que producir es una cierta inmunidad, por lo que el test de PCR a ese vacunado, con toda probabilidad, dará positivo, ¿cuál es la razón para que no se descuenten del total de positivos contabilizados los vacunados de covid, ya que no dejan de ser positivos provocados?, ¿cuál es la razón para incluir en el cómputo de la IA los positivos que han recibido la vacuna de la covid?, ¿no sería mejor una inmunidad natural que las personas se contagiasen con asintomáticos que, se supone, y bajo los criterios oficiales, tienen muy poca carga viral y de esa manera no experimentarían los efectos secundarios de la vacuna?.

Con la utilización de esta IA para confinar municipios, estableciendo la discriminación de cierres perimetrales a los mismos en los que existen residencias, también podemos hacernos la siguiente pregunta ¿cuál es la razón para penalizar a aquellos municipios que tienen residencias contabilizando los positivos que aparecen en las mismas en el cómputo total del municipio, cuando esas personas, además de provocarles con la vacuna un resultado positivo, en la realidad no hacen vida social en el mismo ya que están prácticamente aisladas?.

6. IA A 14 DÍAS Y % POSITIVOS (OFICIAL Y REFERENCIADO)

Relacionando la IA a 14 días con el % de positivos en base al cálculo oficial, vemos como la IA utilizada por el Gobierno Vasco en marzo-abril no se corresponde con el porcentaje de positivos, ocurriendo algo parecido en los meses posteriores ya que la IA ha ido aumentando o decreciendo en base al número de test realizados, mientras que los porcentajes se han mantenido de forma reiterada desde el mes de mayo por debajo del 10%.

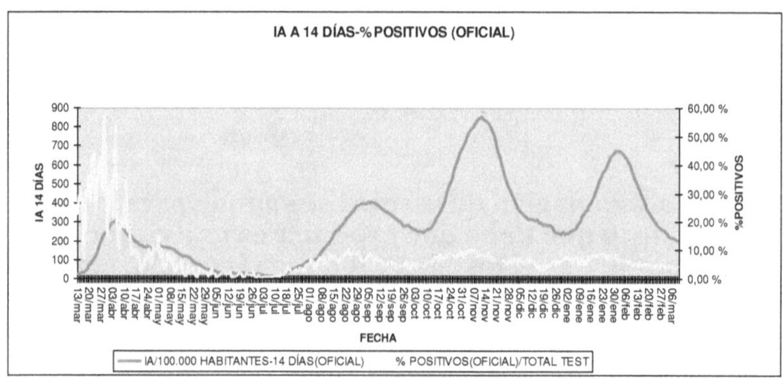

Si realizamos estos cálculos con la IA a 14 días normalizada en base a un número de test fijo se observa con claridad que esa IA se corresponde bastante mejor con el % de positivos que hubo en marzo-abril, es decir la IA hubiese servido de índice para tomar decisiones, al igual que hubiese servido para no haberlas tomado, por lo menos a ese nivel de restricciones, desde mayo a la fecha actual, como se confirma también con el % de positivos presentando valores continuamente inferiores al 10%.

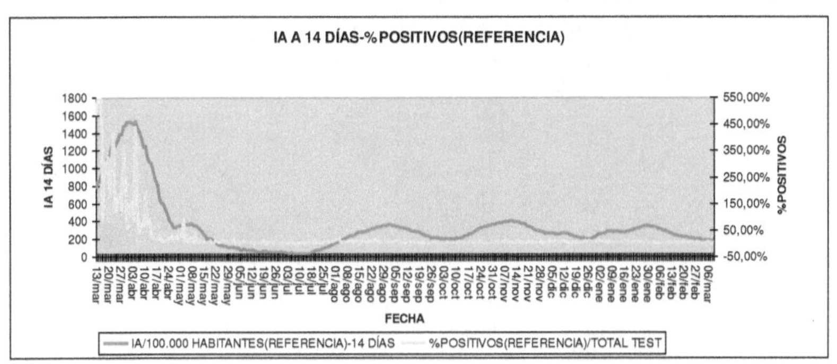

Un cálculo de la IA a 14 días normalizado (referenciado a un valor de test fijo) tendría una mayor credibilidad ya que se correlaciona de forma clara con el % de positivos, presentándose valores de una IA a 14 días superiores al valor 500 en la época de marzo-abril cuando el % de positivos llegó a superar el valor del 50%, no superándose ese umbral de desde el mes de mayo con una correlación clara con los porcentajes que ha habido desde hace meses los cuales no superan prácticamente el valor del 10%, por lo que nos podemos plantear preguntas como, ¿cuál es la razón para que no se calcule la IA a 14 días teniendo en cuenta un valor de referencia de forma que se establezca una homogeneización de los datos con el fin de que sean verdaderamente comparables?

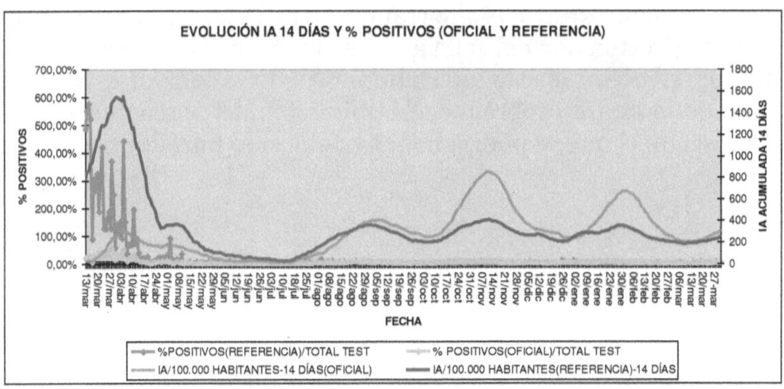

Si correlacionamos la IA a 14 días cálculo oficial con el % de positivos se observa que dicha correlación no existe (r=0,07).

Si realizamos esa correlación con la IA a 14 días y el % de

positivos calculada con respecto a un valor oficial y referenciado, se aprecia una correlación muy significativa (r=0,87) y significativa (r=0,66) lo que indica que la IA referenciada se ajusta bas-

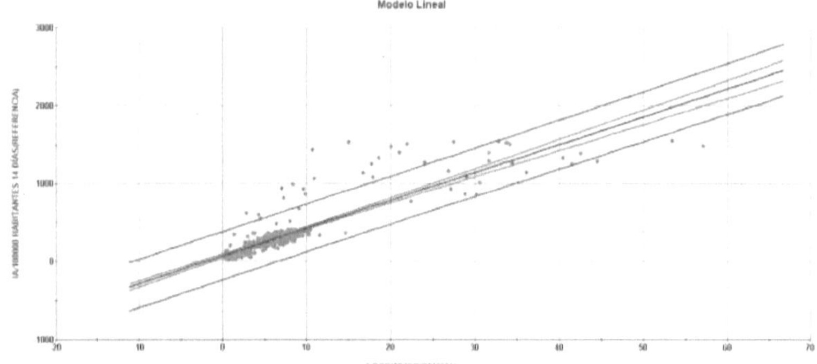

tante mejor que la IA oficial en relación al % de positivos.

La intención con lo comentado es explicar que si se utiliza la IA a 14 días sin criterios estadísticos, se ve, como se ha comentado, una herramienta no válida, que no hubiese servido para tomar decisiones al principio de la pandemia, y que, por lo tanto, no es útil para imponerle a la población decisiones que inciden tanto en las libertades individuales como colectivas.

Sin embargo si esa herramienta de la IA a 14 días la utilizamos de forma normalizada a un mismo valor de número de test diarios, vemos, que éste índice hubiese sido válido desde el inicio y teniendo sentido sobre todo la utilización del porcentaje de positivos, con el que se podría haber establecido un valor límite que

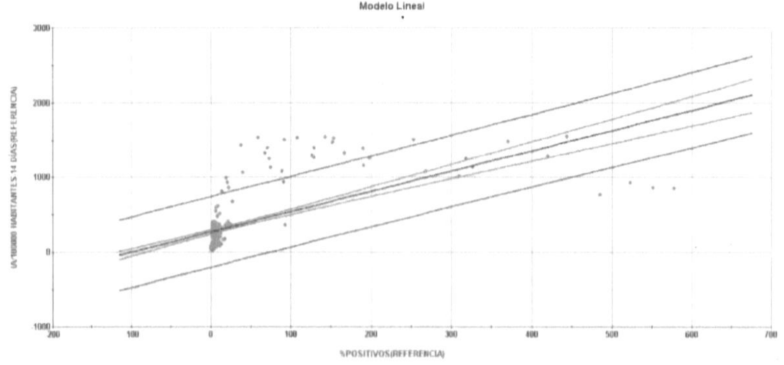

en caso de superarse durante unos días sirviese para la toma de decisiones, dando transparencia a la población y, sobre todo credibilidad a la administración y al gobierno de cara a que cuando realmente se tuviesen que tomar medidas la gente tuviera claro la razón de porque se toman y no por predicciones basadas en supuestos colapsos hospitalarios, lo cual, además, no deja de ser lo que normalmente suele ocurrir con las epidemias de gripe sin que por ello dejemos de seguir con nuestras vidas de una forma normal.

7. IA A 14 DÍAS (OFICIAL Y REFERENCIADO) Y RO

Al inicio de la pandemia marzo-abril de 2020 se utilizó el estadístico de la RO, número de casos secundarios que produce cada caso primario de afectados, Ro es el número de personas que cada individuo infectado contagiará a su vez, el cual dejó de utilizarse posteriormente.

El estadístico es un rango, porque depende de una variedad de factores que cambian conla situación y el tiempo. Cada enfermedad tiene su propio Ro.

En el período inicial se llegaron a valores de RO que superaron la cifra de 5 para luego y ya desde mayo ir bajando y oscilar hasta la fecha actual con valores menores de 1,5 e incluso por debajo de 1 (valor considerado como de no infección), no dejando de ser semejantes a los propios de la gripe que suele oscilar entre 1,2 y 1,5.

Como ejemplo el período justo anterior a las elecciones 1 de julio a 14 de julio el valor medio de la RO fue de 1,4.

De las gráficas se observa que el % de positivos con el cálculo referenciado al inicio de la pandemia se correlaciona mucho mejor con la RO que con el cálculo oficial. Analizándolo con la IA a 14 días se aprecia igualmente que la IA referenciada se ajusta bastante mejor que la oficial con la evolución del parámetro RO a lo largo de toda la pandemia.

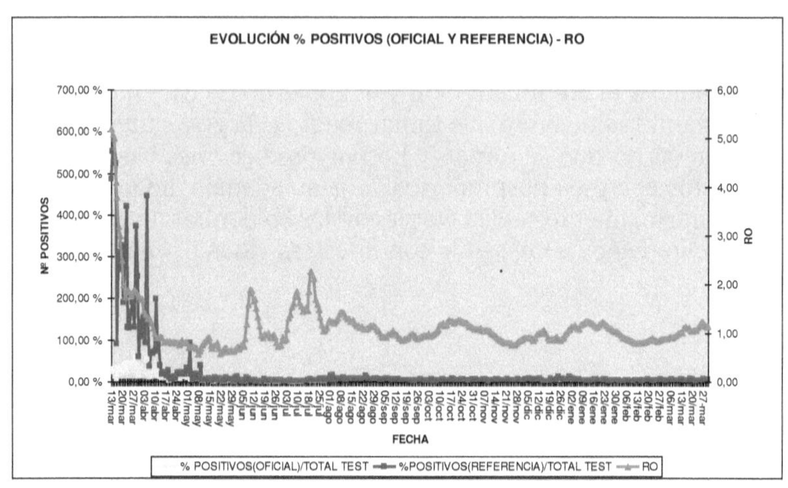

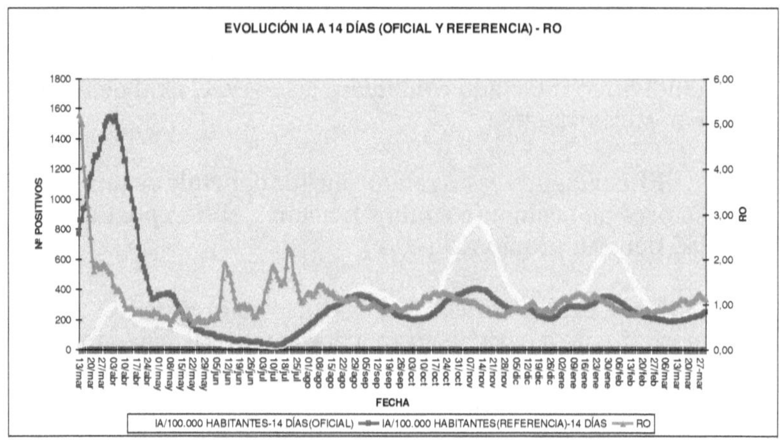

Teniendo en cuenta que existe una dilatada experiencia con la gripe y que su RO está entre 1,2 y 1,5 y, que, desde octubre tenemos una RO por debajo de 1,5, siendo el valor medio de 1 con un máximo de 1,27, es decir, valores por debajo de la gripe ¿cuál es la razón para que no se tomen actualmente las decisiones en base a este índice?

Si correlacionamos la RO con el % de positivos cálculo oficial se observa que no existe correlación (r=0,46).

Si realizamos esa correlación la RO y el % de positivos

calculada con respecto a un valor referenciado se aprecia una correlación prácticamente muy significativa (r=0,74) lo que indica que la RO se ajusta bastante mejor con el % de positivos referenciado que con el oficial.

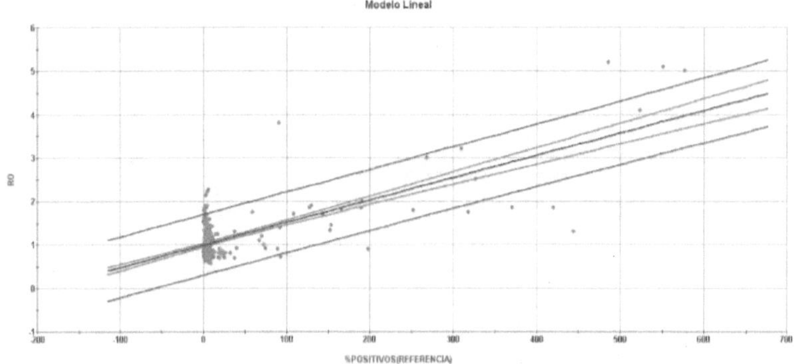

8. IA A 14 DÍAS (OFICIAL Y REFERENCIADO), % OCUPACIÓN UCIS Y FALLECIDOS

Si comparamos la IA a 14 días con el cálculo oficial vs cálculo de referencia vemos que la gráfica en el caso de la calculada con el valor referencia se ajusta bastante mejor al % de ocupación de UCIs que cuando se realiza la comparación utilizando el cálculo oficial.

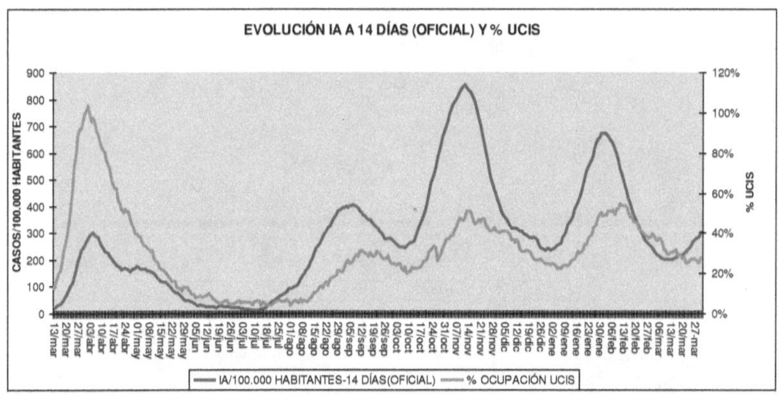

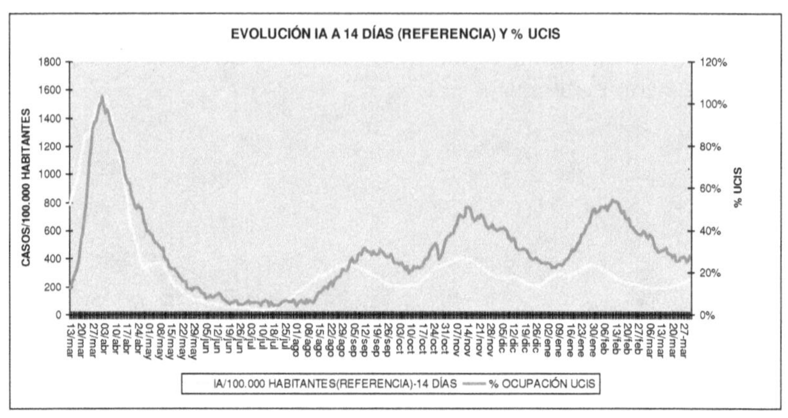

Por otra parte, y, ante la insistencia en la ocupación de UCIs sería necesario realizar una comparativa con datos de ese % de ocupación en las épocas de epidemias estacionales de la gripe con el fin de conocer si la situación que se tiene en este momento es peor o mejor que la dada en años anteriores, circunstancia que viene a corroborar la gráfica de comparación de % de ocupación de UCIs con el % de positivos calculado oficialmente se observa cierta correlación no llegando a ser totalmente significativa, siendo la única explicación de esas subidas de UCIs el que éstas se dan en las épocas propias de las epidemias estacionales de gripe.

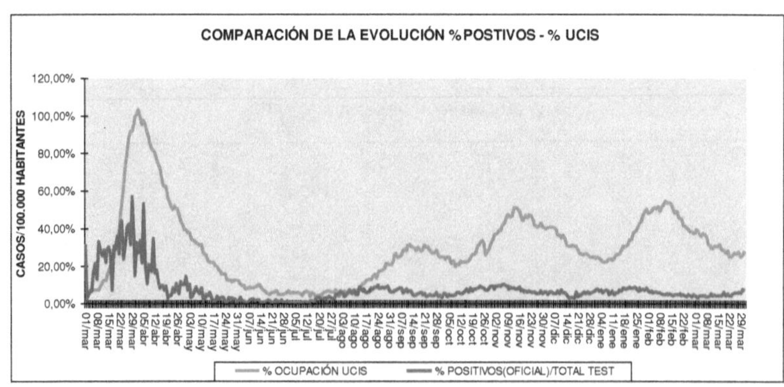

Si correlacionamos la IA a 14 días cálculo oficial con el % de UCIs se observa que dicha correlación no es significativa (r=0,45), siendo significativa con el % de positivos (r=0,61), al igual que con el los positivos referenciados (r=0,61).

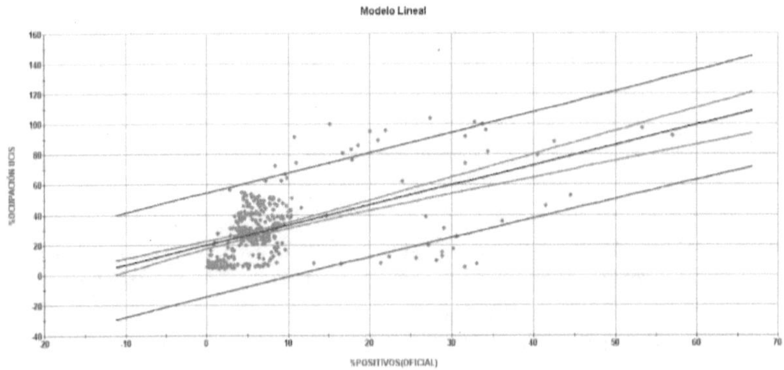

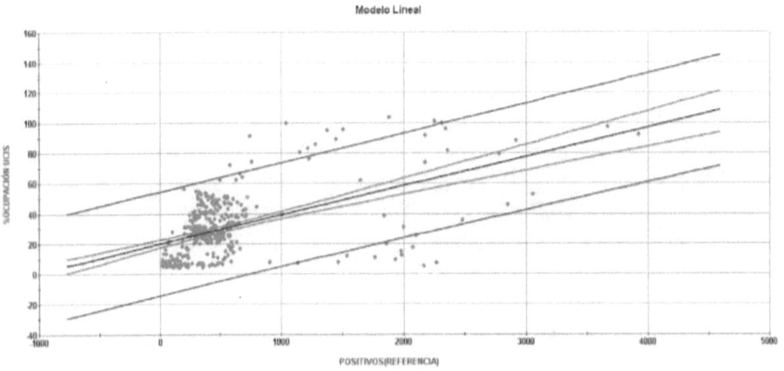

Si realizamos esa correlación con la IA a 14 días y el % de UCIs calculada con respecto a un valor referenciado se aprecia una correlación muy significativa (r=0,80) lo que indica que la IA referenciada se ajusta bastante mejor que la IA oficial en relación al % de UCIs.

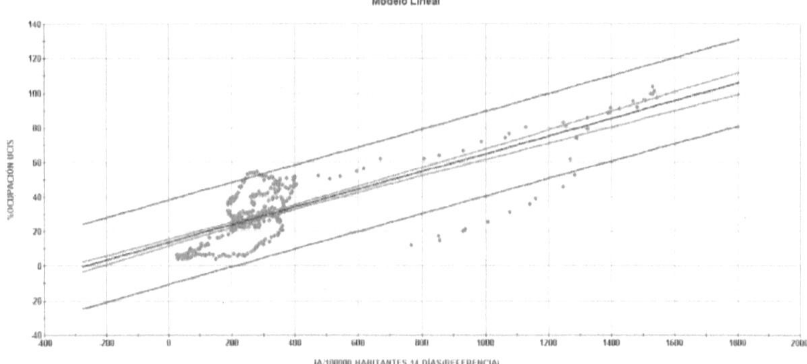

Si comparamos la IA a 14 días con el cálculo oficial vs cálculo de referencia vemos que la gráfica la IA calculada con el valor referencia se ajusta igualmente bastante mejor al nº de fallecidos que cuando se realiza la comparación utilizando el cálculo oficial.

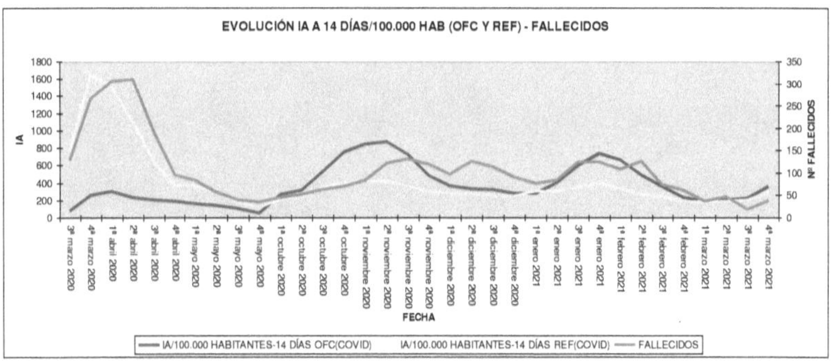

La correlación de los fallecidos con el % positivos calculado oficialmente y con los positivos calculado de forma referenciada son significativas (r=0,63 para ambas).

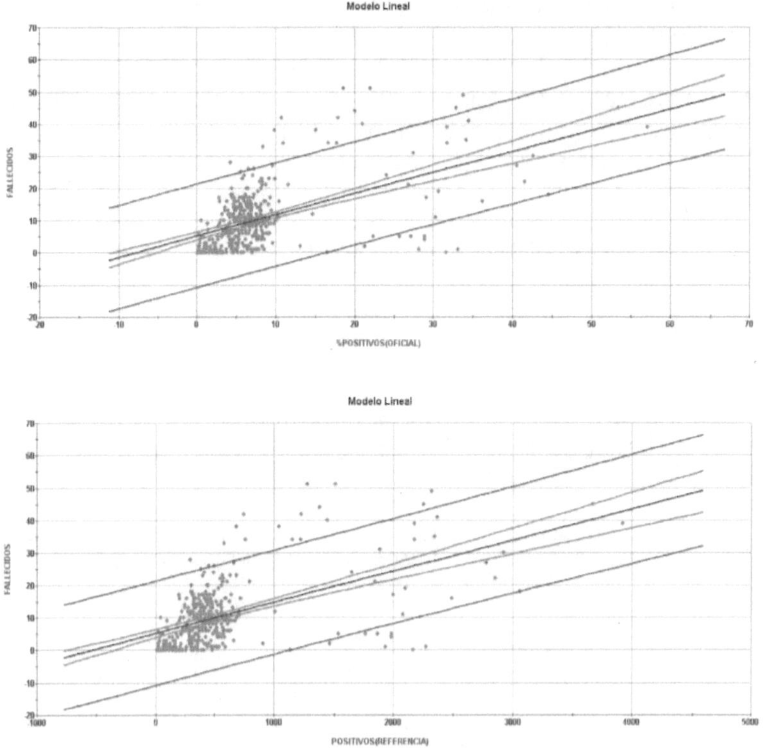

La correlación de la IA a 14 días calculada de forma oficial con los fallecidos no es significativa (r=0,33), mientras que la referenciada es muy significativa (r=0,82).

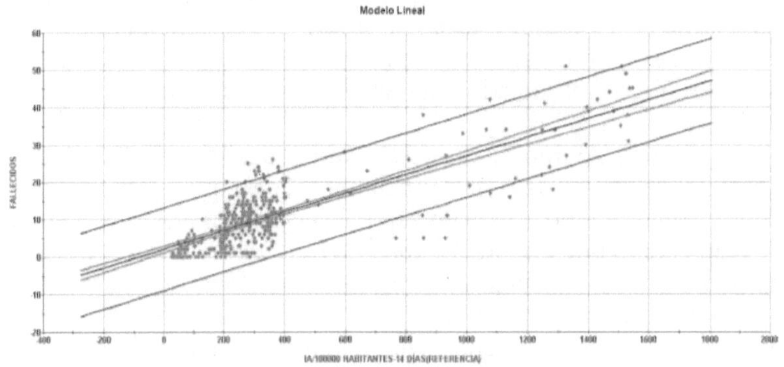

De los gráficos de la evolución de la esperanza de vida y el número de defunciones desde el año 2010 al 2020 vemos como la esperanza de vida ha ido aumentando a lo largo de estos años de una forma clara y, por lógica también se aprecia, aunque de forma ligera que el número de fallecimientos también tiene una tendencia alza habiendo sido algo mayor en este año 2020.

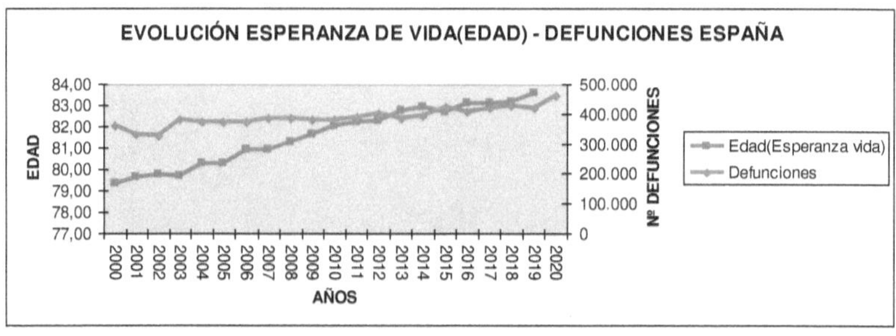

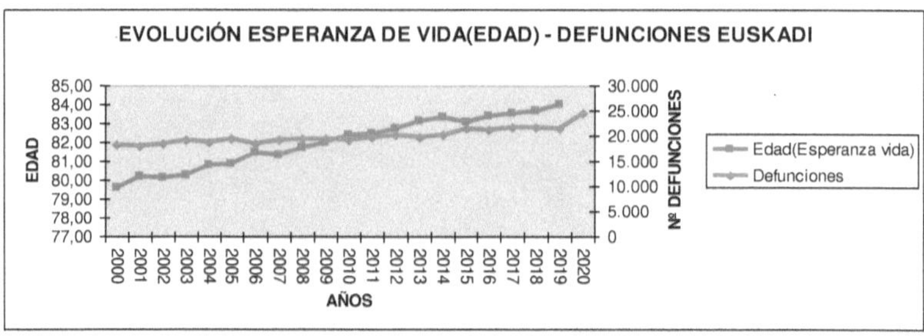

De la evolución de los fallecimientos en el período 2010-2020 por semanas se observa que las curvas son prácticamente semejantes exceptuando este año 2020 en las semanas 11 a 18 es decir correspondientes a los meses marzo – abril en donde se observa un pico diferenciado del resto de años estudiados.

La explicación de la ligera subida de fallecimientos del año 2020 en los meses de otoño puede tenerla en que en el año 2020 fallecieron 2.097 personas en listas de espera en Euskadi. Si tenemos en cuenta que en este mismo año han fallecido por /con covid 3.096 personas ello viene a representar que los fallecidos por listas de espera son un 67,73% del total de fallecidos con covid en el año 2020 cuando todos sabemos que los que han fallecido por covid son menos de los fallecidos con covid.

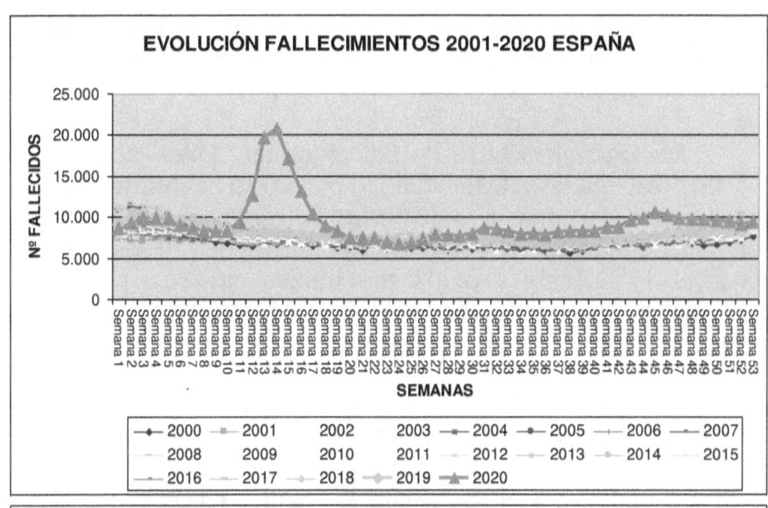
EVOLUCIÓN FALLECIMIENTOS 2001-2020 ESPAÑA
Nº FALLECIDOS
25.000
20.000
15.000
10.000
5.000
0
SEMANAS
2000 2001 2002 2003 2004 2005 2006 2007
2008 2009 2010 2011 2012 2013 2014 2015
2016 2017 2018 2019 2020

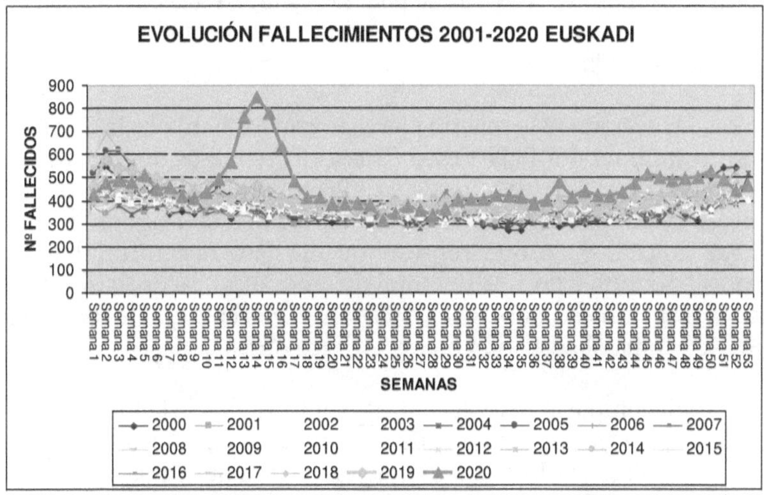
EVOLUCIÓN FALLECIMIENTOS 2001-2020 EUSKADI
Nº FALLECIDOS
900
800
700
600
500
400
300
200
100
0
SEMANAS
2000 2001 2002 2003 2004 2005 2006 2007
2008 2009 2010 2011 2012 2013 2014 2015
2016 2017 2018 2019 2020

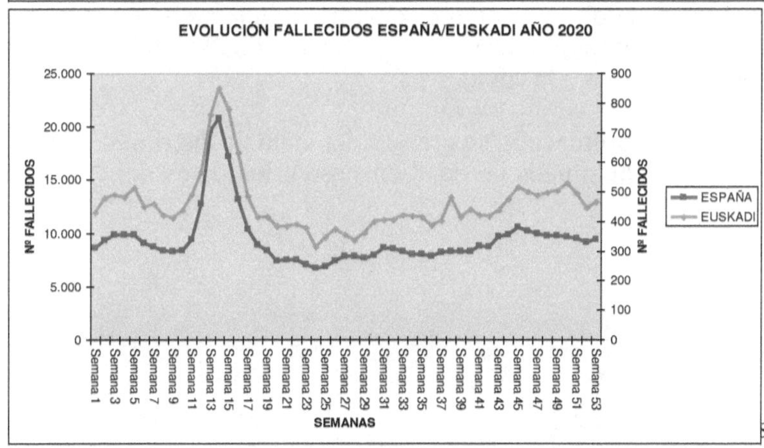
EVOLUCIÓN FALLECIDOS ESPAÑA/EUSKADI AÑO 2020
Nº FALLECIDOS
25.000
20.000
15.000
10.000
5.000
0
900
800
700
600
500
400
300
200
100
0
ESPAÑA
EUSKADI
SEMANAS

Analizando los datos tanto para España como para Euskadi se pueden establecer una serie de aproximaciones a una mayor cifra real de fallecidos por covid.

En España la cifra de fallecidos en el año 2020 es de 463.807 con una tasa de mortalidad por 1.000 habitantes de 9,92, de los cuales se asignan a covid 69.142 fallecidos, lo que representa una tasa de mortalidad por 1.000 habitantes de 1,48 del total del año 2020, es decir sin la covid la tasa hubiese sido de 8,44 bastante más baja que la tendencia que se estaba observando en los últimos años.

Si comparamos estas cifras con la media de la tasa de mortalidad por 1.000 habitantes de los últimos 5 años vemos que esta sería de 9,13, por lo que teniendo en cuenta que la tasa del 2020 es de 9,92 el diferencial que se podría adjudicar a la covid sería del 0,79 lo que supondrían una estimación de 32.217 fallecidos menos adjudicados a la covid.

Haciendo este mismo ejercicio con los datos de la Comunidad Autónoma del País Vasco (Euskadi) tenemos que la cifra de fallecidos en el año 2020 es de 24.386 con una tasa de mortalidad por 1.000 habitantes de 11,19, de los cuales se asignan a covid 3.794 fallecidos, lo que representa una tasa de mortalidad por 1.000 habitantes de 1,74 del total del año 2020, es decir sin la covid la tasa hubiese sido de 9,45 bastante más baja que la tendencia que se estaba observando en los últimos años.

Si comparamos estas cifras con la media de la tasa de mortalidad por 1.000 habitantes de los últimos 5 años vemos que esta sería de 10,14, por lo que teniendo en cuenta que la tasa del 2020 es de 11,19 el diferencial que se podría adjudicar a la covid sería del 1,05 lo que supondrían una estimación de 1.505 fallecidos menos adjudicados a la covid.

A continuación, se presenta la tabla de distribución de los fallecidos por rangos de edad en base a los datos del Gobierno Vasco.

COVID-19

Adina / Edad	Kasu positiboak / Positivos	Biztanleria 2019 / Población 2019	Tasa/100000hab	Hildakoak / Fallecidos	Letalidad	Mortalidad	% Edad
0 - 9	11589	195423	5930	1	0,01%	0,00%	0,03%
10 - 19	18830	206343	9126	0	0,00%	0,00%	0,00%
20 - 29	19707	194050	10156	3	0,02%	0,00%	0,08%
30 - 39	20770	266369	7797	11	0,05%	0,00%	0,28%
40 - 49	27870	358785	7768	35	0,13%	0,01%	0,88%
50 - 59	26171	335098	7810	87	0,33%	0,03%	2,18%
60 - 69	16854	272250	6191	294	1,74%	0,11%	7,36%
70 - 79	11091	202172	5486	728	6,56%	0,36%	18,21%
80 - 89	9495	127540	7445	1679	17,68%	1,32%	42,01%
> 90	4219	29987	14069	1159	27,47%	3,87%	29,00%
GUZTIRA / TOTAL	**166596**	**2188017**	**7614**	**3997**	**2,40%**	**0,18%**	**100,00%**

Con estos datos se observa que el rango de edad > 70 años supone el 89, 22% de los fallecidos correspondiendo el 71% al rango de edad > 80 años, es decir el 10,78% de los fallecidos se corresponden con personas menores de 70 años.

9. CORRELACIONES ENTRE PÁRAMETROS ESTADÍSTICOS

A continuación, se expone una tabla de correlación entre los distintos parámetros contemplados en esta pandemia como son, total test, positivos (oficial), %positivos (oficial), IA a 14 días (oficial), UCIs, % ocupación UCIs, hospitalizados, % ocupación hospitalizados, fallecidos y RO, y junto a estos parámetros hacemos también su correlación con positivos (referenciado), %positivos (referenciado) e IA a 14 días (referenciado).

Observando esta tabla de correlaciones se pueden comparar los parámetros de positivos, % de positivos e IA a 14 días tanto con el cálculo oficial como el referenciado.

COVID-19

Adina / Edad	**Kasu positiboak / Positivos**	**Biztanleria 2019 / Población 2019**	**Tasa/100000hab**	**Hildakoak / Fallecidos**	**Letalidad**	**Mortalidad**	**% Edad**
0 - 9	11589	195423	5930	1	0,01%	0,00%	0,03%
10 - 19	18830	206343	9126	0	0,00%	0,00%	0,00%
20 - 29	19707	194050	10156	3	0,02%	0,00%	0,08%
30 - 39	20770	266369	7797	11	0,05%	0,00%	0,28%
40 - 49	27870	358785	7768	35	0,13%	0,01%	0,88%
50 - 59	26171	335098	7810	87	0,33%	0,03%	2,18%
60 - 69	16854	272250	6191	294	1,74%	0,11%	7,36%
70 - 79	11091	202172	5486	728	6,56%	0,36%	18,21%
80 - 89	9495	127540	7445	1679	17,68%	1,32%	42,01%
> 90	4219	29987	14069	1159	27,47%	3,87%	29,00%
GUZTIRA / TOTAL	**166596**	**2188017**	**7614**	**3997**	**2,40%**	**0,18%**	**100,00%**

	Total test	Positivos(oficial)	%Positivos(oficial)	IA a 14 días(oficial)	UCIs	Hospitalizados	Fallecidos	%Ocupación UCIs	%Ocupación Hospitalizados	RO	Positivos(referencia)	%Positivos(referencia)	IA a 14 días(referencia)
Total test		0,8543	-0.2259	0,8236	0.2659	-0.3199	-0.0018	0.0900	-0.3199	-0.2565	-0.2259	-0.3826	-0.2515
Positivos(oficial)	0,8543		0.1755	0,8942	0.4333	0,0534	0.2658	0.3371	0,0534	-0.1013	0.1756	-0.1191	0.1260
%Positivos(oficial)	-0.2259	0.1755		0.0672	0.4838	0,8272	0,6294	0,6095	0,8272	0.4680	1,0000	0,8164	0,8706
IA a 14 días(oficial)	0,8236	0,8942	0.0672		0,5776	0.0329	0.3300	0.4460	0.0329	-0.2426	0.0672	-0.1866	0.1002
UCIs	0.2659	0.4333	0.4838	0,5776		0,6293	0,8157	0,9555	0,6293	-0.1421	0.4838	0.1793	0,6395
Hospitalizados	-0.3199	0.0534	0,8272	0.0329	0,6293		0,7865	0,7798	1,0000	0.2620	0,8271	0,5757	0,9349
Fallecidos	-0.0018	0.2658	0,6294	0.3300	0,8157	0,7865		0,8899	0,7865	0.0034	0,6294	0.3372	0,8185
%Ocupación UCIs	0.0900	0.3371	0,6095	0.4460	0,9555	0,7798	0,8899		0,7798	-0.0801	0,6095	0.2818	0,7952
%Ocupación Hospitalizados	-0.3199	0.0534	0,8272	0.0329	0,6293	1,0000	0.7865	0,7798		0.2620	0,8271	0,5757	0,9349
RO	-0.2565	-0.1013	0.4680	-0.2426	-0.1421	0.2620	0.0034	-0.0801	0.2620		0.4680	0,7439	0.3488
Positivos(referencia)	-0.2259	0.1756	1,0000	0.0672	0.4838	0,8271	0,6294	0,6095	0,8271	0.4680		0,8164	0,8706
%Positivos(referencia)	-0.3826	-0.1191	0,8164	-0.1866	0.1793	0,5757	0.3372	0.2818	0,5757	0,7439	0,8164		0,6554
IA a 14 días(referencia)	-0.2515	0.1260	0,8706	0.1002	0,6395	0,9349	0,8185	0,7952	0,9349	0.3488	0,8706	0,6554	

CORRELACIONES	MUY SIGNIFICATIVA		SIGNIFICATIVA			
	Positivos(oficial)	%Positivos(oficial)	IA a 14 días(oficial)	Positivos(referencia)	%Positivos(referencia)	IA a 14 días(referencia)
Total test	0,8543		0,8236			
Positivos(oficial)			0,8942			
%Positivos(oficial)				1,0000	0,8164	0,8706
IA a 14 días(oficial)	0,8942					
%Ocupación UCIs		**0,6095**		**0,6095**		0,7952
%Ocupación Hospitalizados		0,8272		0,8271	**0,5757**	0,9349
Fallecidos		**0,6294**		**0,6294**		0,8185
RO					0,7439	
Positivos(referencia)		1,0000			0,8164	0,8706
%Positivos(referencia)		0,8164		0,8164		**0,6554**
IA a 14 días(referencia)		0,8706		0,8706	**0,6554**	
Nº CORRELACIONES	2	6	2	6	5	6
%	**18,18%**	**54,55%**	**18,18%**	**54,55%**	**45,45%**	**54,55%**

Parámetros con cálculo oficial

El parámetro de positivos en valor absoluto presenta correlación muy significativa con el total de test realizados y lógicamente con la IA a 14 días por ser la suma de positivos de ese período de días, pero no con el % de positivos.

El % positivos presenta correlación muy significativa con los positivos referenciados, su % de positivos referenciado, la IA a 14 días referenciada y con el % de ocupación de hospitalizados. Esta correlación es significativa con el % de ocupación de UCIs y fallecidos.

La IA a 14 días presenta correlación muy significativa con el total de test y con los positivos en valor absoluto.

Parámetros con cálculo referenciado

Es de destacar que el parámetro de positivos referenciado en valor absoluto no presenta correlación con el total de test realizados, pero si, y siendo muy significativa, con el % de positivos e IA a 14 días referenciado y con el % de ocupación de hospitalizados. Esta correlación es significativa con el % de ocupación de UCIs y fallecidos.

El % positivos referenciado presenta una correlación muy significativa con los positivos tanto calculados oficialmente como referenciados y con la RO. Esta correlación es significativa con la IA a 14 días referenciada y el % de ocupación de hospitalizados.

La IA a 14 días referenciada presenta una correlación muy significativa con los positivos en valor absoluto tanto con el cálculo oficial como el referenciado, con el % de ocupación de hospitalizados, % de ocupación de UCIs y fallecidos. Esta correlación es significativa con el % de positivos referenciado.

Diferencias significativas entre el cálculo oficial y el referenciado

Es de resaltar que existe una alta correlación entre los positivos en valor absoluto y el % de positivos cuando este cálculo es referenciado, mientras que esa correlación no existe entre positivos en valor absoluto y el % de positivos cuando se utiliza el cálculo oficial.

Igualmente tenemos que entre la IA a 14 días realizada con el cálculo oficial existe correlación muy significativa con los positivos en valor absoluto, pero no se da ninguna correlación con el % de positivos, mientras que si analizamos el valor referenciado esa correlación muy significativa se da con los positivos en valor absoluto siendo significativa con el % de positivos.

Otra conclusión a destacar es que el cálculo referenciado de positivos en valor absoluto, el % de positivos e IA a 14 días tienen en los 3 casos correlación muy significativa con el % de positivos calculados del modo oficial, con la ventaja de que este valor referenciado no está influenciado por el número de test realizados.

Los estadísticos utilizados para el seguimiento de la pandemia no se han realizado de una forma referenciada respecto al % de positivos o al valor de positivos de una manera referenciada de forma que estos positivos y por lo tanto la IA a 14 días no pueda estar al albur del libre albedrío del número de test realizados diariamente con la posible manipulación que se puede dar generando las diferentes olas.

Jon Ander Etxebarría Gárate
*Biografía en páginas finales

Conferencia “Pasado, presente y futuro de la pandemia”
De Jon Ander Etxebarría Gárate. (2 horas)

Dudas razonables y análisis de los datos utilizados por el Gobierno Español para imponer la pérdida de derechos fundamentales sufrida por la población este último año, con la excusa de un virus.

Dres. Emilia Poblete y Patricio Villarroel

LA EXPERIENCIA DE DOS MÉDICOS CON EL DIÓXIDO DE CLORO

Dra. Emilia Poblete

Estamos a 28 de marzo del 2020 y, como todo el mundo, estamos algo preocupados y tratamos de seguir al pie de la letra las medidas prevención del COVID 19. Patricio y yo somos médicos, él trabaja en 1era línea en una clínica atendiendo todo tipo de pacientes, en especial los sospechosos de COVID. Aunque tenemos algo de temor e incertidumbre rogamos al cielo pasar por esta enfermedad lo más pronto posible.

Es de noche y tengo un dolor de cabeza inusual, cada vez más intenso, por lo que ronda en mi mente cierta inseguridad, pero trato de no tomarlo demasiado en serio. Mientras duermo tengo dos episodios de tos seca, por lo que compartimos miradas de preocupación, al día siguiente un malestar general que me hace imposible seguir en pie, cansancio, mareo, fatiga y sudoración. Así que decido no esperar y recurrir a un tratamiento poco convencional, que ya había probado en otras ocasiones con buenos resultados, el dióxido de cloro (CDS). Como temo estar contagiada de COVID 19, lo consumo en dosis frecuentes cada 1 hora, durante 12 horas. Sé, porque lo he estudiado, que no es tóxico y me ha dado buenos resultados, aunque desconocía si podía ser efectivo esta vez. Aproximadamente a las 19:00 horas, mientras preparaba la cena, apenas de pie, siento la sensación de que me retiran un velo del cerebro, y le comento a mi Patricio: ¡¡Ya se me están pasando todos los síntomas!! Fue una sensación tan clara... después de ese momento no volví a tener ningún otro síntoma. Literalmente se me había pasado todo. Unas horas después, Patricio presenta hiperestesia lumbar que es una Hipersensibilidad en la piel, cefalea leve (dolor de cabeza), y falta de energía. A esas alturas ya comenzamos a pensar donde nos podríamos haber contagiado, pues ya no nos cabía ninguna duda que ambos estábamos cursando

COVID 19. Patricio comienza a tomar dióxido de cloro, aunque ya es de noche, y no logra tomar en forma continuada el tratamiento. Al siguiente día amanece con un gran dolor faríngeo, que describe como si tuviera herida su garganta, pero ya han desaparecido todos los otros síntomas. La faringitis persiste por cinco días. El 1 de abril Patricio se realiza la prueba de PCR que resulta positiva, yo me hice el mismo test 1 semana después, y resultó negativo. Este resultado nos generó ciertas dudas (aún no sabíamos nada de la falta de especificidad de ese examen), así que decidimos tomarnos pruebas más específicas. Fue así como el día 17 de abril nos tomamos exámenes de anticuerpos en sangre IgM e IgG (inmunoglobulinas) para COVID 19, el resultado fue IgG positivo para ambos, lo que se traduce como, presencia de anticuerpos de memoria para COVID 19. ¡Creo que en ese momento casi saltamos de alegría, pues fue una gran revelación! Tuvimos COVID 19, que, gracias al dióxido de cloro, duró en mi caso menos de 24 horas, y cedieron todos los síntomas, ¡¡pero lo mejor de todo es que ambos desarrollamos inmunidad!! Fue como tener un tesoro en las manos que no podíamos dejar de compartir y, en nuestro caso, cómo médicos que hicieron el juramento hipocrático, teníamos la obligación de investigar, si realmente esta era una herramienta plausible que podría evitar daños severos a la población, e incluso la muerte. Ahí entra en juego la ética de un profesional: poseemos un conocimiento que podría ayudar a miles, pero por causas desconocidas, hay mucha desinformación al respecto y tiene fama de producto tóxico.

Dr. Patricio Villarroel

Después de lo vivido Emilia y yo, comenzamos a buscar información sobre esta solución que nos había permitido salir tan rápido y de buena forma de este famoso virus.

Al buscar en Google, lo primero que vemos son alertas sanitarias de mi país, la FDA y de España, las que referían que el dióxido de cloro presentaba los siguientes efectos adversos para la salud: "insuficiencia respiratoria por metahemoglobinemia, cambios en la actividad eléctrica del corazón, baja presión arterial mortal, insuficiencia hepática aguda, anemia hemolítica y vómitos severos", algo que ninguno de los dos habíamos sufrido, afortunadamente. Además, varias páginas decían: "Comprobado por la ciencia, el dióxido de cloro es toxico...", "El dióxido de cloro es peligroso y no debe ser consumido...", "El peligroso dióxido de cloro como supuesta cura contra el...", en fin, era lo peor.

Al hacer la búsqueda de las citas de la FDA, que eran muchas, todas ellas repetían lo mismo, que era una sustancia peligrosa y que era un potente blanqueador. Pero luego vimos la opinión del delegado interino de la FDA, el Dr. Ned Sharpless diciendo que beberlo era igual que beber lejía (cloro). Ahí algo no nos cuadró: ¿¿Dióxido de cloro era igual que lejía?? Pero si químicamente y molecularmente eran cosas distintas, ¡¿cómo un experto podía decir eso?!

Finalmente, la FDA no entregaba citas de las intoxicaciones masivas ni de los severos efectos adversos repetidos constantemente, así que comenzamos a utilizar buscadores médicos de investigación, donde se hacía referencia a intoxicaciones que generaban insuficiencia renal. Sin embargo, al revisar estos trabajos, eran en base al clorito de sodio (NaClo2) un precursor del dióxido de cloro, que fueron tomados en dosis altas por error o por intento suicida. Y cabe mencionar que ninguno de los pacientes que sufrieron estas intoxicaciones fallecieron. En total, pudimos encontrar 4 estudios, todos en base al clorito de sodio, ninguno con dióxido de cloro en solución, algo que aún no nos cuadraba habiendo tantas alertas sobre el CDS.

Esta búsqueda, nos llevó a conocer la Agencia de Protección Ambiental de EEUU (EPA), la cual dedicaba un capítulo completo al CDS, estableciendo su definición, usos, presentaciones y niveles de toxicidad y seguridad, ya que este producto se utilizaba, entre otros, para potabilizar el agua en varios países europeos. Acá encontramos las dosis seguras y no tóxicas para consumo humano, que eran las mismas dosis que recomendaba el biofísico alemán Andreas Kalcker: 10 ml de CDS en 1 litro de agua, obtenido de una preparación concentrada al 0,3% (3000 ppm partes por millón), con lo cual se generaba una solución con 30 mg o ppm de dióxido de cloro, que se toman repartidas en el día, tal como lo hicimos cuando tuvimos COVID.

Cada vez hallábamos más información que avalaba el uso del dióxido de cloro, sobre todo como biocida universal, es decir amplia capacidad de inactivar y destruir virus, bacterias, hongos y algunos parásitos, desde métodos de desinfección de superficies, ambientales, hasta tratamientos de patologías orales como candidiasis oral atrófica crónica.

Durante esta investigación, hubo dos artículos científicos que me llamaron la atención: uno sobre los efectos del CDS sobre el virus que produce el Síndrome Respiratorio Reproductivo Porcino, el cual comparte características similares del virus Sar-cov2. Acá el CDS logró inhibir la replicación del virus mediante la destrucción del genoma y sus proteínas de adhesión, neutralizando, además, la respuesta inflamatoria, algo que también se busca en el virus Sar-cov2. El otro estudio fue sobre abejas que bebieron CDS. En él se observó mayor longevidad en la medida que aumentaba la concentración del CDS de 10 ppm hasta 100 ppm. Tras esto, las abejas drásticamente morían, cosa que demuestra que la dosis hace al veneno y concuerda con las recomendaciones de la EPA en cuanto a seguridad oral para consumo humano: se indican dosis claras que no generan daño al consumirse en forma oral.

Investigación

Teniendo toda esta información, debíamos trasmitirla a otros médicos y profesionales de la salud para que supieran que existía una herramienta terapéutica potencial que podría ayudar a controlar los síntomas de esta virosis. Sin embargo ¿estaría alguien dispuesto a estudiarla?

A fines de abril supe que había un estudio del CDS inscrito en el *Clinical Trials* de EEUU, lugar donde se inscriben trabajos de investigación. Contacté a los investigadores que eran médicos de Colombia y, tras algunas reuniones, les comenté lo interesante de participar dentro de su estudio. Posteriormente, formamos parte de él y nos dedicamos a buscar más profesionales para el equipo de investigación en Chile.

Comenzamos con la búsqueda de lugares donde hacer la investigación: hospitales, consultorios de varias comunas, hasta fuimos a hablar con un alcalde y todos nos decían lo mismo: "Dependemos del Ministerio de Salud, no podemos hacer nada en forma independiente". Además, mientras nuestro organismo regulador de medicamentos, el Instituto de Salud Pública (ISP) siguiera diciendo que es una sustancia tóxica, no iban a "arriesgarse" a usar esta solución.

A pesar de lo anterior, seguimos recopilando información y tratando algunos pacientes covid19, bajo la declaración de Helsinki y con consentimiento informado, logrando recuperaciones en cuatro días, aproximadamente, además como uso profiláctico en otros, evitando su infección por varios meses.

COMUSAV

En junio, al participar en una reunión de capacitación online sobre el CDS, en la cual participaba Andreas Kalcker y el Dr. Pedro Chávez (de México), entre otros, conocí COMUSAV, una asociación de médicos y otros profesionales, que se agruparon para ayudar a otros mediante el uso del CDS en el tratamiento del COVID 19. Inmediatamente, envié un mail a COMUSAV para saber si existía COMUSAV Chile y poder ayudar. Me informaron que no se había constituido aún y nos invitaron a crearlo, junto a otras personas que también estaban interesadas en colaborar.

Debido a la dificultad para realizar estudios clínicos con el CDS, nos enfocamos en capacitar a todos los profesionales de la salud que querían conocer qué era el dióxido de cloro, para lo cual hicimos capacitaciones semanales con médicos y otros profesionales con experiencia en su uso, logrando una red de apoyo a personas que solicitaban ayuda.

Sin embargo, esto también generó algunas cosas impensadas, como la intolerancia de algunos colegas médicos, ya que, tras invitar a algunos a través de un grupo de redes sociales a estas capacitaciones, fui eliminado del grupo, sin previo aviso. Cuando quise saber qué había pasado, la persona que lo hizo, bloqueó mi número y no pude saber nada de él. Supongo que es parte del castigo por usar una "sustancia supuestamente tóxica" y estar fuera del discurso oficial.

A pesar de todo lo anterior, logramos reunirnos con el ISP, mostrando lo que hace COMUSAV mundial, amparados en tratados internacionales y solicitando su apoyo en la realización de estudios clínicos para el covid19. Fuimos escuchados, pero recordándonos que el CDS no es un medicamento, aunque se comportara como tal, según la información entregada ante ellos. Nos invitaron a adjuntar información para lograr registro sanitario, por lo que, volvíamos al punto inicial: necesitábamos estudios clínicos.

Actualmente, COMUSAV Chile está formada por diversas personas y profesiones, aportando sus miradas para lograr ayudar a la población y salvar vidas, no solo lo relacionado con el dióxido de cloro, sino también entregar información que creemos ha sido sesgada, sobre cosas como confinamientos excesivos, uso consciente de mascarillas y su real efectividad en la protección viral, lo que no se sabe de las vacunas experimentales, sobre todo sus riesgos potenciales a mediano y largo plazo, etc.

Dra. Emilia Poblete

Es importante saber que existe una organización internacional que representa a los médicos: La Asociación Médica Mundial (AMM). Según la información que aparece en su página web, fue fundada el 18 de septiembre de 1947, cuando médicos de 27 países diferentes se reunieron en la Primera Asamblea General de la AMM, en París. La organización fue creada para asegurar la independencia de los médicos y para servir los niveles más altos posibles en conducta ética y atención médica, en todo momento. Esto fue particularmente importante para los médicos después de la Segunda Guerra Mundial y por esto, la AMM siempre ha sido una confederación independiente de asociaciones profesionales libres.

Así fue como, en pos de esta libertad y autonomía, se redactó la Declaración de Helsinki, que son los "principios éticos para las investigaciones médicas en seres humanos". Es la declaración más conocida de la Asociación Médica Mundial (AMM). Fue adoptada en 1964 y ha sido enmendada siete veces, la última en la Asamblea General de octubre 2013.

En su artículo 37, habla sobre las Intervenciones no probadas en la práctica clínica:

"Cuando, en la atención de un paciente, las intervenciones probadas no existen u otras intervenciones conocidas han resultado ineficaces, el médico, después de pedir consejo de experto, con el consentimiento

informado del paciente o de un representante legal autorizado, puede permitirse usar intervenciones no comprobadas, si, a su juicio, ello da alguna esperanza de salvar la vida, restituir la salud o aliviar el sufrimiento. Tales intervenciones deben ser investigadas posteriormente a fin de evaluar su seguridad y eficacia. En todos los casos, esa información nueva debe ser registrada y, cuando sea oportuno, puesta a disposición del público".

Es con el respaldo de esta declaración que nos permitimos utilizar el dióxido de cloro en los pacientes COVID que así lo solicitaron.

En octubre del mismo año 2020, acude a mi consulta una paciente con síntomas persistentes post COVID, principalmente tos. Después de entregarle información respecto del dióxido de cloro, desde sus componentes hasta su mecanismo de acción, le menciono que no está aprobado como medicamento en nuestro país, pero que participamos dentro de un estudio multicéntrico, es decir que se realiza en varios países, y que, por eso, solo se lo puedo indicar bajo consentimiento informado, a lo que ella acepta voluntariamente, firmando el documento. Le entrego el dióxido de cloro en forma gratuita, pues las personas que se tratan por COVID reciben el tratamiento gratis. A las 24 horas, la llamo por teléfono para evaluar su evolución y me contesta que no se lo tomó, por sugerencia de su yerno, quien le indica que es una sustancia tóxica. Le sugiero entonces que, si no se siente segura, es mejor no tomarlo y que nos vemos en el próximo control, con los exámenes que le había solicitado. Unos días después, nos enteramos que su familiar puso un reclamo en las redes sociales, denunciando que yo le había recomendado una sustancia tóxica, mencionando en *hashtags* a la Superintendencia de Salud, al Instituto de Salud Pública e incluso a un canal de televisión. Esto desencadenó un torbellino inimaginable y desmesurado, casi irreal. El día hábil siguiente estaba un canal de televisión fuera de mi trabajo, con un reportero transmitiendo en vivo, buscando a la doctora que había indicado la sustancia tóxica, o sea, yo. Mientras tanto, en el canal hablaban con mucha seguridad y poco conocimiento, médicos y supuestos especialistas en el tema, durante prácticamente todo el día. Al mismo tiempo, se presentó en el lugar la SEREMI de Salud (secretaría regional ministerial), representante del Ministerio de Salud, quien tiene la función de fiscalizador, y el Instituto de Salud

Pública, encargado de la vigilancia de enfermedades, control y fiscalización de medicamentos.

Fue una cacería de brujas, un gran escarmiento dirigido a que a ningún médico le quedasen ganas, siquiera, de pensar en la idea de probarlo o volverlo a utilizar. Después de esto, Patricio y yo fuimos desvinculados de esta clínica y nunca volví a saber de la paciente que no llegó siquiera a probar el dióxido de cloro. Pero toda esta nube de humo, así como llegó, se fue y no pasó nada, no hubo ninguna denuncia formal, no hubo ningún sumario, nada. Sólo fue mancillado mi nombre y mi ética profesional, pero nunca nadie se dio el trabajo de preguntarme algo o pedirme mi opinión, sólo fui juzgada sin poder defenderme. No fue fácil reinventarme y seguir actuando de acuerdo a mis convicciones y a mi ética profesional, lo que suponía seguir recomendando, a pesar de todo lo sucedido, la sustancia que puede ayudar a miles.

Nos queda la convicción de que hemos actuado en coherencia con nuestra calidad moral y, aunque ha sido difícil, es el camino que elegimos y en él nos hemos encontrado con otros que, como nosotros, no se dejan llevar por el miedo que nos han inculcado. Sólo queremos libertad para ejercer en conciencia nuestra profesión y dejar de ser sirvientes de los laboratorios. Queremos tener la posibilidad de intentar entablar diálogos con otros que tengan maneras distintas de curar a la gente.

Emilia Poblete y Patricio Villarroel
*Biografía en páginas finales

David Aragón Cortés

DIÓXIDO DE CLORO, UN HORIZONTE DE ESPERANZA

Me gusta la ciencia y siempre he tenido un fuerte sentido social. Por eso elegí estudiar Química y Farmacia en una prestigiosa universidad en Chile. Hice acopio de experiencia en hospitales, clínicas y farmacias comunitarias por más de 30 años. Mi actividad está comprometida con la salud y bienestar de todas las personas. Con el pasar de los años, lo que consideraba un sólido respaldo, se convirtió en un sistema de dudosa intención. El arsenal farmacéutico ha ido desarrollando especialidades cuyo efecto tiene muchas veces más efectos nocivos que beneficios. Hay abundante material de estudio que revela las verdaderas intenciones de la industria farmacéutica. Mientras que los médicos y sicólogos multiplican los términos para explicar los nuevos trastornos, el mercado se llena de medicamentos que no tienen mejores resultados que los anteriores. La farmacia, desde la década de los 80, no ha mostrado progresos sustantivos como venía haciéndolo por más de 40 años.

Me interesé en la medicina, llamada complementaria en occidente, por la relación que tengo con amigos que han confiado en sus resultados. Estudié algunas disciplinas y empecé a entender que el ser humano es mucho más complejo y multidimensional de lo que nos enseñan. Por experiencia de una amiga que estudió con Jim Humble, me interesé en el MMS (Dióxido de Cloro). Desde hace unos cinco años, comencé a preparar y compartir el MMS (*Master Mineral Solution*) y desde hace un año el CDS (*Cloride Dioxide Solution*), motivado en ofrecer una solución eficaz para tratar el Covid-19.

Jim Humble dio una dura batalla contra el sistema para promover e investigar el uso del Dióxido de Cloro, encontrando una enorme resistencia en el sistema académico y autoridades de salud pese a los resultados espectaculares en los miles de enfermos que trató. Eso no solo evidencia la torpeza y arrogancia de gran parte del mundo científico para aceptar ideas nuevas, sino que pone de manifiesto la verdadera intención del sistema mercantilista que impera en la industria farmacéutica y que permea todas las capas de las estructuras sanitarias de las naciones. Se han convertido en los matones del barrio con enorme poder para acallar las voces que proponen soluciones seguras, eficaces y de bajo costo para resolver la mayoría de los problemas de salud de las personas.

El negocio de la farmacia parte por financiar en las universidades e instituciones de investigación, solo los fármacos que prometen asegurar una condición crónica de dependencia de los pacientes. O pagan los estudios que distraen la atención de las verdaderas causas de las enfermedades (el caso más estudiado es el de los Hipocolesterolemiantes). Luego permean las agencias de control que autorizan las patentes de estos nuevos fármacos con estudios de breve duración para evitar revelar sus consecuencias a largo plazo. Declaran inversiones falsas para justificar los altos precios finales de las drogas (en EEUU son los contribuyentes los que pagan todo el proceso). Finalmente, tienen relaciones directas con la OMS, donde influyen para que los gobiernos compren sus medicamentos y vacunas que no garantizan nada. Encima, se eximen de responsabilidades por los eventuales efectos nocivos de sus preparados. Humble tiene toda mi admiración, pues estaba dando una batalla contra una mafia muy poderosa.

Hoy, es Andreas Kalcker quien se enfrenta a esta mafia. Un estudioso responsable que ha hecho investigación seria para comprender los secretos notables del Dióxido de Cloro. Ha asesorado también equipos médicos de varios países para aplicar el producto con seguridad y eficacia. Ya cuenta con miles de casos de curación en una diversidad de enfermedades. El caso del Covid-19 es muy notable, pues son miles las personas que han remitido todos los síntomas y signos en tan solo tres a cinco días. Asesorando a equipos médicos de Bolivia, contribuyó a que el parlamento aprobara una ley que autoriza la investigación, distribución y uso del producto. El primer país que reconoce los beneficios de esta sustancia extraordinaria y la pone al alcance de sus ciudadanos a muy bajos costos.

He tomado varias veces el MMS para tratar distintas dolencias. Conozco su poder y confío en su seguridad. Esa madrugada, hace unos ocho meses, desperté a las 5 am. con náuseas, intenso dolor de cabeza, articulaciones, escalofríos y diarrea imparable.

Como pude, activé 24 gotas de Clorito de Sodio con una solución de Ácido Clorhídrico y los puse en una botella de un litro de agua filtrada. No bebí otra cosa y no comí nada. Solo tomé la solución a sorbos durante horas. A las 6 de la tarde estaba completamente recuperado. Me sentía sano, lúcido y sin ningún malestar. Estaba comprobando, una vez más, el poder del Dióxido de Cloro.

Andrés es un ex drogadicto de 40 años, con diabetes, hipertensión, crisis de pánico y una familia que lo cuida. Comenzó a tomar el MMS hace unos ocho meses. Se disciplinó en tomarlo regularmente sabiendo que ya no hay para él más alternativas. La medicina no le ha ayudado mucho. Desde el principio manifestó cambios y esto le animó a seguir adelante con el tratamiento. Me llamó desde la playa hace unas semanas para contarme que manejó desde la ciudad sin problemas, cosa que le parecía imposible tiempo atrás; sin crisis de pánico, feliz con su familia y disfrutando una condición nueva. Se sentía sano y fuerte. Quiso agradecerme, pero fui yo quien le agradeció su confianza, su valor, su disciplina y su fe.

Sara venía saliendo de varias sesiones de quimioterapia y se sentía vulnerable, frágil y muy cansada. Estaba debilitada y triste. Pero en la primera conversación que tuvimos, creyó en el preparado y, tras dos semanas de tomarlo, ya había notado cambios. En los meses siguientes tomando el Dióxido de Cloro, su condición mejoró muy notablemente. Su recuento sanguíneo estaba dentro de los parámetros normales y no ha vuelto a manifestar signos de requerir ninguna ayuda farmacológica.

Un joven de 25 años me llama para pedirme consejo. Había manifestado algunos síntomas de Covid-19 y dado positivo al test. Se sentía muy vulnerable, con molestias respiratorias, dolores, mucho cansancio y debilidad. Le indico un tratamiento con CDS diluido en agua por cinco días. Tras tomarlo dos días, me llama para contarme que ha superado totalmente el cuadro. Se siente con ánimo, energía y completamente sano.

Son centenares los casos que me hacen tener absoluta confianza en el Dióxido de Cloro. Jim Humble lo llamó *Master Mineral Solution*, y estoy de acuerdo con él: es una Solución Maestra. Y es revolucionaria.

Nuestro mundo pasa por una crisis. Y cada uno debe contribuir a superarla. Creo firmemente que el Amor y la Bondad, se irán imponiendo y revelando la verdadera naturaleza de nuestra especie, intervenida por fuerzas que están cediendo y van a ser controladas por todos quienes comprendan que ha llegado el momento. Hay muchos hombres y mujeres que como Jim Humble y Andreas Kalcker han enfrentado el miedo y la adversidad, para obedecer a esa llamada interior que les dice que la conquista de la felicidad está relacionada con hacer el bien al prójimo y desear su bienestar. He ahí la clave.

David Aragón Cortés
*Biografía en páginas finales

Mariana Maffía

AUTISMO Y EPILEPSIA

A lo largo de este texto deseo compartir la experiencia de recuperación personal de mi hijo Lucas, quien, a través de un tratamiento integral de higienismo interno, consumo de dióxido de cloro, terapias alternativas y cambio en su alimentación, logró revertir el cuadro de autismo severo que padecía y se curó de las crisis epilépticas tónico-clónicas que lo afectaban, mejorando exponencialmente su calidad de vida.

Mi nombre es Mariana Maffía, madre de cuatro varones: Tobías, Agustín, Lucas y Francisco. Todos nacieron sanos y por parto natural, pero Lucas, a las ocho horas de vida, manifestó una encefalitis postvacunal que no fue diagnosticada en ese momento y, por ende, tampoco tratada, causada por la primera dosis de la vacuna obligatoria contra la Hepatitis B. La situación se agravó al recibir las posteriores dosis a los dos, cuatro y seis meses, además del resto de las vacunas indicadas por el calendario nacional obligatorio.

Mi hijo no pudo metabolizar los componentes y residuos patógenos que le inyectaron al nacer, ni tampoco los suministrados en las siguientes vacunas. La consecuencia irremediable fue: autismo severo y epilepsia.

Hasta el año 2014, sufrió crisis convulsivas permanentes y todos los trastornos y dificultades que conlleva el autismo. Pero a partir de la realización de diversos protocolos y procedimientos de desintoxicación y limpieza interna de su organismo, sus sistemas inmune, endócrino y metabólico recuperaron las funciones vitales y comenzaron a sanar. Este proceso de recuperación requirió de cinco años de enorme trabajo y compromiso de mi parte, para llevar adelante todos los tratamientos y sostenerlos en el tiempo.

Considero que su experiencia de recuperación merece conocerla el mundo entero, porque llevará esperanza a miles de niños y familias afectados por el autismo y la epilepsia. Es posible sanarlos, siempre y cuando, como papás, tomemos las riendas de la salud de nuestros hijos, haciéndonos cargo y responsables de lo bueno o malo que pueda sucederles.

En la actualidad Lucas, con 18 años de edad, puede desarrollar una vida independiente. Asiste a la escuela secundaria, comparte tiempo con sus amigos, pasea en bicicleta por la ciudad, organiza su rutina, concurre a sus terapias y disfruta de la vida familiar sin mayores dificultades

Quiero aclarar que la experiencia de recuperación de mi hijo narrada en estas páginas, no funciona, ni debe ser interpretada, como una receta o fórmula mágica para curar el autismo. Muy por el contrario, mi deseo es compartir parte de lo vivido, lo realizado y lo aprendido, y que funcionó con Lucas. Pero ello no significa que necesariamente vaya a funcionar en todos los casos y circunstancias particulares.

Parte de la historia de Lucas

Lucas es mi tercer hijo varón. Un ser de luz maravilloso que me enseñó lo infinito y altruista que es el amor de una madre. Con él aprendí a sanar; a reparar y a limpiar desde lo más profundo del alma.

Nació el 9 de abril del año 2003 en la clínica La Pequeña Familia en Junín, provincia de Buenos Aires, Argentina, a las 20.40 horas, con un Apgar 9/10.

Recibió la primera dosis de la vacuna contra la Hepatitis B cuya administración es obligatoria en nuestro país, motivo por el cual no me solicitaron ningún consentimiento informado para llevar a cabo tal procedimiento (ni siquiera me dijeron que le iban a aplicar dicha vacuna), y mucho menos me leyeron el prospecto, del cual se desprenden las contraindicaciones que tiene y sus posibles efectos adversos.

Luego del procedimiento de vacunación obligatoria nos entregaron el bebé y lo llevé conmigo a la habitación. Lo amamanté y a las 22:00 horas se durmió. Al despertar, comenzó la pesadilla.

Lucas manifestó una cianosis generalizada; una acrocianosis (se le pusieron negros los labios, las extremidades de los dedos y el interior de su boca) y comenzó a manifestar trastornos en la respiración y náuseas.

Inmediatamente lo ingresaron a la unidad de terapia intensiva donde permaneció durante 10 días. Le colocaron halo de oxígeno y luego lo entubaron debido a la gran dificultad respiratoria que presentaba.

Los médicos sospecharon que estaba atravesando una sepsis, esto es, una infección generalizada. Le tomaron muestras de sangre para analizar, cuyos resultados estarían en 48 horas, y comenzaron a tratarlo con antibióticos. Su estado de salud era grave.

A los dos días, para sorpresa de todos, los cultivos dieron negativo (es decir, Lucas no presentaba infección alguna). Esto desorientó aún más a los doctores. Nadie supo explicarnos qué le ocurría. Sin embargo, decidieron continuar con el suministro de antibióticos. Luego de una semana, aparentemente comenzaba a salir del cuadro. Y digo "aparentemente", porque en realidad lo que Lucas sufrió en aquel entonces fue una encefalitis postvacunal; ello significa, una reacción adversa a la primera dosis de la vacuna contra la Hepatitis B que le colocaron al nacer; encefalitis que no fue diagnosticada y mucho menos tratada.

Mi hijo llegó a este mundo sano. Su Apgar 9/10 lo corrobora. Durante sus ocho primeras horas de vida solo recibió leche materna y la vacuna contra la Hepatitis B. Resulta sencillo concluir que fue lo que le hizo daño. ¿No? Sin embargo, los médicos jamás repararon en la posibilidad de que el cuadro manifestado correspondía a una reacción adversa a la referida vacuna.

Afortunadamente, la clínica La Pequeña Familia contaba con unidad de terapia intensiva pediátrica; de lo contrario, Lucas habría fallecido. Existen muchos casos de recién nacidos que han manifestado un cuadro similar (o parecido) al que manifestó Lucas tras recibir la vacuna contra la Hepatitis B, luego de lo cual murieron. Sin embargo, los médicos suelen catalogar estas muertes sin aparente explicación como "súbitas".

Transcurridos los diez días de internación le dieron el alta y lo llevamos a casa. Su cuadro de encefalitis no diagnosticada continuó complicándose. En efecto, en el primer control de rutina, el pediatra le indicó la vacuna contra la tuberculosis (BCG) y el cumplimiento estricto del calendario obligatorio de vacunación. Fue así como mi bebé recibió a los dos, cuatro y seis meses de edad, las restantes dosis de la vacuna contra la Hepatitis B.

Como mamá responsable (y totalmente confiada en nuestro sistema de salud), me ocupé de que recibiera todas las vacunas que dispone el calendario obligatorio de vacunación; ello, sin imaginar las nefastas consecuencias que dichas vacunas en definitiva le acarrearían a su salud.

Durante su primer año de vida, no advertimos ningún síntoma que llamara nuestra atención, a excepción de las repetidas bronquitis que manifiestan casi todos los niños vacunados (inflamación inducida por el aluminio inyectado).

Cumplido el año de vida, comenzamos a darnos cuenta que presentaba características que resultaban ciertamente preocupantes; por ejemplo, tenía un tono muscular llamativamente blando; muy poca fuerza en sus miembros inferiores; no lograba levantarse y menos aún caminar. Si bien se encontraba dentro de los tiempos pediátricos "normales", en comparación con mis otros dos hijos, su evolución cognitiva y motriz era demasiado lenta.

Como fisioterapeuta, me propuse ayudar a Lucas a caminar. Diseñé un plan de estimulación intensivo, con el cual logré buenos resultados en cuatro meses. Caminó al año y medio, pero su tono muscular continuó muy blando y empezó a manifestar desconexión con la realidad.

A los dos años, aún no pronunciaba ni una palabra. Lo llamábamos y no respondía. Tampoco se conectaba con la mirada. Yo no era mamá primeriza por lo que advertía que dichas conductas no eran normales (lo cual me angustiaba mucho). Le realizamos estudios auditivos y visuales para descartar sordera y dificultades en la visión. Pero ambos estudios dieron normales.

Durante sus primeros cinco años de vida, visitamos a muchísimos profesionales de la salud, intentando encontrar una explicación a su epicrisis neonatal. Concurrí a las mejores instituciones del país, relacionados con los trastornos del neuro desarrollo (como el Hospital Garrahan y la Fundación para la Lucha contra las Enfermedades Neurológicas de la Infancia (F.L.E.N.I.). Sin embargo, nadie pudo darnos una respuesta. De todas maneras, mi corazón y mente me decían que aquello que le sucedió a Lucas al nacer se encontraba directamente vinculado con sus problemas actuales. Es decir, existía un nexo de causalidad entre la reacción que tuvo a las ocho horas de haber recibido la vacuna contra la Hepatitis B y las dificultades que actualmente presentaba.

A los cuatro años y dos meses de vida, tuvo su primera convulsión mientras dormía. Con mi esposo lo llevamos inmediatamente a la guardia del hospital Municipal de General Pinto y reaccionó a los 40 minutos de haber sufrido la crisis. Le colocaron suero glucosado, Valium intramuscular y le realizaron análisis de laboratorio cuyos resultados fueron normales.

Nos asustamos tanto con la convulsión, que decidimos recurrir a los especialistas del Centro Médico F.L.E.N.I. Allí le realizaron un estudio polisomnográfico y determinaron que sufría de epilepsia severa, la cual, hasta el momento, no había sido diagnosticada y, por ende, tampoco tratada. Lo medicaron con anticonvulsivos.

Para ese entonces, Luquitas manifestaba una conducta sumamente irritable, no lograba concentrarse y evitaba el contacto físico y las relaciones sociales.

Ese año, decidimos realizarle estudios genéticos y consultamos con una genétista en F.L.E.N.I., los resultados no evidenciaron anomalías cromosómicas, ni numéricas ni estructurales.

Además, enviamos a un laboratorio de Francia una muestra de sangre para hacer otro análisis genético más completo llamado "Microchip de ADN". El resultado de dicho análisis también arrojó resultados normales.

Todos estos indicadores demostraban que la patología que afectaba a mi tercer hijo no tenía origen genético. Por supuesto, mi obsesión por encontrar una respuesta a su epicrisis neonatal persistía.

Continuó medicado con anticonvulsivos. Cada médico que visitábamos sugería cambio de tratamiento, mayor dosis o combinación de varias drogas. Tomaba pastillas todo el día: para no convulsionar, para concentrarse en la escuela; para dormir; para mejorar su humor, etc. Era una locura.

En ese contexto, le realizamos un electroencefalograma (EEG), cuyo resultado fue tremendo. A pesar de la cantidad de medicación que consumía, su cerebro funcionaba pésimo.

Recuerdo que también le hicimos un estudio específico llamado "Mineralograma de Cabello", cuyo resultado arrojó niveles muy altos de mercurio; aluminio; cadmio; plomo y arsénico en su organismo. Otro análisis de control reveló que tenía altos los niveles de amonio (precisamente 158 cuando el valor de referencia es 60).

Como madre, me preguntaba qué le ocurría verdaderamente a mi pequeño. La mayoría de los estudios le daban mal y era ciertamente llamativo que tuviera niveles elevados de metales pesados en su organismo.

Para todo esto, los médicos le seguían aumentando las dosis de anticonvulsivos y nos explicaban que en la medida que Lucas creciera en peso y altura, los miligramos de las drogas también debían ser aumentados, hasta un punto máximo. Ese dato me angustiaba muchísimo, ya que era consciente de que, en algún momento, no habría medicación suficiente para calmarlo.

A sus cinco años de edad, manifestaba una gran desconexión con la realidad: no hablaba ni miraba a los ojos. Tampoco soportaba el contacto físico (menos aún los besos y abrazos). Detestaba la vida social; manifestaba conductas obsesivas; no paraba de mover las piernas y los brazos y sufría trastornos en su psicomotricidad y en la motricidad fina.

Diagnóstico revelador

En el mes de julio del año 2008, cuando Lucas tenía cinco años de edad, realizamos una consulta con el Dr. Mario Draiman, homeópata y especialista en trastornos del neuro desarrollo. Dicho profesional fue el primero que nos explicó la causa de la epicrisis neonatal que había manifestado Lucas al nacer.

Draiman dijo: "A este niño le colocaron la primera dosis de la vacuna contra la Hepatitis B al nacer y a causa de ello sufrió una encefalitis postvacunal; es decir, una reacción adversa a dicha vacuna que produjo una gran inflamación de su cerebro. El cuadro que actualmente presenta Lucas es consecuencia directa e inmediata de aquella encefalitis postvacunal que no le fue diagnosticada y por ende tampoco tratada".

Quedé estupefacta ante su clara explicación, no podía creer ni procesar lo que acababa de escuchar. El diagnóstico del Dr. Draiman fue revelador. Los signos y síntomas correspondientes a una encefalitis postvacunal coincidían a la perfección con el cuadro que manifestó Lucas a las ocho horas de haber recibido la vacuna contra la Hepatitis B. Y los problemas que fue manifestando con posterioridad (epilepsia, trastornos en el aprendizaje, alteraciones en el comportamiento, déficits motores, etc.), claramente constituyen secuelas de aquella encefalitis postvacunal que nunca le diagnosticaron.

De repente, un nuevo universo se desplegó frente a mis ojos. Hasta ese momento habíamos visitado a muchísimos profesionales y ninguno había relacionado los trastornos actuales de Lucas con los efectos adversos de las vacunas.

Finalizada la entrevista con el Dr. Draiman y su revelador diagnóstico, medicó a mi hijo con preparados homeopáticos.

Para sorpresa de todos, Lucas reaccionó a la medicación presentando un cuadro de fiebre (por primera vez en su vida tuvo fiebre). Esa reacción del organismo fue muy buena porque indicaba que el sistema inmune comenzaba a despertar y a reorganizarse.

También manifestó dolor abdominal y comenzó a tener diarrea. Al cuarto día, fue de cuerpo con sangre. Ante este cuadro, el Dr. Draiman sumó nueva medicación homeopática al tratamiento.

Poco a poco empezamos a advertir cambios positivos en la conducta de Lucas: se mostraba más comunicativo, más tranquilo y ya no rechazaba tanto el contacto físico. Al contrario, pedía estar en brazos todo el día.

Continuó la pesadilla

A pesar del diagnóstico revelador otorgado por el Dr. Draiman y la mejoría que experimentó Lucas gracias al tratamiento homeopático que le indicó, en noviembre del año 2008 le repetimos el estudio de polisomnografía, el cual arrojó resultado patológico.

En diciembre de ese año, las convulsiones se agudizaron y, después de cada crisis convulsiva, quedaba con el cuerpo paralizado por aproximadamente una hora. Frente a esta situación, los médicos aumentaron la dosis de la droga anticonvulsiva, aunque no dio demasiado resultado.

Durante esos años, continué confiando en la medicina tradicional a pesar de que ya era consciente de que las vacunas habían arruinado la salud de mi hijo.

Así llegamos al año 2014: Lucas, con once años de edad, extremadamente medicado, con un autismo severo y una epilepsia galopante (tal como la definió la Dra. Blubstein) en virtud de la cual, tomaba medicación anticonvulsiva tres veces por día (entre otras tantas drogas). En cuanto a su comportamiento, continuaba desconectado de la realidad, con grandes dificultades en el aprendizaje, sin socializar, muy agresivo y con trastornos obsesivos permanentes (para los cuales también recibía mediación).

El universo tenía mejores planes para Lucas

El año 2014 marcó un punto de inflexión en la vida de Lucas y en nuestra familia. Hasta ese momento, su salud empeoraba a diario, la rutina era cada vez más difícil y su estado demandaba atención permanente. Poco a poco comencé a asumir que con la medicina tradicional no lográbamos los resultados esperados.

En ese contexto, una gran amiga mía, Romina del Fabro, quien a su vez es médica pediatra y conoce el caso de Lucas a la perfección, me alentó a ingresar a un grupo de Facebook llamado "Parasitosis Autista Inicio" conformado por padres y madres de niños con autismo de diversas partes del mundo, quienes supuestamente lograban recuperar a sus hijos (esto es, sacarlos del espectro autista) a través de la desparasitación y la desintoxicación de su organismo (hecho éste que, sinceramente, me sonaba ciertamente ridículo). En efecto, ¿qué tendría que ver la parasitosis o la intoxicación con el autismo? En ese entonces no lo comprendía. Además, entre los tantísimos estudios y análisis que le hicimos a Lucas a lo largo de estos años, varios de ellos fueron parasitológicos (y siempre arrojaron resultado negativo). Sin embargo, fue tal la insistencia de mi amiga (quien además es especialista en pediatría), que finalmente decidí hacerle caso. Dicha decisión fue el comienzo de la recuperación de Lucas. A Romina, mi eterno agradecimiento.

En dicho grupo conocí el Protocolo de Desparasitación para niños con autismo creado por el físico alemán Andreas Ludwig Kalcker, como así también el **Dióxido de Cloro**.

Los padres que ya habían logrado sacar a sus hijos del espectro autista eran quienes guiaban al resto de los papás en el proceso de desparasitación y desintoxicación de los suyos. Aquí no había médicos. Solo padres que -desahuciados por la medicina alopática- se animaron a tomar un camino diferente. Un camino cuyo objetivo era -ni más ni menos- que atacar la causa del espectro autista (no paliar síntomas).

La única condición que se imponía en el grupo, era realizar el Protocolo al pie de la letra, fotografiar aquello que los niños eliminaban junto a sus heces durante el proceso de desparasitación y desintoxicación; y postear dichas fotografías a fin de mostrar la evidencia y confirmar los resultados.

Confieso que me daba mucho temor iniciar dicho Protocolo. Hasta el momento, ningún médico me había hablado sobre la necesidad de desparasitar y/o desintoxicar a mi hijo. Lucas fue atendido durante muchos años en la Fundación para la Lucha contra las Enfermedades Neurológicas de la Infancia y en el Hospital de Pediatría Garrahan de Capital Federal, sin que jamás ningún profesional de la salud me hablase sobre ello.

Cuando ingresé al referido grupo de Facebook, existían 7.500 niños de todo el mundo con diagnóstico del espectro autista realizando el Protocolo de desparasitación y desintoxicación. De ellos, 240 estaban recuperados (presentaban un grado menor a 10 según la Escala de Evaluación de Tratamiento del Autismo -Test

ATEC-). Ello me alentó (o nos alentó como familia) a comenzar con el proceso. Así fue como en octubre del año 2014 iniciamos el Protocolo.

Previamente, debimos realizarle a Lucas el mencionado Test ATEC, el cual permite medir el grado de severidad del cuadro neurológico. Dicho test se descarga gratuitamente de Internet y al resultado te lo envían a la casilla de mail en 15 minutos. Los valores de referencia van de 0 a 100 puntos, donde 100 significa que el paciente tiene un grado de autismo severo, 50 indica un grado moderado, los valores menores a 10, refieren a patrones de conducta prácticamente normales y 0 puntos muestra que es un niño neurotípico.

El resultado del test ATEC de Lucas fue de 71 puntos (esto es, entre moderado y severo). Con ese valor iniciamos el Protocolo de desparasitación y desintoxicación, el cual consta de distintas etapas. Sintéticamente, la primera de ellas implica un **cambio radical en la alimentación**, eliminando harinas, lácteos y azúcar (solo se permite endulzar con stevia en hojas o con miel). Se debe evitar el consumo de alimentos acidificantes, generadores de moco intestinal, los cuales crean el medio propicio para que los parásitos se escondan y reproduzcan más fácilmente. Lo ideal es mantener esta dieta (o cambio de hábito) a lo largo de todo el Protocolo, y aún después. Ello implica desaprender una forma de alimentarse y aprender una nueva, mucho más sana. Con este cambio de dieta, los parásitos comienzan a debilitarse.

En el segundo mes, se continúa con la alimentación sana y se agregan ocho tomas diarias de **Dióxido de Cloro** (CDS o MMS) y distintos tipos de antiparasitarios, como así también la realización de enemas diarias (con agua y Dióxido de Cloro), por la mañana y por la noche, para la eliminación de parásitos; hongos; virus y bacterias. Después viene la etapa de mantenimiento.

Debo confesar que antes de ingresar al grupo "Parasitosis Autista Inicio", jamás había escuchado hablar sobre el "Dióxido de Cloro". Investigué muchísimo acerca del mismo y comprendí que se trata de un depurador que -utilizado en la forma que establece el Protocolo- contribuye a desintoxicar y oxigenar el organismo. Es sumamente eficaz para combatir agentes patógenos tales como bacterias, mohos, hongos, virus, parásitos y otros microrganismos causantes de enfermedades.

Vale aclarar que la **realización de enemas** es fundamental durante el tratamiento. Las mismas permiten expulsar rápidamente aquellos bichos que quedan adheridos a la pared intestinal una vez muertos. Resulta fundamental lograr su eliminación definitiva del cuerpo, ya que al morir liberan mucha más toxicidad que estando vivos.

La realización de los enemas me resultó ciertamente chocante al principio. Me generaba mucha angustia -y a su vez miedo- todo lo que Lucas expulsaba junto a sus heces. No obstante, cuando tomé real consciencia de la fauna que vivía en el interior de su cuerpo, me puse más fuerte e incluso comencé a fotografiar cada "gusano" que eliminaba y a publicar dichas fotografías en el grupo de Facebook (tal como lo solicitaban). Realmente comprendí el sentido del pedido de los padres respecto a la publicación, pues las imágenes reflejaban la verdadera cara del autismo. Además, preparé un gran frasco con formol en el que fui depositando algunos de los bichos que expulsaba. Aún conservo ese frasco.

Cabe resaltar que los niños con autismo poseen un sistema inmunitario colapsado a raíz de los residuos patógenos que nunca pudieron metabolizar y eliminar de las vacunas que le fueron administradas ¿Y qué le sucede a un sistema inmunitario que se encuentra colapsado? No puede defenderse de hongos; ni de bacterias; ni de virus; ni de la invasión de los parásitos. En consecuencia, no puede mantener al organismo sano. De allí la necesidad de ayudar a dicho sistema mediante el consumo de alimentos fisiológicos y procesos depurativos.

Este Protocolo está pensado para ser realizado, como mínimo, durante 1 año y medio sin descanso. Luego, una vez cada tres meses, a modo de mantenimiento.

Durante los primeros ochos meses del tratamiento, Lucas expulsó más de 400 gusanos de su intestino. En este sentido, Andreas L. Kalcker explica que existen niños que tienen una parasitosis preexistente (que desarrollan durante el proceso de gestación en el vientre materno), con la cual quizás pueden convivir normalmente. Pero si a ese cuadro de parasitosis se le administra un calendario completo de vacunación (lo cual implica 35 dosis antes de los dos años de vida), se produce una "mutación genética" en el intestino que genera "bichos extraños" que anulan las funciones vitales del organismo. Se los cataloga como "parásitos" y "bacterias" para referirse a ellos de una manera comprensible, pero la ciencia aún no sabe qué son ni reconoce oficialmente su existencia. Ahora bien, lo cierto es que se eliminan del cuerpo con medicación antiparasitaria y con una alimentación fisiológica (es decir, una alimentación que no ensucie el medio nuevamente). Una vez eliminados, la mayoría de los chicos que se encuentran inmersos en un cuadro de autismo sorprendentemente comienzan a recuperarse, o al menos mejoran su calidad de vida.

Quiero aclarar que, durante el Protocolo de desintoxicación, Lucas jamás manifestó dolor. Siempre colaboró con el tratamiento, pues comprendió que aquello que expulsaba de su organismo era nocivo para su salud. Y si bien, no lograba expresarlo con palabras, luego de cada eliminación se lo notaba distendido, con mejor semblante y evidenciaba cambios positivos en sus conductas y actitudes.

Lucas manifestó una gran crisis curativa como consecuencia de la realización del Protocolo de desparasitación. Tuvo conjuntivitis (provocada por las toxinas de parásitos muertos) y al finalizar el primer período, precisamente en el noveno día del tratamiento (noviembre de 2014), sufrió una convulsión tremenda (muy larga e intensa). Al día siguiente de ese episodio, eliminó tres extraños gusanos: el primero de ellos era enorme (medía un metro y medio de longitud). El segundo era una masa sólida de color negro (parecía un riñón), luego me explicaron que la forma y el color de ese extraño gusano se debía a que se alimentaba de sangre. Y el tercero tenía forma geloide.

Cuando publiqué las fotografías en el grupo de Facebook, varios padres me instruyeron respecto a que las toxinas que eliminaron esos parásitos al morir fueron las causantes y responsables de la fuerte convulsión que manifestó Lucas el día anterior. Esa fue la última vez que mi hijo convulsionó, hasta julio del 2020 que tuvo una recaída.

Proceso de recuperación

Fue así como me sacudí el miedo y puse manos a la obra. Encontré una manera de ser protagonista y tomé el control de la salud de Lucas. ¡Nada mejor podría haber hecho!

Comencé a sentirme segura, empoderada y acompañada por madres y padres expertos que sabían sobre dosis de MMS y CDS, terapias, alimentos, recetas, enemas, etc. La experiencia que ellos generosamente compartían era invaluable. Empecé a establecer vínculos con familias de Chile, Ecuador, México, Bélgica, Canadá, EE.UU., entre otros países. Hice amigas entrañables en el camino, con las cuales mantengo contacto hasta el día de hoy.

Los avances de Lucas no tardaron en llegar. Al cabo de

cuatro meses de Protocolo intenso, su ATEC bajó de 71 a 33. A medida que expulsaba estos parásitos del cuerpo, su estado general de salud mejoraba.

Los adelantos registrados eran sorprendentes. Se mostraba más conectado con la realidad, más comunicativo, más afectuoso y con deseos de socializar con otras personas ajenas al círculo familiar.

Empezó a tener registro del tiempo y del espacio. Mejoró su actitud y concentración en la escuela. Comenzó a compartir experiencias con sus compañeros. Disminuyeron sus conductas obsesivas y, lo más importante, dejó de convulsionar. Superó la epilepsia tónico-clónica, la cual -según la medicina alopática-, probablemente no tiene cura.

Cuando Lucas desintoxicó el sistema inmune, su cuerpo recuperó fuerzas. Durante los varios meses que duró el Protocolo, le realicé dos enemas diarios (uno a la mañana y otro a la noche). En cada deposición expulsaba entre seis y ocho gusanos, ininterrumpidamente. A partir del noveno mes del Protocolo, comenzó a eliminarlos de forma discontinuada (aunque debo aclarar que encontré parásitos en sus heces durante tres años y medio luego de finalizar el tratamiento).

Además del Protocolo de desparasitación de Andreas L. Kalcker y de las limpiezas mensuales de colon, intestino, hígado y riñón, sumé al tratamiento de Lucas un combo muy variado de terapias alternativas, con excelentes resultados. A saber:

- Protocolo para huevos y larvas de la Dra. Huilda Clark.
-Biomagnetismo médico.
- Protocolo contra cándidas de Gregorio Placeres.
- Óleo de Charlotte y de diversos tipos de cannabis.
- Protocolo de Trementina.
-Quiropraxia (ajuste articular dos veces por semana).
-Orinoterapia.
- Tomas de Agua de Mar.
-Quelación endovenosa y Cámara Hiperbárica.
- Protocolo de Ivermectina.
-Sesiones de Autohemoterapia.
-Apitoxina (veneno de abejas purificado).
-Protocolo Nemechek para autismo.
-Ozonoterapia rectal y oto ozono.
-Sueros de Agua de Mar Ozonizada.

A este combo de terapias le incorporé, por un lado, la

denominada "alimentación fisiológica", según la propuesta de Néstor Palmetti. Ciertamente tomé conciencia sobre la importancia de retirar de la dieta de Lucas absolutamente todas las carnes y demás productos de origen animal, debido a la gran acidez que generan en el organismo. Cabe destacar que la carne se pudre en el intestino y es buen alimento para los parásitos. No olvidemos que los niños con autismo tienen un intestino disbiótico, poroso y lastimado. En consecuencia, el consumo de carnes es aún más perjudicial en ellos.

Por otro lado, sumé la maravillosa Ivermectina de veterinaria, la cual conocí gracias a un grupo de WhatsApp en el que participaba. Dicho grupo sostenía como principio básico un interesante razonamiento que invita a la reflexión: *"Los animales son rentables si se encuentran sanos. Los seres humanos, en cambio, somos rentables si estamos siempre un poco enfermos. La industria farmacéutica fundamenta su existencia en las enfermedades. Un paciente curado, es un cliente perdido".*

Acorde con esta idea, fui a la veterinaria y compré la Ivermectina. Primero la probamos mi marido y yo. Una vez seguros, la probamos en Lucas. ¡La sorpresa fue inmensa! Combiné todo lo aprendido en higienismo interno, más alimentación fisiológica, más Ivermectina y al cabo de seis meses, por primera vez, la Polisomnografía de Lucas arrojó resultado normal, para su edad y sexo. Después de cuatro años y medio de Protocolos alternativos, finalmente llegó la noticia esperada. Recuerdo ese día con exactitud: 29 de junio de 2018. Fue entonces cuando decidimos retirarle por completo toda la medicación anticonvulsiva y psiquiátrica que aun consumía en dosis muy bajas.

Aclaro que, bajo mi responsabilidad, ya había reducido muchísimo las dosis de dicha droga, pues a medida que expulsaba parásitos, bacterias y virus, su estado general de salud mejoraba notablemente, por lo que consideré acertado disminuir paulatinamente la medicación. En efecto, estaba convencida que los gusanos que expulsaba (y sus toxinas) eran los verdaderos responsables -y la cara visible- del autismo y la epilepsia que lo afectaba.

En la actualidad, Lucas no consume absolutamente ningún medicamento alopático. Su test ATEC pasó de 71 a 33, luego a 25 y hoy oscila entre 20 y 11. Se curó de la epilepsia y revirtió el cuadro de autismo severo, presentando un leve trastorno madurativo.

Como mamá, me propuse limpiar completamente a mi hijo por dentro. Comprendí que ése era el camino hacia su sanación definitiva. Su proceso de desintoxicación me demandó cuatro años y medio de trabajo muy comprometido, metódico e ininterrumpido. Sin embargo, el esfuerzo no concluye aquí. El riesgo de volver hacia atrás siempre existe. Por eso hay que sostener firme el proceso de mantenimiento. Esto es, una alimentación fisiológica que permita la alcalinización del cuerpo, limpieza regular de órganos (particularmente de hígado, riñones y colon), desparasitación periódica y oxigenación del organismo.

El éxito de la combinación de terapias

En la actualidad, la calidad de vida de Lucas ha mejorado por completo. Superó el autismo severo, se curó de la epilepsia y ya no toma medicación anticonvulsiva, aunque su proceso de recuperación continua.

Considero que la clave del éxito en su proceso de sanación fue la combinación de diversos Protocolos de higienismo interno con terapias alternativas y una alimentación fisiológica. Cuando eliminé definitivamente la carne de su dieta, el estudio de polisomnografía por primera vez arrojó resultado normal.

Debo reconocer que al principio empecé con temor. Sin embargo, luego de leer mucho, instruirme y entender el sentido profundo de lo que estaba haciendo, me empoderé y tomé el control de la salud de Lucas. Y no solo de la suya, sino de la de toda la familia. En tal sentido, cabe destacar que yo sufría de hipertensión arterial. Durante tres años tomé Corbis 5mg. todas las mañanas. Si lo dejaba, la presión me subía a 15 ,16 y 17 / 11. Con la medicación diaria, la mantenía en 13/9. Frente a este cuadro, comencé a realizar los Protocolos de desparasitación que hacía Lucas, a consumir Dióxido de Cloro, a realizar los procedimientos de higienismo interno y cambié mi hábito alimentario. El resultado fue sorprendente. En un año me recuperé totalmente y dejé de consumir medicamentos. Con mi esposo sucedió lo mismo: se curó de su cardiopatía severa.

Me animé a todo y voy por más. Aprendí a tomar lo necesario de cada propuesta y a descartar aquello que no servía para el caso de Lucas. No obstante, es importante aclarar que cada niño con autismo es particular y puede responder de manera diferente frente al mismo procedimiento.

Decenas de padres desesperados me contactan a diario a fin de solicitarme una fórmula que cure el autismo. Sin embargo, no existe una fórmula única -y mucho menos inmediata- para ello. El camino de recuperación es largo y requiere de muchísimo trabajo y esfuerzo metódico por parte de los padres y de toda la familia, quienes deben involucrarse en el proceso de sanación, que por supuesto comprende todas las dimensiones del ser humano: física, mental y espiritual.

Conoce más sobre la historia de Lucas
en el libro *¡Mamá Ayúdame!*
Ingresa a la web para encontrarlo.
También verás varios videos donde explico con
más detalle los procesos de su sanación.

www.mamaayudame.com

Mariana Maffía.
*Biografía en páginas finales

Incoherencias anónimas sobre la plandemia

No puedes comprar antibiótico
sin una receta médica.
Pero los políticos te coaccionan
a recibir una TERAPIA DE
TRANSGÉNESIS EXPERIMENTAL
sin que un médico te la recete
y se haga responsable.

Dra. Patricia Lugo Uvamoesch

PENSAMIENTOS DE UN GALENO. INTRODUCCIÓN A LAS 5 LEYES BIOLÓGICAS.

ABSTRACT

Este trabajo, a través de un audio que se obtiene en el código **QR** adjunto, pretende aclarar algunos conceptos que hoy en día suelen tener una interpretación errónea, como lo son: "enfermedad", "paciente", "microorganismos enemigos" etc., con los cuales convivimos a diario en nuestro cuerpo, gracias a Dios.

También busca resaltar el rol principal del "enfermo" o "paciente" en su proceso de análisis e identificación de la situación que lo ha llevado a un "mal funcionamiento" de uno o varios de sus órganos, es decir, el origen del problema que, según sus características, presentará diversos síntomas, puesto que cada "paciente" vive y reacciona su "enfermedad" en forma única. Además, invita a tener presente el rol de acompañamiento del médico brindando apoyo en la identificación del origen, como del tratamiento de la sintomatología, recordando lo indispensable que es profundizar en la historia clínica de cada "paciente", o mejor, consultante, destacando que esa etapa de síntomas nos indica que ya ha comenzado la fase de recuperación.

Junto con volver a la importante "semiología", la cual se ha reducido masivamente a unos 10 minutos de preguntas por "paciente", es importante rediseñar en varios aspectos el currículo de medicina, sugiriendo, en forma humilde, retomar la física y desarrollar la física cuántica.

Se ha estimado imprescindible enunciar que la salud humana, vista solo desde la perspectiva física o material, es una visión sesgada e incompleta, ya que, junto con lo físico, hay aspectos intangibles, pero igual o más importantes al momento de buscar el equilibrio y la armonía en nuestro cuerpo, mente y alma.

Finalmente, a través de láminas muy esquemáticas y sencillas de entender, se explican, junto al audio, las 5 leyes biológicas del Dr. Hamer que, por ser leyes comprobadas, están por sobre las innumerables hipótesis con que se trata de explicar lo que aún se desconoce (etiología desconocida en la medicina farmacéutica o medicina oficial). Estas leyes, desde la perspectiva de la autora de este artículo, representan algo así como el eslabón perdido de la medicina contemporánea.

Agradecimientos especiales a mi compañero de vida, quien me apoya en este viaje intelectual en todas las ideas y locuras que se nos ocurren para servir a la humanidad.

Para mayor información y así complementar y profundizar los aspectos desarrollados en este trabajo, se sugiere:

1. Dr. Ryke Geerd Hamer. El Testamento de una Nueva Medicina, Parte I, II y III. 7º Edición.
2. Bjön Eybl. 2016. Las causas anímicas de las enfermedades, según las 5 leyes biológicas descubiertas por el Dr. Med. Mag. Theol. Ryke Geerd Hamer. Diccionario de enfermedades para terapeutas y pacientes, con más de 500 ejemplos. 56º Ed. Editorial Ibera Verlag / European University Press, Viena, www.ibera.at
3. https://materialdenmg.com/cursos/curso-basico-dr-hamer-y-las-5-leyes-biologicas/
4. Marcus Schmieke, Kränzlin, Germany. 2015, The Second Path. My Life in the Information Field. Published by Neomedica, Klosterneuburg, Austria.

AUDIOS de la Dra. Patricia Lugo

Pensamientos de un Galeno – Parte 1

Pensamientos de un Galeno – Parte 2

Gráficos complementarios en páginas siguientes

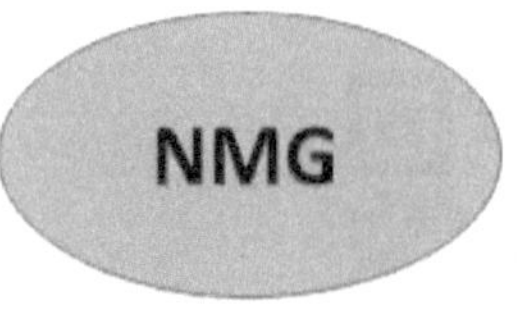

Ciencia natural empírica: se basa en la observación de procesos naturales

- CONTIENE 5 LEYES BIOLÓGICAS
- SON LEYES Y NO HIPÓTESIS
- COMPRENSIÓN DE LOS PROCESOS BIOLÓGICOS
- MÉDICOS CON "CORAZÓN CÁLIDO", CARISMÁTICOS QUE DAN APOYO HUMANO INCONDICIONAL
- HISTORIA CLÍNICA DETALLADA Y ACOMPAÑAMIENTO AL CONSULTANTE
- PARTICIPACIÓN ACTIVA DEL CONSULTANTE, QUIEN DEBE ESTUDIAR Y COMPRENDER LOS PROCESOS BIOLÓGICOS
- CADA EVENTO QUE GENERA UN DHS ES VIVIDO DE FORMA ÚNICA Y PARTICULAR POR LAS PERSONAS Y SUS RESPECTIVAS PERCEPCIONES

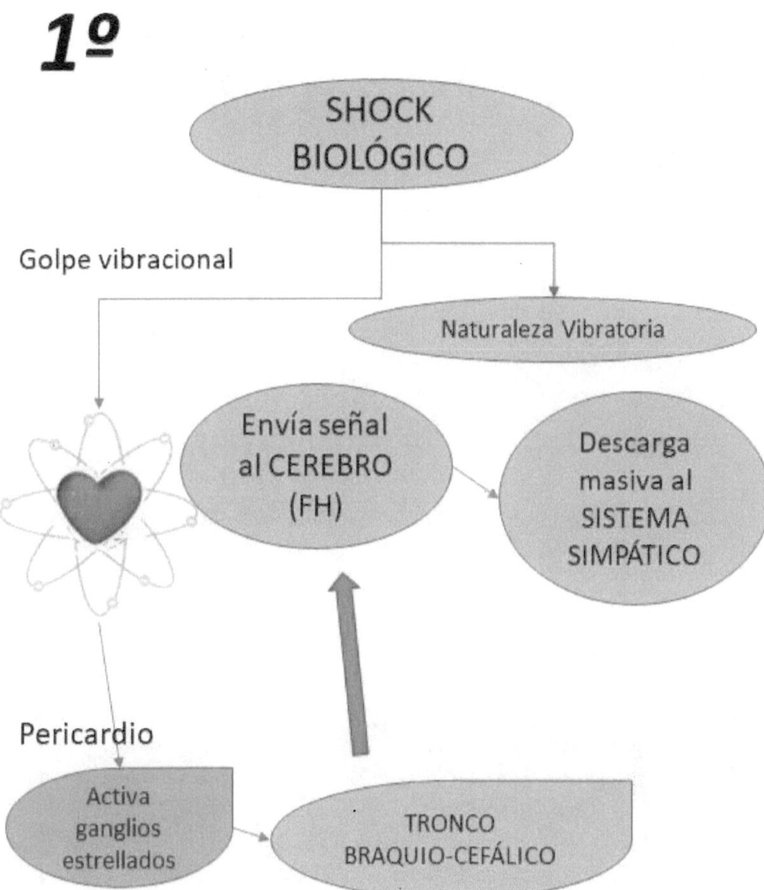
1º
SHOCK BIOLÓGICO
Golpe vibracional
Naturaleza Vibratoria
Envía señal al CEREBRO (FH)
Descarga masiva al SISTEMA SIMPÁTICO
Pericardio
Activa ganglios estrellados
TRONCO BRAQUIO-CEFÁLICO

1º

SHOCK BIOLÓGICO

DHS

SHOCK BIOLÓGICO (Naturaleza vibratoria)

- INESPERADO
- GRAVE O DRAMÁTICO
- EXTREMADAMENTE INTENSO (varios niveles)
- AISLAMIENTO (no se comparte)

EXPERIENCIA MUY PERSONAL (subjetiva) (cómo el individuo lo experimenta)

- Muerte de un ser querido
- Divorcio
- Pérdida de trabajo

DHS → ACTIVA → PROGRAMA ESPECIAL

NO ES UN CONFLICTO EMOCIONAL

NO HAY QUE MIRAR EL EVENTO EN SÍ; HAY QUE MIRAR CÓMO LO VIVE CADA INDIVIDUO

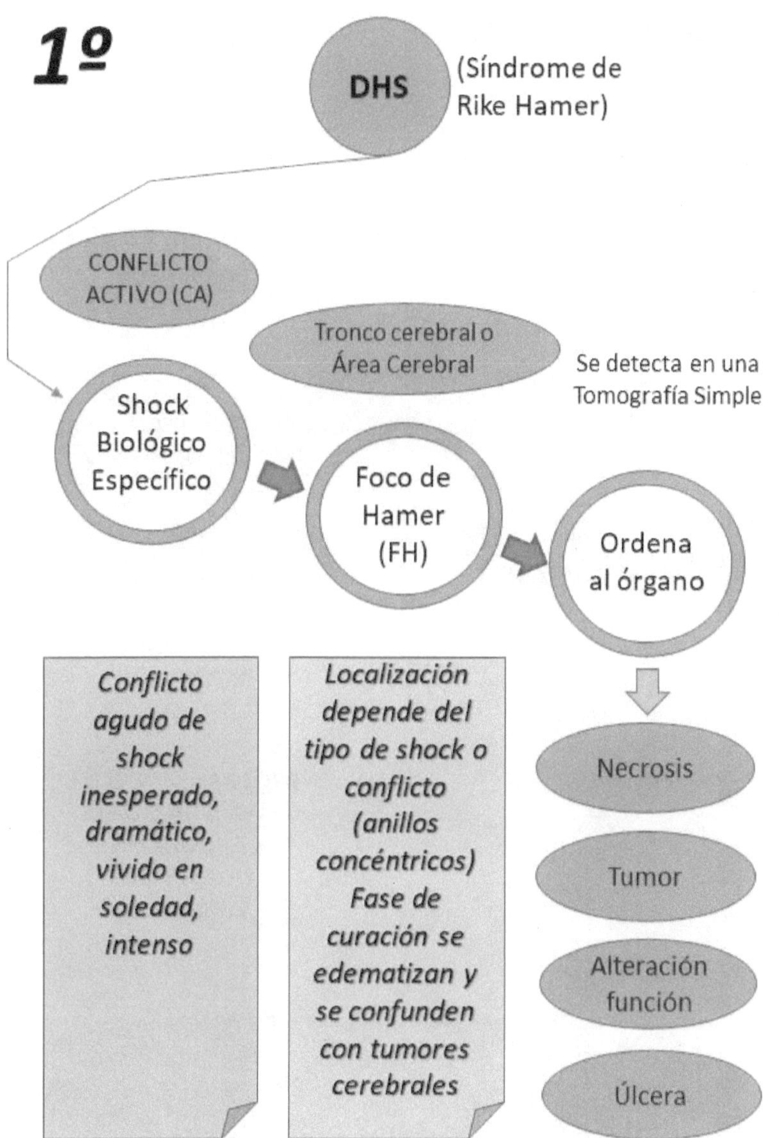
1º
DHS
(Síndrome de Rike Hamer)
CONFLICTO ACTIVO (CA)
Tronco cerebral o Área Cerebral
Se detecta en una Tomografía Simple
Shock Biológico Específico
Foco de Hamer (FH)
Ordena al órgano
Conflicto agudo de shock inesperado, dramático, vivido en soledad, intenso
Localización depende del tipo de shock o conflicto (anillos concéntricos) Fase de curación se edematizan y se confunden con tumores cerebrales
Necrosis
Tumor
Alteración función
Úlcera

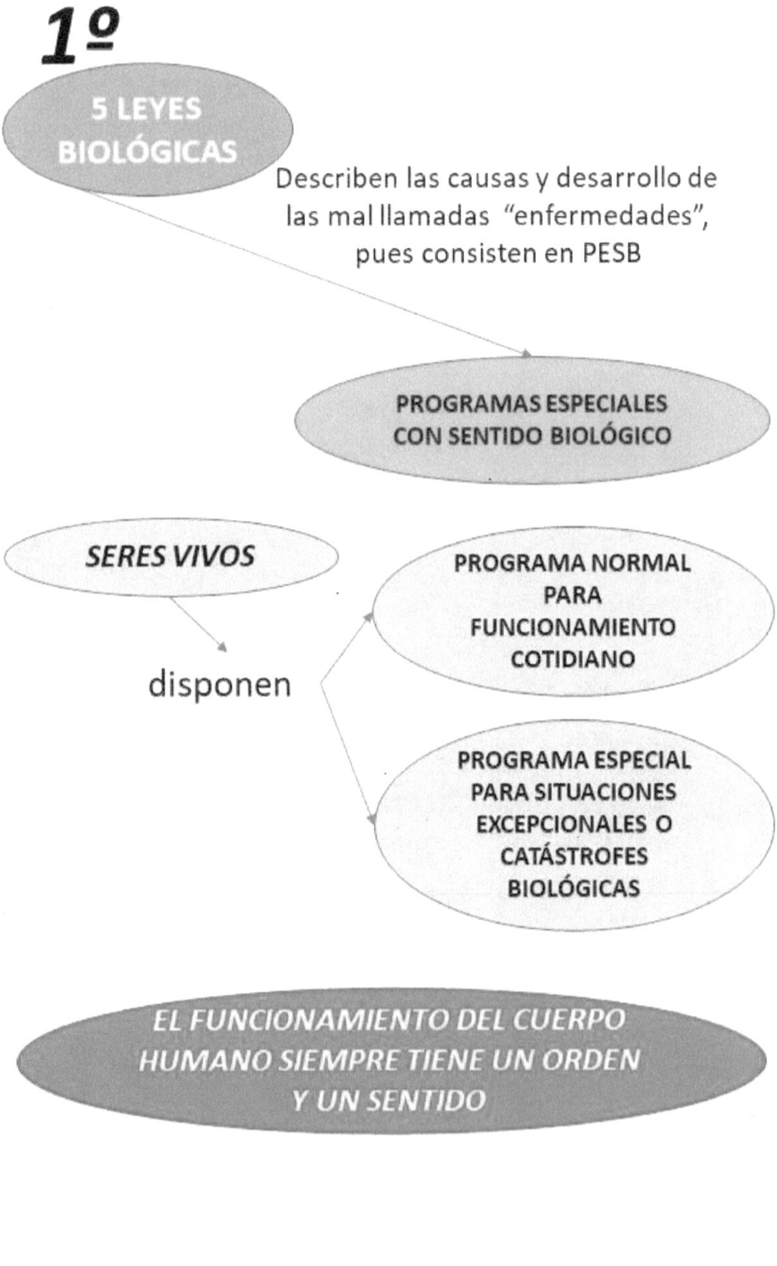

1º

5 LEYES BIOLÓGICAS

Describen las causas y desarrollo de las mal llamadas "enfermedades", pues consisten en PESB

PROGRAMAS ESPECIALES CON SENTIDO BIOLÓGICO

SERES VIVOS

disponen

PROGRAMA NORMAL PARA FUNCIONAMIENTO COTIDIANO

PROGRAMA ESPECIAL PARA SITUACIONES EXCEPCIONALES O CATÁSTROFES BIOLÓGICAS

EL FUNCIONAMIENTO DEL CUERPO HUMANO SIEMPRE TIENE UN ORDEN Y UN SENTIDO

2º

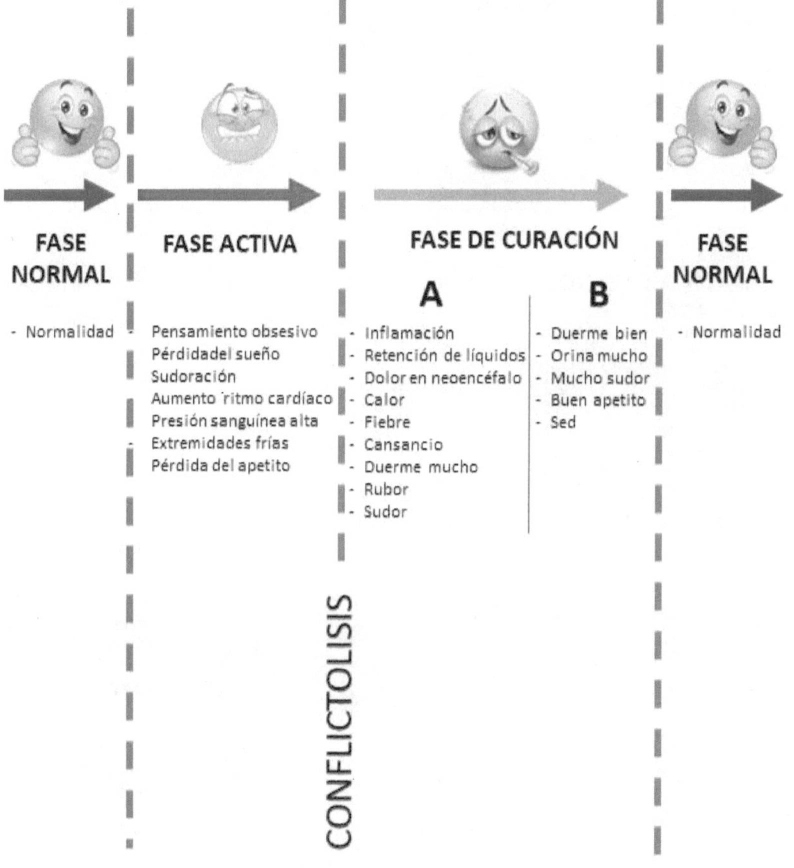

FASE NORMAL
FASE ACTIVA
FASE DE CURACIÓN
FASE NORMAL
A
B
- Normalidad
- Pensamiento obsesivo
- Pérdidadel sueño
- Sudoración
- Aumento ritmo cardíaco
- Presión sanguínea alta
- Extremidades frías
- Pérdida del apetito
- Inflamación
- Retención de líquidos
- Dolor en neoencéfalo
- Calor
- Fiebre
- Cansancio
- Duerme mucho
- Rubor
- Sudor
- Duerme bien
- Orina mucho
- Mucho sudor
- Buen apetito
- Sed
- Normalidad
CONFLICTOLISIS

3º

SEGÚN LA CAPA EMBRIONARIA ACTIVADA POR EL DHS, EL ÓRGANO CORRESPONDIENTE MANIFESTARÁ LOS SÍNTOMAS POR ACTIVACIÓN DEL SBS.

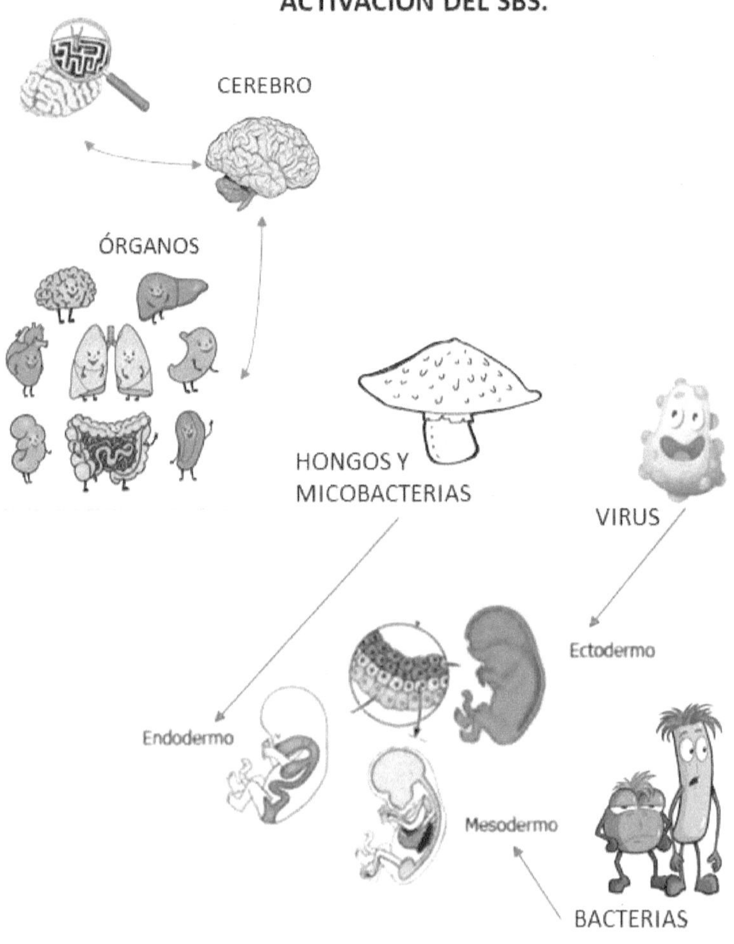

4º

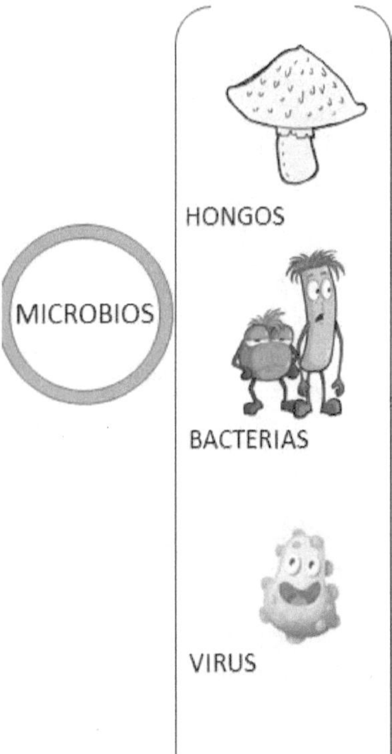

SON NUESTROS ALIADOS

ACTÚAN CUANDO NUESTRO CEREBRO LES ORDENA ACTIVARSE

ACTÚAN EN EL MOMENTO EN QUE UNA PERSONA ESTÁ PASANDO POR LA"FASE DE CURACIÓN" DE UN SBS O MAL LLAMADA "ENFERMEDAD"

5º LA "QUINTAESENCIA"

SENTIDO BIOLÓGICO DE LAS MAL LLAMADAS "ENFERMEDADES"

PARA QUÉ NOS "ENFERMAMOS"

COMPRENDE EL:

NOS VOLVEMOS ASÍ AUTORESPONSABLE S DE NUESTRA SALUD

FUNCIONAMIENTO DE NUESTRO ORGANISMO

AUTOSANACIÓN NATURAL DEL CUERPO

Virgina de Vidts

NUESTRO MAR QUE TRANQUILO NOS BAÑA: FUENTE DE VIDA, SALUD Y SOBERANÍA

He tenido la fortuna de haber podido bucear en distintos lugares del mar chileno (norte, centro y sur), en el mar Caribe, en los Cayos de Florida (Florida Keys) y en el Mediterráneo. Y cada vez que me sumerjo en las aguas de nuestro Planeta Azul, me invade una paz y una completud indescriptibles, al ver y sentir tanta armonía y belleza, danzando al unísono el baile de la vida. Siempre me ha apasionado nuestro mar, ¡tan inmenso y desconocido!

Nuestro planeta es 70% agua y, de toda el agua disponible, un 97% es agua de mar. La naturaleza no se equivoca, esa agua bendita está ahí para asegurar nuestra soberanía y salud.

Un poco de historia

El agua de mar y los ecosistemas que en ella se encuentran, han sido fuente de salud y vida desde épocas muy remotas. En el año 5.000 A.C. en Mesopotamia se utilizaban cientos de plantas, animales y minerales provenientes del mar rojo y el Mediterráneo para paliar dolores y sanar enfermedades. En el año 4.000 A.C. el papiro egipcio de Ebers cita más de 250 plantas y otros remedios de procedencia marina como recursos para curar las dolencias humanas. En China, desde el año 2.953 A.C. el emperador Fu-Shi, padre de la Medicina Tradicional China, enseñó el uso nutritivo y terapéutico de los productos marinos. Entre los años 480 y 347 A.C. Eurípides y Platón afirmaron que el mar curaba todos los males de la humanidad y el agua de mar se incluía en los tratados hipocráticos. En 1847, el médico Italiano Augusto Guastalla, publicó "Studii Medici sull acqua di mare, usata si internamente che per bagno", un tratado sobre las propiedades curativas del agua de mar (como bebida medicinal y baño). En 1865 el renombrado médico Claude Bernard habló por primera vez del "medio líquido interior" o medio interno, referido a la sangre y a la linfa. En este medio las células continúan viviendo en las condiciones acuáticas originales. En diciembre de 1866 nace en Francia el gran investigador y promotor del agua de mar, René Quinton, quien, a lo largo de su vida, descubrió que ese medio líquido interno estaba constituido por agua marina y que el mar es capaz de sanar los males de los seres humanos, al devolver el medio interno perfecto para la auto-reparación. Además, descubrió algunas leyes que rigen la vida (ley de constancia osmótica, térmica, lumínica, marina y general). Con sus descubrimientos, y a pesar de que sus detractores lo descalificaban por no ser médico, logró salvar miles de vidas humanas de los grandes males de su época: cólera, fiebre tifoidea, desnutrición, enfermedades gastrointestinales, diarreas, tuberculosis, entre otras. Existe documentación de centenares de casos de enfermos graves, e incluso terminales, que lograron recuperarse gracias al plasma marino. Fue tal su fama, que a los bebés que lograron salvarse de la muerte bebiendo el elixir marino, se les llamaba "bebés Quinton". Antes de que Quinton fuera conocido en el ámbito público, había llevado a cabo experimentos muy significativos. En 1897, en el laboratorio de Fisiología Patológica de Estudios Superiores del Colegio de Francia, donde trabajó en sus investigaciones durante 9 años junto al gran fisiólogo Etienne Jules Marey, una de las grandes experiencias que realizó fue sustituir toda la sangre de un perro moribundo por agua de mar isotónica (9 gramos de sales por litro). En apenas unos días, el perro se recuperó totalmente. Posteriormente, a un hombre moribundo por la fiebre tifoidea, que le quedaban horas de vida, deciden inyectarle 1 litro de agua de mar, para llevarse la sorpresa de verlo horas después, sentado conversando. El enfermo sanó completamente. El experimento con perros lo repitió el veterinario Ángel Gracia el año 1974, en la Universidad de La Laguna, Tenerife, en las Islas Canarias, logrando los mismos resultados. La academia de ciencias francesa, reconoce que nadie, desde Darwin, había hecho aportes tan sustanciales a la biología como René Quinton.

Durante la 1ª Guerra mundial, el ejército francés realizó transfusiones con plasma marino a los heridos de guerra que se desangraban a bordo de los buques, logrando salvar sus vidas (en tiempos en que no se contaba con bancos de sangre). En el año 1904 René Quinton publicó su obra maestra: "El agua de mar, medio orgánico". En el año 1905, en Mar del Plata, Argentina, se repartía a domicilio agua de mar a la población, en un carruaje que llevaba un estanque con agua. En el año 1907 se inauguró en Francia el primer dispensario marino (estanque con agua de mar) y posteriormente se abrieron gran cantidad de dispensarios en París, Montpellier, Lyon, Londres, Alemania, Egipto, Norteamérica y hospitales en diversos países europeos que se adhirieron al método marino. El éxito fue total. Las inyecciones de agua de mar isotónica aplicadas a los/as lactantes en los dispensarios marinos era aproximadamente unas 100.000 al año en París y sobrepasaban los 150.000 en Lyon. La cantidad de médicos que prescribían las inyecciones de agua de mar aumentaba cada día y Quinton fue adquiriendo fama mundial. La terapia marina de René Quinton se extiende desde Egipto a Estados Unidos pasando por la entonces Indochina francesa (Vietnam). En 1910 nació Maynard Murray, un médico que investigó durante 40 años la importancia crucial para las plantas y los animales de las trazas de minerales y oligoelementos presentes en el mar. Comenzando en 1938, el Dr. Murray utilizó las sales minerales que quedan después de evaporarse el agua del mar (sal marina integral), como fertilizante en una variedad de verduras, frutas y granos. Sus extensos experimentos demostraron repetidamente y de manera concluyente que las plantas fertilizadas con sólidos marinos y los animales alimentados con piensos fertilizados con sólidos marinos crecen más fuertes y más resistentes a las enfermedades. Hacia el año 1914 en Francia ya se habían presentado 8 tesis doctorales y diversas publicaciones científicas sobre el suero marino. El agua de mar se incluía como medicina en el "Dictionaire Vidal" (Vademecum francés: libro que contiene indicaciones, composiciones y presentaciones de los medicamentos), prescribiéndose para prácticamente todas las enfermedades, todas las edades y sin contraindicación alguna.

El Dr Philippe Goeb en su libro: "Plasma marino y plasma humano, su identidad fisiológica de cara a la regeneración del medio interior", concluye: "Los resultados obtenidos tras la experimentación y la práctica médica confirman que entre el plasma marino y el plasma humano existe identidad fisiológica. El plasma marino se impone, pues, como el suero fisiológico por excelencia. Es una idea de incalculable valor. Induce el equilibrio mineral y regenera el medio interno. Se corresponde con un medio mineral en el que se desarrolla la vida celular y por tanto toda la actividad del organismo. Su efecto sobre la salud es considerable". Las obras clínicas publicadas son numerosas, en particular los trabajos del doctor Jean Jarricot, como "Le Dispensaire marin", donde se recopilan centenares de casos con un seguimiento aún hoy indiscutible por el elevado nivel médico y estadístico de la obra. Cabe señalar, también, la obra veterinaria de Pierre Groulade donde se indica, con gran precisión, el campo de acción del Plasma de

Quinton en patología canina. En 1925 fallece René Quintón y el primer ministro francés estuvo a cargo del discurso de despedida de este gran hombre, a quien rindieron honores una multitud de científicos, políticos y ciudadanos agradecidos por las miles de vidas salvadas gracias al método marino. Sin embargo, debido a los cambios políticos a consecuencia de la guerra y con la promoción de los errados descubrimientos de Pasteur, se da pie a una enorme industria: la farmacéutica, que busca un medicamento para cada germen y cada enfermedad. El método marino poco a poco es desplazado y sería olvidado por algunos años, tal como predijo el mismo Quinton, para salir nuevamente a la luz con toda la fuerza del plasma vital en estos tiempos.

Investigadores y promotores actuales del agua de mar

Laureano Domínguez Ruiz, escritor, periodista e investigador colombiano. Hijo de un notable médico que lo introdujo en el maravilloso mundo del agua de mar. Realizó, con gran sacrificio, viajes desde Colombia a Francia para investigar sobre los beneficios del agua de mar y rescatar los trabajos realizados por el científico francés René Quinton. Ha dedicado toda su vida a investigar y difundir las propiedades del agua de mar, ha impulsado la creación de dispensarios marinos y ha trabajado en la erradicación de la desnutrición infantil, con más de 13.600 casos de niños recuperados en su país natal. Participó de una gran experiencia en La Ceja, Antioquia, donde administró agua de mar a todo el pueblo (formado por 55.000 habitantes), con excelentes resultados en la salud de la población. Este investigador también ha impulsado el uso del agua de mar como tratamiento para el alcoholismo y la drogadicción y actualmente se encuentra trabajando en proyectos de agricultura con agua de mar.

Wilmer Soler Terranova MSc. Bioquímico. Profesor-Investigador, de la Universidad de Antioquia, Colombia. Miembro de Aquamaris, Badalona, España. Líder de las investigaciones científicas sobre las propiedades nutricionales y medicinales del agua de mar en América Latina, publicadas en revistas científicas.

Ha realizado al menos 6 estudios científicos publicados sobre el uso terapéutico del agua de mar, uno de ellos fue merecedor del Primer Premio Nacional de Ciencias de Colombia. Estos estudios básicamente demuestran que el Agua de Mar es inocua para las células sanguíneas y para el genoma humano, es decir, no provoca daño celular. También demuestra que el Agua de Mar no daña ni los riñones ni el hígado, ya que ni las transaminasas, ni la creatinina, aumentan después de un consumo prolongado de agua de mar.

Héctor Bustos Serrano, científico mexicano, coautor, junto a Ángel Gracia, del libro "El Poder curativo del Agua de Mar". Profesor investigador de la Universidad Autónoma de Baja California. Premio Nacional de Oceanografía (2002). Ha impartido cursos de formación en el Método Marino, junto con el Dr. Wilmer Soler en las facultades de Ciencias Médicas de la UNAN-Managua y la UNAN-León.

Griselda Donatucci, Terapeuta holística, gran difusora de las propiedades del agua de mar, hace 6 años se encuentra realizando una investigación empírica independiente sobre los beneficios del agua del mar, en la que entrevista a personas de todo el mundo y ya ha recopilado más de 600 testimonios grabados en video. Ofrece gratuitamente estos resultados a miles de personas a través de sus redes sociales: Youtube, Facebook: Agua de Mar, Salud y Vida, Griselda Donatucci.

Beatriz Rauber, médica pediatra y especialista en terapia intensiva pediátrica, especialista en medicina biológica regenerativa y presidente de Fundación Visión Médica Humanista. Prescriptora y promotora del consumo de agua de mar con fines medicinales.

Pedro Pozas Terrados, naturalista, investigador, ecologista y animalista, autor de diversos libros, entre ellos: La Mar, agua de vida: Un homenaje a René Quinton y a otros sabios que han profundizado en el conocimiento de las propiedades del agua de mar. Adjunta la experiencia y opinión de grandes expertos y conocedores de los beneficios del agua de mar, entre ellos médicos, científicos y ciudadanos valientes que están difundiendo el agua de mar y llevando estos conocimientos a las propias comunidades.

Ha promovido la formación de la Red Internacional de Dispensarios y Oasis Marinos, con delegados en diversos países, formando así una Red de discípulos de René Quinton hoy denominada Promotores del Agua de Mar.

Mariano Arnal. Nacido en Barcelona, España, licenciado en

latín y griego. Ha ejercido de profesor de estas materias desde 1970. Conoció los beneficios del agua de mar en una ponencia del Dr. Ángel Gracia y el investigador Laureano Domínguez. Cofundador en el año 2004 de la Fundación Aquamaris, ubicada en Badalona, España. Autor de los libros "La mejor sal: agua de mar", "Cómo beber agua de mar", "Talasoplaya", "7 días en el mar", "Micro Tálassa, la talasoterapia al alcance de todos", coautor de "El agua de mar", junto a las doctoras Ilari y Rodríguez.

Francisco Sánchez Morales. Licenciado en Filosofía y Letras, especialidad Psicología (Universidad de Barcelona - 1993). Director durante 20 años del Colegio Joan Maragall de Badalona, centro especializado en estudios de Enfermería y Farmacia. Presidente de la Fundación Aquamaris. Participante en la 1a Semana del Náufrago Voluntario, experiencia en la cual la nutrición es exclusiva con agua de mar hipertónica.

Ángel Gracia. Doctor en Veterinaria (VMD) por la Universidad Complutense de Madrid, España y Universidad Central de Caracas, Venezuela, certificado como Philosophy Doctor in Veterinary Sciences (PhD.) en USA, miembro de la American Association of Nutritional Consultants (CNC), USA, miembro de la Sociedad Europea de Medicina Naturista Clásica, miembro de la Sociedad Española de Agricultura y Ganadería Ecológicas (SEAE), especialista en Tipificación de Productos Cárnicos y Lácteos por la Universidad Complutense de Madrid y el Ministerio de Ganadería Español, miembro del Círculo Venezolano de Periodismo Científico, autor de diversos libros sobre el agua de mar dentro de los que se destacan: "La dieta del delfín" y "El poder curativo del agua de mar". Un hombre que ha dado toda su vida por la ciencia y la investigación y es una gran referencia para la salud integral natural, incluyendo el agua de mar. Actualmente, a sus más de 90 años, imparte el diplomado de Hidrología Marina y Talasoterapia.

María Teresa Ilari, Médica internista, de nacionalidad española que desde 1980 reside en Nicaragua, país donde impulsó la promulgación de la Ley 774 Aprobada el 5 de octubre del 2012 sobre medicinas naturales, dentro de la que el agua de mar es considerada medicamento natural. El Ministerio de Salud ha dispuesto la instalación de 80 dispensarios de agua de mar por todo el país. La experiencia de 15 años ininterrumpidos de consumo masivo de agua de mar en Nicaragua, con miles de casos clínicos tratados con resultados satisfactorios en todos ellos y la disposición de autoridades sanitarias, han mostrado evidencias clínicas de lo útil de su uso para la salud humana, información que ha quedado plasmada en el libro "El agua de mar", en el que la Dra. María Teresa Ilari es coautora.

Rosa Quintanilla. Médica docente de la Universidad Autónoma de Nicaragua, UNAM, consumidora y prescriptora del agua de mar.

Miguel Celades Rex. Nacido en España, gran comunicador, periodista de investigación, escritor y colaborador habitual en medios de comunicación. Ha contribuido mucho en la difusión del agua de mar por medio de numerosas jornadas que ha organizado junto con Ángel Gracia y los lanzamientos en las redes sociales.

María Alejandra Rodríguez. Médica endocrinóloga, especialista en medicina ortomolecular, prescriptora de agua de par para la salud. Coautora del libro "El agua de mar", junto a Mariano Arnal y la doctora María Teresa Ilari.

Fundación Aquamaris.

Su finalidad es investigar y divulgar las propiedades terapéuticas y nutritivas del agua de mar, además de nuevos usos como cosmética, agricultura, riego o cocina entre otros.

Somos agua de mar isotónica (9 gramos de sales por litro)

Nuestro cuerpo contiene alrededor de un 70% de agua de mar isotónica. Cada una de los 300 trillones de células que poseemos, navega en un mar salino, como peces en un auténtico acuario de mar, imbuidos en el medio vital, que es el líquido extracelular que baña todas las células, ya sea directamente (como es el caso del plasma sanguíneo, la linfa, la cavidad pericárdica y las cavidades en general) o indirectamente por imbibición de las sustancias de unión (tejidos conjuntivos, cartilaginosos, epiteliales, etc.).

Plasma de Quinton

René Quinton comprobó empíricamente que, desde el punto de vista fisiológico, físico y químico, existe una identidad entre el medio ambiente interno de los vertebrados y el agua de mar.

Descubrió que es posible reemplazar prácticamente toda la sangre de un vertebrado por plasma marino sin problemas.

El agua de mar brinda el medio orgánico perfecto para el correcto funcionamiento celular, lo que permite que las células individuales (particularmente los hematocitos y leucocitos) y los fragmentos de tejido prosperen en las mejores condiciones posibles para su mantenimiento y renovación.

René Quinton elaboró el suero marino, plasma marino o plasma de Quinton, diluyendo el agua de mar con agua de manantial filtrada, hasta dejarla a una concentración de 9 gramos de sales por litro: idéntica a la concentración salina de nuestro organismo.

¿De qué está compuesta el agua de mar?

El agua de los océanos dio origen a la primera célula y con ella a la vida en el período precámbrico, hace aproximadamente 3.800 millones de años. Un litro de sopa marina (descrita en el año 2009 por J. Furhman en la revista Nature) está constituido por: 965 ml de agua, ácidos nucleicos, ADN, aminoácidos esenciales, proteínas, grasas, vitaminas, al menos 95 minerales diferentes (de los 118 elementos de la Tabla Periódica), 10.000 millones de virus, 9.000 millones de bacterias, fitoplancton, zooplancton -krill-, huevos y larvas de peces, cadenas de carbono y material particulado; además de la información de los orígenes de la vida. La sopa marina tiene un pH entre 8.2 y 8.4, es decir, es alcalina (ph >7).

Ejes de acción del agua de mar en nuestro cuerpo

De acuerdo a René Quinton, el agua de mar actúa dentro de nuestro organismo, en 3 ejes fundamentales:

1.- Recarga hidroelectrolítica

Los electrolitos son minerales solubles que se pueden encontrar en el líquido intersticial y la sangre. El cuerpo humano "funciona" con energía eléctrica. Los electrolitos transportan esa energía eléctrica para que pueda ser utilizada por todas las células. Cuando el suministro de electrolitos es pequeño, todo nuestro sistema funciona a baja velocidad. Mantener un nivel adecuado de electrolitos en el cuerpo aumenta el potencial energético y permite que nuestros sistemas funcionen en armonía y de la manera más eficiente. Así, los electrolitos son indispensables para el trabajo de nuestras células y mantienen un perfecto equilibrio ácido-alcalino (pH) en el organismo. Estos minerales se eliminan de forma natural a través del sudor y la orina, y necesitan ser reemplazados continuamente. Un metaanálisis realizado en el año 2019 revela que los electrolitos juegan un papel fundamental para mantener en equilibrio la presión arterial.

Los electrolitos más importantes y conocidos son: sodio, potasio, calcio, magnesio y cloro, aunque actúan en forma sinérgica junto a los microminerales, para mantener el equilibrio de electrolitos en el cuerpo, asegurando una mejor función muscular y nerviosa (incluida una respuesta más rápida al estrés) y optimiza todas las funciones orgánicas.

2.-Reequilibrio de la función enzimática

El agua de mar contiene al menos 95 elementos biodisponibles, es decir, pueden ser absorbidos y utilizados por nuestro organismo. En nuestro cuerpo existe un grupo particular de moléculas, denominadas enzimas, que son moléculas proteicas que cumplen una importante función: permitir que se produzcan reacciones químicas en los seres vivos y también en los entornos próximos a donde estos se desarrollan.

Las enzimas necesitan de la presencia simultánea de otras sustancias no proteicas para poder operar. Estas sustancias suelen ser iones metálicos (por ejemplo, cobre, manganeso, magnesio y decenas de otros minerales) y se requiere de uno o más minerales diferentes actuando en forma sinérgica para su funcionamiento.

Las enzimas afectan al conjunto de ciclos metabólicos que ocurren en nuestro organismo (logran acelerar la velocidad de numerosas reacciones), tanto para la degradación de los nutrientes que ingerimos como para la construcción de nuevas sustancias (hormonas, neurotransmisores, anticuerpos, etc.).

3.-Regeneración celular

El plasma marino regenera el medio interno favoreciendo de este modo la actividad celular y, con ella, toda la actividad orgánica.

Las células de nuestro cuerpo están en constante renovación, siendo las más efímeras las que recubren el interior del intestino delgado, que se renuevan cada dos a cuatro días. En el aparato digestivo hay otras de vida muy breve: las de las criptas del colon se renuevan cada tres o cuatro días, las del estómago entre cada dos y nueve, y las células del intestino delgado, relacionadas con nuestra inmunidad, cada veinte días. En promedio, el cuerpo se renueva entero cada 15 años y para esta renovación el agua de mar aporta material genético, vitaminas, todos los minerales necesarios y cadenas de carbono, entre otros ingredientes de la sopa marina.

Nutrición y hambre celular

La Medicina y Nutrición Ortomolecular, desarrollada por Linus Pauling (ganador de dos premios Nobel), enfatiza la importancia del aporte de las dosis óptimas de los micronutrientes y moléculas que necesitamos para el correcto funcionamiento de nuestro organismo, y en su uso en la cantidad y proporción adecuados para tratar y prevenir las llamadas enfermedades crónicas.

Dentro de las moléculas esenciales, encontramos los minerales, que son elementos que se originan en la tierra y no pueden ser producidos por los organismos vivos. Las plantas obtienen minerales desde el suelo (que cada vez contiene menor concentración y diversidad mineral debido al agotamiento por la sobreexplotación de los terrenos de cultivo y al aporte de escasos minerales -Nitrógeno, Fósforo y Potasio-, por parte de los agricultores).

El agua de mar contiene al menos 95 minerales diferentes (aunque algunos investigadores incluso se atreven a decir que contiene los 118 minerales de la tabla periódica) orgánicos y biodisponibles.

Diversos estudios y experiencias empíricas han demostrado que el agua de mar provee los nutrientes necesarios para permitir la recuperación del peso y talla de organismos desnutridos por falta de alimentación.

Hoja de ruta de la salud

El Dr. Ángel Gracia R. junto a su hijo Ángel Gracia H., en su libro "La dieta del delfín", basado en los hechos comprobados por diversos científicos de reconocimiento mundial, nos presentan, de forma sencilla y magistral, el estilo de vida que promueve la cultura de la salud, poniendo como ejes principales la actividad física aeróbica a diario, tomar el sol, beber agua de mar, caminar por la orilla de la playa para respirar la brisa marina, bañarse en agua de mar, alimentación 80% orgánica, relajación y meditación a diario.

Propiedades del agua de mar

El agua de mar es probiótica, representando uno de los pocos nutrientes naturales, junto a la leche materna, que tiene todos los elementos para sostener la vida en la forma orgánica, biodisponible y alcalina.

El agua de los grandes océanos es panatómica, es decir presenta una real homogeneidad, lo que significa que sea donde sea que la extraigamos, encontraremos los mismos minerales y componentes curativos en ella (aunque puedan variar sus concentraciones).

Posee una acción curativa y preventiva contra las enfermedades: El Dr. Otto Warburg descubrió que todas las enfermedades son ácidas. Nuestro cuerpo, para sostener la vida, debe mantener un pH levemente alcalino: entre 7.37 a 7.47. El agua de mar, al tener un ph entre 8,2 y 8,4, entrega la alcalinidad necesaria para contrarrestar la acidez generada por los alimentos, los pensamientos, el estrés y las funciones orgánicas normales (metabolismo, respiración, etc.).

Experimentos realizados con agua de mar han demostrado que posee propiedades antiinflamatorias, antibióticas (elimina los gérmenes de origen terrestre), analgésicas y es un excelente antioxidante.

¿Qué cura el agua de mar?

Debido a sus propiedades y su riqueza en nutrientes, que incluyen magnesio, calcio, potasio, cromo, selenio, zinc, vanadio entre otros minerales y oligoelementos, más todos los demás ingredientes de la sopa marina, cientos de investigaciones han demostrado que el agua de mar puede ayudar a superar una infinidad de problemas de salud. Es especialmente útil en aquellos relacionados con el estilo de vida, como enfermedades cardiovasculares, hipertensión arterial, cirrosis hepática, insuficiencia renal, diabetes, obesidad, alcoholismo, drogadicción, estreñimiento, rinitis, asma, artritis, artrosis, osteoporosis, esclerosis múltiple, cáncer, conjuntivitis, psoriasis, eczemas, dermatitis, urticarias, entre otras patologías.

Mecanismos de acción del agua de mar en nuestro organismo:

El agua de mar, con todos sus componentes y propiedades, actúa en beneficio de nuestro organismo en varios niveles:

Sistema Nervioso

Dentro de los minerales presentes en el agua de mar, encontramos en 4° lugar en concentración, el magnesio, que regula la función normal del sistema nervioso central (SNC) junto a muchas otras funciones en el organismo.

El magnesio interviene en la formación de neurotransmisores y neuromoduladores que actúan en el hipotálamo y en la hipófisis que, a su vez, regulan a las hormonas del estrés de las glándulas suprarrenales. El magnesio es un mineral importante para la estimulación de membranas neuronales como las de las células cerebrales. Un suministro suficiente de magnesio tiene un efecto positivo sobre la ansiedad, el estrés y el nerviosismo. Pero en caso de que la reserva de magnesio se agote debido al estrés duradero (que produce mayor eliminación de este mineral), se reducirá la resistencia al estrés.

El magnesio es el cuarto mineral más abundante en el cuerpo. Ha sido reconocido como cofactor de más de 300 reacciones enzimáticas, donde es crucial para el metabolismo de la adenosina trifosfato (ATP). El magnesio es necesario para la síntesis de proteínas de ADN y ARN. Además, el magnesio es esencial para la regulación de la contracción muscular, la presión arterial, el metabolismo de la insulina, la excitabilidad cardíaca, el tono vasomotor, la transmisión nerviosa y la conducción neuromuscular. Los desequilibrios en el estado del magnesio, principalmente la hipomagnesemia, pueden provocar trastornos neuromusculares, cardíacos o nerviosos no deseados. Basado en las diversas funciones del magnesio dentro del cuerpo humano, juega un papel importante en la prevención y el tratamiento de muchas enfermedades. Los niveles bajos de magnesio se han asociado con una serie de enfermedades crónicas, como la enfermedad de Alzheimer, resistencia a la insulina y diabetes mellitus tipo 2, hipertensión, enfermedades cardiovasculares (p. Ej., Accidente cerebrovascular), migrañas y trastorno por déficit de atención con hiperactividad (TDAH).

Sistema Digestivo

El agua de mar favorece la desintoxicación y limpieza de nuestro organismo, pudiendo utilizarse incluso como laxante, al tomarla hipertónica por un período limitado y en una cantidad no mayor a 500 ml. Si bien este procedimiento puede dañar nuestra flora intestinal, el contenido de minerales que entrega permite una rápida recuperación de la microbiota.

Sistema inmunológico

En los procesos infecciosos, el plasma marino actúa tanto a nivel funcional sobre el terreno orgánico, como por implicación directa de iones metálicos en los mecanismos inmunitarios. Asegura la rehidratación necesaria y es igualmente activo en la lucha contra los radicales libres y en la regulación de su producción.

El agua de mar contiene numerosos elementos minerales con conocidos efectos antioxidantes e inmunomoduladores, como pueden ser el selenio, el silicio o el zinc. Además, el sodio o el cloro son fundamentales para el normal funcionamiento de todas las células del organismo, incluidas las células implicadas en la respuesta inmunológica.

Un estudio de la Universidad de Alicante dirigido por el Dr. José Miguel Sempere, reveló que el agua de mar activa el sistema inmunológico ejerciendo un efecto protector reforzando el organismo. Ciertos oligoelementos tienen una función fundamental en los mecanismos celulares que regulan los procesos inmunitarios, actúan en el nivel de la actividad citotóxica macrofágica y de la función inmunomoduladora. Su carencia puede encontrarse en numerosas afecciones que van de la gripe al cáncer, como han mostrado numerosos trabajos.

Sistema circulatorio y anemia

En América Latina y el Caribe el 31% de la población presenta problemas de anemia asociadas a dietas deficientes de hierro y relacionadas con malnutrición. El agua de mar, por su aporte en minerales, puede ser utilizada con seguridad como terapia complementaria en diferentes tipos de anemia.

El agua de mar isotónica ha resultado útil como terapia complementaria en los modelos experimentales, en casos de anemias causadas por dietas pobres en proteínas, vitaminas y minerales, y desencadenadas por medicamentos.

Sistema óseo:

Cada año y durante toda nuestra vida, renovamos nuestro esqueleto gracias a la osteogénesis. Esta renovación dependerá de nuestra alimentación, el estado de nuestras hormonas, la acidez intersticial, el ejercicio físico y el sol (por su aporte en la vitamina D, que permite la absorción de minerales en nuestro intestino delgado). El agua de mar, con su carga de minerales y su ph alcalino, entrega los materiales necesarios para mantener nuestros huesos sanos y firmes, previniendo la osteoporosis y otras enfermedades óseas.

Tiroides

La Dra. María Alejandra Rodríguez refiere que el agua de mar es un excelente suplemento alimenticio para tratar el hipotiroidismo. Respecto al mecanismo de acción explica que el yodo, el selenio y el zinc participan sinérgicamente en la formación de la hormona tiroidea. Sin el selenio y el zinc, aunque se forme la hormona, no logra desempeñar sus funciones en los distintos órganos del cuerpo.

Derribando mitos

1.- Agua de mar y contaminación

A pesar de la polución, el agua de mar tiene sus propios mecanismos de autolimpieza: su salinidad promedio es de 35 gramos de sales por litro, lo que le permite, a través de un proceso denominado osmosis, neutralizar y eliminar a las bacterias de origen terrestre (que son las que pueden infectar a los seres humanos) cuya salinidad es de 9 gramos de sales por litro. Cuando una bacteria de origen terrestre llega al mar, la diferencia de salinidad entre su medio interno y el agua de mar, provoca su deshidratación y destrucción. Por su parte, gracias a la biocenosis (microorganismos que viven en el mar), se degradan los restos de bacterias y material orgánico presentes en el agua. Además, gracias a la dispersión, a la abundante presencia de cloro y a la radiación UV, el agua de mar logra autolimpiarse constantemente y permanecer sin contaminación.

2.- Agua de mar e hipertensión arterial

Los componentes del agua de mar permiten regular la presión arterial debido a sus propiedades diuréticas y a la optimización del funcionamiento orgánico en general (por la acción en los 3 ejes antes mencionados).

3.- Agua de mar y la salud de nuestros riñones

La doctora María Teresa Ilari, con una vasta experiencia de 15 años prescribiendo el agua de mar a sus pacientes, explica en el libro "El agua de mar", que esta bebida medicinal no genera daño alguno al riñón, sino que ayuda a recuperar patologías renales, ayuda a la expulsión de cálculos y a la remisión de otras patologías del riñón: pacientes en programas de diálisis, han logrado disminuir la frecuencia de las mismas y en algunos casos hasta descontinuarlas. Al respecto, recuerdo haber escuchado personalmente, en el año 2018, el relato de la Dra. Andrea Arosio (Argentina), del caso de un paciente que llevaba años con pérdida de su función renal y después de pasar unos meses bebiendo agua de mar, logró recuperarse y dejar las diálisis.

En caso de pacientes que padecen oliguria e incluso anuria, la Dra. Ilari comenta que tras la ingesta (prudente) de agua de mar, se ha estimulado la diuresis y enfatiza que estos casos deben ser atendidos por médicos especialistas, quienes deben procurar mantener un balance negativo de líquidos, de manera que el volumen total de los ingeridos sea inferior al de los eliminados.

En una entrevista realizada por Griselda Donatucci, la Dra. Ilari comentó tener pacientes con insuficiencia renal crónica, con 14, 15 y 19 de creatinina (cuando lo normal es menos de 1 o 1.2) que luego de tomar medio litro de agua de mar al día (diluido en 1500 ml de agua dulce) han dejado las diálisis (peritoneal y/o hemodiálisis) y han evitado trasplante de riñón, además de haber disminuido los niveles de creatinina.

El Dr. Guastalla, refiere el caso de un hombre de 35 años, quien tenía desde hacía mucho tiempo problemas de riñón, que se curó perfectamente con sólo beber agua de mar durante cuatro meses. Este caso coincide con otro de un hombre mayor que, después de haber tenido dolores nefríticos durante cuarenta años, se curó perfectamente bebiendo agua de mar, que le hizo expulsar de los riñones una cantidad considerable de cálculos y arenilla.

4.- ¿Los náufragos se vuelven locos o se mueren si beben agua de mar?

Durante mucho tiempo existió el mito (que aún persiste en algunas mentes) que, si se bebía agua de mar, la locura o la muerte eran seguras. Los manuales de navegación y supervivencia indicaban que por ningún motivo se podía beber agua de mar y los náufragos estadísticamente no lograban sobrevivir más de tres días en el mar (el 95% de ellos fallecía de deshidratación al tercer día).

Este mito fue derribado en el año 1953 gracias a los trabajos del Dr. Alain Bombard quien, después de recibir en el hospital a decenas de náufragos fallecidos, decidió embarcarse durante un par de meses, atravesando en su bote el océano Atlántico, sin más alimento que el agua de mar, para descifrar los misterios asociados a esas muertes y derribar los mitos relacionados a la ingesta de agua de mar hipertónica.

Por su parte, 6 investigadores y difusores del agua de mar, en el contexto del 1er Congreso de Agua de Mar celebrado en el año 2004, realizaron un naufragio voluntario de 7 días, período en el cual sólo consumieron agua de mar hipertónica (a sorbitos), demostrando la posibilidad de sobrevivir y no volverse locos bebiendo agua de mar.

Existe interesante literatura que relata estas experiencias:

- "Náufrago voluntario", de Alain Bombard
- "7 días en el mar", sin agua y sin comida de Mariano Arnal
- "Manual del náufrago", de Ángel Gracia

Como conclusión de las experiencias realizadas al respecto, ahora se sabe que un náufrago puede sobrevivir semanas o meses sin alimento ni agua dulce en altamar, sólo bebiendo agua de mar y teniendo algunas precauciones como evitar el sol, beber el agua a sorbos y ensalivarla varios minutos antes de tragarla (al día producimos 2 litros de saliva, que en este caso ayuda a disminuir la salinidad del agua). Y, por supuesto, realizar meditaciones para controlar la mente.

Soberanía, dignidad y Salud desde el Mar

El agua de mar no sólo nos ayuda a mantener nuestra salud, revertir enfermedades crónicas y vivir prácticamente sin la necesidad de fármacos, sino también brinda a toda la humanidad la posibilidad de superar situaciones tan dramáticas como la hambruna y la pobreza, ya que, por una parte, entrega minerales, proteínas, vitaminas y carbohidratos, al beberla directamente y, por otra parte, permite cultivar 800 tipos de plantas diferentes, sin la necesidad de desalinizarla, en manglares, marismas, pantanos y playas. Si consideramos que el 97% de toda el agua disponible en nuestro planeta es agua de mar y que contamos con 1.478.106 km de costa en el mundo, nos damos cuenta que tenemos espacio de sobra y agua suficiente para abastecer de alimentos a toda la población mundial y así evitar las 10.000.000 de muertes que se producen cada año por desnutrición.

Las plantas halófitas (plantas de sal), son una poderosa fuente de alimento para los seres humanos y los animales de granja. Dentro de este grupo destacan la salicornia (que contiene un 44% de proteínas) y de cuya semilla se produce aceite para el consumo humano; la verdolaga marina, romero marino, junquillo de mar, acedera, acederilla de playa, hinojo marino, espinaca de las marismas, chalotiña de costa, acelga marina, rabanillo de mar, entre muchas otras. Los manglares, por su parte, entregan alimento para el ganado junto con madera y fibra para la construcción de viviendas.

En su libro "Agua de mar: Derecho, Supervivencia y Soberanía alimentaria", Rubén Legarda y María José Gascón explican cómo el agua de mar, biógeno, panatómico y biodisponible, con poder herbicida y plaguicida ha permitido el cultivo de salicornia y mangles, cuyas hojas sirven de pienso para el ganado, junto al cultivo de camarones y peces como tilapia, en Eritrea. En esa zona paupérrima y desértica, sus habitantes estaban condenados a una hambruna atroz y, gracias al cultivo con agua de mar, se ha convertido en un oasis, regando sus desiertos con agua del Mar Rojo, gracias a la iniciativa de Carl Hodges y sus colaboradores. La comunidad organizada se encarga de cosechar, ensilar y almacenar la producción para el consumo humano y animal. Además, los residuos entregan material para la artesanía y construcción de viviendas.

El mismo mecanismo se ha implementado en el desierto de Sonora, México.

En el norte de Chile, Antofagasta, la Universidad Católica del norte junto al Centro de Investigación Tecnológica del Agua en el Desierto (CEITSAZA) están realizando esfuerzos por investigar el alcance del uso del agua de mar en cultivos de hortalizas.

Los autores también destacan la posibilidad de un uso integral del agua de mar para agricultura, ganadería, desertización, reforestación, absorción de CO_2, enfriamiento, refugio de fauna, salubridad, nutrición animal y humana, junto con resolver grandes problemas de abastecimiento de agua dulce en las cosas para diversos fines y prevenir la emigración por falta de recursos.

Virginia de Vidts
*Biografía en páginas finales

Bibliografía:

Alberola, J., Coll, F. Terapia marina y sus propiedades curativas. Curr. Aging Sci. 2013; 6: 63–75. Disponible en: https://pubmed.ncbi.nlm.nih.gov/23895523/

Arnal M., Ilari, Mª T. y Rodríguez, Mª A. (2019). El Agua de Mar. Badalona, España, Ediciones Aquamaris.

Di Bernardo, M., Castro, A., Morales, Y., Boueiri, S., Brito, S., Rondón, C., et al. Valoración terapéutica del agua de mar en modelos experimentales como terapia complementaria en anemia. MÉD.UIS. 2014;27(3):9-18.

Goeb, Philippe. Plasma marino y plasma humano. Su identidad fisiológica de cara a la regeneración del medio interior. Aplicación terapéutica. Extracto de la obra «Plasma marino y plasma humano». Disponible en:
http://www.herbogeminis.com/IMG/pdf/plasma_marino_y_plasma_humano-2.pdf

Gracia R., Ángel y Gracia H., Ángel (2009). La dieta del delfín. Málaga, España, Editorial Sirio S.A.

Gracia, A. y Bustos, H. (2005). El Poder curativo del agua de mar: Nutrición orgánica. España, Editorial Morales y Torres.

Iqbal, S., Klammer, N., Ekmekcioglu, C. (2019). The effect of electrolytes on blood pressure: a brief summary of meta-analyses. Nutrients 11(6):1362. https://doi.org/10.3390/nu11061362

Páginas recomendadas:
www.dsalud.com/reportaje/el-agua-de-mar-es-la-solucion-de-muchas-patologias

https://aguademarsaludyvida.blogspot.com/

www.seawaterfoundation.org

www.fundacionaquamaris.org

www.aquamaris.org

Agua de mar por el bien común

Ponencia de virginia De Vidts, -Bióloga Marina-, sobre los beneficios del agua de mar como bebida medicinal, año 2020.

Agua de Mar. Laureano Domínguez, La Ceja, Antioquia, Colombia

Entrevista al gran difusor del Agua de Mar, el Veterinario Ángel Gracia, quien ha dedicado gran parte de su vida a la investigación de esta bendita bebida medicinal.

Josep Pàmies

EL CORONAVIRUS ES UN TIMO Y EL COMUNISMO Y EL CAPITALISMO NO EXISTEN

Hace tiempo que en mis intervenciones públicas venía diciendo que el comunismo y el capitalismo eran las dos caras de la misma moneda, para distraer al ganado humano, enfrentarnos entre nosotros y tenernos distraídos, mientras entre bambalinas movían unos pocos las piezas del ajedrez.

Y que lo mismo ocurría con las dichosas religiones, creadas o utilizadas para enfrentarnos también entre nosotros a pesar de que todas defienden un solo y único Dios.

Y ahora lo que faltaba, ¡¡el dichoso Coronavirus!!

¿Por qué digo que no existe ni el Comunismo ni el Capitalismo ni el Coronavirus?

Porqué tanto los teóricos comunistas (China, Rusia, Cuba, Venezuela...) como los capitalistas, son todos hijos de las mismas élites y pretenden utilizar ahora el timo del Coronavirus, para destrozar la economía mundial de la que emerger un nuevo modelo económico dominado otra vez por las mismas élites con mano de hierro.

¿Por qué califico de timo al Coronavirus? Pues porque hemos demostrado que, con una simple planta, la Artemisia annua de fácil autocultivo y/o la bendita sustancia del Dióxido de Cloro, de precio irrisorio, se puede solucionar en horas.

Quizá no nos hemos dado cuenta que con esta divulgación que hemos hecho de estas sencillas y económicas terapias, hemos trastocado los planes eugenistas de estas élites sanguinarias.

Su Plan era (y digo era, porque seguro que lo evitaremos) conseguir una hambruna mundial con la crisis económica que querían provocar, mediante la cual la Humanidad, en busca de su sustento, se volviera violenta y justificara la dictadura mundial con la imposición de medidas de control fascista, militarización de la Sociedad y vacunas de Bill Gates obligatorias con chip incorporado de monitorización.

La Humanidad tiene capacidades para reconducir este rumbo autodestructivo basado en el crecimiento continuo de la economía, que tanto Capitalismo, como Comunismo, Cristianismo, Islamismo..., han pregonado o aceptado hasta la actualidad.

En un Planeta finito, pero capaz de generar recursos básicos para muchas veces la población actual planetaria, es posible mantener el equilibrio desde el compartir y no desde el competir. La competitividad ha sido la droga legal más mortífera desde los siglos de los siglos.

No necesitamos de Coronavirus creados artificialmente y de otras plagas bíblicas para auto regular la población planetaria, necesitamos construir una Sociedad sin patentes, donde el conocimiento circule libremente y nos dé instrumentos de autosuficiencia individual para poder vivir en paz nuestro espacio de tiempo aquí en este precioso Planeta. ¡¡Aquí está el Paraíso, no hace falta buscarlo en las galaxias!!

En este modelo, queridas y miedosas élites, no tendréis necesidad de vivir como las ratas en búnkeres, porque el común denominador de la Humanidad no tiene vuestra ansia de poder y de venganza. Sabremos perdonar. Dejadnos en paz, por favor, no continuéis haciendo más daño, porque hasta vosotras sois infelices.

Josep Pàmies.
*Biografía en páginas finales.

Blog de Josep Pàmies: https://joseppamies.wordpress.com/

LA COMIDA QUE PISAMOS

En los bosques, jardines y al borde de los caminos, crecen plantas totalmente comestibles que nada tienen que envidiar a las lechugas, los tomates o cualquier otra verdura de las que acostumbramos a llevar a nuestro plato. Hay quién les llama malas hierbas, pero esto depende del punto de vista con el que se mire.

En este reportaje de Miquel Figueroa, el agricultor Josep Pàmies nos mostrará una serie de plantas comestibles que crecen alrededor de las tierras que él trabaja. Estas variedades son típicas de un lugar y un tiempo concretos, por lo que, si lo deseamos, cada cual deberá salir en busca de las especies que crecen donde vivimos.

Como dice Josep, este conocimiento puede servirnos en tiempos de crisis, ya que se trata de un regalo de la naturaleza que no nos cuesta ni un céntimo.

DOCUMENTAL "SIN MIEDO". DULCE REVOLUCIÓN

"Ninguna planta puede ser prohibida". El agricultor Josep Pàmies se ha convertido en todo un referente para un creciente sector de la población que hoy en día demanda la no adulteración de los alimentos y la incorporación de terapias naturales en la salud pública.

Síguelos en su página WEB: www.dolcarevolucio.cat .

Escríbeles a: info@dolcarevolucio.cat .
Colabora con ellos, hazte socio- socis@dolcarevolucio.cat y disfruta de ventajas interesantes:

1) Podrás tener más cuidado de tu salud.
2) Acceso a consultas/dudas personalizadas.
3) Acceso a terapias naturales y complementarias.
4) Agenda de actividades, conferencias, actos y ferias, con descuento.
5) Talleres y cursos de formación con descuento.

Colabora con donaciones a nombre de (donativo a dulce revolución) al número de cuenta – ES87 2100 0012 2102 0099 1373 y así apoyas sus actividades.

Accede a los talleres y congresos a través de su plataforma de Vimeo https://vimeo.com/user114868943

PARTE II

Actualidad ilegal
Infancia arrebatada
Control mental
Crimen de estado

Emilio Carrillo

LAS ENSEÑANZAS DE LA PANDEMIA

Con el telón de fondo de las enseñanzas que se pueden extraer de lo vivido por la humanidad en el año 2020 y lo que llevamos del 2021, con todo lo que pueden deparar los siguientes meses, el presente texto plantea una serie de reflexiones que se enuncian no de forma cerrada, ni queriendo convencer a nadie de nada, sino como hipótesis para el discernimiento de aquellos que estén interesados en su consideración. Como siempre, pero más que nunca, es crucial asegurarse de que nadie nos impone nada, ninguna versión de lo que acontece, ningún pensamiento único. Atiende solo a tu sentido común y a tu consciencia.

Desde el punto de vista del SER, lo vivido hasta ahora no ha sido ni "malo" ni "bueno", sino exactamente como tenía que ser, con las experiencias/oportunidades precisas y pertinentes, en orden a la expansión de la consciencia personal y colectiva: todo tiene su sentido profundo, su porqué y para qué.

CONSIDERACIONES SOBRE EL COVID Y LA VACUNA

Planteamiento

La evolución de los meses que restan del 2021 con respecto al Covid-19 es una cuestión sobre la que penden múltiples interrogantes, por lo que resulta difícil efectuar una prognosis seria, y que está estrechamente ligada a la vacuna contra el coronavirus y las numerosas dudas existentes en torno a ella.

En el intento de fijar algunas cosas en un escenario tan incierto, conviene centrarse en cinco asuntos: la seguridad, mayor o menor, de la vacuna; su nivel de eficacia; su grado real de efectividad; las conclusiones que los tres puntos anteriores conllevan para esta segunda mitad de 2021; y las medidas que las instancias oficiales puedan adoptar para establecer la obligatoriedad de la vacuna, sea por vías directas o indirectas.

La seguridad de la vacuna

Hay un asunto sobresaliente que está fuera de debate: las urgencias sanitarias, las prisas políticas y, muy importante, los intereses comerciales han otorgado prioridad no a la seguridad de los ciudadanos y, por ende, su salud, sino al objetivo de disponer de las vacunas cuánto antes, en tu tiempo récord, saltándose para ello una serie de pasos y controles perfectamente previstos y tabulados en los protocolos que se suelen aplicar a la materia.

Siendo lo anterior incuestionable, el sentido común, de un lado, y las aportaciones de no pocos expertos, de otro, alertan sobre lo obvio: recortar los tiempos habituales de fabricación de estos fármacos preventivos puede comportar riesgos severos, máxime cuando se están desarrollando vacunas con tecnologías novedosas.

Es el caso de las vacunas de ARNm. Para entender lo que significan, hay que recordar que las vacunas tradicionales inyectan el germen atenuado o inactivado en el organismo. Sin embargo, las vacunas de ARNm no siguen este procedimiento y actúan directamente en el organismo del receptor para "enseñar" a las células a producir una proteína que desencadena una respuesta inmunitaria y genera anticuerpos, lo que protege de las infecciones del virus. Y los fabricantes de este tipo de vacunas afirman que, por las bases bioquímicas sobre las que se asientan, podemos estar tranquilos. ¿En serio? Veamos.

El organismo humano cuenta con los denominados ribosomas, complejos supramoleculares de ácido ribonucleico (ARNr) y proteínas ribosómicas que configuran una máquina molecular presente en todas las células (excepto en los espermatozoides). También se les puede definir como centros celulares de traducción que hacen posible la expresión de los genes: la información contenida en el ADN llega transcrita a los ribosomas en forma de ARN mensajero (ARNm), a partir de lo cual, se sintetizan proteínas.

En este maravilloso escenario bioquímico y genético, ¿qué hace la vacuna? Pues introduce en nuestro organismo un ARNmensajero extraño (también llamado "ARNm alienígena") que actúa sobre los ribosomas –estos, como se ha expuesto, ya cuentan con sus propios ARN ribosómicos- para forzarlos a trabajar bajo su batuta en orden a producir una proteína que nos proteja del virus. La verdad es que no está del todo claro que lo consiga. Mas en el supuesto de que lo logre, ¿qué pasa con ese ARNm alienígena? Pues que no desaparece sin más, sino que se queda ahí, en el citoplasma de la persona que, al vacunarse, lo ha recibido. Solo pasado el tiempo, será metabolizado, pero, mientras tanto, las células de nuestras mucosas han de aceptar algo extraño, sin que se conozcan bien las consecuencias de esta intromisión alienígena y de tan anómala "convivencia". Por ejemplo, tal desconocimiento –información incompleta o incorrecta- es lo alegado hasta ahora de manera mayoritaria, según lo explicado por el presidente de la Comisión Permanente de Vacunación (Stiko), por el personal sanitario y cuidadores de ancianos sanitarios alemanes, que entre un 60 y un 70 por 100 han declinado ser vacunados: https://www.abc.es/sociedad/abci-tantos-sanitarios-alemanes-rechazan-vacuna-202101111144_noticia.html

(Nota: En el caso de la vacunas ADN, se pueden reproducir las reflexiones anteriores, pero agravadas, pues interaccionan aún más directamente con nuestros componentes celulares y genéticos).

Y por si lo anterior no fuera suficiente, hay que sumarle lo ya ocurrido en pandemias precedentes, muy cercanas en el tiempo, en las que las vacunas sirvieron sobre todo para proporcionar enormes beneficios a las grandes corporaciones transnacionales propietarias de las industrias farmacéuticas y los laboratorios. Ya hicieron su agosto con la gripe aviar y porcina y hace tiempo que han transformado la enfermedad, que no la salud, en su negocio.

¿Nos podemos fiar de esas industrias farmacéuticas e inyectarnos en nuestro cuerpo lo que ellas digan que es beneficioso, incluso afectando a nuestra genética? Ya hay bastantes miedos y no es cuestión de alentar más. No obstante, una cosa es el miedo y otra, la toma de consciencia sobre la realidad. Y hoy sabemos bien a dónde están dispuestas a llegar estas corporaciones cuando se trata de continuar aumentando su cuenta de resultados.

Su nivel de eficacia

Como muy bien explica el doctor José Alfonso Delgado, en su artículo *Cómo enfrentarnos a la Covid*, de 30 de diciembre de 2020: "Habitualmente se usa indistinta y erróneamente los términos eficacia y efectividad, cuando tienen significados muy diferentes. La eficacia es el resultado del ensayo clínico, habitualmente prospectivo (estudio de cohortes), en un ambiente absolutamente controlado, donde casi nada se deja al azar. En este tipo de estudio, se sabe cuántos participantes se han puesto la primera, la segunda dosis o han abandonado o han tenido complicaciones. Todas las variables de importancia para el estudio se categorizan y cuantifican y registran. La efectividad es la aplicación del ensayo en la población general con un seguimiento y control de las actuaciones muchísimo menor que en los ensayos clínicos, donde el factor social y personal de cada persona cuenta y mucho, pero no es posible controlarlo salvo lo que puedan dar de sí los sistemas de información sanitarios que intervengan y estén operativos".

Enfocándose este apartado a la eficacia, lo que interesa poner de manifiesto es que, por las urgencias sanitarias, las prisas políticas y los intereses comerciales ya enunciados, las muestras usadas para los ensayos clínicos se han centrado en estratos muy específicos de personas que, por su características de raza, sexo y/o edad, no se ajustan, ni de lejos, a la diversidad de la población a la que se pretende vacunar: los resultados de los estudios y ensayos clínicos solo puede extrapolarse a una población en general cuando de ella se han extraído y analizado muestras representativas de los distintos estratos sociales que la componen. Y como esto no ha sido así, son notables los interrogantes sobre la verdadera eficacia de la vacuna en el conjunto de la población.

Este es el caso, verbigracia, de las vacunas Pfizer y Moderna, basadas en tecnología ARNm. Tal como explica el Dr. Delgado, a ambas "se les puede aplicar estas prevenciones, dado que, si la muestra se ha extraído preferentemente de Estados Unidos y de Argentina en el primero, y sólo de Estados Unidos en el segundo, no se puede inferir sus resultados a la población europea, puesto que ningún europeo ha participado en la fase 3, según refieren los artículos de la revista *New England*. Y así podríamos decir de cualquier estrato social o demográfico".

A lo que hay añadir otro problema que atañe, igualmente, a la eficacia de la vacuna: el horizonte temporal del ensayo realizado antes de su lanzamiento. En las pruebas efectuadas, ha sido de solo dos meses tras la administración de la segunda dosis. Lo que significa que no se pueden garantizar los resultados más allá de este tiempo, por ejemplo, al año de la segunda dosis.

Batería de consideraciones que, planteando numerosas incertidumbres sobre la auténtica eficacia de la vacuna, sí conducen a una certeza: la vacunación masiva en marcha es una continuación del propio ensayo clínico. Este no está terminado ni cerrado por mor de las prisas. Y los que se pongan la vacuna no están recibiendo en sus organismos algo comprobado, constatado y confirmado, sino que, sin saberlo, serán parte de un proceso experimental que permitirá, en el medio o largo plazo, conocer la verdadera eficacia de la vacuna y la naturaleza, entidad y cualidad de sus efectos.

Todo lo cual obliga a retomar de nuevo el tema de la seguridad de la vacuna, puesto que, siendo un número muy limitado de personas las que la ha recibido a modo ensayo –por ejemplo, 20.000 en el caso de Pfizer y 15.000 en el de Moderna-: "¿Surgirán problemas de seguridad inesperados cuando el número aumente a millones y posiblemente a miles de millones de personas? ¿Surgirán efectos secundarios con un seguimiento más prolongado? ¿Y qué pasa con los grupos de personas que no estuvieron representados en este ensayo, como niños, mujeres embarazadas y pacientes inmunodeprimidos de diversos tipos?"

Y estas preguntas, como resalta el trabajo del doctor Delgado, "aparecen en el editorial de referencia de la revista *New England Journal of Medicine* (Eric J. Rubin et al. *SARS-CoV-2 Vaccination — An Ounce (Actually, Much Less) of Prevention. New England Journal of Medicine dec 28-2020*); no se las hace ningún escéptico en redes sociales".

Su grado real de efectividad

Entrando ahora en la efectividad de la vacuna, derivada de la aplicación a la generalidad de la población de lo que ha sido ensayado clínicamente con base en muestras y estratos de la misma, también hay numerosas incertidumbres que afectan tanto a su grado de eficacia en el virus con el perfil hasta ahora conocido como con relación a las mutaciones y nuevas cepas del virus que ya han empezado a surgir –cuando se escriben estas líneas, ya han sido detectadas en Reino Unido, Suráfrica, Brasil y Estados Unidos- y seguirán apareciendo.

No queremos ser pesados con lo de las urgencias sanitarias, las prisas políticas y los intereses comerciales, pero no hay otro remedio cuando, debido a tanta premura y celeridad, preguntas tan elementales como las siguientes carecen de respuesta fehaciente: ¿cuánto tiempo dura la teórica inmunización que la vacuna facilita y durante cuánto tiempo continuará siendo eficaz?, ¿la vacuna previene la enfermedad asintomática?, ¿pueden los vacunados transmitir el virus?, ¿qué sucede con la inevitable gran cantidad de receptores que posiblemente omitirán su segunda dosis?...

Y a estos interrogantes se unen otros que afectan a la efectividad de la vacuna desde ángulos estrictamente operativos: la complicada logística en su distribución y mantenimiento; la formación y capacidad numérica del personal de enfermería encargado de aplicarla; la situación clínica de cada paciente, que no va a poder ser controlada como en los ensayos clínicos; etcétera.

Conclusiones

Los datos y reflexiones recogidos en los tres apartados precedentes llevan a pensar que, durante todo 2021, se mantendrán, oscilando en su intensidad a lo largo de los meses, bastantes de las cautelas, limitaciones y prohibiciones establecidas la fase anterior: la pérdida de sociabilidad, la restricción de movimientos y viajes, el sedentarismo, las compras online, el miedo a tener contacto con otras personas, etcétera. Por tanto, todo indica que son infundadas las ideas y apreciaciones que quieren convencernos de que las vacunas posibilitarán la vuelta a una vida “normal”.

Y como a la opinión pública se le han abierto –se continúa haciendo- muchas expectativas al respecto, puede generarse un alto nivel de frustración que ira in crescendo conforme avance el calendario hacia el fin del 2021. Y se añadirá al que ya se arrastraba del pasado año, con los consecuentes impactos negativos psicológicos, sociales y políticos, además, por supuesto, de los de índole estrictamente económica...

2020 fue el año de menor número de defunciones en España desde 2015, inclusive:

Año	Defunciones
2015	423.014
2016	409.364
2017	422.150
2018	427.971
2019	418.574
2020	401.359

Fuente: Ministerio de Sanidad, Consumo y Bienestar Social https://www.mscbs.gob.es/estadEstudios/estadisticas/docs/indNacDefunciones/2020_Defunciones_11.pdf

La obligatoriedad de la vacuna, sea por vías directas o indirectas

Dado el temor hacia la enfermedad, la vacunación se planteó como una necesidad masiva. ¿Pero será también obligatoria?

Para empezar, en muchos países de esos que calificamos como no democráticos y autoritarios, de China a Qatar, la vacuna ya es obligatoria, sin respetar para nada los criterios de cada uno de sus ciudadanos y el derecho elemental de las personas a decidir sobre algo tan íntimo y personal como inyectar en su organismo una sustancia extraña.

Pero ¿qué pasa en naciones que se autodenominan democráticas y respetuosas del Estado de Derecho? Pues que, sin desistir del objetivo de vacunar a la totalidad de la población, se intenta marcar una diferencia con los países antes citados usando, para imponer la vacunación, no las vías directas de aquellos –obligación y punto-, sino otras de perfil indirecto que, vulnerando igualmente la libertad individual, lo hagan disimuladamente, aparentando un carácter más tolerante.

Estas medidas indirectas utilizan, demagógicamente, la tensión seguridad-libertad: las autoridades dicen que desean respetar la libertad de cada cual, pero que en sus decisiones ha de primar la seguridad colectiva. Y, además, cuentan con el apoyo, y hasta el aplauso, de la gente que sí quiere vacunarse: las encuestas muestran que más del 70 por ciento de los que desean ponerse la vacuna consideran que esta ha de ser obligatoria para todo el mundo.

¿Cómo se concretan las aludidas medidas indirectas? Pues, por ejemplo, mediante la creación de un carnet Covid, un certificado o cartilla de vacunación o un pasaporte sanitario de los que solo dispondrán los vacunados. Y estar en posesión de un documento así será requisito ineludible para utilizar transportes públicos, acudir a eventos y espectáculos... o, incluso, para poder entrar en el centro de trabajo.

Esto es lo que ya están exponiendo distintos responsables políticos en diferentes países. Y grandes corporaciones tecnológicas, como Microsoft y Oracle, han puesto en marcha una iniciativa conjunta para la digitalización de las personas mediante aplicaciones que permiten el acceso digital a los registros de vacunación utilizando la especificación de Tarjetas de Salud SMART interoperables y abiertas. Se trata de la llamada *Vaccination Credential Initiative* (VCI), que pretende que los usuarios obtengan una copia digital encriptada de sus credenciales de vacunación para almacenarlas en sus dispositivos móviles mediante diferentes aplicaciones que se irán desarrollando o, también, recibiendo una acreditación impresa con códigos QR que contengan credenciales para verificar estos datos.
https://www.diariodesevilla.es/tecnologia/cartilla-vacunacion-Covid-19-telefono-movil_0_1538246299.html?utm_source=whatsapp.com&utm_medium=socialshare&utm_campaign=mobile_web

Que esto suceda con mayor o menor grado de intransigencia o permisividad, depende del número de personas que inicialmente no se vacunen: cuanto mayor sea, más problemático será para las autoridades el establecimiento y regulación de ese tipo de vías indirectas de imposición de la vacunación.

En cualquier caso, en el marco del ensayo de ingeniería social en que, como ya se ha insistido, estamos inmersos, se ha logrado algo muy importante para los dirigen el sistema: un nuevo acicate para dividir a la gente -los que se vacunan y los "disidentes"-.

Por último, habrá todavía quién dude que se vayan a imponer estas vías directas o indirectas para la vacunación obligatoria. Arguyen que supondría un gravísimo atentado contra los derechos fundamentales de todos aquellos que, en su espacio de libertad personal, no quisieran inyectársela. Pues bien, hay que tomar buena nota: hechos de tal naturaleza serán cada vez más frecuentes en la sociedad del post-coronavirus, tal como se recoge en los siguientes epígrafes.

Vacunas Covid-19: consideraciones éticas, legales y prácticas

En una resolución publicada el 27 de enero de 2021 y titulada: "Vacunas Covid-19: consideraciones éticas, legales y prácticas",

https://pace.coe.int/en/files/29004/html

el Consejo de Europa pretende dejar claro muchos puntos sobre las vacunas que pudieran generar dudas entre los ciudadanos europeos y que es sumamente importante que todos conozcamos.

En concreto, en su punto 7.3.1. dice lo siguiente:

+*Asegurarse de que los ciudadanos estén informados de que la vacunación NO es obligatoria y de que nadie es presionado política, social o de otro modo para que se vacune, si no lo desea*;

Y también importante el punto 7.3.2, sobre todo para todas esas personas que puedan tener represalias en su trabajo si deciden no vacunarse:

+*Velar porque nadie sea discriminado por no haber sido vacunado, por posibles riesgos para la salud o por no querer ser vacunado;*

Hay otra recomendación que también es muy importante y que se refiere a la transparencia de los gobiernos con respecto a los acuerdos que tenga con las empresas farmacéuticas, concretamente el punto 7.3.5:

+*Comunicar de forma transparente el contenido de los contratos con los productores de vacunas y ponerlos a disposición del público para el escrutinio parlamentario y público.*

ESTAMOS ANTE EL MAYOR ENSAYO DE INGENIERÍA SOCIAL DE LA HISTORIA DE LA HUMANIDAD.

Cuando se hace mención a las principales enseñanzas que nos regaló esta etapa, no se trata de las llamadas "noticias más importantes" a juicio de los medios de comunicación, sino a cuestiones auténticamente trascendentes que se han puesto claramente de manifiesto y que tales medios no computan o, simplemente, les interesa ignorar. Vamos a ello.

Mucho más importante que el debate sobre el origen del Covid-19 (natural o artificial, accidental o provocado...), es el uso que se está haciendo del virus y la pandemia.

Como tuve oportunidad de recoger en el ensayo titulado *El por qué y para qué del coronavirus* (se puede acceder libremente a él por medio de este enlace: https://drive.google.com/file/d/1tY4KkiEkPe--nODoHi-qtntoJ4nRwpoS/view) y se recoge con precisión en el libro *Consciencia y Sociedad Distópica (Coronavirus: estudio del caso)*, publicado en 2020 por Ediciones Adaliz en España y la Editorial Dunken en Argentina (https://adaliz-ediciones.com/home/56-consciencia-y-sociedad-distopica.html), la crisis sanitaria está siendo utilizada de una manera que se ajusta perfectamente a lo que años antes de su aparición ya ponían de manifiesto:

a) Por un lado, la llamada *doctrina del shock*: aprovechar el impacto psicológico en la gente de eventos convulsivos para establecer y aplicar medidas antes mayoritariamente inasumibles por la ciudadanía.

La doctrina del shock: el auge del capitalismo del desastre

En su ensayo así titulado, publicado en 2007, la periodista canadiense Naomi Klein se esmera en explicar cómo el sistema socioeconómico imperante se extiende cada vez más no por sus cualidades o porque sus postulados sean populares, sino a través de impactos en la psicología social a partir de contingencias desgraciadas, provocando que, ante la conmoción, la confusión y el miedo, se pueda hacer lo que interesa y beneficia a la élite que domina el sistema, aunque ello perjudique claramente a la mayoría. Y Klein se detiene en analizar una batería de casos en los que ya se ha actuado de esa manera: la Guerra de las

Malvinas, el 11 de septiembre, el Tsunami de 2004 en Indonesia, la crisis del huracán Katrina... Todos ellos fueron aprovechados con la intención de forzar la aprobación de una serie de "reformas" y "ajustes" que, de otro modo, hubiera sido imposible de aplicar, dado su muy negativo impacto social.

b) Y por otro, el *manual de uso* que ya fue aplicado con ocasión de pandemias previas, como la aviar o la porcina.

Balance final de las "operaciones" gripe A-H5N1 o aviar y gripe A-H1N1 o porcina

+Domesticación social y alienación colectiva.

+Pingües beneficios económicos para un selecto grupo de corporaciones multinacionales farmacéuticas y asimiladas.

+Desestabilización y deterioro de la situación socioeconómica global, lo que brindó estupendas oportunidades de movimientos especulativos y ganancia fácil a los mismos de siempre.

+Y un enorme desvío de recursos públicos, es decir, de dinero de los contribuyentes, a unas pocas manos privadas.

Fuente: Consciencia y Sociedad Distópica (Coronavirus: estudio del caso) (Ediciones Adaliz, 2020).

Tanto los casos que Naomi Klein examina como las dos pandemias mencionadas han servido de prueba para lo que está sucediendo con la crisis del coronavirus. Todo encaja casi milimétricamente, aunque ahora se ha dado una importante vuelta de tuerca para forzar a los gobiernos a tomar medidas absolutamente excepcionales –así ha sido- y comprobar los efectos del miedo en la ciudadanía en términos de docilidad y sometimiento para asumir órdenes, mandatos, imposiciones, obligaciones, prohibiciones, privaciones y limitaciones radicales de toda índole y en ámbitos muy diversos; y acatamiento de una sola y autoritaria manera –la "oficial"- de ver y entender las cosas.

Es la forma de dominio mundial impuesto por la élite para ejercer y garantizar su poder, control y capacidad de manipulación. Rememorando a Foucault, la norma es "vivir peligrosamente". Un método preciso de ejercer el gobierno centrado en la emergencia, el miedo, la inestabilidad, el desasosiego y la zozobra; y ante el que los ciudadanos, presos de pánico e idiotizados por los medios de comunicación y por su propio "modus vivendi", contaminado por los paradigmas y pautas de la elite, sucumben lelamente.

Ahora bien, ¿qué o quién es esa élite? ¿Quién dirige y a quién interesa este colosal ensayo de ingeniera social? Pues a los que podríamos denominar los amos provisionales del mundo, con la colaboración los medios de comunicación que les pertenecen y las instancias oficiales que están bajo su control.

Los miembros de una reducida élite se han configurado como amos del mundo

Los años 2020-2021 han servido igualmente para poner más evidencia que nunca la existencia de esos amos del mundo. No en balde, gracias precisamente a la pandemia, se han consolidado dos hitos de calado genuinamente histórico:

a) El surgimiento y desarrollo de un nuevo tipo de imperio

Se trata de las grandes corporaciones transnacionales, empresariales y financieras. Su poder no para de crecer; son cada vez un menor número, debido a las fusiones y absorciones entre ellas; y actúan de una punta a otra del planeta por encima tanto de fronteras y leyes estatales como de gobiernos nacionales, que, lejos de hacer nada para intentar poner coto a esta dinámica, favorecen la misma.

+Las diez principales multinacionales del ranking mundial ostentan un valor combinado comparable al producto interior bruto (PIB) de 180 países, el 92% de los 195 integrados en la Organización de Naciones Unidas (193 como miembros natos y dos más, Palestina y la Santa Sede, en calidad de "observadores").

+Las 100 primeras obtienen anualmente unos ingresos que se aproximan al 50 por 100 del PIB planetario (en 1997 suponían solo el 33%).

+Y las 200 más importantes tienen en sus manos el 75 por 100 de la economía mundial (hace 25 años rondaba el 50%).

+Además, hay una nítida tendencia a la concentración de poder y recursos en un número cada vez menor de estas corporaciones. Verbigracia, examinando la evolución de la Bolsa de

Nueva York, el principal mercado de valores, la cifra de empresas que cotizan en ella ha descendido a la mitad desde 1997. Y en la esfera bancaria, las cinco mayores firmas acumulan el 45 por ciento de los activos, frente al 20 por 100 del año 2000.

+Con base en todo lo cual, cabe prever que, para 2025, solo unas 150 mega-corporaciones moverán más del 80 por 100 de la economía del planeta.

b) La acumulación por parte de una élite muy minoritaria de la riqueza y el patrimonio mundiales.

Especialmente, por varias decenas de personas que son los principales beneficiados de tal acaparamiento y de la apropiación de los recursos colectivos.

En 2015, por primera vez en la historia de la humanidad (a partir de ahí, se ha consolidado), el uno por ciento de la población mundial –unos 75 millones de personas- alcanzó a poseer y atesorar más patrimonio y riqueza que el 99 por 100 restante -7.600 millones de seres humanos -. Ahondando en estos datos y acudiendo a la revista *Forbes*, los mil-millonarios en todo el mundo ascendían, en marzo de 2020, a 2.095: 651 en Estados Unidos, 390 en China, 110 en Alemania, 39 en Francia, 36 en Italia, 24 en España... https://www.forbes.com/billionaires/

Detrás de la frialdad de los dígitos, puede vislumbrarse que se trata de algo tremendo. Sin embargo, no queda ahí la cosa: Primero, porque escrutando en ese uno por ciento, se constata que en su seno existe, a su vez, un uno por ciento (el uno por ciento del uno por ciento: unas 700.000 personas) que es quien realmente hace suya la mayor parte de la riqueza. Y segundo, porque indagando en ese uno ciento del uno por ciento, escudriñando en sus lazos consanguineidad y parentesco, localizando a los cabezas de los diferentes clanes familiares que lo componen y rastreando sus conexiones e interacciones accionariales en las corporaciones transnacionales antes mencionadas, se concluye que no son más de unas pocas decenas de personas las que se han apropiado del patrimonio colectivo y de los recursos naturales, rigiendo la economía mundial a través de los reiterados imperios financieros y empresariales y dominando el sistema socioeconómico y político-institucional a escala global.

La radiografía de la élite muestra: 1º. En su núcleo duro, unas cuantas decenas de personas. 2º. En torno a ellas, el uno por ciento del uno por ciento de los habitantes del planeta. 3º Y alrededor de este, el uno por ciento de la población total.

Un modelo que cristaliza en la organización de la élite en círculos. El primero consta de muy pocos miembros. Y a partir de él, como las ondas que provoca la caída de una piedra en el agua, existen más círculos: una vasta red de élites y sub-élites que es utilizada por el círculo primero para sus fines, que incluyen el mantener al resto de la población mundial alienada, domesticada y contaminada por paradigmas, sistemas de creencias y una visión del mundo egoica y egocéntrica. Todo ello bajo una estructura piramidal férreamente jerarquizada, que tiene su correspondencia y correlato en los organigramas de dirección, gestión y control de los gigantescos holdings y corporaciones transnacionales.

No obstante, esta organización y estructura se encuentran ahora en pleno proceso de restructuración debido al éxito alcanzado. Así, el poder y la riqueza se está concentrando en los círculos primeros del entramado, a la par que se suprimen de la estructura los círculos más inferiores, que ya han dejado de ser útiles y hasta se han convertido en una carga innecesaria.

(Nota: Los componentes de esta élite no son ateos, ni agnósticos, sino que profesan creencias y realizan cultos y ritos ligados a lo satánico -luciféricos y ahrimánicos-).

Existe un gobierno mundial tan real como "informal"

Los amos del mundo conforman una especie de gobierno mundial. Es real, ya que domina y controla el sistema socioeconómico planetario. Y es informal, pues se halla más allá de instituciones nacionales e internacionales, carece de estructuras formales y no ha sido oficialmente establecido, pero está siendo ejercido por la vía de hecho.

Como pone manifiesto Juan Torres, el creciente protagonismo de la élite ha ido unido a "menos derechos individuales y sociales, más injusticias y menos democracia, porque ha aumentado el poder de quienes pueden decidir al margen de la política representativa gracias a su control sobre los partidos, los medios de comunicación y las fuentes de creación de opinión y formación".

A su frente se halla el reducido grupo de personas al que se ha hecho mención, que se vale para plasmar su dominio económico, político y social, como también se ha puesto de manifiesto, de una extensa e intensa tela de araña de privilegios e intereses en la que se mezclan e interaccionan los diferentes círculos en los que la élite se organiza y el quehacer cotidiano de los imperios financieros y empresariales que son de su propiedad.

Y esto, desgraciadamente, no son hipótesis o fabulaciones "conspiranóicas", sino la cruda realidad demostrable por medio de una innumerable cantidad de datos ciertos: cosa distinta es que se prefiera mirar para otro lado y no se quiera ver lo que es tan visible como notorio.

Profunda recesión económica y bonanza de la élite

En un sistema socioeconómico anquilosado, los impactos del Covid-19 y de las medidas adoptadas de su mano han supuesto que, en el año 2020, la economía de la Unión Europea se haya contraído un 6,8 por 100 (el mayor derrumbe desde la fundación del proyecto comunitario), mientras que la economía mundial lo hizo en más del 4 por 100, lo que representa la recesión global más profunda experimentada en décadas.

Para dimensionar adecuadamente este dato, hay que tener en cuenta que Naciones Unidas, en su *Informe Ejecutivo* publicado a finales de 2019 sobre *Situación y Perspectivas de la Economía Mundial 2020*, preveía un crecimiento del PIB mundial en torno al 2,5%. Por tanto, entre lo previsto y la realidad se ha dado una diferencia negativa de casi 7 puntos porcentuales, esto es, más de 5 billones de euros, siendo este el montante en el que se puede cifrar el efecto negativo, en término económicos, del Covid-19 en 2020.

Lo que, como no podía ser de otra manera, se ha visto acompañado del cierre de empresas, la pérdida de empleo, la caída de la capacidad adquisitiva, el aumento del déficit público y el incremento de las desigualdades sociales.

Así, acudiendo a datos de la Organización Internacional del Trabajo para 2020:

+Cierre masivo de empresas: 436 millones de empresas en el planeta han cerrado o afrontan un grave riesgo de interrumpir su actividad debido a la crisis generada por el Covid-19.

+Ingente destrucción de empleo: El *Observatorio de la OIT: la COVID-19 y el mundo del trabajo. 6º edición* cuantifica el volumen de destrucción de empleo en 495 millones puestos de trabajo a tiempo completo a lo largo del primer semestre de 2020 (con previsión de 345 millones para el tercer trimestre y 243 millones para el cuarto y último). Lo que ha situado la tasa mundial de paro, según estimaciones de la OCDE, en el 9 por 100, un nivel desconocido a lo largo de los últimos 70 años.

+Merma significativa de la capacidad adquisitiva: Debido fundamentalmente a que los ingresos por trabajo a escala mundial disminuyeron alrededor del 10,7% en los tres primeros trimestres, con respecto al mismo periodo de 2019, una tendencia que finalmente ha marcado todo el año 2020.

Triada de hechos a los que hay que sumar otros dos de indudable repercusión:

+Aumento del déficit público a niveles sin precedentes: En un intento de mitigar los impactos socioeconómicos del coronavirus, numerosos gobiernos púsieron en marcha en 2020-2021 una variada batería de políticas y actuaciones públicas, destinando a ellas cuantiosos recursos. Un esfuerzo presupuestario que ha aumentado sensiblemente un déficit público que ya había alcanzado un volumen sin precedente con la crisis financiera de 2008.

+Extraordinario ascenso de las desigualdades sociales: Si Oxfam Intermón, confederación internacional de ONG´s que realizan labores humanitarias en 90 países, ya alertaba en enero de 2020 que la desigualdad económica y social estaba fuera de control, lo ocurrido desde entonces hasta ahora, ha elevado tal desigualdad a grados no hace mucho inimaginables. Y esto ha sido así debido a que, en el marco de la intensa recesión que se viene describiendo, se han potenciado claramente los dos hitos históricos remarcados en el punto 3º: el surgimiento y desarrollo de un nuevo tipo de imperio -las grandes corporaciones transnacionales, empresariales y financieras- y la acumulación por parte de una élite muy minoritaria de la inmensa mayoría de la riqueza y el patrimonio mundiales. Y es que la crisis del coronavirus se ha configurado como escenario propicio para que esas corporaciones y esa élite aumenten aún más su peso y su poder a nivel global. Cada vez disponemos de más datos, contrastados y verificados que lo confirman (en el cuadro siguiente se recogen algunos de ellos) mientras que gobiernos e instituciones oficiales no es que no hagan nada al respecto, que, por supuesto, no lo hacen, sino que ni siquiera reconocen lo que está sucediendo y su tremenda gravedad.

+En solo tres semanas, entre el 18 de marzo y el 10 de abril de 2020, a la par que millones de personas perdían sus puestos de trabajo y multitud de pequeñas y medianas empresas se veían obligadas a cerrar, la riqueza de la élite se incrementó ¡en un cuarto billón de euros! Así lo evidencia el informe del *Institute for Policy Studies* de Washington titulado *Billionaire Bonanza 2020*:

https://ips-dc.org/wp-content/uploads/2020/04/Billionaire-Bonanza-2020.pdf

En Estados Unidos, esto benefició especialmente a 34 grandes multimillonarios.

+Entre el 1 de enero y el 10 de abril de 2020, 8 de esos 34 alcanzaron a ganar medio millón de euros a la hora durante cada una de las 24 horas de cada uno de los 100 días comprendidos en el indicado periodo.

+Y con datos que van del 18 de marzo al 7 de diciembre de 2020, el patrimonio neto de los 651 mil-millonarios norteamericanos aumentó un billón de euros, al pasar de 2,95 a 4,01 billones:

(https://docs.google.com/spreadsheets/d/1qLbVmE3QyBh06GFFYkUv7eEWvz8DInZam4dx5vyLtT8/edit#gid=1259834744)

+Por ejemplo, en el periodo indicado, la riqueza de Jeff Bezos, la mayor fortuna del planeta, se incrementó en 74.000 millones de dólares, a un rimo medio de 280,3 millones diarios, casi 20.000 dólares por minuto.

La revolución científico-tecnológica al servicio de unos pocos

Por paradójico que parezca, en medio de un entorno tan

distópico como el resumido en los puntos anteriores, la evolución en consciencia de la humanidad sigue avanzando de manera inexorable, en el marco igualmente de la expansión consciencial de la Madre Tierra.

Y es, precisamente, tal evolución de la consciencia, lo que ha hecho posible, y continúa impulsando, la revolución científico-tecnológica a la que asistimos. Esta, sin la expansión de la consciencia, hubiera sido impensable. Y, a la par, las innovaciones científicas y tecnológicas abren oportunidades gigantescas para que cuaje una humanidad también más consciente: fomentan la cooperación en red como nunca antes; abaratan el acceso a novedosos instrumentos de comunicación y conocimiento; coadyuvan al surgimiento de nuevas modalidades de economía colaborativa; favorecen la salud y la longevidad; desarrollan una inteligencia artificial llamada a descargarnos de tareas ingratas y monótonas; hacen factible una relación más equilibrada con el hábitat ecológico; etcétera. Por tanto, apelando al lenguaje matemático, entre ambos componentes o factores hay una relación directa: al aumentar uno, también lo hace el otro y viceversa.

Sin embargo, en paralelo, la evolución en consciencia de la humanidad no está provocando transformaciones o cambios en el sistema socioeconómico, sus estructuras institucionales, su lógica (ilógica) y funcionamiento, que se mantienen al margen de aquella. Lo que conduce a un asunto candente: el riesgo más que serio de que, siendo la evolución de la consciencia la causa de la revolución científico-tecnológica, pero manteniéndose ajeno a aquella el sistema socioeconómico e institucional, este pueda actuar, en su despliegue distópico, como “agujero negro” que fagocite los efectos e impactos positivos –para el género humano y el planeta en su globalidad- de tal revolución.

Lo ocurrido a raíz de la crisis sanitaria ha puesto de manifiesto la realidad, la gravedad y la envergadura del citado riesgo, eliminando o mermando los potenciales beneficios de la revolución tecnológica, poniéndolos al servicio exclusivo de intereses y privilegios egoicos y utilizándolos para aumentar el grado de dominio, control y distracción mental de la gente.

Reflexiones que han de ser aplicadas a asuntos tan concretos como la tecnología 5G, la experimentación genética o las redes sociales, en las que, en el contexto del almacenamiento y tratamiento masivo de la información, se vulnera flagrantemente la protección de datos y donde el usuario ya no es un "cliente", sino un "producto" que se vende (sus datos, sus contactos, su intimidad...) a terceros (gobiernos, partidos políticos, empresas privadas...).

La tormenta perfecta para la alienación humana

Todo esto se está evidenciando con claridad. Entonces, ¿por qué son tantas las personas que no ven? Pues debido que vivimos otro hecho histórico que, aprovechando la crisis sanitaria, se ha afianzado: la "tormenta perfecta para la alienación humana".

Para entender de manera sencilla lo que significa, tal tormenta perfecta viene definida por la plasmación en la realidad y al unísono de las dos grandes distopías de ficción dibujadas en el siglo XX:

+la humanidad alienada y sojuzgada por el entretenimiento vacío y la distracción lela, descrita por Aldous Huxley en *Un mundo feliz*; y

+la dormida y oprimida por el autoritarismo y el control tecnológico, trazada por George Orwell en *1984*.

Ambas ficciones distópicas son hoy una realidad. Y con una envergadura e intensidad aún mayor de lo que Huxley y Orwell pudieron imaginar.

La falaz instrumentación de un pretendido conflicto entre seguridad y libertad.

La reseñada tormenta perfecta tiene un pilar fundamental en la falaz instrumentación de un pretendido conflicto entre seguridad y libertad.

Conforma el caldo de cultivo ideal, metafóricamente enunciado, para los que pirómanos, tras haber ocasionado el incendio, se disfracen de bomberos y aparezcan ante la opinión pública como los salvadores necesarios para controlar las llamas. Lo que está estrechamente relacionado con la "doctrina del shock" antes expuesta.

Lo cierto es que tal conflicto no existe porque, obviamente, no hay seguridad verdadera posible si no va acompañada de libertad; y la teórica seguridad, cuando no hay libertad, es garantía de despotismo, abuso de poder y sufrimiento.

La tendencia a evadirnos de nuestra propia responsabilidad: la necesidad de una genuina auto-trasformación.

A las anteriores, hay que unir otra enseñanza que, no siendo nueva, pues viene de lejos, descolla ahora más que nunca y adquiere en este periodo histórico especial trascendencia: con el telón de fondo del victimismo, la marcada tendencia presente en demasiados seres humanos a cargar en otros (élite, políticos...) la responsabilidad de lo que sucede e ignorar y evadirse de la que ellos mismos, cada uno, tiene.

Sirva esto como botón de muestra al respecto: a lo largo de esta etapa, muchas personas han mirado más allá de la superficie de los hechos y se han percatado de lo que se mueve tras los mismos en clave de alienación colectiva, imposición de un pensamiento único, apropiación por unos pocos de la riqueza social, etcétera. Y hablan de esto con amigos y familiares, incluso intentando convencerlos. Sin embargo, ¿cuántas de esas mismas personas han efectuado cambios en su vida cotidiana para abandonar los paradigmas, pautas y hábitos que subyacen en todo ello (y la propia élite alimenta) y vivir de una manera diferente, más armónica, más sensible, más consciente...? Y para responder esta pregunta, no mires a los demás. Por favor, obsérvate a ti mismo.

Como explicaré a continuación, la Sala de los Espejos pone al descubierto lo exterior y lo interior, lo que ocurre fuera y lo que se mueve dentro de cada uno. Esto segundo permite que nos veamos a nosotros mismos tal como realmente somos y nos conozcamos mejor. Y no para que nos ofusquemos, frustremos y nos quedemos parados por la culpa, sino para que tomemos consciencia y adquiramos el compromiso con nosotros de impulsar firmemente nuestro proceso de auto-transformación.

PRINCIPALES ENSEÑANZAS

Situados en el aquí-ahora, a mediados del 2021, valoremos las principales enseñanzas que los meses anteriores nos regalaron.

Ha quedado plenamente abierta la "Sala de los Espejos"

Para empezar, ¿te has dado cuenta de que, a lo largo de esta etapa, han quedado al descubierto, evidentes a la mirada de quien quiera verlos, asuntos, temas y cuestiones que hasta ahora permanecían escondidos en la tramoya del escenario? ¿Tienes la sensación de que, en una amplia variedad de campos temáticos -economía, política, sociedad, salud, tecnologías...-, el velo se ha caído y podemos contemplar tejemanejes, intrigas, maquinaciones, confabulaciones, estratagemas y ardides que se mantenían ocultos? ¿Notas cómo, a la par que se pretende imponer un pensamiento único, aflora por doquier la realidad de las cosas, haciendo saltar por los aires las versiones oficiales sobre lo que acontece?

Es más, ¿te has percatado de que esto no solo afecta a lo colectivo, sino también a lo particular, es decir, a la vida de cada cual, ámbito en el que los fingimientos, auto-engaños, autocomplacencias están quedando al desnudo ante la fuerza de unos hechos y situaciones que, por la obligada acción y reacción ante ellos, nos muestran nítidamente –a nosotros y a los demás- tal cual somos de verdad, con el estado de consciencia que realmente tenemos, sin lugar a disimulos ni paripés?

Si tu respuesta a estas preguntas es afirmativa, debes saber que:

1º. No eres el único: son numerosas las personas que comparten percepciones similares.

2º. Lo que está ocurriendo forma parte de lo que ya anunciaron maestros y maestras que no eran adivinos, sino sabios y sabias que conocían el devenir de los ciclos –los menores y los mayores- y la evolución de la consciencia: Lo denominaron el "Salón o Sala de los Espejos". Una expresión metafórica para describir un momento francamente histórico en el que todo quedaría a la vista en lo colectivo y en lo individual, en el que todo se desvelaría en lo social y lo personal. Y ha sido precisamente en 2020-2021 cuando la Sala de los Espejos ha sido plenamente abierta con base en la perfecta conjunción del despliegue de los ciclos y el desenvolvimiento de la consciencia.

A este respecto, podemos acudir a lo predicho por muy diversas tradiciones espirituales y culturas ancestrales. Valga el botón de muestra de los mayas. En sus detallados cómputos temporales, previeron que, a partir de un determinado alineamiento cósmico, se iniciaría un ciclo de 20 años que supondría la configuración de la Sala de los Espejos. Y atendiendo a sus calendarios y cuentas, tal suceso aconteció el 11 de agosto de 1999, fecha en la que se produjo la confluencia de distintos eventos cosmogónicos. Desde el plano terrestre, el más evidente fue el último eclipse total del segundo milenio y el observado por mayor número de personas en la historia humana, dado el paso de su franja de penumbra por regiones muy densamente pobladas. Por ello, los indicados 20 años se cumplieron en 2019. Y las puertas de la Sala de los Espejos se abrieron de par en par a partir del 12 de agosto de ese año, siendo 2020 el primer ciclo anual en el que esto se podría experimentar.

Ciertamente, el tercer cuatrimestre de 2019 fue un periodo de fuertes convulsiones sociales por todo el globo, de Hong Kong a Chile, y representó el punto de arranque de la crisis sanitaria de 2020-2021, con lo que ha traído consigo. Pero lo más importante es que tales acontecimientos se han sumado a otros muchos que se venían acumulando durante los últimos lustros. Y que esto ha desembocado en un escenario en el que todo, lo relativo a uno mismo y lo que afecta a la colectividad, ha quedado a la vista; y en el que lo personal y lo interior se retroalimenta con lo social y exterior, y viceversa, de modo que, podemos comprender nuestro interior a partir de nuestra experiencia exterior y entender lo colectivo desde nuestra toma de consciencia individual.

Y precisamente por esta retroalimentación, la venda que tapaba nuestros ojos cae para quien tome consciencia y desee ver. Y solo se mantiene para el que opte por seguir sumido en la inconsciencia y no quiera ver. Así, cada vez serán más lo seres humanos que:

+tomen consciencia acerca de que lo que la gente considera

"normal" es una colosal "distopía".

+perciban los hechos, situaciones y circunstancias en los que, más allá de las apariencias, tamaña distopía se cimienta;

+reconozcan la existencia y el perfil de aquellos que, individual y grupalmente, la promueven en pro de su propio beneficio y de las redes de intereses en las que se integran; y

+se percaten de su propia responsabilidad en lo que acontece, dándose cuenta que el poder real que cada ser humano atesora en su esencia es muy superior al de cualquier influencia externa, por potente que sea, y de la necesidad de acometer una práctica de vida que, de instante en instante, plasme y ponga en valor las cualidades y tributos de esa esencia, de nuestro verdadero ser, sacando lo mejor de nosotros mismos y poniéndolo al servicio de los demás, de todos los seres sintientes, de la Madre Tierra y del Cosmos.

¿Qué significa entrar en este Salón?

Significa que nos estamos viendo frente a frente con nosotros mismos..., significa que ya no podemos seguir mintiéndonos, que no sacamos nada con esconder la basura debajo de la alfombra. Estamos en un periodo donde las cosas "son o no son", pero nada funciona a medias... ¡Nada!

Los mismos Mayas dijeron que en este periodo se exacerbarán los ánimos, que los que hayan alcanzado paz interior la afianzarán y aquellos que no la tengan entrarán más inquietos, con más temor y enfrentados a sus propios fantasmas. Por lo tanto, se verá un aumento de situaciones límites, de suicidios, homicidios, y todo motivado por una exaltación en los ánimos. ¿Les recuerda a algo que está ocurriendo en ustedes o a su alrededor?...

Estamos frente a nuestras propias creaciones. Aquel mundo privado que creíamos estaba celosamente guardado y del que nadie se enteraría... ¡¡booomm!!... está explotando. Necesita ser liberado y la realidad nos está llevando de la mano a enfrentarnos a nosotros mismos y al mundo. No podemos seguir con una postura rígida ante la vida, debemos flexibilizarnos y cambiar nuestros sistemas de creencias de lo que "se debe o no se debe hacer". Hoy... todo se puede o debe hacer... todo es posible, la realidad ya no es lo material solamente. Lo importante es que las elecciones se hagan desde la verdad, porque la mentira queda expuesta sin posibilidad de ser ocultada. Las cosas deben hacerse desde el amor y fe y no desde el miedo y la escasez porque los resultados serán la desarmonía en los hogares.

Y nadie se escapa de esto... ¡nadie!, ya que no se trata solo de los malos y los buenos, eso ya se acabó. Se trata de que nos estamos enfrentando a la destrucción de sistemas de creencias en nuestro interior, así que las personas que han sido "buenas" ... que no han mentido y han dedicado su vida a ayudar a las demás... también van a tener que vérselas con el espacio donde han estado actuando (¿temor?, ¿recompensa espiritual?) y se sacudirán las almas de todos para sacar el polvo que pueda dejar dudas respecto a la impecabilidad de las personas. Queridos amigos... ya no sirve la excusa de decir... "Es que soy humano" para justificar nuestras debilidades. Llegó la hora de ser humanos conscientes y responsables con nuestros actos interiores y exteriores (...)

Debemos salir del sistema de conflictos, de juicios valóricos, de miedos, de rencores y de todas aquellas emociones que solo nos traen sufrimiento. La realidad ya no es lo que veíamos hace algunos años con nuestra limitada consciencia. Hoy nuestra consciencia está más expandida y podemos comprender cosas que antes estaban veladas.

Fuente: *El salón de los espejos*, de Álvaro Scaramelli (texto publicado en su blog *Sanar el Alma*)

¿QUÉ HACER?: DE LA REVOLUCIÓN A LA RE-EVOLUCIÓN

Planteamiento

El amplio conjunto de consideraciones formuladas en las páginas anteriores, conducen a la pregunta del qué hacer personal y colectivamente ante el momento realmente histórico que estamos viviendo personal y socialmente.

Una cuestión esta - ¿qué hacer? - cuya respuesta consciente

conlleva superar la inercia hacia la revolución y decantarse por la re-evolución.

Revolución

La revolución es la inercia a seguir actuando en el actual momento histórico del mismo modo que se viene haciendo desde hace demasiado tiempo bajo los paradigmas y pautas de vida de un ciclo humano ya agotado, de una vieja humanidad de la que estamos viviendo su parte final. Lo que en los meses siguientes se plasmará en propuestas, iniciativas, convocatoria, manifestaciones y movilizaciones que insistirán en la confrontación con el exterior desde el exterior, en posicionamientos que se moverán proclives al victimismo ante las élites (ellos y solo ellos son los culpables de lo que sucede...), autocomplaciente con nuestra particular indolencia (nada de auto-responsabilidad, de compromiso para vivir de una manera distinta...), ni un palabra de la necesidad de avanzar en nuestra propia transformación; etcétera.

Con relación a la revolución y retomando lo que se acaba de explicar, hay que aprender de la historia y reflexionar sobre cuántos intentos de cambio de lo exterior (entramado político e institucional, economía, sociedad...) desde el exterior (insurrecciones, motines, revueltas, movilizaciones, sublevaciones...), pasado un periodo de efervescencia, nos han adormilado, en vez de despertarnos; nos han debilitado, en lugar de fortalecernos. Y el quid de la cuestión siempre es el mismo: el miedo, que nos hace sumisos. No en balde, los sucesos y contingencias que tienen impacto en la psicología social, por la conmoción y la confusión que los acompañan, provocan el pánico en la mayoría de la gente, que no ha acometido su transformación interior y anda apegada a su pequeño yo perecedero, temeroso por propia naturaleza. A partir de lo cual, el sistema imperante se extiende cada vez más no por sus cualidades o porque sus postulados sean populares, sino por el miedo, pudiendo hacer lo que interesa y beneficia a la élite antes mencionada, aunque perjudique claramente a la colectividad.

El sistema siempre ha controlado y reorientado a su antojo los intentos de cambiar lo exterior desde el exterior. Y en los últimos lustros, ha perfeccionado enormemente tal habilidad. Tanto que actualmente se ha llegado al extremo de que el miedo nos engulla vivos, digiera las reivindicaciones y las fagocite en beneficio de los mismos de siempre, que hacen lo que quieren con un rebaño tan dócil y obediente. Envasan las luchas como si fueran un producto; convierten el inconformismo en una propiedad intelectual; imprimen en camisetas y suvenires los eslóganes que aspiraban a ser subversivos; son capaces de televisar los movimientos de contestación social emitiendo, en medio, pausas publicitarias; maquillan los hechos y suben los precios; nos lobotizan con sus espectáculos de realidad virtual; y le dan la vuelta a la resistencia hasta que estemos dispuestos a renunciar a nuestros derechos, a ceder privacidad y libertades a cambio de protección y represión.

Una acción y un estado

Por esto, la disidencia consciente nada tiene ver con la revolución, con la manida, repetida y baldía disidencia dirigida a confrontar o luchar contra lo viejo; a combatir y pelear contra este sistema que ya no da más de sí, agotado, exhausto, anquilosado, colapsado, sin otros efectos y resultados posibles que más dolor y sufrimiento para la humanidad y el conjunto de los reinos y especies que conviven en la Madre Tierra.

Tampoco con la que se enreda en diatribas políticas –ismos, pugnas ideológicas, partidos, alternativas programáticas...- e ilusamente persigue reformar o rehabilitar una casa que es una ruina y se derrumba irreversiblemente, causando con su caída tanto daño en su entorno. ¿No estás harto ya de perder el tiempo y las fuerzas en menesteres tan estériles y frustrantes?

A lo que aquí nos referimos es a una disidencia válida para avanzar por derroteros más fructíferos y que sirva, acudiendo de nuevo al *Diccionario de la Academia de la Lengua*, tanto para "disentir", no ajustándonos al parecer y sentir que nos pretenden imponer, como para "disidir", separándonos de la común doctrina, creencia o conducta, esto es, del uniformismo en el estilo de vida, de la robotización del pensamiento y del vaciamiento espiritual.

Una disidencia así no se enfoca contra nadie ni contra nada. Conlleva, desde luego, no ya un distanciamiento, sino una íntegra desconexión de todo aquello que ha derivado en tanta deshumanización y desnaturalización. Pero sin entrar en conflictos ni enfrentamientos con ello. Simplemente, se deja que lo caduco prosiga su auto-derrumbamiento; y se buscan y generan espacios, vías, experiencias y pautas vitales que contribuyan a construir lo nuevo. Esta es nuestra única y gran responsabilidad.

Por tanto, la disidencia consciente es, a la par, una acción y un estado: claro que se manifiesta en actos, como se verá de inmediato, pues por sus obras los conoceréis (*Evangelio de Mateo, 7, 20*); mas se configura especialmente como un modo de vida interior, una visión exterior y un firme compromiso con ambos, asumiendo las consecuencias -físicas, materiales y espirituales- de tan íntima elección.

Por todo lo enunciado, la disidencia consciente ha de ser radical, pacífica, compasiva, creativa, activa, valiente y tierna.

MORIR A UNA FORMA DE VIDA PARA NACER A OTRA DISTINTA, SITUARTE EN EL CENTRO DEL HURACÁN Y SACAR LO MEJOR DE TI MISMO

En definitiva, la disidencia consciente lleva a cada uno a morir a una forma de vida: la que se está desmoronando, basada en el pequeño yo, con todo lo que conlleva. Y a nacer a otra distinta: la que nos corresponde crear, de instante en instante, desde la práctica cotidiana de lo que realmente Somos. Esta es la única y verdadera re-evolución.

Se trata del "Nacer de Nuevo", la "Resurrección en Vida", al que nos invitó y convocó Cristo Jesús: la semilla que a cada cual corresponde poner para recoger, entre todos los que la siembren, la cosecha de la nueva humanidad a la que se viene haciendo mención.

Vivimos en un huracán de magnitud aceleradamente creciente, que se manifiesta en una concatenación de circunstancias distópicas: las que ya conjugamos como pasado, aunque las secuelas de algunas sigan presentes; las que hoy experimentamos y las que vendrán, que serán más bruscas y densas. Debemos ser conscientes al respecto y, sin miedos, recordar que todo tiene su sentido profundo, también las "noches oscuras", en clave de la evolución en consciencia de cada persona y de la humanidad. Y no intentar huir de tamaño huracán: primero, porque no es posible, pues su envergadura es global y azota al planeta de punta a punta; y segundo y más trascendente, porque lo que corresponde en consciencia no es salir corriendo, sino situarse en el centro del huracán –donde no hay viento, la temperatura es cálida y los cielos están despejados- y, desde ahí, sacar lo mejor de nosotros mismos para ponerlo al servicio propio y de los demás.

Emilio Carrillo
*Biografía en páginas finales

Aitor Guisasola

ACTUALIDAD ILEGAL EN ESPAÑA CON MOTIVO DE LA PANDEMIA

Quien escribe estas líneas es abogado hace 27 años, de modo que, quien lea lo que a continuación voy a exponer, debe entender lo siguiente: sobre muchas cuestiones que están fuera del ámbito que más conozco, las leyes, no tengo una opinión clara y definida por falta de los conocimientos necesarios. Es más, realmente, ni los propios expertos en dichas cuestiones están de acuerdo, por lo que difícilmente podría yo saber determinadas cosas sin dudas más que razonables e incluso profunda ignorancia. Me refiero a cuestiones médicas o infecciosas, existencia o aislamiento de virus, eficacia de las pruebas PCR, efectos secundarios de las vacunas, etc. Sin embargo, sí soy experto en leyes, de modo que podré exponer al lector mi opinión, desde el punto de vista legal, de derechos y libertades, sobre lo que está ocurriendo. Para empezar, en mi opinión, estamos ante un ataque frontal a los derechos y libertades de los ciudadanos con la excusa de un virus.

Además de abogado, soy el creador del canal de Youtube "Un abogado contra la demagogia" que tiene más de 40 millones de visualizaciones y 215.000 suscriptores. Precisamente, voy a comentar en estas páginas algunas cuestiones que Youtube no permite decir en su plataforma y que tampoco los medios de comunicación tradicionales permiten exponer sobre el covid-19, la pandemia y la preocupante situación que estamos viviendo en el mundo, especialmente en España, ya que es el país en el que yo vivo.

Como todos los lectores saben, desde marzo de 2020 aproximadamente, el mundo ha cambiado a consecuencia, según nos dicen, de un virus al que han denominado Sars-cov-2 que produce la enfermedad denominada Covid-19 responsable, a su vez, de una supuesta pandemia. En España, concretamente, a mediados de marzo de 2020 se nos confinó a todos los ciudadanos de modo forzoso en nuestros domicilios con el pretexto de evitar los contagios. Así permanecimos varios meses con diferentes grados de severidad y 6 prórrogas de un inicial estado de alarma con el que jurídicamente se pretendió dar una apariencia de legalidad a las tropelías que estaban cometiendo nuestros gobernantes. Irregularidades que, en ningún caso, fueron (ni lo son ahora) ni legales ni constitucionales, como prueba el mero hecho de que el millón cien mil sanciones impuestas a los pobres ciudadanos por conductas tan reprobables como comprar el pan más allá de la panadería de la esquina, están siendo declaradas nulas por nuestros Tribunales.

Ahora (abril 2021) estamos en estado de alarma nuevamente, un estado de alarma que se declaró por 6 meses con delegación competencial a las Comunidades Autónomas, algo que es nuevamente inconstitucional e ilegal. Es ilegal tanto el hecho de dictarse por 6 meses, ya que la ley que regula los estados de alarma, excepción y sitio, sólo permite dictar un estado de alarma por 15 días con una prórroga, como por la delegación competencial, como por las limitaciones de derechos y libertades a las que estamos sometidos y que un estado de alarma no permite. Se están empezando a dictar leyes que imponen desde confinamientos forzosos en centros de internamiento, a la vacunación prácticamente obligatoria, en lo que supone el mayor atentado a los derechos humanos que yo he visto en mi medio siglo de vida en España y en la mayor parte de Occidente.

Parto de la base de que no soy médico ni virólogo y, como he dicho al principio de este texto, carezco de conocimientos profundos en las materias que esos profesionales conocen, por lo tanto, no sé si existe la tal covid-19 o si las PCR funcionan o no funcionan, pero me da igual. El hecho de que exista un virus o enfermedad cuya mortalidad, además, es bajísima y clarísimamente circunscrita a determinados colectivos vulnerables, jamás y bajo ningún concepto, puede dar lugar a lo que estamos asistiendo: la destrucción de nuestra forma de vida, la aniquilación del estado de derecho y la vulneración constante y continua por los gobernantes de los derechos y libertades constitucionales y humanos de los ciudadanos.

Confinamientos domiciliarios forzosos, detenciones ilegales, toques de queda, la obligación continua de llevar una mascarilla en la cara, violencia policial, ancianos a los que se ha prohibido ver a sus familiares, en una clara detención ilegal, y que han muerto solos como perros, a menudo atados. Muchos pacientes, por querer escapar de la cárcel forzosa sin sentencia ni juicio que se les impone, se los ha atado a la cama para impedírselo. Ancianos han muerto así en número reconocido por el Gobierno de España de más de 30.000 en las residencias de ancianos, que podríamos bien llamar, residencias de la muerte. Se ha hecho un genocidio con los ancianos y no ha sido el covid-19, sino las decisiones de los gobernantes, pero a buen seguro nadie va a pagar las consecuencias.

A esto lo llaman "nueva normalidad". Una sociedad donde los gobernantes campan a sus anchas y donde los ciudadanos han perdido sus derechos y libertades más básicos, reconocidos en la Constitución y en la Declaración Universal de los Derechos Humanos con la excusa de que existe un virus.

Lo peor de todo esto, es que se ha conseguido inocular en la población un virus mucho peor que el Sars-cov2 y es el miedo, diría más, el terror. La gente está aterrorizada, totalmente aterrorizada y dando gracias por todo lo que los gobernantes nos están haciendo. Casi diría que piden más restricciones. Este pánico lo han logrado inculcar a través de dos vías:

La primera, y más importante, son los medios de comunicación, a los que yo llamo medios de manipulación masiva o medios de terrorismo informativo, porque es lo que son, unos auténticos terroristas, entendiendo por tal a quienes se dedican a infundir terror en la población. Los medios de terrorismo informativo bombardean, constante y continuamente, con noticias terribles sobre la covid, con cifras y cifras de muertos, con testimonios terribles de enfermos que, entre lágrimas, nos cuentan su tragedia.... Así, poco a poco, ha ido calando el terror en la población.

Y para que este terror no pueda disiparse y desaparecer, se ha utilizado el segundo medio, que es complementario del primero: la censura. Todo pensamiento, idea, información u opinión que vaya en contra de la verdad oficial, es primero desprestigiado y después censurado. Se ha instaurado la palabra "negacionista" para desacreditar a cualquiera que pueda poner en cuestión la versión oficial, que es única en todo el mundo debido al globalismo. Todas las opiniones así tildadas deben ser censuradas por el bien de la población, por nuestro bien.

Y así, instaurados en el terror, llamando a la delación, privados de nuestros derechos y libertades más básicos como deambular, respirar, reunirte con amigos o abrazarnos, con leyes liberticidas y autoritarias, en un estado parapolicial donde los coches de policía patrullan constantemente persiguiendo al ciudadano que no comete más crimen que deambular sin mascarilla o salir más tarde del toque de queda, están logrando lo imposible: hacer creer a la población que esta nueva normalidad es necesaria y que lo hacen por nuestro bien.

Poco a poco, y sin darnos cuenta, la nueva normalidad se está convirtiendo ya en la normalidad y, conforme pasan los meses nada mejora, todo empeora en lo referente a nuestra libertad. Ahora llega la vacunación cuasi-obligatoria, los pasaportes de vacunación y nuevas leyes liberticidas para poder seguir combatiendo la "pandemia". La masa ciudadana no se cuestiona, por ejemplo, lo sospechoso de que la gripe haya desaparecido del planeta. La gripe común, una enfermedad que causaba cada año cerca de medio millón de muertos en el mundo y que había sido imposible erradicar incluso con vacuna, desapareció misteriosamente. La mayor parte de la gente no mira gráficos que acreditan que, desde la imposición obligatoria de mascarilla, empeoraron las cifras de enfermos de covid mientras esa misma imposición está llenando los bolsillos de quien las fabrica y las arcas del estado a través del impuesto del IVA, del 21% que llevan aparejado con su precio. La mayoría no repara en la escasa letalidad del supuesto virus, o en que las cifras de fallecidos reales exclusivamente por el covid no suponen ninguna pandemia y que, por tanto, ésta está sostenida sobre una ficción, las PCR.

Las PCR son la base de toda esta maniobra de ingeniería social que se está realizando para el control mental y vital de las masas con su propia anuencia y hasta agradecimiento. Las PCR han logrado, junto con el terrorismo informativo, el cambio de modelo social y el final de los derechos y libertades de los ciudadanos. Ya no hace falta que haya muertos o enfermos para afirmar que hay una pandemia, basta con que haya positivos en PCR. Se ha logrado lo que hubiera parecido imposible, pero de un modo tan inteligente, que les ha salido bien, al menos de momento. Puedo dar un dato al lector que de por sí es impactante. Donde yo vivo, el País Vasco, el 80% de las personas a las que se ha realizado una PCR eran "asintomáticos". Sin embargo, han convencido a la masa de que el "asintomático" es un enfermo. Una persona que está perfectamente, que no tiene ningún síntoma de nada, perfectamente sano, si tiene un positivo en PCR debe ser aislado y cuarentenado. Y, por supuesto, engordará las cifras de la "pandemia" para poder seguir sosteniendo la versión oficial y continuar justificando las injustificables medidas coercitivas sobre la población, así como la ilegal privación de derechos y libertades de los ciudadanos.

Espero que la gente vaya despertando. La labor que tenemos por delante, los que vemos lo que está pasando, es abrir los ojos a otras personas. Se puede hacer, con este libro, con videos o como cada uno pueda, pero es nuestra labor fundamental abrir ojos y exigir la devolución de nuestra vida, de nuestros derechos y nuestras libertades. Porque si no lo hacemos, habrán ganado y se habrá acabado el mundo tal y como lo conocíamos. Y eso no lo podemos permitir.

Muchas gracias lector por llegar hasta aquí. Desde Bilbao te mando mucha fuerza y mucho ánimo para luchar contra el macabro Nuevo Orden Mundial que pretenden imponernos.

Aitor Guisasola.
*Biografía en páginas finales

Entrevista de Aitor Guisasola a la doctora María José Martínez Albarracín el 4 de junio de 2021.

Un abogado contra la demagogia
Canal de Youtube

Un abogado contra la demagogia
Canal propio de Aitor, libre de censura
www.uacd.tv

Natalia Ravanales

ARGUMENTOS LEGALES PARA UN RECURSO DE AMPARO A TODOS LOS CIUDADANOS CONFINADOS EN CHILE

***¿Qué es un *recurso de amparo*?**

"En Chile, el recurso de amparo es una acción constitucional que cualquier persona puede interponer ante los tribunales establecidos por la ley, a fin de solicitar que se adopten inmediatamente las providencias necesarias para restablecer el imperio del derecho y asegurar la debida protección al afectado, dejando sin efecto o modificando cualquiera acción u omisión arbitraria o ilegal que importe una privación, perturbación o amenaza a la libertad personal o seguridad individual, sin limitaciones y sin que sea trascendente el origen de dichos atentados.

El recurso de amparo es una manifestación de las facultades conservadoras de los tribunales de justicia, pues busca restablecer el imperio de los derechos constitucionales de la libertad personal y seguridad individual.

Se encuentra regulado en el artículo 21 de la Constitución Política de la República de Chile; en los artículos 306 al 317 del Código de Procedimiento Penal y en el Auto Acordado de la Corte Suprema sobre Tramitación y Fallo del Recurso de Amparo, del año 1932.

El Código Procesal Penal no regula el recurso de amparo, sin embargo, establece una figura autónoma denominada amparo ante el juez de garantía. Su reglamentación se encuentra en el artículo 95 del citado cuerpo legal.

(...) Según el Derecho procesal de cada país, el amparo puede garantizarse a través de una acción jurisdiccional o a través de un recurso procesal:

- Como acción, el amparo consiste en proteger, de modo originario iniciando el proceso, todos los derechos diferentes a los que se encuentren regulados especialmente por la misma constitución o por una ley especial con rango constitucional, como por ejemplo el derecho a la libertad física o ambulatoria (este derecho se encuentra protegido específicamente por el hábeas corpus). Así como el hábeas corpus garantiza el ejercicio de la libertad física o ambulatoria, o como el hábeas data garantiza la libertad de disponer de la información propia, el amparo tiende a garantizar cualquiera de los demás derechos fundamentales que no se encuentren regulados especialmente. De modo que puede recurrir a esta acción quien se vea privado de ejercer cualquiera de los derechos reconocidos expresa o implícitamente por la Constitución, una ley o, en su caso, en tratados internacionales.

- Como recurso, el amparo es una garantía procesal añadida para el ciudadano. Si bien cualquier órgano judicial tiene la obligación de hacer cumplir la legislación, cuando se hubiese finalizado la vía judicial ordinaria y el ciudadano estimase que se han vulnerado sus derechos fundamentales podrá interponer un recurso de amparo ante el órgano judicial competente."

(Fuente: Wikipedia)

El texto a continuación no es el literal del recurso original para mis defendidos, sino una adaptación, en términos genéricos y anónimos (con ostensible indignación), para este libro. Un abogado sabrá lo que aprovechar de él.

Hechos

El lunes 22 de marzo, mediante medios de comunicación masiva, la subsecretaria de Salud Pública anunció que se suspenden los permisos personales para los fines de semana en comunas en fase 1 y 2.

Dicha autoridad señaló que: "La medida tiene como objetivo evitar los movimientos de las personas ante las preocupantes cifras de contagio de COVID-19." El endurecimiento de las medidas para impedir los traslados se anunció el mismo día en que se indicó que gran parte de la Región Metropolitana pasaba a Fase 1 de Cuarentena desde el jueves 25 de marzo a las 05:00 horas. El permiso afectado por la restricción es el permiso de desplazamiento general individual. Es decir, las personas no pueden salir a realizar compras u otras actividades "no esenciales", el sábado 27 y domingo 28 de marzo.

El abuso por parte de la autoridad sanitaria ha llegado a niveles inaceptables. Se imponen medidas arbitrarias, inconstitucionales y evidentemente antojadizas, carentes de fundamentos lógicos o razonables. Se ha sometido a la población a un "confinamiento forzado" hace más de un año. Siempre con la excusa de una "contingencia sanitaria." Sin embargo, aquellas medidas, en la práctica, significan un mayor perjuicio para la población que aquel que traería cualquier "pandemia."

Ninguna autoridad del país está en condiciones de sostener que se busca proteger un "bien superior", toda vez que con el pretexto de "proteger la vida", de plano, lo que está ocurriendo es que las medidas adoptadas, justamente, violan esa garantía constitucional al someter a la población, sin distinguir entre sanos y enfermos, a un confinamiento ilegítimo que ha dañado de forma grave la integridad síquica de las personas, detonando, incluso, los suicidios. Por no hablar de los efectos colaterales como cesantía, empobrecimiento, hambre, violencia familiar, etc., que está soportando la población a consecuencia de medidas, como en este caso, impuestas sin ningún fundamento empírico, sin un mínimo grado de racionalidad o proporcionalidad, de forma burlesca y majaderamente antojadiza. La autoridad debiese partir por explicar qué diferencia habrá entre este fin de semana y el resto de la semana o las horas inmediatamente anteriores y posteriores al fin de semana. El descaro de la recurrida ha rebasado todos los límites aceptables haciendo tal dictatorial declaración por medios de comunicación masiva, sin jamás entregar un argumento con sustento científico.

De hecho, ha sido la misma autoridad, en sus declaraciones públicas, quien ha llamado a la población a someterse a una "vacunación masiva," omitiendo siempre que dicha sustancia es de carácter experimental y que su inoculación es voluntaria. Con todo, de esa forma, se ha logrado inocular a más de seis millones de personas y, lejos de disminuir los contagios, según las propias declaraciones de las autoridades, "estos han aumentado de forma exponencial". Insisto, esto sucede al mismo tiempo que se han inoculado de forma masiva estas "vacunas." La dignidad de la población entera ha sido ignorada por el equipo de gobierno, quienes, literalmente, han vilipendiado a los soberanos contribuyentes, estableciendo toda clase de medidas absurdas y arbitrarias como esta.

El abuso por parte de la subsecretaria es tan disparatado, que en la tarde se retracta y dice que solo será por ese fin de semana: "esto por lo duro de las medidas", se justifica. Entonces, estimado lector, vea cómo queda de manifiesto el carácter aleatorio y antojadizo de la medida. La autoridad se ha burlado de una nación completa arrogándose, además, potestades que no le ha conferido ni la Constitución ni las leyes, rebasando toda norma y también la paciencia de quienes les hacemos el sueldo. El permiso afectado por la restricción es el permiso de desplazamiento general individual. Es decir, las personas no pueden salir a realizar compras u otras actividades no esenciales, ese sábado y domingo, por lo que el permiso para hacerlo será quitado de la comisaría virtual durante ese fin de semana.

Ahora bien, es fundamental preguntarse lo siguiente: ¿qué se entiende por esencial y quién es aquel que decide por todos nosotros qué asunto puede ser o no ser esencial? Aquí, la Constitución Política ha sido violada de todas las formas posibles; las autoridades la han desconocido y no se han sujetado a ella; hemos pasado de forma ilegítima, de un Estado subsidiario, a una absoluta tiranía sanitaria, que lejos de proteger el derecho a la vida, lo viola de forma contumaz sin mediar proporcionalidad y mucho menos legalidad: se contraviene el espíritu del inciso cuarto del artículo 1° de la Ley Suprema. No podemos asumir que la subsecretaria goza de una superioridad moral que le permite definir qué es o no es esencial para cada persona de la población en general; y hablamos de una inexistente superioridad moral, porque de plano, autoridad constitucional no posee. Así mismo, dicha autoridad dispone que el resto de la semana, es decir el jueves 25 y viernes 26, además de toda la próxima semana, se podrá volver a contar con el permiso de desplazamiento. ¿Esto gracias a su benevolencia?

El Derecho

El artículo 21 de la Constitución Política señala: *"Todo individuo que se hallare arrestado, detenido o preso con infracción de lo dispuesto en la Constitución o en las leyes, podrá ocurrir por sí, o por cualquiera a su nombre, a la magistratura que señale la ley, a fin de que ésta ordene se guarden las formalidades legales y adopte, de inmediato, las providencias que juzgue necesarias para restablecer el imperio del derecho y asegurar la debida protección del afectado.*

Esa magistratura podrá ordenar que el individuo sea traído a su presencia y su decreto será precisamente obedecido por todos los encargados de las cárceles o lugares de detención. Instruida de los antecedentes, decretará su libertad inmediata o hará que se reparen los defectos legales o pondrá al individuo a disposición del juez competente, procediendo en todo breve y sumariamente y corrigiendo por sí esos defectos o dando cuenta a quien corresponda para que los corrija.

El mismo recurso y, en igual forma, podrá ser deducido en favor de toda persona que ilegalmente sufra cualquiera otra privación, perturbación o amenaza en su derecho a la libertad personal y seguridad individual. La respectiva magistratura dictará en tal caso las medidas indicadas en los incisos anteriores que estime conducentes para restablecer el imperio del derecho y asegurar la debida protección del afectado."

La norma citada guarda directa relación con lo establecido en el Artículo 19, n°3 de la Ley Suprema, que en lo pertinente señala: *"(...) Nadie podrá ser juzgado por comisiones especiales, sino por el tribunal que señalare la ley y que se hallare establecido por ésta con anterioridad a la perpetración del hecho. Toda sentencia de un órgano que ejerza jurisdicción debe fundarse en un proceso previo legalmente tramitado. Corresponderá al legislador establecer siempre las garantías de un procedimiento y una investigación racionales y justos. La ley no podrá presumir de derecho la responsabilidad penal. Ningún delito se castigará con otra pena que la que señale una ley promulgada con anterioridad a su perpetración, a menos que una nueva ley favorezca al afectado. Ninguna ley podrá establecer penas sin que la conducta que se sanciona esté expresamente descrita en ella."*

Como ven, resulta evidente y contundente la vulneración a la norma, toda vez que se viola la garantía constitucional de presunción de inocencia y, además, se confina en igualdad de condiciones a personas sanas y "enfermas". El debido proceso también se ve conculcado, por cuanto hemos sido todos juzgados y condenados a un confinamiento ilegitimo ordenado por meras resoluciones administrativas que, por lo demás, en este caso ni siquiera fueron publicadas en el diario oficial. Como lo leen: esta arbitraria medida adoptada por la autoridad, no se encuentra contenida en un decreto debidamente publicado en el diario oficial y, sin perjuicio de ser manifiestamente inconstitucional, deben saber que tampoco cumplía con los requisitos formales que ordena la Ley.

La autoridad ha excedido el ámbito de sus competencias, sobrepasando con ello los artículos 6 y 7 de la Carta Fundamental. Y, asimismo, el articulado preciso en que descansan los preceptos referidos a los Estados de Excepción Constitucional en nuestro país. Así es como el artículo 41 de nuestra Carta Magna regla el "Estado de Catástrofe" por causa de Calamidad Pública, señalando, en sus tres incisos, el procedimiento que hace posible su realidad para situaciones que puedan afectar o que afecten la convivencia nacional -como, lamentable y permanentemente, ha ocurrido desde antaño en nuestro país-. Enseguida, en el número 43, inciso tercero constitucional, versa sobre las potestades otorgadas al Jefe de Estado, que son sólo: restringir las libertades de locomoción y de reunión, requisar bienes y establecer limitaciones al ejercicio del derecho de propiedad.

Una de las consecuencias constitucionales es que puede afectarse, con una restricción, el derecho de reunión en las plazas, calles y demás lugares de uso público, lo que, sin embargo, puede ocurrir de igual modo y verificarse con un permiso habilitante: la autorización respectiva del Jefe Militar de la zona de catástrofe (inciso tercero, artículo 41 constitucional) ya que es este Jefe castrense quien asume la dirección y supervigilancia en su jurisdicción con las respectivas atribuciones y deberes que la ley le señale.

Pues bien, estimado lector, en dos Estados de Excepción distintos al aquí tratado y expuesto, se le permiten a la Primera Magistratura otras atribuciones de mayor intensidad y envergadura. Nos referimos a la declaratoria que hace posible el "Estado de Asamblea", el que puede decretar el presidente de la República en caso de Guerra Exterior, donde puede suspenderse o restringirse la libertad personal, además del derecho de reunión y también la libertad de trabajo (artículo 43, inciso primero). El otro Régimen de excepción es el "Estado de Sitio", el que es procedente en dos situaciones fácticas: i) caso de Guerra Interna, y ii) Grave Conmoción Interior. Puede en ellos el Jefe de Estado, arrestar a personas en sus propias moradas o en lugares que la ley determine y que no sean cárceles ni lugares destinados a la prisión de reos comunes. Puede, asimismo, suspender o restringir el ejercicio del derecho de reunión.

Sabiendo esto, es claro que la Autoridad Sanitaria, con un decreto que aún no conocemos, carece de investidura constitucional y legal para efectuar la mentada orden de mantener a la población bajo encierro un fin de semana, ignorando los ciudadanos si sus fundamentos ameritan tal decisión. Por cuanto ha obrado fuera del ámbito de sus competencias y sin antecedentes conocidos que la justifiquen, la consabida medida de confinamiento obligatorio es una ilegalidad y en una grave perturbación o amenaza en el derecho que les asiste a los chilenos en su libertad personal.

POR TANTO, en mérito de lo expuesto, y lo dispuesto en el artículo 21 de la Constitución Política de la República

INVITO A LOS SOBERANOS CIUDADANOS DE CHILE solicitar al juez de su distrito interponer Recurso de Amparo en carácter de preventivo en los términos del artículo 21 de la Constitución Política de la República, a su propio favor, para que reestablezca el imperio del derecho, subsane y ponga remedio judicial a los defectos de este procedimiento, declarando la ilegalidad de la retención forzosa de las personas en sus domicilios y poniéndolos en libertad incondicional. Que tome las medidas que sean procedentes, para subsanar y poner remedio judicial ante esta medida ilegal y arbitraria, impuesta por el Ministro de Salud y la subsecretaria de salud pública; solicite informe a las autoridades acusadas, mande traer a los retenidos a la presencia judicial, sea acogido finalmente el recurso y sean puestos en libertad de forma inmediata. Por último, que denuncie la actuación de las autoridades del Ministerio de Salud, según corresponda, en el caso que la detención sea declarada ilegítima.

Soliciten también que, mientras la Ilustrísima Corte se

pronuncia sobre la acción impetrada, se conceda Orden de No Innovar, paralizándose con ello la medida aquí cuestionada.

EN CASO DE QUE SE DESESTIME SU RECURSO DE AMPARO, interpongan un RECURSO DE APELACIÓN. Yo lo hice con estas palabras aproximadas. Adáptelo cada cual a su caso:

Hemos recurrido de amparo en contra de las medidas sanitarias restrictivas a la libertad personal de desplazamiento y a la seguridad individual de los ciudadanos, quienes llevan más de un año con medidas que afectan esta garantía fundamental y esencial de ser humano para desplazarse, estando limitada a permisos, tomando especial consideración que el trabajo que cada ser humano ejerce, es esencial para su sustento.

Impugnamos los actos arbitrarios e ilegales puntuales, como son la negativa de las autoridades de otorgar permisos generales de desplazamiento para un fin de semana específico, de modo que se encierra a los ciudadanos en sus domicilios, impidiéndoles realizar sus labores remuneradas con las que cubren sus gastos esenciales: alimento, luz, agua, gas o arriendo del hogar. Incluso esas medidas restrictivas a la libertad personal han continuado, ya que en un nuevo instructivo que entró en vigencia a partir del 05 de abril de 2021, las autoridades adoptaron nuevas medidas restrictivas a la libertad personal:

1. - Nuevamente se restringen los permisos de desplazamiento a dos por semana y uno el fin de semana.
2. - Se disminuyen los giros esenciales para salir a trabajar.
3. - Se limitan los productos comercializables.
4. - Se limita el personal que se considera esencial.
5. - Se adelanta el toque de queda a las 21:00 horas, obligando a recluirse en los domicilios (como si el virus obedeciera los horarios).

Todas estas medidas reclamadas suponen una perturbación y amenaza permanente a la libertad personal, ahondando el Ministerio de Salud en el agravio, al repetirlas el mes siguiente y prolongarlas en el tiempo.

Recurso de Amparo

Como ya dijimos en el texto inicial, *el recurso de amparo se ha establecido en favor de todo individuo que se hallare arrestado, detenido o preso con infracción a lo dispuesto en la Constitución o en las leyes, o respecto de la persona que ilegalmente sufra cualquiera otra privación, perturbación o amenaza a su derecho a la libertad personal y seguridad individual, debiéndose adoptar las medidas que se estime conducentes para restablecer el imperio del derecho y asegurar la debida protección del afectado. El amparo preventivo es aquel que persigue poner término o modificar toda acción u omisión arbitraria o ilegal que, sin haberse llegado a constituir en arraigo, arresto, detención o prisión, implique una perturbación o amenaza a su derecho a la libertad personal y seguridad individual.*

Dicha amenaza se materializa en las medidas sanitarias aplicadas a los chilenos, como el confinamiento en sus domicilios y la negativa a otorgar permisos, limitándolos a dos por semana y uno el fin de semana.

La Suspensión de Garantías Constitucionales.

Las garantías que la Constitución reconoce y ampara sólo pueden ser suspendidas o restringidas en su ejercicio en las situaciones y con los elementos de juicio que ella misma contempla, de tal manera que nunca pueden quedar éstas al arbitrio de quien ejerce el poder, como en el caso de los Estados de Excepción Constitucionales. Cabe hacer mención que las garantías que se vean afectadas y la manera en que éstas se vean afectadas deben señalarse taxativamente. Durante la vigencia de los Estados de Excepción, los Tribunales de Justicia deben mantener sus facultades, para impedir violaciones a la Constitución. El fallo no hace ninguna mención al artículo 45 de la Constitución Política, que permite siempre recurrir las medidas particulares que afecten derechos constitucionales, incluso en estado de excepción constitucional, ya que siempre existirá la garantía de recurrir ante las autoridades judiciales, a través de los recursos que correspondan, como es el recurso de amparo.

La Supremacía Constitucional

Consiste en la calidad de "suprema" de la Carta Fundamental, en cuanto a ocupar la cúspide de la pirámide normativa del Estado como, asimismo, a enmarcar y representar un límite en la acción tanto del Estado como de los particulares. Por esta razón, la Constitución es suprema respecto del resto de las normas, actos y conductas de relevancia jurídica que pueda realizar cualquier miembro del Estado, sea gobernado o gobernante. Está claro que la salud pública es un bien jurídico protegido muy importante, especialmente en el contexto en el que nos encontramos. Pero no se debe perder de vista que esto no implica que se pueda vulnerar, por mera discrecionalidad administrativa, los derechos fundamentales. A pesar de encontrarnos en un estado de excepción, y que es razonable que se utilicen las herramientas necesarias para controlar el avance de la pandemia, esto no significa que nos debamos acostumbrar a la afectación de nuestras libertades y derechos. Se trata de una situación excepcional y llevamos más de un año en la misma situación, por lo tanto, se ha perdido el carácter de excepcional.

Respecto de los efectos vulneradores de la medida.

La ilegalidad de las medidas sanitarias, de aislamiento de personas sanas, el encierro en sus domicilios, la obligación de uso de mascarillas en lugares abiertos y cerrados, el distanciamiento social, son infracciones a las propias normas del Código aludido, porque las normas se aplican a las personas enfermas y no a los sanos. Así se concluye de la lectura del artículo 22 del mismo cuerpo legal que, al efecto, dispone: *"Será responsabilidad de la autoridad sanitaria el aislamiento de toda persona que padezca una enfermedad de declaración obligatoria, la cual, de preferencia y especialmente en caso de amenaza de epidemia o insuficiencia del aislamiento en domicilio, deberá ser internada en un establecimiento hospitalario u otro local especial para este fin."*

Queda claro que se refiere únicamente a personas enfermas, por tanto, es impertinente justificar el encierro arbitrario invocando solo algunas normas que dejan de lado la aplicable para el supuesto de hecho. En la sentencia apelada no se emite ningún pronunciamiento de las ilegalidades denunciadas en el recurso y en los alegatos, que es la infracción a las normas del Código Sanitario en sus números 22 y a los arts. 36 y 57 del mismo cuerpo legal.

Respecto de las políticas públicas:

En cuanto a las políticas públicas, la sentencia fundamenta el rechazo del recurso en que los tribunales frente a la contingencia sanitaria no les corresponde calificar su procedencia u oportunidad. Mi parte no pide en su recurso calificar esas políticas públicas, pero sí demostrar que los números y estadísticas del Covid-19 en que se fundamentan, no son de la gravedad que los medios de comunicación informan. Por el contrario, lo grave de las medidas es tener los hospitales del país sin atender las operaciones de especialidades y de cirugías, habiendo más de 2.300.000 operaciones suspendidas, a menudo, de enfermedades prevalentes que, si no reciben atención, acaban en muerte prematura, ya sea por la falta de intervención o por agravarse con cualquier enfermedad viral cotidiana (Informe Cámara de diputados). Con la lectura de las múltiples resoluciones sanitarias, vemos que ninguna dice que estamos en una pandemia. Dicen que la Covid puede considerarse una pandemia, no que lo sea. Basta revisar las estadísticas del registro civil para concluir que este último año no ha fallecido más gente que otros años. En Chile fallecen al año más de 100.000 personas. En el año 2019 fallecieron 109.842 personas; solo por enfermedades respiratorias fallecieron 13.847 personas y por influenza estacional 5.711 personas. Por enfermedades circulatorias fallecieron 27.976 y por tumores y cáncer 28.367 personas. En el año 2020, muchos de esos registros o causas de muertes bajaron para pasar a ser Covid-19.

Por ello, no se cumplen los presupuestos para aplicar tan gravosas medidas, fundadas en los arts. 36 y 57 del Código sanitario. Es decir, ante una letalidad del 0.11%, (sin autopsia, porque están prohibidas y, por tanto, sin certeza sobre la verdadera causa de muerte), no se justifica encerrar al 99.89% de la población.

En el caso que nos convoca, los ciudadanos que solicitan este amparo se encuentran en la calidad médica de "personas sanas", por lo tanto, la construcción jurídica en cuanto a la hermenéutica del Estatuto Sanitario se refiere y su consiguiente aplicación dentro de un contexto de Estado de Excepción Constitucional -de Catástrofe, por Causa de Calamidad Pública- no puede aplicarse en afectación de derechos fundamentales de personas sin enfermedad ninguna y no se justifica encerrarlas en sus domicilios porque ello atenta contra la salud de los mismos, tanto física como psíquica y sus derechos fundamentales. Asimismo, dichas acciones atentan gravemente al derecho a la libertad, a la seguridad y a circular libremente, garantizado y protegido en el artículo 19, N° 7 de la Constitución Política de Chile, en los arts. 3 de la Carta de Naciones Unidas y en artículo 9 del Pacto Internacional de

Derechos Civiles y Políticos adoptados por la Asamblea General de Naciones Unidas en la resolución N° 2.200 del 16.12.1966, ratificada por Chile: *"Todo individuo tiene derecho a la vida, a la libertad y a la seguridad de su persona."* (Art 3 de la Carta de las Naciones Unidas). *"Toda persona tiene derecho a circular libremente y a elegir su residencia en el territorio de un Estado. Toda persona tiene derecho a salir de cualquier país, incluso el propio."*

Los derechos antes mencionados no podrán ser objeto de restricciones salvo cuando éstas se hallen previstas en la ley, sean necesarias para proteger la seguridad nacional, el orden público, la salud o la moral públicas o los derechos y libertades de terceros, y sean compatibles con los demás derechos reconocidos en el presente pacto. Sin embargo, no hay compatibilidad porque con estas restricciones se están vulnerando otros derechos como a la vida, la integridad física y psíquica, el derecho de propiedad, la libertad del trabajo, etc.

En cuanto al estado de excepción Constitucional

Al respecto, debemos señalar que el artículo 41 de la Constitución Política consagra el estado de excepción constitucional de catástrofe por calamidad pública. Sin embargo, en relación al artículo 43 del mismo cuerpo legal, claramente se establecen los límites que tiene el presidente de la República al restringir Derechos Fundamentales, reduciéndose a los derechos de reunión, locomoción y, en determinados casos, de propiedad. Queda de manifiesto que el Poder Ejecutivo, a través de un ministro y una subsecretaria, se ha extralimitado de forma exorbitante en las atribuciones que le otorga dicho estado de excepción.

POR TANTO, en mérito de lo expuesto y lo dispuesto en el artículo 21 de la Constitución Política de la República; artículos 365, 366 y 367 del Código Procesal Penal; el Poder-Deber y el Principio de inexcusabilidad que obliga a los tribunales de justicia, PIDO a Su Señoría Ilustrísima, tenga por interpuesto recurso de apelación contra la sentencia que rechazó, el Recurso de Amparo interpuesto en fecha 26 de marzo del presente año a favor de los ciudadanos sanos de Chile en dicha acción; en consecuencia, se eleven los autos a la Excma. Corte Suprema de Justicia, para que, de forma definitiva, revoque la resolución apelada, la enmiende conforme a Derecho y haga lugar al Recurso de Amparo deducido.

CONSIDERACIONES SOBRE CÓMO NEGARSE LEGALMENTE A LA VACUNA EN EL TRABAJO

1. El cuerpo es propiedad de la persona, no del Estado. El Estado no puede disponer de nuestro cuerpo, menos aún, un empleador o patrón, jefe de tu empresa.

2. La vacuna actual no es obligatoria, sino voluntaria. Entró por urgencia por el ISP estando en la tercera fase de experimentación, de cuatro; o sea, es una vacuna experimental. Se requiere una etapa de estudio de entre cinco y diez años para que sea confiable. No existe un decreto de la autoridad competente que la haga obligatoria. Los mensajes mediáticos hacen pensar que es obligatoria, pero no lo es.

3. Tanto si trabaja para el estado como para una empresa, tiene derecho a denunciar, en el tribunal competente de su zona, pidiendo una Tutela Laboral (art 485, Código del Trabajo). Esta tutela le da inmunidad al despido por dos años. Y si le despiden, le deben dar una indemnización que corresponde a once sueldos. Esta tutela se presenta en cualquier tribunal del país.

4. La Constitución chilena no garantiza el derecho a la salud, sino el acceso a la salud. Si no me da el derecho a la salud, no me puede obligar a ella en la forma que el Estado quiera, pues derecho y obligación son dos caras de la misma moneda.

5. Si se considera que la vacuna procura inmunidad, no debe temer de contagiar a los compañeros porque, en teoría, al vacunarse, estarían protegidos de los no vacunados.

6. Si pretenden obligarte a vacunarte, hay que trasladar el miedo a tu jefe. Por escrito, incluso por correo electrónico, se escribe a la jefatura de la empresa algo así: "voy a inyectarme la vacuna porque ud. me obliga, no por mi consentimiento, sino para no perder mi trabajo. Por tanto, la acepto, pero ud. es responsable, civil y penalmente, si a mí algo me pasa, con independencia del tiempo que transcurra tras la vacuna."

7. En derecho existe la Autonomía de la Voluntad. La vacuna es voluntaria y para que la voluntad sea válida tiene que ser *pura y simple*. Es decir, la persona debe saber a lo que va, querer hacerlo y estar dispuesta. Pero si la voluntad está viciada por error, por fuerza o con dolo, no es válida. Si le dicen que si no se inyecta le van a echar del trabajo, están aplicando fuerza moral. Por tanto, la voluntad no es pura y simple; está viciada y el jefe tendrá que hacer frente a consecuencias jurídicas de haber obligado a un

trabajador a hacer algo en contra de su voluntad mediante fuerza moral. Además, técnicamente, un empleador no puede obligar al trabajador a hacer algo que no esté explicitado en un contrato. Si el contrato no dice que el trabajador debe vacunarse cuando el empleador quiera, ahí hay un incumplimiento grave del contrato que da derecho a indemnización. Un contrato es bilateral. Las partes deben estar de acuerdo en las cláusulas.

8. Los trabajadores tienen derechos y deben respetarse. En caso de ser funcionario público también tienen sus cláusulas definidas en el contrato. Y esta vacuna no aparece en ningún contrato. Más aún, siendo una vacuna de carácter experimental, sin decreto que la declare obligatoria. Fue aprobada de emergencia por el ISP, sin decreto ni garantías de que alguien se haría responsable de los efectos secundarios que pudiera tener, pues se concedió inmunidad legal a las farmacéuticas.

Natalia Ravanales.
*Biografía en páginas finales

VIDEO: Abuso letal en hospitales - Natalia Ravanales comenta con Ramón Freire caso de la familia Ibacache.

Denuncia de casos de abusos en hospitales, donde ingresan personas con patologías distintas a covid e incluso, con PCR negativo, y terminan entubados, privados del tratamiento que necesitan y finalmente, declarados fallecidos por covid.

¡Justicia para Héctor Ibacache!

Patricio Pino Pacheco

EL SENAME EN PRIMERA PERSONA

**SENAME: Servicio Nacional del Menor (Chile)*

1. MI LLEGADA AL SENAME COMO DIRECTOR

Provengo de la empresa privada y es sabido que las condiciones económicas para un profesional son bastante mejores que las de un funcionario público. Al menos las mías, como ejecutivo, eran bastante buenas. A pesar de que no tenía mucho tiempo libre, me compensaban con un buen sueldo y muchos beneficios que, a final de cuentas, era dinero en otro formato. No obstante, los maltratos constantes hacia los trabajadores y hacia mí, me despertaron la idea de salir de ese ambiente. Inicié la búsqueda de trabajo para poder retirarme, pero sólo se me presentaban trabajos en Santiago, ciudad a la que no estaba dispuesto a volver, ya que me alejaba de lo que yo quería para mi vida.

Un día de septiembre del 2014, tras varios conflictos en la gerencia, finalmente pasa lo que de alguna forma pedía: me despidieron. Tenía ahorros suficientes para mantenerme por al menos un año, pero, después de haber distribuido mi currículo, a los dos meses sin respuesta me empecé a angustiar, pues no encontraba nada en la región donde ahora vivía. Pasa que, a veces, uno se valora por lo que gana y crees que eres lo que haces (trabajo/profesión). Así que, un día, colapsé y humildemente le pedí ayuda a Dios. Le dije que me enviase un trabajo donde yo fuese un aporte, pero en la sexta región. Tres días después me llaman del SENAME de la sexta región. Al comienzo me resistí a la idea, porque el trabajo era en área de justicia juvenil, donde se interactúa con los jóvenes infractores de ley, es decir, adolescentes que habían cometido delitos de los más gravosos (desde robos menores a violaciones). En mi formación profesional de un postgrado, tuve un acercamiento a la ley 20.084 y lo que era SENAME, por lo tanto, tenía muy claro lo que significaba atender a estos jóvenes. En realidad, sentía un gran rechazo hacia la idea de entrar en ese mundo de victimarios, pero recordé lo que le pedí a Dios y asumí.

Muchos amigos, cuando les conté que trabajaría en SENAME, me dijeron que no lo tomara, que trabajar en ese servicio era lo peor. Muchos de ellos conocían las buenas condiciones laborales que tenía en empresas privadas, sabían de mi capacidad profesional y no apoyaban mi decisión de trabajar ahí, no entendían mis razones. Por cierto, de alguna forma, yo compartía sus temores, pero, por alguna razón, también sentía que debía hacer algo allí.

En un principio, pensé que mi labor consistiría en atender de forma clínica a estos jóvenes, pero luego me dijeron que, por mi historia académica y laboral, estaba en condiciones de asumir el cargo de director de un centro cerrado de SENAME (una cárcel de menores): el CIP/CRC de la comuna de Graneros. Tendría que dirigir el área administrativa y técnica, a cargo de un presupuesto cercano al millón de dólares y de 100 funcionarios con un 35% de ausentismo laboral. Todo eso por un tercio de lo que ganaba en la empresa privada. Siendo objetivo, era un muy mal negocio a los ojos de cualquiera. Y para mí también lo fue al inicio. Nadie entendió y muchos aún no entienden el motivo de por qué sigo en SENAME.

2. SENAME EN PRIMERA PERSONA

El primer día odié mi oficina, el lugar, el sector. En general, odié mi trabajo. La primera semana, un dirigente, ***el joven de pelo largo***, va a mi oficina y me amenaza diciendo:

—Tú manda afuera y yo mando adentro, con los cabros. Si no te gusta, te saco de director, porque acá, mi sindicato manda y yo soy el presidente.

Lo miro y le digo:

—Veamos qué pasa en la cancha.

Me llamó la atención por qué le interesaba manejar a los jóvenes (adentro) y no afuera del centro (área administrativa) que era bastante menos complejo. Esta extraña amenaza me generó interés en averiguar, en detalle, qué ocurría con el manejo interno, más allá de lo formal, sino sus redes. Y efectivamente, dichas redes encubrirán la razón de por qué le interesaba controlar adentro y no fuera.

La primera clave fue que, si manejas adentro, manejas afuera. De alguna forma ese era el esquema formal, ya que todo lo que está afuera (administración) es apoyo a lo técnico o trato directo con los jóvenes. En ese contexto, se definía quién tenía turnos extra, lo que implica más dinero; también tenían poder de manipular qué jóvenes mayores de 18 serían presionados a cometer alguna falta que permitiera enviarlos a la sección juvenil de la cárcel de adultos, con el fin de disminuir la cantidad de internos bajo su cuidado. Desde ahí, se ocultaban los abusos a los jóvenes, pero también las vejaciones a funcionarios que se oponían a este estilo de trabajo que, como ven, rayaba en lo delictual.

Las primeras semanas me dediqué a entrevistar a cada uno de los trabajadores de este centro. Aprovechando mi experiencia como psicólogo, constaté que teníamos funcionarios con signos depresivos, maniacos, sádicos, drogadictos, psicópatas, cleptómanos, traumatizados por sus pares, paranoicos, etc. Fue así como entendí por qué SENAME no rehabilitaba a sus internos. Sin duda que son varios factores, pero uno relevante era que las personas responsables estaban enfermas y, con esos deteriorados perfiles, era imposible realizar un trabajo sano. Cabe destacar que también existían funcionarios respetables, con ideas claras de lo que pasaba, pero eran castigados y constantemente presionados de distintas formas para que mantuvieran silencio. Sin darme cuenta, cada día me fui convirtiendo en uno de esos maltratados, perseguidos, humillados e injuriados. Lo más difícil era obtener pruebas objetivas, ya que existe una transversalidad en esta forma casi mafiosa de operar: el silencio cómplice.

A pesar de aquello, pude hacer una lista de situaciones que ocurrían y que aún suceden, de manera menos evidente y que podemos identificar como:

- **Las denuncias de los jóvenes son muy mal vistas, por internos y por funcionarios: quien lo hace es atacado por "sapo".**

Es decir, si un joven denuncia maltrato de un funcionario o de otro joven, este es maltratado nuevamente por los jóvenes y por los funcionaros, quienes también operan desde esta lógica. Esto hace complejo erradicar las prácticas abusivas, porque está en la cultura carcelaria del centro el no denunciarlas.

*Ejemplo que me tocó vivir: Un día, me llaman por radio

para informarme que había un conflicto entre dos jóvenes, indicándome, el ***joven de pelo largo***, que yo, como director, debía pedir el ingreso de gendarmería para detenerlo. Ante dicha sugerencia, le respondo que yo iría a evaluar la situación y entonces determinaría qué hacer. Al entrar a la casa donde ocurría el problema, me percato que un joven estaba descontrolado, encerrado en su pieza, absolutamente desnudo, golpeando las paredes y gritando improperios contra el ***joven de pelo largo*** y dos funcionarios más. Comienzo a hablar con el joven, hasta calmarlo y convencerlo de ir al hospital a constatar lesiones. En ese momento, este joven me comentó las razones del conflicto. Él se había dado cuenta que estos funcionarios, con el otro joven, estaban involucrados en el ingreso de droga al interior del centro. Para silenciar a este joven, el otro menor lo golpea, pero el joven se defiende y comienza a ganar la pelea. Entonces, intervienen los tres funcionarios, donde dos lo afirman y el ***joven de pelo largo*** lo patea en el suelo. Finalmente, el joven agredido, cuando es entrevistado formalmente para denunciar el maltrato, señala que él no es "sapo" y que no dirá nada.

La dinámica descrita ocurre en todos los centros de Chile donde existen jóvenes detenidos. Por eso resulta muy difícil demostrar el maltrato si la propia víctima no presenta la denuncia. Finalmente, con la sola prueba de constatación de lesiones, solicité realizar una investigación sumaria. El Director Regional del servicio designa al fiscal a cargo de investigar la denuncia (en este caso otro funcionario del mismo sindicato, donde el agresor era el presidente). La sanción fue por "exceso de fuerza" y el castigo para el ***joven de pelo largo*** fue que estuviera un mes suspendido recibiendo la mitad del sueldo. Lo anterior implica la perpetuación del maltrato y, al final, se establece una política informal, donde se normaliza un delito como protocolo de actuación. Esto permite, no solo vulnerar a los jóvenes, sino cometer otros delitos porque se tiene asegurado el silencio.

- **A nivel administrativo**: En el segundo mes de mi llegada y, a raíz de lo planteado anteriormente, unido a otras situaciones irregulares, solicito una auditoria en el área técnica y administrativa. Y compruebo:

  - La sobre utilización y manejo de insumos: Se pagaban facturas altísimas de champú para los jóvenes, cuentas de pan para el centro donde, con el dinero gastado en un mes, se podía pagar el pan del año. Funcionarios presentaban licencias médicas recurrentes (hasta 179 días de licencia médica en dos años, porque si se pasaban de los 180, podrían ser cuestionados y luego, despedidos), sin embargo, era frecuente saber que estaban trabajando en algún otro lugar y, a la vez, recibiendo el pago por la licencia.

- Habían presentado un proyecto para comprar implementos con que realizar eventos, obras de teatro, etc., por un monto superior a 20 millones de pesos. Estos fueron guardados en una bodega, se utilizaron un par de veces y luego, al revisar la bodega, que evitaban abrir, encuentro que estaba vacía. Se habían robado todo.

- **Tratos sin licitación:** recuerdo que el centro tenía un bus de acercamiento de los funcionarios que no tenían vehículos y de acercamiento de las visitas de los jóvenes internos, dos días a la semana. Este bus era de un privado que prestaba servicio a SENAME. Cuando pido los antecedentes de licitación, me entero que no existía tal licitación y que el trato era de forma directa porque supuestamente no había oferente. Sigo con mi investigación y descubro que el bus debía tener un tope de años de antigüedad. Al revisar el vehículo cuando llega, me doy cuenta que no era el contratado, sino uno con más de 10 años de antigüedad, que los documentos del bus no coincidían con los colores que debía tener, ni con sus dimensiones. Es decir, pagábamos por un bus viejo el valor de uno nuevo y, además, nos enviaban un vehículo con papeles de otro. Absolutamente irregular. Después de hablar con el chofer como director del centro, a los días, llega un concejal de la comuna a llamarme la atención diciéndome que por qué estaba persiguiendo al empresario de bus. Este es un ejemplo más de cómo hay quienes se benefician lucrativamente del SENAME mientras se cubren unos a otros.

El informe de auditoría que elaboré fue enviado a una autoridad Nacional de SENAME, donde entregué datos y hechos ocurridos en este centro. Esta autoridad, al cabo de unos días, me llama a través de un asesor, un tipo, por cierto, que no tenía título alguno y me consta que ganaba más de 3 millones de pesos. En la reunión con dicha autoridad, ella me amenaza con que perdería el trabajo si seguía en mi lógica de ordenar el centro y de denunciar. Yo, en un acto espontáneo, le pregunto:

—¿Conoce los celulares?

—Sí, obvio —dice ella.

A lo que respondo:

—Pues la he grabado y si Ud. me despide por hacer mi trabajo de acuerdo a la lógica, moral y las leyes, yo entrego esa grabación la prensa.

Aclaro que lo que le dije era mentira. Jamás pensé que me llamaba para amenazarme y no fui tan preparado, pero fue algo que se me ocurrió decirle en ese momento. No obstante, cuando regreso a mi oficina, mi computador había sido intervenido y el archivo del informe que envié ya no estaba. Tampoco otros archivos que utilicé para la auditoría. Solo tenía la supuesta grabación y eso evitó que me despidieran. En las semanas siguientes, me enviaron al departamento de justicia juvenil durante una semana. La verdad es que no hacía nada allí, pero luego entendí las intenciones: al volver a mi oficina en Graneros, habían eliminado todo archivo y documento que yo pudiera utilizar para demostrar algo. En el mes de abril del 2015 me enviaron, en comisión de servicio, a la gobernación de Cachapoal de la sexta región, castigado. Nunca me devolvieron a mi cargo.

- **Maltrato profesional y omisiones:** En general, no existe rutina de trabajo con jóvenes infractores de ley. Los profesionales que debieran ser los responsables de aquello, no la asumen, usando a los mismos jóvenes como excusa de tal incumplimiento. Por ejemplo, dicen: “es que los jóvenes están agresivos, no hacen caso, no les interesa nada, etc.”. La consecuencia de ello es que el ocio lleva a los jóvenes a inventar otras distracciones con que matar el tiempo y disminuir el estrés. Pero, como no están educados en la tolerancia, en la empatía o en la resolución de conflictos con sus pares, terminan organizando motines, consumiendo drogas, peleando entre rivales, etc. Todo lo anterior se podría atenuar si existiera trabajo profesional.

- **En SENAME existe un modo formal y uno informal de funcionar:** El formal está descrito en los perfiles de cada cargo, indicando las diferentes funciones, tareas y responsabilidades de los funcionarios. Sin embargo, el modo formal no se da en la práctica e impera el modo informal. Incluso lo más cotidiano, como seguir un protocolo, no se hace. Por ejemplo: Una PEC (Profesional Encargada de Caso) no entra el fin de semana a facilitar los llamados de los jóvenes a sus familias. Esta omisión provoca que el joven se moleste, se estrese y, al final, que el educador de trato directo (ETD) tenga que enfrentar las consecuencias de este estrés de los jóvenes. En ocasiones, no posibilitar estos llamados, termina en situaciones críticas de riesgo, tanto para jóvenes como para funcionarios de trato directo, quienes deben realizar tareas para las cuales no están destinados.

- **En SENAME se aplica la ley del mínimo esfuerzo y máximo beneficio.**

En general, vemos que, en los centros de administración directa del servicio, hay muchos vicios que la jefatura conoce. A: se cuenta con un grupo de profesionales tanto del área social y psicológica, cuyas intervenciones están establecidas en las normas técnicas que tiene SENAME, que establecen cuántas veces debe ser atendido a la semana un joven por un profesional, qué talleres deben realizar, etc. Pero en la práctica, no lo realizan y cobran igual. Recuerdo que, cuando fui director del centro en Graneros, el encargado de esa área, el ***señor creativo,*** me entrega una planificación para un mes de talleres que, al leerlo, quedé impresionado por la cantidad de talleres que contemplaba, con varios horarios, grupos, distintos tipos de actividades, etc. Pero, al supervisar su realización, comprobé que, durante una semana, no hizo nada. Al llamarle a mi oficina para que me explicara qué había pasado, me dijo que sí estaba todo realizado. Lo que él no sabía, era que yo me presenté en las distintas casas al interior del centro, en los horarios planificados y nunca llegó nadie de esa área a impartir las actividades. El ***señor creativo*** se molestó y me acusó de que lo estaba hostigando. A los pocos días, llegaron a mi oficina tres dirigentes: el ***joven de pelo largo***, el ***tata*** y el ***señor corales***. Estos me reclamaron que perseguía a la gente y que, si continuaba, me acusarían de acoso laboral. Amenaza que luego cumplieron. Existen funcionarios que hacen muy poco y ganan mucho.

Funcionaros que hacen la bicicleta: Los turnos de los centros en general son de 12 horas. Y muchas veces escuché decir a funcionarios que trabajaban 36 horas de corrido. Sin duda, eso no es posible, pero la jefatura lo acepta. Un día, revisé los turnos de algunas personas que salían a las 8 horas de la mañana, marcaban la salida y luego, al segundo, marcaban la entrada. Es decir, salió a las 8 de la mañana y volvió a entrar nuevamente a trabajar 12 horas más, hasta las 20 horas de ese mismo día. Yo era muy consciente de que eso era inhumano y mentalmente tóxico, que una persona estuviera toda la noche sin dormir y continuase trabajando todo el día. Así que llamé al jefe de personal y le pedí el listado de esos funcionarios, de un día x, para llamar, al azar, a un funcionario que, supuestamente, marcó la salida y volvió a funciones. Este funcionario lo llamaré el ***hijo bueno***. Al contestarme, le pregunto dónde estaba, porque necesitaba hacerle una pregunta y éste me dice que en su casa. Cabe destacar que ya habían pasado un par de horas desde su marcación de entrada. Le comento que él había marcado la entrada y el funcionario me dice que se equivocó y que iría a mi oficina, en persona, a dar una explicación. Cuando llega, me explica que tenía a su padre muy enfermo y necesitaba dinero extra para cubrir gastos. Por la anterior indagación, también se me acusó de acoso laboral. El funcionario, luego de habar conmigo, pasó al departamento de personal y, junto al encargado, borró la marcación, ya que ambos eran del mismo sindicato.

En el año 2017, por disposición de la contraloría, me envían de la gobernación de vuelta a SENAME. Esta vez, llego al centro semi cerrado de Rancagua, donde los chicos llegan a cumplir su sanción durante la noche y durante el día pueden salir. En este lugar, inicio un trabajo como PIC (Profesional de Intervención Clínica) Como dije al comenzar mi relato, **odié** mi trabajo desde el inicio. Sin embargo, en esta nueva etapa de mi permanencia en SENAME, llegué **a amar mi labor** con estos jóvenes y hoy es lo que me mantiene luchando contra la adversidad, persecución, humillación y denostación permanente hacia mi persona.

Costos de denunciar

Es común que los medios de comunicación de masas, tanto escritos, como tv o radio, no consideran mis denuncias o declaraciones. No les interesa un discurso tan incómodo para la clase política y para la clase de dirigente de SENAME, quienes son, en muchas situaciones, cómplices por acción u omisión de vulneraciones que ocurren al interior del servicio, de faltas administrativas graves, etc. Los medios, si bien, en algunas contadas ocasiones, toman el material que entrego, luego no hacen un seguimiento del tema, que no pasa de ser una declaración anecdótica entre otras. Ningún periodista realiza un trabajo investigativo como sucede en denuncias de otros sectores menos incómodos. La prensa en Chile esta manejada ideológicamente, tanto de derecha, como de izquierda. Los dueños de los medios son empresarios que se benefician de que la gente se informe mal, pero las personas creen que, con leer, ver o escuchar a la prensa está debidamente informada. Pero sucede al contrario, está desinformado. Recuerdo una vez que un periodista de CNN, cuyo nombre debo omitir por razones obvias y que nombraré como ***el idealista***, me entrevistó y tuvo la idea de hacer algo al respecto. Llamó a La Moneda y preguntó a una autoridad nacional sobre mis denuncias referidas al destino y fiscalización del dinero que le entregarían a las OCAS y que era algo así como 50 mil millones, es decir, un poco más de 10 mil millones por año en el periodo de ese gobierno. A este periodista lo acallaron diciéndole: "¿quieres ser parte de las giras del presidente por el mundo como periodista invitado o te quieres quedar en Chile entrevistando dirigentes incendiarios?". Esto es común, es un secreto a voces en Chile que la prensa trabaja para el poder y no para informar de forma objetiva.

En el SENAME, desde que llegué al servicio mostrando la intención de hacer bien mi trabajo, fui maltratado y denigrado como profesional. De hecho, sin ningún fundamento, me realizaron un sumario para sacarme del cargo acusándome de no respetar los derechos de los funcionarios. Lo anterior, ocurrió en complicidad con dirigentes de izquierda, quienes siempre trabajan para quienes administran el servicio, dependiendo de a qué partido le toque beneficiarse. En ese sumario estuve dos años defendiéndome y, al final, salí inocente, mientras que el dirigente que inventó todo, el ***joven de pelo largo***, terminó siendo destituido por vulneraciones graves a los derechos humanos de los jóvenes. Yo entregué todos los informes y documentos que acreditaban esos delitos, y fueron tan contundentes, que no les quedó otra opción que sacarlo.

También me acusaron de no ser psicólogo. Esto lo hizo, con

una denuncia por escrito a la Contraloría General de la República, un dirigente de izquierda, el ***señor corales***. Finalmente, esta institución, la contraloría, realizó una investigación y determinó que tales acusaciones eran falsas.

Otra maquinación fue presentarme un sumario por haber faltado a mi trabajo durante 10 días corridos. Sin embargo, eran los días de mis vacaciones. ¿Qué ocurrió? La contraloría pidió los documentos que acreditaban que solicité las vacaciones, pero el funcionario a quien le entregué dicha solicitud, negó que se lo hubiera entregado. Cabe destacar que este funcionario, el ***señor corcho***, es amigo y socio del dirigente que hace esta denuncia, el ***señor corales***. Pero este ***señor corcho*** debiera haber pedido sumario cuando, supuestamente, se dio cuenta que falté a trabajar. Pero claro, como todo era falso, el año siguiente traman esto y me denuncian. Gracias a declaraciones de varios funcionarios, acredité que sí tomé vacaciones, que un colega me reemplazó y que había coordinado mis vacaciones con la jefa directa. Y como no pudieron sacarme, le montaron otro sumario a mi jefa, diciendo que ella habría escrito algo para ayudarme. Podría seguir contando situaciones de las que he sido víctima para sacarme del servicio y para silenciarme. A otro colega, que es dirigente conmigo, una vez que denunció maltrato al interior del centro, le llegó a su casa una amenaza de muerte. Gracias a Dios, aún estamos enteros y con la misma fuerza y convicción de hacer lo correcto más allá de las consecuencias.

3. ETIOLOGÍA y SÍNTOMAS DE UN ENFERMO LLAMADO SENAME

Etiología

El origen de SENAME. Más que hablar del servicio como tal, quiero hablar de cómo el SENAME sigue siendo expresión de una sociedad que justifica el maltrato o la violencia hacia los niños. El dicho popular "la letra con sangre entra" está demasiado interiorizada y se aplica el golpe para enseñar o domesticar a un niño, según el criterio del adulto a cargo. En la institución no es distinto.

El SENAME es consecuencia de una sociedad desorientada e ignorante que pretende abordar, desde un prisma castigador y carcelario, el fenómeno de los menores conflictivos o sin tutores.

Si nuestra sociedad justifica el castigo físico a sus propios hijos para educarlos, ¿cuánto más aceptado será el maltrato para jóvenes que cometen delitos? En algún momento quise pensar que cuando el estado se hace cargo de este grupo de menores, que en un 99% son niños pobres, era para ayudarles y no volver a maltratarles. Sin embargo, el estado contrata a cualquier clase de persona para atender a esta población tan sensible, demostrando que no eran su preocupación, que nunca les interesó realmente sanarlos ni protegerlos. Por lo tanto, daba lo mismo quiénes debían estar a cargo de su educación y cuidado, a pesar de que la ley 20.084 señale que deben ser personas especializadas.

Tal y como el maltrato era aceptado en la sociedad, así ocurría al interior de estos centros, tanto de protección de menores como de infractores de ley. Esa era la forma de controlarlos. El castigo físico, e incluso la tortura, era normalizada por los propios trabajadores. Entre dichos castigos, estaba el dejarlos desnudos varios días en sus piezas con temperaturas de invierno bajo cero, golpearlos con toallas mojadas, quemarles con cigarrillos, golpearles en la cabeza con objetos contundentes, etc. En varios relatos de informes de jueces, e incluso de la ONU, señalan que esto ocurría habitualmente.

También es terrible mantener jóvenes mayores de catorce y menores de dieciocho que cometen delitos de diversa índole, junto con niños de cero a catorce años que son inocentes vulnerados por sus propias familias. En centros de protección tienes, al menos, tres perfiles de niños y niñas conviviendo juntos:

- El menor que llega por maltrato de sus cuidadores, dañado psicológicamente grave.
- El joven que fue maltratado, pero que, a temprana edad, ya comete delito y que tiene, además, consumo problemático de drogas.
- El menor psiquiátrico, que no debiera estar en un centro de protección.

Esto genera, múltiples abusos entre los niños que, finalmente, salen más dañados de como entraron.

Por otro lado, en las OCAS contratan a funcionarios

"baratos", es decir, sin experiencia, sin vocación y sin conocimientos específicos. Eso hace que dichos trabajadores utilicen con frecuencia la agresión para controlar a niños y niñas, quienes acaban descompensados emocionalmente. Incluso, para separar a los jóvenes que se agreden, lo hacen violentamente. Es decir, estos menores son enviados al SENAME por ser vulnerados y terminan tratados peor de como los trataban sus cuidadores. Y, en el peor de los casos, muertos.

Síntomas

Algunos de los síntomas de este "enfermo llamado SENAME" los constataba cuando intentaba hablar con los jóvenes, pues estos mantenían el silencio, por ser parte de un código interno y por temor a las represalias. Ellos utilizaban formas aprendidas de los adultos para someter al más débil. Por ejemplo, realizaban una "máquina" (término que se utiliza para un montaje en contra de un joven o funcionario): se forman grupos donde cada uno tiene un rol establecido, el que "la lleva" o "jefe", el "perro" o el "soldado", que defiende o hace lo que le mandan. Lo más terrible era ver el síndrome de Estocolmo en jóvenes vulnerados que sentían afecto por sus maltratadores, diciendo: "el tío me pega porque me lo merezco", "lo hace porque quiere lo mejor para mí", "me pegaron porque me porté mal", etc. Otros signos observables, eran la indiferencia ante su propia situación: no sentían lástima ni pena por ello. En el fondo, los deshumanizaban para ser manejados. Lamentablemente, el daño ocasionado influía en que, al salir, cometieran delitos más graves contra las personas, crímenes con mayor crueldad hacia las víctimas. Se vuelven insensibles al dolor propio y con mayor razón al dolor ajeno. Al final, los jóvenes que pasan por SENAME, tanto en protección, como en justicia juvenil, salen más dañados que como llegan. Así que el circuito de los niños vulnerados en Chile es: protección - justicia juvenil de SENAME - la cárcel, cuando son mayores.

El delito es parte de un sistema más global en CHILE donde SENAME es la institución formadora.

Si analizamos todas las variables que hacen que SENAME exista y sea como la conocemos, la más relevante es la del recurso humano. Aunque les sorprenda, no existe política de recurso humano en una institución donde su giro es tratar con personas. Tampoco existe un departamento de inteligencia, considerando que trabajamos con jóvenes que tienen un alto compromiso delictual. Los sumarios administrativos no son una herramienta para sancionar e investigar delitos o faltas administrativas al interior del SENAME. En el caso de protección de menores, no existe una política hacia los padres. Estos son solo cuestionados y no existe intervención terapéutica, a nivel familiar, que permita que el niño regrese a una familia más sana. **Respecto al SENAME, todos los gobiernos, sean de izquierda o derecha, mantienen el *statu quo* de no hacer nada en la dirección de mejorar.**

Llegan asesores que tienen líos con la ley, asesores sin preparación en infancia, asesores sin títulos, profesionales que no solucionan nada, es más, agravan cada día la situación. Se discrimina a los dirigentes que no siguen la lógica del silencio y negocian con algunos sindicatos las vulneraciones que cometen funcionarios contra los jóvenes.

Existe ***un servicio con un staff de abogados*** que ofrece cobertura jurídica a las atrocidades cometidas al interior de SENAME. NO existe ni una sola querella presentada por el servicio contra quienes resulten responsables de torturas o muertes ocurridas en la institución.

4. SENAME, UN NEGOCIO CON FACHADA DE SERVICO PÚBLICO

Cuando vemos todo lo que se filtra, los distintos informes de jueces y otras instituciones no gubernamentales, podemos observar que SENAME no tiene escasez de recursos económicos y, a pesar de ello, no se soluciona el problema. Las vulneraciones continúan y, cada cierto tiempo, salen a la luz alguno de los casos horribles que ocurren adentro. Ante ello, la acción que suele tomar la autoridad es solo entregar más dinero, un dinero que nunca se traduce en mejoras para los jóvenes. Por ejemplo, el gobierno del presidente Sebastián Piñera inyectó 50 mil millones al Área de Protección de SENAME el año 2020, decisión aprobada por los parlamentarios en el Congreso. Sin embargo, estos recursos fueron entregados íntegramente a las OCAS (Organismos

Colaboradores de SENAME) **¡sin aumentar la fiscalización del uso de esos recursos!**

Aclaro, para el lector que lo desconozca, que las OCAS son organismo colaboradores privados de SENAME donde reciben grupos de niños y niñas que los tribunales de familia consideran que están en situación de vulnerabilidad en sus hogares naturales.

La pregunta que salta es: ¿por qué los partidos de oposición (izquierda) aprobaron esto? Sorprende tal dejadez por dos motivos: 1) lo plantea el gobierno (derecha) y 2) era muy público y sangrante el desastre que existía y existe en SENAME.

La respuesta es simple: TODOS LOS PARTIDOS POLÍTICOS DE CHILE TIENEN INTERESES EN LAS OCAS, YA QUE TODAS ESTAS SON ADMNISTRADAS POR PERSONEROS DE LOS PARTIDOS POLÍTICOS DE CHILE.

Es decir, los partidos ganan dinero por medio de las OCAS y estos ingresos se triangulan para campañas políticas y otros menesteres. De hecho, en varios casos, ex directores nacionales de SENAME, al poco tiempo de dejar ese cargo, asumieron como gerentes de alguna de estas OCAS.

El presupuesto anual de SENAME ronda los 350 mil millones de pesos. De estos, el 75% aproximado, se va directo a las OCAS. Sin embargo, de los 1.113 niños muertos por distintas razones, según informe expuesto en el congreso por SENAME el 2019, el 80% ocurrieron en estas OCAS y no en centros de administración directa por funcionarios de SENAME.

Probablemente, esta sea la razón, aunque puede haber otras, quizá aún más oscuras, por la que los partidos políticos y los parlamentarios no hacen NADA por cambiar un servicio público que, en la realidad, está al servicio de la clase política de Chile.

También hay parlamentarios que se aprovechan de lo sensible del tema: se pintan como defensores de la transparencia en SENAME o se dedican a denostar públicamente a los funcionarios incompetentes y, con la simpatía que ello provoca en el votante, generan un colchón político que les permite salir elegidos nuevamente. Es decir, utilizan el tema SENAME como plataforma electoral, pero en la práctica, cuando se aseguran el puesto, apoyan lo que plantee el gobierno de turno. SENAME fue y sigue siendo un negocio con nombre de servicio público.

El maltrato en las OCAS

Estos lugares ostentan las peores críticas y el maltrato que en ellos se produce está descrito en informes de la jueza Geldres del año 2013. Como decía, los informes que entregó SENAME al congreso el 2019, revelaron que el 80% de los niños fallecidos estaban a cargo de estas instituciones.

Tenemos el caso emblemático de la niña "CATALINA" nombre que oculta su verdadera identidad, como relatora de un terrorífico testimonio que salió en el diario digital desconcierto.cl y estremeció a todo Chile. Dicho artículo narra su historia de los 5 a 17 años, en que circuló por hogares de las OCAS, donde fue continuamente violada, acosada y maltratada, por otros jóvenes y por funcionarios, hasta que se escapó a los 17 años. Cuenta que fue a casa de su madre solo para rogarle que le firmase un papel que le permitiera trabajar y así evitar volver a aquella tortura.

Estos organismos son supervisados por funcionarios de las direcciones regionales de SENAME, pero con una simple pauta: hacer un *check list* superficial, pero sin comprobar la calidad de la atención, sin averiguar lo que les llega a los menores, sin observar qué medidas toman para los niños con problemas psiquiátricos, etc. Además, los cuidadores no suelen tener el perfil pedagógico que la teoría exige, dado que tales profesionales exigirían un mayor sueldo. Contratar a personas sin credenciales ni experiencia, les reporta un margen de mayor de ganancia. Como ven, estas organizaciones tienen una lógica comercial y no terapéutica ni de protección.

5. SENAME, LA EXPRESIÓN DE UNA CLASE GOBERNANTE PSICÓPATA

Todos nos hemos horrorizado con los informes de la ONU, de la jueza Geldres, de la PDI (que fue ocultado por mucho tiempo) y, sobre todo, con las declaraciones de jóvenes y niños. No cabe duda que muchas personas se sienten impotentes con esta realidad, hasta el punto de ir a gritar improperios en las oficinas de

SENAME o, derechamente, participando de funas activas. Pero quienes deben y pueden abordar los cambios para que estos niños no sigan siendo vulnerados por sus familias y por el Estado, no lo hacen. Permiten que se oculte el problema tras los muros y continúan haciendo negocio con estos menores.

Consciente de las graves consecuencias que algo así implica para dirigir una institución de menores, en mi opinión, estas autoridades tienen rasgos verdaderamente psicópatas, tales como:

A. Egocentrismo

Incapacidad de ver más allá de sus narices, solo les interesa su visión. Quienes tienen el poder de cambiar la historia en SENAME, jamás escuchan una opinión distinta. Solo atienden las peticiones de quienes les son útiles a sus fines personales o de quienes les apoyan incondicionalmente. Por esta razón, los dirigentes que no piensan como ellos o denuncian vejaciones hacia los niños y funcionarios son perseguidos constantemente.

Esta clase gobernante le da una excesiva importancia a lo que ellos quieren, siendo más importantes sus intereses políticos y económicos que la situación de los niños. No les importa lo que ellos necesiten, sientan o piensen y esto implica comportamientos de peligrosas consecuencias. Como, por ejemplo, desestimar los informes que relatan hechos nauseabundos, mostrando una pasmosa y criminal indiferencia.

B. Ausencia de empatía

No tienen capacidad de percibir ni afectarse con lo que estos pequeños sienten, desde aspectos positivos, como la alegría, hasta los negativos, como la tristeza. Al carecer de empatía, no sienten compasión por los distintos dramas que se producen en SENAME. Los sentimientos de los niños los pasan por alto en todas sus decisiones. Solo simulan empatía para ofrecer discursos bonitos y frases demagógicas como que "los niños primero" o "los niños no pueden esperar". Es decir, no tienen empatía emocional pero sí inteligencia estratégica para fingirla por sus objetivos.

C. Encanto superficial

Los psicópatas muestran ante los demás una apariencia abierta y segura. Son encantadores y manipuladores. Si uno va al congreso y observa a los parlamentarios, algunos hasta lloraron al escuchar los informes, pero luego votaron en contra de esa denuncia que ponía en tela de juicio político a una amiga de la presidenta del momento. Mintiendo descaradamente, justifican su voto en contra, señalando hacerlo por no contar con toda la información. En este caso, al emitir una respuesta que comprometía tanto su coherencia, no se le movió ni un músculo de la cara a la parlamentaria.

6. ORGANIGRAMA CORRUPTO

Para una mejor comprensión de cómo funciona la red corrupta del SENAME les adjunto el diagrama de la página siguiente, donde podrán ver los vínculos entre cada organismo. Dichas relaciones implican intereses que impiden una dirección saludable y eficaz del servicio. Es decir, en lugar de estar orientada a la protección y reinserción de los niños, está orientada a usufructuar económicamente a costa de su precariedad e inseguridad.

Los ministros y parlamentarios al interior de los partidos políticos son los que tienen mayor poder e injerencia en poner o sacar a personas en cargos importantes. Desde 2020 hacia atrás era el presidente quien nombraba a dedo al director nacional de SENAME, orientado por los partidos políticos. Este año, la directora nacional se nombró por concurso público, pero el nuevo sistema elector igual le presenta una terna al presidente de la República, por lo tanto, al final, sigue quedando alguien del gusto e interés de la élite política. Maquillaron el procedimiento, pero en la práctica, nada cambió.

Gráfico en página 327. Descripción:

Partidos políticos: A lo largo del tiempo, realizan acciones legítimas y otras no tanto, para acceder al poder, fin que requiere dinero con que pagar las campañas. En muchas ocasiones, se ha descubierto que el origen de este dinero no era legal ni ético. Sin embargo, en Chile nunca ha habido consecuencias judiciales por ello. Las OCAS son uno de los medios de enriquecimiento de los partidos políticos. Cuando no llegan a ocupar el gobierno, negocian para quedar en la mejor posición con que enfrentar la distancia del poder por cuatro años. Desde esa posición acceden a dineros que aportan los parlamentarios para mantener la maquinaria partidaria y las escasas cuotas de los militantes.

Si forman gobierno, entre los miembros de los partidos que acceden, se reparten cargos en el estado, tales como: ministros, subsecretarios, asesores varios y cargos de confianza en los distintos servicios públicos.

Diputados y senadores: Estos tienen injerencia sobre quiénes serán los ministros y muchos otros cargos, no por el interés popular, sino de su partido. En general, estos parlamentarios son los que manejan al partido como si fueran los accionistas mayoritarios, los dueños del "fundo". A más poder de cada parlamentario dentro de un partido, mayor injerencia sobre quienes acceden a la cantidad de cargos que les toquen. Casi siempre son personas que forman parte del equipo de este político al interior del partido.

Ministros y subsecretarios: Estos cargos son relevantes en las políticas públicas y su aplicación. Normalmente, responden a un político al interior de cada partido que, en un 99% de las veces, es un parlamentario. Estos cargos son los que dirigen, al interior de cada gobierno, los intereses del partido. Las suyas debieran ser propuestas de mejora para el país, pero casi siempre responden a intereses de los partidos, sectores de izquierda, derecha o centro. Por ejemplo: En la crisis de SENAME propusieron un aumento de dineros para esta institución, pero los operadores políticos, que tiene injerencia (e intereses) en las OCAS, pues las usan para recibir ellos esas "ayudas", opinaron que se debían destinar al área de protección de SENAME (las OCAS), donde estaban los niños más chicos, los más vulnerables, etc. Construyen un discurso muy sentido para que este dinero se derive directamente a las OCAS, en lugar de a los centros SENAME de adolescentes más problemáticos. De esta forma, en aquella ocasión, les hicieron llegar 50 mil millones de pesos a estos organismos privados. Y una gran parte de esos fondos acabarían, probablemente, en las arcas de los partidos políticos.

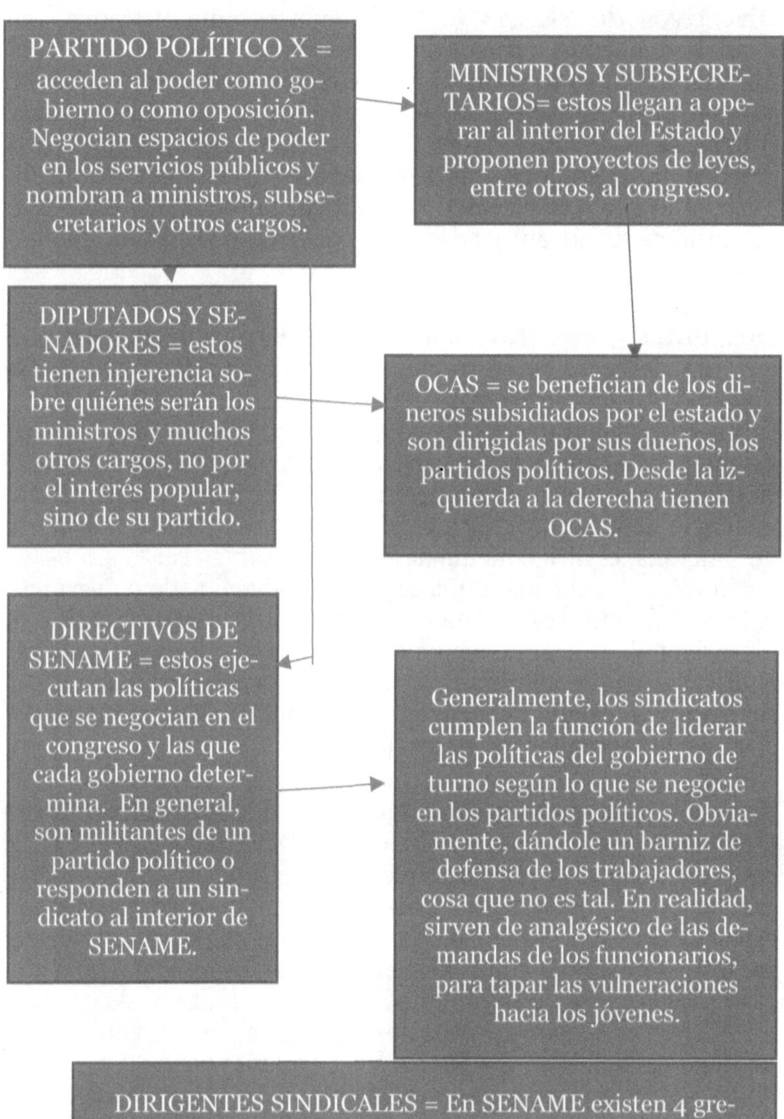
PARTIDO POLÍTICO X = acceden al poder como gobierno o como oposición. Negocian espacios de poder en los servicios públicos y nombran a ministros, subsecretarios y otros cargos.
MINISTROS Y SUBSECRETARIOS= estos llegan a operar al interior del Estado y proponen proyectos de leyes, entre otros, al congreso.
DIPUTADOS Y SENADORES = estos tienen injerencia sobre quiénes serán los ministros y muchos otros cargos, no por el interés popular, sino de su partido.
OCAS = se benefician de los dineros subsidiados por el estado y son dirigidas por sus dueños, los partidos políticos. Desde la izquierda a la derecha tienen OCAS.
DIRECTIVOS DE SENAME = estos ejecutan las políticas que se negocian en el congreso y las que cada gobierno determina. En general, son militantes de un partido político o responden a un sindicato al interior de SENAME.
Generalmente, los sindicatos cumplen la función de liderar las políticas del gobierno de turno según lo que se negocie en los partidos políticos. Obviamente, dándole un barniz de defensa de los trabajadores, cosa que no es tal. En realidad, sirven de analgésico de las demandas de los funcionarios, para tapar las vulneraciones hacia los jóvenes.
DIRIGENTES SINDICALES = En SENAME existen 4 gremios: AFUSE lo maneja el partido demócrata cristiano; la ANTRASE el partido comunista; la ANFUR el partido socialista; y la federación de trabajadores FENATRASE, que no responde a ningún partido y de la que fui uno de sus gestores.

Directivos de SENAME: Su función es administrativa, por tanto, son quienes, a través de sus decisiones e indicaciones, entregan los dineros a las OCAS. Vía licitación o subvención. Por eso su cargo suele estar decidido o influido por los partidos políticos. O bien, se les condiciona, una vez asumen. Eso hace que, en la práctica, no velen por las necesidades específicas del área que dirigen, sino que solo ejecuten las políticas públicas que plantea el gobierno de turno, aprobadas en el congreso por los parlamentarios.

Dirigentes gremiales: Son los encargados de defender los intereses y derechos de los trabajadores, en teoría. Pero en la práctica, solo utilizan a éstos para defender y justificar el sistema, procurando que los trabajadores no se rebelen. Su estrategia es la siguiente: cuando un funcionario comete una falta, delito o vulneración hacia un joven u otro funcionario, los dirigentes, sistemáticamente, lo defienden frente a la jefatura. De esta forma, la jefatura no sanciona, el dirigente queda legitimado en su cargo a ojos del funcionario porque logra que éste no sea sancionado o desvinculado; y el funcionario queda comprometido con el dirigente. Así, los dirigentes se mantienen en el tiempo como dirigentes, el funcionario corrupto continua con trabajo y la jefatura mantiene al servicio en el estado que conviene a los políticos: dormido, silenciado en este círculo vicioso corrupto.

Estos son los beneficios que obtienen los dirigentes afines al sistema: 1) acceden a información privilegiada de todas las aéreas; 2) no son sancionados por faltas menores y, en ocasiones, por faltas graves; 3) el servicio los escucha y se reúnen constantemente con éstos; 4) disfrutan de capacidad de negociar cargos al interior del servicio; 5) cuentan con poder para frenar sumarios; 6) pueden ralentizar acciones disciplinarias contra funcionarios de sus gremios, etc. Por el contrario, los que no se involucran en el sistema, no tiene nada de esto y, además, son permanentemente perseguidos para frenar su accionar, acallarlos o, derechamente, destituirlos.

7. PROPUESTA

Para terminar, en mi opinión, debiera conformarse una plataforma de profesionales expertos en educación infantil que pudiera orientar y asistir, desde su pericia técnica, a una renovación y saneamiento del servicio, evitando a toda costa su politización y privatización. Esto es un tema de estado, por lo que debiera ser el estado quien convocase a expertos independientes, comprometidos y afines entre sí. Un grupo amplio para plantear, junto con los funcionarios, las estrategias idóneas para mejorar este servicio público, impidiendo la intromisión de intereses particulares. Concibo el éxito de este grupo si está formado por voluntariado, sin sueldo, contando, eso sí, con un presupuesto para elaborar documentos, proyectos, visitas, actividades, etc.

Finalizo así mi testimonio sobre el Servicio Nacional de Menores de Chile, confiando que tanto esta, como antiguas constancias, logren movilizar los engranajes que reviertan la moralmente insostenible organización de esta entidad y reparen, en lo posible, el sufrimiento causado.

Agradezco al Padre por enviarme a este servicio donde he descubierto que sí soy un aporte, a pesar de lo que me he tenido que bancar. Y, por cierto, estaré en SENAME, hasta que Él diga lo contrario.

Patricio Pino Pacheco
*Biografía en páginas finales

Han pasado 5 años desde este testimonio de Patricio Pino en un medio chileno y la situación en el SENAME no ha hecho más que empeorar: se maltrata, se viola, se mata y se trafica con drogas, con el beneplácito de funcionarios y autoridades. Este psicólogo llegó para cambiar las cosas y fue ferozmente perseguido. Hoy, junio de 2021, lo sigue denunciando, desde dentro y con toda la autoridad de su experiencia. ¿Por qué? Alguien debe hacer algo por esos niños. Y él tiene la sensibilidad, la honradez, el compromiso y la valentía.

(Imbuk Ediciones)

Sergio Mejía Uscátegui

CONTROL MENTAL MK ULTRA Y EL PROYECTO MONARCA: INSTRUMENTOS DE LA ÉLITE PARA ESCLAVIZAR A LA HUMANIDAD

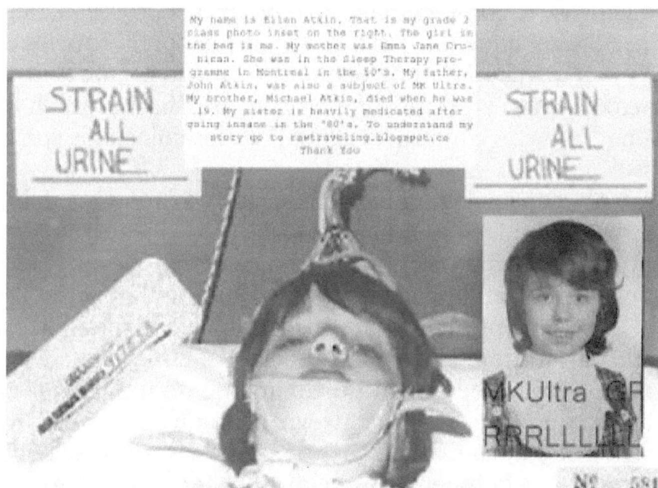

Foto real del **Proyecto MKULTRA** practicado por la CIA, epítome del **Control Mental**

*"**MK Ultra** es simplemente la sofisticada aplicación en el cuerpo de lo que se ha hecho siempre a la humanidad"* (exesclava MK Ultra **Cisco Wheeler**).

Para la gran mayoría de las personas el tema del **Control Mental** se reduce a la imagen del hipnotizador de salón que por medio de la sugestión hipnótica pone a cacarear como una gallina a una persona. Pero el Control Mental al que voy a referirme en este escrito no genera aplausos, ni risas, ni rating para programas de variedades. Es el **Control Mental basado en el Trauma** que practican los poderosos psicópatas que controlan este mundo y es definitivamente perverso, oculto y malintencionado. En los tiempos actuales le llaman Control Mental **MK Ultra** porque fue el acrónimo con el que le bautizaron en la CIA, aunque su nombre proviene de las palabras alemanas Mind Kontrolle Ultra y su refinamiento metodológico se sistematiza desde las más oscuras entrañas del nazismo.

La mente humana es una funcionalidad maravillosa y aun incomprendida para la ciencia convencional en muchas de sus capacidades y potencialidades. Infortunadamente son los "científicos" y "paracientíficos" oscuros, como el nefasto Doctor Josef Mengele, los que quizá han avanzado más en el descifrado y comprensión de la complejidad que hay tras los procesos mentales, en particular en aquellos que tienen que ver con la conciencia personal y con lo que Carl Jung denominó "Inconsciente Colectivo" que funciona como un remanente arcaico mediatizador, en los procesos de "toma de conciencia grupal" de los colectivos sociales.

Al respecto, aunque una parte fundamental del tema del Control Mental, es su arista socio cultural que muchos sociólogos engloban en los conceptos de "**Ingeniería Social**" o "**Guerra psicológica**" en alusión a la utilización de la propaganda como medio de presión, no me alcanza el espacio disponible en este artículo para tratar el remanente social del tema con la profundidad que quisiera, por lo que infortunadamente tendré que postergar esta parte a otra eventual entrega, en la que espero adicionar una revisión del devenir histórico de como las élites gobernantes se han valido de la ingeniería social y la guerra psicológica para manipular y controlar las creencias y valores de la humanidad desde que fueron creadas las primeras civilizaciones.

Y es que, desde mi humilde opinión, en la práctica del Control Mental basado en el Trauma confluyen tres elementos interrelacionados y funcionales entre sí: el poder de esa élite oscura que controla el mundo, su agenda siniestra hacia un **Nuevo Orden Mundial** centralizado y el culto sacrificial como ofrenda para ciertas energías negativas, que parasitan y han parasitado a la humanidad desde siempre. Este último elemento paranormal, ritualístico y malévolo es, desde mi perspectiva, el *core business* de todo este asunto del MK ULTRA.

Pero empecemos por el principio.

¿QUÉ SE ENTIENDE POR CONTROL MENTAL?

Lo que llamamos Control Mental es fundamentalmente un objetivo. ¿Cuál? Interferir en los procesos mentales de una persona o en los principios rectores de una sociedad, de tal forma, que se logren controlar sus valores, principios, decisiones y conductas, creando verdaderos esclavos y/o poblaciones aborregadas subyugadas al capricho del o los controladores.

En el caso individual, el control puede llegar a ser tan marcado que la persona pierde por completo la noción de quien es, "interpretando" una personalidad alterna con valores, principios y deseos completamente ajenos a sí misma y sin conciencia del cambio de personalidad. En la Psicología Clínica le llamamos **Trastorno de Personalidad Disociativa** (TPD), en la "ficción holliwoodesca" le llaman "Personalidad Múltiple". En el ejercicio del control de masas, el control y el controlador frecuentemente son más velados y menos evidentes, lo que por supuesto favorece su efectividad.

El **Control Mental basado en el Trauma**, es aquel que se vale del dolor y/o terror extremo para generar en la víctima, sea esta un individuo o un conglomerado social, la reducción parcial o total de la voluntad y del juicio crítico sobre un acontecimiento determinado, una orden o la sentencia impartida por el controlador o un gobierno. Cuando se aplica sobre un individuo se emplea la tortura, la amenaza o el poder autoritario y despótico, cuando se ejerce sobre una población, frecuentemente se utiliza el engaño, la manipulación y la creación de enemigos prefabricados que amenacen el statu quo de la sociedad victimizada. Estos "enemigos" son satanizados, exacerbando el temor hacia ellos gracias a la propaganda amplificada por los medios de comunicación que usualmente son controlados por el ejecutor.

El principal mecanismo de acción empleado por los expertos en manipulación de masas, es el principio de **Problema-Reacción-Solución** que subyace a lo que los expertos en Guerra Psicológica llaman "**Operación de Bandera Falsa**", que no es más que generar un evento altamente traumático, el **Problema**, como un atentado terrorista, por ejemplo, encauzar la **Reacción** de indignación y el temor que este genera en la población, para introducir en la tercera fase la **Solución**, la cual sin duda, estará acorde a los planes y objetivos que han sido prefijados de antemano por los manipuladores. Ese mecanismo tan simple y diabólico a la vez, explica en buena parte el apoyo popular que han recibido las más encarnizadas guerras de la historia.

CONTROL MENTAL MK-ULTRA

Como mencioné con anterioridad, el proyecto MK-ULTRA tiene una fuerte presencia, más no su origen, en los laboratorios nazis donde el Dr. Josef Mengele "el ángel de la muerte de Auschwitz", fue un importante protagonista. De hecho, en el programa encubierto "Operación Paper Clip" en el que el gobierno de Estados Unidos importó miles de científicos nazis, no solo venían físicos constructores de cohetes, también había cientos de investigadores relacionados con el programa Mind Kontrolle Ultra, a los que, por cierto, se les garantizó total impunidad y convenientemente fueron completamente ignorados en los juicios de Nuremberg. Dentro de esos científicos venía el psicópata de bata blanca, el Dr. Josef Mengele.

Aunque desde 1945, luego de finalizada la II Guerra Mundial, el Departamento de Defensa de los Estados Unidos se adentraba con entusiasmo en la investigación del Control Mental basado en el Trauma, gracias al impulso de los científicos alemanes, solo hasta 1953 el programa MK ULTRA salió a la luz pública, debido a la muerte "accidental" y dramática del Dr. Frank Olson, un biólogo investigador adscrito al programa de guerra bacteriológica de la División de Operaciones Especiales de la CIA, que cayó del undécimo piso del Hotel Pennsylvania cuando estaba internado bajo el cuidado de la CIA, por una crisis nerviosa ocasionada por una gran cantidad de LSD que le fue administrada sin su consentimiento ni conocimiento, dentro de los experimentos del Programa MK ULTRA, que para ese momento era dirigido por el Dr. Sidney Gottlieb, un siniestro personaje que fue el primer director del programa.

Dr. Sidney Gottlieb, primer director del programa MK ULTRA

Con todo lo sórdido y criminal que pueda resultar lo ventilado en los medios, luego de la muerte del Dr. Olson, en el trasfondo del programa MK ULTRA de la CIA hay una realidad mucho más perversa y dantesca que es la que no sale en los medios de desinformación masiva, ya que, de hacerse pública, solo podríamos concluir que quienes están detrás de la CIA, son verdaderos psicópatas desalmados.

Y es que la versión edulcorada de la prensa nos habla de experimentos con LSD u otros psicotrópicos como la mezcalina o las anfetaminas, pero se cuidan de mencionar la tortura, los choques eléctricos, el terror extremo o los abusos sexuales que ejercían sobre sus víctimas, para romperles la estructura psíquica y escindir su personalidad. Así es como se crea un Asesino Robótico que la literatura y el cine promocionaron como "**Asesino Manchuriano**", concepto que nada tiene de ficción y que explicaré más adelante, cuando aborde los tipos de esclavos MK ULTRA que logran crear estos psicópatas.

EL PROYECTO MONARCA

Aunque muy posiblemente lo que se denomina **Proyecto Monarca** y entendemos hoy como una metodología de Control Mental mediante el Trauma, tiene sus inicios como una práctica ritualista quizás desde la conformación de las más tradicionales casas reales de la llamada "Nobleza Negra Veneciana", se vino a implementar como objeto de estudio "cientificista" del Control Mental, con el surgimiento del nazismo en la segunda Guerra Mundial gracias a personajes como el Dr. Josef Mengele.

Como mencioné previamente, gracias a la importación de científicos nazis por la operación "Paper Clip", los experimentos del Mind Kontrolle Ultra alemán fueron retomados por la CIA en los tiempos posteriores a la segunda guerra mundial, para pasar luego a la industria del entretenimiento y a lo más oscuro del poder financiero del mundo entero, pero con especial fuerza, en los círculos políticos de los más poderosos de Estados Unidos.

El Programa fue llamado por los controladores "**Proyecto Monarca**", en alusión a la mariposa Monarca que es una de las pocas criaturas de la naturaleza que traspasa genéticamente el conocimiento adquirido en vida a sus vástagos. La mariposa monarca aprende en donde nació (sus raíces), y pasa ese conocimiento de manera genética a sus descendientes de generación en generación.

El aspecto generacional y genético parece tener gran relevancia para los controladores, en particular al valorar su aspecto más ocultista que, como mencioné al principio de este artículo, trasciende a todo este entramado del Control Mental basado en el Trauma y que trataré como cierre de este análisis. La importancia del factor generacional explica y en cierta forma confirma, así sea de manera circunstancial, los testimonios de exesclavas MK ULTRA que afirman que el Dr. Mengele era uno de los investigadores-torturadores de más alto rango dentro del Proyecto Monarca, resaltando su interés casi obsesivo por investigar los correlatos paranormales del fenómeno.

El "Proyecto Monarca" es la refinación extrema de la técnica del Control Mental basado en el Trauma. Aquí se establece la sistematización "científica" del Trauma, para obtener casi que un modelo de producción en serie de esclavos y esclavas MK ULTRA. Pero lo más siniestro es que en el proyecto monarca, las víctimas son en su mayoría niños que, desde edades muy tempranas, algunos desde que nacen, son sometidos a tortura extrema y abusos sexuales con el objeto de optimizar la programación y la compartimentalización de la personalidad.

Es aquí donde se dimensiona el horror de todo esto y literalmente se duda de la humanidad de quienes cometen estas barbaridades. No quiero ser catalogado como amarillista, pero debo ser lo más fiel a la verdad por más horrible que esta sea. Esta es una lista parcial de las torturas a las que estos psicópatas someten a sus víctimas. Esto, tristemente, es absolutamente real y está sustentado en el testimonio de víctimas rescatadas y exesclavas MK ULTRA desprogramadas:

- Enterramiento; confinamiento en cajas, jaulas, ataúdes, etc.
- Aprisionamiento mediante sistemas de seguridad con cuerdas, cadenas, esposas, etc.
- Ahogamiento infligido.
- Exposición a extremos de calor y frío, como la inmersión en agua helada o el contacto con productos químicos ardientes.
- Despellejamiento (sólo quitan las capas superiores de la piel con la intención de que las víctimas sobrevivan y puedan continuar la tortura). Esto, por ejemplo, aparece en una de las vomitivas películas de Tarantino llamada el "Hostal".
- Ingestión forzosa de líquidos ofensivos corporales y materia, tales como sangre, orina, heces, carne humana...

• Colgamiento de la víctima en posturas dolorosas o boca abajo.

• Privación del sueño.

• Miembros desplazados mediante presión mecánica.

• Mutilación corporal.

• Abuso sexual sistemático, ejercido frecuente o persistentemente con sadismo extremo.

• Abuso ritual satánico (SRA, "Satanic Ritual Abuse", en inglés).

Uno de los objetivos fundamentales de la Programación Monarca es disgregar la personalidad de la víctima en varios "**alter-egos**" que son implantados por el programador/torturador y que pueden ser controlados a voluntad por este a distancia, frecuentemente mediante la utilización de comandos "disparadores" que pueden ser auditivos, visuales o táctiles, los que generan la desconexión del programado con la realidad y la intrusión de uno u otro alter-ego, según la misión o tarea que quieran que este ejecute. Adicionalmente mediante el proceso, se obtiene que la mente reprima el recuerdo de la experiencia traumática protegiendo así al perpetrador y a todo su entorno.

<u>Alter-Ego</u>: En latín significa «el otro yo»; es un segundo yo, distinto de la personalidad normal u original de una persona. El término fue acuñado en el siglo XX cuando el Trastorno de Identidad Disociativa (TDP) fue descrito por primera vez por la psicología.

"Alter egos" implantados a posibles víctimas de Programa Monarca

¿Cómo se logra un esclavo MK ULTRA?

Esa es la pregunta que suscitó mi interés sobre el tema del Control Mental desde el principio. ¿Cómo es que una persona puede ser quebrada tan sustancialmente en su psiquis, que llega a convertirse en poco más que un robot o un esclavo de otro?... ¿Cómo es que las víctimas frecuentemente terminan amando y salen en defensa de su torturador? ¿Cómo logran coexistir en la mente de una persona, tres, siete o a veces decenas de personalidades distintas, frecuentemente antagónicas entre ellas y sin ser conscientes de la existencia una de la otra?, ¿realmente es posible crear un robot asesino manchuriano?

En el libro de **Fritz Springmeier y Cisco Wheeler**: **"La Fórmula Iluminati para Crear un Esclavo Indetectable de Control Mental Total"**, los autores recogen testimonios de exesclavas MK ULTRA recuperadas (la misma Cisco Wheeler es una víctima del Control Mental basado en el Trauma que fue desprogramada), de ex programadores pertenecientes a estas redes de dementes y de maestros de la élite Iluminati que detallan paso a paso las técnicas empleadas para crear un esclavo controlado mentalmente a través del trauma. El proceso es tan efectivo como perverso en sus basamentos científicos y técnicas de implementación.

Esta gente descubrió o les enseñaron desde la más remota antigüedad que la mejor arma de control humano es el **TEMOR**, y que este puede ser aplicado "de forma funcional" tanto individual como colectivamente. Una persona o una población aterrorizadas son absolutamente manipulables y subyugables al control del ejecutor sin que medie resistencia u oposición alguna, pero además en el terreno individual, la sumisión y programación se presentan a la par de un cuadro de amnesia total o selectiva, según el gusto e interés del programador.

Una experiencia particularmente dolorosa o aterradora, actúa como un disparador de la disociación mental de la víctima con la situación traumática que está experimentando, **su mente**

logra tomar distancia de la experiencia, logrando incluso cerrar los canales nerviosos del dolor y relegando amnésicamente la experiencia gracias a la represión. La mente de la persona se abstrae de tal manera de la experiencia traumática que, como un alter ego, pasa a ser un espectador ajeno a la experiencia en sí misma.

Esta facultad disociativa es la que aprovechan los controladores para sembrar las múltiples personalidades en la víctima, cada una identificada con un alter ego que cuenta con sus propios rasgos de personalidad y que convenientemente no tiene conciencia de la mayoría de las otras personalidades o de la psiquis de base del individuo real. Los que hacen esto, particularmente en las esferas gubernamentales del poder, se convirtieron en expertos en la creación de personalidades empleadas para el espionaje de alto nivel, mientras que los controladores de la nobleza y la industria del entretenimiento se enfocaron más en la creación de esclavos y esclavas sexuales.

La facultad de disociación no es algo tan ajeno a cualquiera de nosotros. Lo experimentamos en alguna medida cuando manejamos automáticamente o cuando alcanzamos lo que los expertos en deporte de alto rendimiento llaman el "Estado de Flow", en el que el individuo se encuentra tan concentrado en su entrenamiento que optimiza al máximo su rendimiento, dejando de lado cualquier otro distractor, tanto así que incluso en algunos casos, deja de experimentar cansancio y dolor físico.

En el caso de las víctimas del Control Mental por trauma del MK ULTRA y de su versión más perversa, el Proyecto Monarca, se logra esa disociación mental como una forma de escape y protección frente al dolor extremo, causado por las más inhumanas torturas. Aunque son frecuentes los choques eléctricos o la deprivación del sueño o de comida, aquí hablamos de la tortura más salvaje, aplicada de manera sistemática y recurrente, frecuentemente acompañada de las más aberrantes vejaciones sexuales, donde el objetivo básico es infringir dolor extremo y la total sumisión y humillación de la víctima.

Aquí no hay palabras clave o señales que frenen o limiten al torturador, que se emplean en las prácticas consensuadas de los sadomasoquistas. Aquí los roles son únicos e inamovibles; existe un torturador psicópata e infinitamente malvado y una víctima forzada a la experiencia que, además, para más horror, lo usual es que sea un niño de corta edad.

Estos miserables prefieren niños por varias razones. La principal es que parece ser que el proceso de disociación mental se presenta de manera más espontánea y rápida en niños menores de 8 años y adicionalmente, es el período en la vida más determinante para el aprendizaje y el desarrollo de la personalidad. También porque son un maldito grupo de psicópatas y pervertidos sexuales de la peor calaña, muchos de ellos satanistas practicantes de sacrificios humanos, que actúan de acuerdo con la tradición histórica y el dogma que reconoce en los niños una ofrenda más "valorada" por esas entidades malignas a las que les rinden culto.

Al respecto, solo una reflexión. Poco importa que usted o yo creamos o no en la existencia de entidades malignas que se alimentan de nuestro sufrimiento, lo importante desde una perspectiva puramente pragmática, es que estos psicópatas ritualistas que torturan y asesinan niños, existen y hacen estas barbaridades a escala industrial. Solo por darles un dato, según estadísticas de entidades paraestatales y ONGs europeas, cerca de 8 millones de niños desaparecen cada año en el mundo. No son casos aislados en que los padres secuestran a sus propios hijos del cuidado de sus exparejas o niños que huyen temporalmente de casa, son 8 millones de niños que nunca más retornan a sus hogares.

Seguramente muchos de estos niños huyen de casa debido a la miseria o la violencia intrafamiliar y terminan viviendo en las calles, pero infortunadamente de acuerdo con el relato de algunas víctimas de estas redes de tráfico humano y al testimonio de pederastas y/o satanistas arrepentidos, muchos de estos niños son raptados o algunos son entregados por sus propios padres para estos programas de Control Mental y a redes de abusadores y satanistas que inexplicablemente hoy abundan en este "mundo civilizado".

8 millones de niños desaparecen cada año en el mundo

Volviendo al tema de la **disociación mental**, se cree que es una habilidad natural del cerebro, pero la ciencia convencional desconoce realmente cómo funciona el mecanismo de acción que la dispara y explica. Las víctimas de abuso infantil grave describen el proceso de la disociación mental con el momento del abuso como: *"una liberación del espíritu"* ...*"Era como si mi espíritu fuese sacado de mí y fuese llevado a un lugar seguro, uno en el que realmente volaba mientras mi cuerpo interactuaba con las otras personas"*.

De esta forma, la mente se protege de revivir la experiencia una y otra vez o cuando menos, le resta carga emocional al evento traumático, permitiendo cierto nivel de equilibrio mental. De acuerdo con los testimonios de personas que han experimentado estas situaciones de extremo estrés, la mente entra en un estado de desconexión con el evento, a tal punto, que llega incluso a distorsionar la noción del espacio-tiempo, lo que, de acuerdo con lo referido en los testimonios, no es solo una vivencia psicológica subjetiva, sino que en realidad lograban viajar en el tiempo, lo que sería la base del **Proyecto Montauk**.

El Proyecto Montauk fue un "supuesto" proyecto del Departamento de Defensa de Estados Unidos, que intentó revivir el tristemente célebre Proyecto Filadelfia de 1943, profundizando en la posibilidad de realizar viajes en el tiempo empleando técnicas de control mental mediante el trauma, ondas electromagnéticas y otras metodologías ejercidas abusivamente sobre sujetos experimentales, frecuentemente niños. En próximas entregas quizá aborde este tema intentando responder y responderme si esto es siquiera posible y si esta gente logró hacerlo o no.

Siguiendo con los mecanismos de acción del MK ULTRA, hay que decir que se basa en principios científicos de la psicología humana y la etología animal. Por ejemplo, en la programación Monarca en la que traumatizan a los niños desde bebes, buscan que las primeras personas que ven los niños al nacer sean sus programadores, estableciendo así un vínculo de dependencia con estos desde el comienzo de sus días. A esto en la etología animal se le llama "**Impronta**". La implementación de la Impronta es regularmente la primera fase del Control Mental basado en el Trauma dentro del Proyecto Monarca.

La impronta en acción

"Impronta" es un término usado en psicología y etología que describe cualquier tipo de aprendizaje ocurrido en cierta edad temprana de un animal, en la cual, el comportamiento es más proclive a quedar *fijado* en el set de aprendizajes y memorias de esa criatura. Por ejemplo, un patito recién nacido aprenderá a seguir a la primera entidad que le sea expuesta por un período prolongado, independiente de si es su madre o no, o siquiera de si es un pato.

A partir de esa "impronta inicial" experimentada por el infante, los programadores controlan el acceso del bebe al biberón, al agua y en general a todo sustento vital y de afecto que recibe el niño. En esta etapa de la programación, son frecuentes el empleo de técnicas que buscan fragmentar la psiquis, como una llamada: "**Bombardeo de Amor".** En el Bombardeo de Amor, los programadores les hablan amorosa e hipnóticamente a estos niños durante sus primeros meses de existencia. Atienden todas sus necesidades con esmero y nunca son regañados ni corregidos de ninguna forma en el primer año y medio de vida. Esto genera una fuerte conexión y dependencia emocional del niño hacia su programador, completando así el primer objetivo de esta etapa temprana de programación.

Lo perverso viene en la segunda fase de la técnica. Una vez han generado la dependencia y el vínculo emocional del niño con su programador, este amor y cuidados dadivosamente entregados, le son retirados súbitamente y el programador se convierte en una figura absolutamente malvada que le priva de alimentos, cuidados y del más mínimo cuidado, que, además se transforma en su torturador y abusador sistemático. Una de las torturas empleadas en esta fase, es llevar al niño a sufrir hambre extrema por 48 o 72 horas, privándolo de cualquier alimento. Cuando el niño está a punto de morir, su programador vuelve a suministrarle alimentos y atención reforzando la dependencia.

Dar amor en los primeros meses de vida para luego retirarlo y sustituirlo con castigos corporales y emocionales, es una forma de romper la estabilidad psíquica del niño y por supuesto de extremar el trauma, al enseñarle a la víctima que la persona más confiable es la misma que le tortura y abusa de él, generando un evidente conflicto emocional... perverso, ¿no?

En esta parte del proceso se le "fractura la mente" a la víctima. Aquí es donde se logra la "disociación" y la compartimentalización de su mente mediante la tortura y el abuso sexual sistemáticos. El objetivo siempre será causar el mayor dolor y temor posible sobre el sujeto, además de reforzar la idea de total dependencia hacia su programador.

Es todo un Programa de Condicionamiento Operante que emplea el premio y el castigo, en particular este último, para moldear el aprendizaje y la personalidad del sujeto. Este programa se va intensificando a medida que el niño crece. Poco a poco se van comparta-mentalizando los **"alters"** que podrán constituirse en las distintas personalidades que son tan típicas del TPM (Trastorno de Personalidad Múltiple) y se van insertando "**disparadores**" específicos, que actúan como comandos post-hipnóticos que desencadenan una acción o misión específica y las "**murallas de amnesia**" que tienen como objetivo proteger el incógnito de los "alters" y de los programadores-torturadores.

En principio se pueden crear cientos de "alters" en una sola persona, que incluso pueden ser programados con misiones distintas y con rasgos de personalidad completamente diferentes. Muchas veces las "personalidades fragmentadas" se crean deliberadamente antagónicas y pueden odiarse entre sí. Esto lo hacen con la idea de crear el ambiente propicio para comportamientos autodestructivos y para que eventualmente, de ser necesario, la víctima termine suicidándose.

Estos "alters" levitan alrededor de un "**Núcleo**". El núcleo para los programadores es la esencia no dividida de la mente que conduce o proporciona la energía necesaria para todo el sistema, pero que, para efecto de la programación, prefieren mantener reprimido/oculto para la conciencia de la víctima.

¿Quiénes son los HdP que hacen esto y porqué lo hacen?

Creo que para responder a esta pregunta hay que analizar por separado los fines y motivaciones de los perpetradores y su esfera de acción. Por ejemplo, mientras en los laboratorios de la CIA el interés puede ser más "cientificista" y algunos de los bestias involucrados en dichas prácticas quizá argumenten el cacareado principio de la "seguridad nacional" para justificar sus acciones, en el caso de la nobleza negra veneciana, el mundo de la política y la industria del entretenimiento, el fenómeno está más mediatizado por el satanismo practicante del culto ritualístico sacrificial y por el placer sexual psicopático. No obstante, hay que aclarar que, en todos los estamentos antes mencionados, las constantes son las mismas; El Control Mental mediante el Trauma, la pederastia, el abuso sexual y lo que en virtud de no encontrar un mejor término llamamos popularmente satanismo sacrificial.

Lo más aterrador es que la gente involucrada en el Programa Monarca y en estas bizarras atrocidades, es la misma que dirige el mundo y toma las decisiones sobre políticas económicas a nivel global o que tiene el poder para meternos en una guerra regional o mundial. También son reconocidos artistas internacionales con millones de seguidores jóvenes, que los ven como referentes idealizados y en algunos casos casi como semidioses. Hablamos de líderes religiosos que desde sus púlpitos impolutos discursean contra la inmoralidad, pero en privado violan y maltratan niños con aberrante sevicia. Son multimillonarios que a diario salen en los noticieros y controlan instituciones supranacionales como la ONU, la OMS o el Banco Mundial, y al mismo tiempo, se reúnen para celebrar tenebrosos rituales satánicos donde violan y asesinan inocentes.

Kathy OBrien, **Arizona Wilder** y otras víctimas de control mental desprogramadas, acusan de manera directa a expresidentes como los **Bush;** padre e hijo, **Miguel de la Madrid**, **Ronald Reagan**, **Gerald Ford** o **Salinas de Gortari**. Al senador por el Estado de Michigan, **Guy Vanderjagt,** al reconocido senador estadounidense **Robert Byrd** (que también fue líder del Ku Klux Klan), a **Henry Kissinger,** al tenebroso **Dick Cheney,** a **Bill** y **Hillary Clinton,** a reconocidos artistas de la música country como **Kris Kristofferson** o **Merle Haggard,** a importantes líderes espirituales dentro de la iglesia católica y la masonería, en fin, la lista es interminable. Al respecto, no olvidamos el escándalo del **Pizza-Gate** donde **John Podesta**, jefe de campaña de Hillary Clinton para las antepasadas elecciones en que fue candidata a la presidencia de Estados Unidos, quedó al descubierto como uno de los beneficiarios directos de estas redes de pederastas satanistas que levitan en el entorno de las principales figuras del partido demócrata de Estados Unidos. Y si, también salió a relucir el nombre del tan simpático, y siempre bien ponderado, Barack Obama.

NIVELES/TIPOS DE PROGRAMACIÓN MK ULTRA - MONARCA

Los niveles de Programación Monarca identifican las funciones del esclavo y son nombrados de acuerdo con las ondas cerebrales o electroencefalografía (EEG) asociadas con ellos.

Programación ALPHA. Es el paquete general de programación aplicable a toda víctima de Control Mental Monarca. En esta etapa inicial, primero fragmentan la memoria de la persona en pequeños "compartimentos" en donde van edificando los diferentes "alters" de personalidad.

Los "alters genéricos" son comparta-mentalizados en la Programación ALPHA

Programación BETA. Se conoce como la programación "sexual". Las técnicas empleadas, que, por supuesto involucran un enorme abuso sexual, se orientan a eliminar todas las convicciones morales aprendidas y estimulan un instinto sexual primitivo y exacerbado en las víctimas, que son conocidas como "**Sex-Kittens**" o "Gatitas Sexuales". Es un tipo de programación muy visible en modelos, actrices y cantantes famosas. A menudo estas figuras del jet set que han pasado por el "Programa Monarca", se visten con estampados felinos en alusión a su programación como "gatita sexual" o son fotografiadas o ilustradas junto con mariposas monarca. También frecuentemente las hacen posar con pelucas de color morado o púrpura.

Sex Kittens de la Programación Beta en el Proyecto Monarca

¿Qué pruebas tenemos de que esto es real? Están los testimonios de muchas "sex kittens-monarca" que han logrado salir de su programación y han dado cuenta del tipo de torturas y abusos sexuales a las que fueron sometidas. También han hablado sobre las "misiones sexuales" que tuvieron con altas figuras de la política estadounidense, en particular, las que en el argot de los controladores llaman "modelos presidenciales".

Tenemos videos de reconocidos personajes del mundillo artístico, en los que pareciera fallar la programación dejando en evidencia alguno de los "alters" o la desconexión con la realidad del aquí y el ahora que es tan frecuente en quienes han pasado por algún proceso de control mental (buscar en Youtube "Bill Clinton MK Ultra" o "Bill Clinton: MKU. PROGRAMADO" y hay uno en donde Britney Spears, parece desconectarse apareciendo súbitamente un alterego, creo que es Britney Spears y Diane Sawyer en Primetime).

Existe una extraña prueba de lo macabro, enfermo y satánico de las torturas a las que eran sometidas las esclavas Beta. A la esclava monarca Cathy O'Brien le "tallaron" una cara siniestra en la zona clitoridiana que puede ser vista claramente y cuyo procedimiento quirúrgico es certificado por una ginecóloga experta. El que esté interesado en hacer la comprobación directa de esta evidencia, puede buscar en Youtube un video llamado: Cathy O´Brien. "El juego más peligroso".

Pero la presencia más evidente de la Programación Monarca, la podemos ver en la industria del entretenimiento. La simbología relativa al programa aparece prácticamente en todo artista que logra el éxito comercial, ¿puede ser esto una coincidencia? Es decir, por alguna razón, todos o la gran mayoría de los artistas musicales más vendedores del mundo, nos muestran toda esta simbología relativa al Proyecto Monarca y a la secta iluminati en la portada de sus discos, material publicitario, video clips, etc, ¿por qué les parece chic el Ojo de Horus, las imágenes de niñas disfrazadas como "gatitas sexuales" o porque las mariposas monarca son fotogénicas?

Simbología del Proyecto Monarca omnipresente en la Industria del Entretenimiento

También es en la Programación Beta, en donde se emplean con mayor frecuencia elementos de la cultura popular relativos a películas o libros para niños como "**El Mago de Oz**" o "**Alicia en el País de las Maravillas**", para instaurar distintos "comandos" que actúan como vías de acceso rápido a la disociación y permiten "disparar" una personalidad u otra.

Los iconos del Mago de Oz insertados en la Programación Monarca

Los disparadores frecuentemente son frases sacadas de esas películas. Por ejemplo; *"No hay lugar como el hogar"*, del Mago de Oz. El hogar es el lugar donde las víctimas son torturadas. Establecen la asociación entre la sensación de protección que da el hogar, con el lugar y entorno donde se sucede la tortura. Siempre juegan con el doble mensaje, reforzando el conflicto emocional interno. Al escuchar esa frase, las personas programadas entran en un estado emocional preparatorio para la tortura, que incluso en algunos casos, les enseñan a desear con ansiedad masoquista.

Programación DELTA. Es conocida como la programación "asesina" y fue desarrollada originalmente para la capacitación de agentes especiales o soldados de élite, para operaciones militares encubiertas o de órganos de inteligencia: Fuerza Delta, MI-5 y MI-6, el Mossad, la CIA, etc. En este nivel de programación, estarían los "**Asesinos Manchurianos**" y considero que también buena parte de los "terroristas suicidas" de Al Qaeda o el Estado Islámico que se inmolan al grito de *"Ala es Grande"*.

El asesino de la Programación Delta en la milicia

Los “Asesinos Manchurianos” son víctimas del Proyecto MK ULTRA programadas para misiones específicas, frecuentemente para cometer magnicidios. El objetivo es que, gracias a una fuerte y exhaustiva programación, puedan ejecutar eficientemente una misión específica que les es encomendada, pero que estén desconectados conscientemente de la misma. Actúan como robots asesinos inconscientes que son activados gracias a comandos específicos, que les fueron instaurados con órdenes post-hipnóticas que permanecen inactivas, hasta que les son “disparadas” por su controlador.

Se les llamó “Asesinos Manchurianos o de Manchuria”, luego de que la CIA empezó a notar que algunos prisioneros norteamericanos que estuvieron cautivos en campos de concentración chinos durante la guerra de Corea, experimentaban **"períodos en blanco”** cuando iban en camino a la libertad y atravesaban el área de **Manchuria**. No se acordaban sobre nada de lo que les había ocurrido allí. Esto disparó las alarmas de la CIA y se arraigó el temor de que esos prisioneros que volvían a casa hubiesen sido condicionados como asesinos o espías inconscientes, gracias a técnicas de Control Mental que para ese entonces los sociópatas de la CIA ya conocían bastante bien.

En esta categoría de asesinos manchurianos estarían magnicidas como **Sirham Sirham**, asesino de Robert Kennedy, **Mark David Chapman**, asesino de John Lennon, **John Hinckley Jr.**, quien intentó matar a Ronald Reagan, **Theodore Kaczynski**, conocido como el “Unabomber”, y el mismísimo **Charles Manson**, del que siempre se rumoró que era un esclavo MK ULTRA que replicó su programación en sus fieles seguidores, “su familia”, para convertirlos en soldados asesinos.

“Asesinos Manchurianos” Programados mediante Control Mental

Otros posibles asesinos manchurianos responsables de tiroteos recientes son: **Stephen Paddock**, el francotirador de las Vegas, **James Holmes**, el asesino que masacró a 12 personas en la premier de Batman en Aurora, **Esteban Santiago**, el muchacho de 26 años que empezó a disparar a diestra y siniestra en el Aeropuerto Internacional de Fort Lauderdale, en fin, la lista es extensa; muchos de ellos tienen antecedentes militares o han servido en los servicios secretos.

Me inclino a pensar que el concepto de "monje guerrero" tan presente en grupos como los Templarios o los Caballeros de Malta o hasta los mismos "Ninjas", son los antecesores de unidades como la Fuerza Delta que por si no lo sabían, también tienen un fuerte componente esotérico ritualista, que también está muy presente en las entrañas de la CIA.

Programación THETA. Considerada como la programación "psíquica" y "ocultista" del Programa Monarca. En este tipo de programación se desarrollan las habilidades psíquicas y "paranormales" del individuo. Estas habilidades se ponen al servicio del espionaje con el desarrollo de programas como la "Visión Remota" o el "Proyecto Montauk" que fueron ampliamente investigados por la CIA, o en las esferas ocultistas de la nobleza elitesca, utilizando a las "víctimas-iniciados" como canalizadores o intermediarios para comunicarse con entidades oscuras del bajo astral, lo que también fue ampliamente investigado por la CIA en el denominado Programa MK OFTEN.

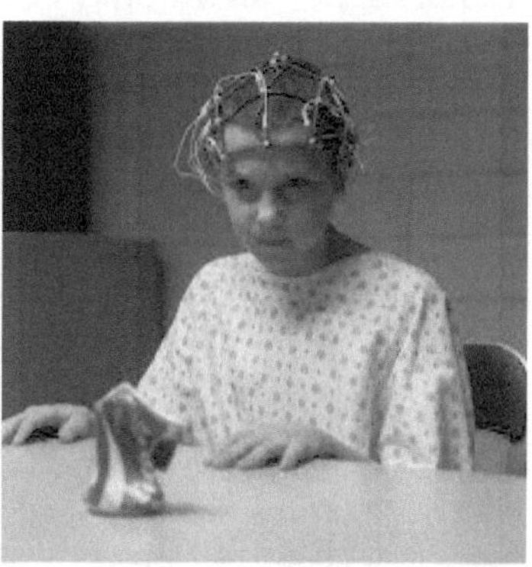

Escena de la serie "Stranger Things"

El Proyecto MK OFTEN fue una ramificación del Proyecto MK ULTRA, en el que se investigaba "científicamente" el mundo de la magia negra, la brujería y el ocultismo. Esta área de investigación fue encabezada por el Dr. Sidney Gottlieb, del que hablamos en las páginas iniciales de este escrito. Este siniestro personaje, era conocido en la CIA como el "Hechicero Negro" debido a su experiencia con venenos y por sus coqueteos con la magia negra.

De acuerdo con el autor Gordon Thomas, quién escribió el libro "Secretos y Mentiras", el programa también se habría aventurado en la práctica de rituales mágicos para posibles usos militares. Según Thomas, la CIA empleó ocultistas, adivinos, clarividentes, astrólogos, médiums, psíquicos, practicantes de vudú y brujería, magos de magia negra, demonólogos y por supuesto satanistas.

Generalmente empleaban "sujetos experimentales" con líneas de sangre de la nobleza (que programan desde niños) y que provenían de familias satánicas multigeneracionales, o que han pertenecido y militado en altos cargos en sociedades y grupos satanistas. Es aquí donde adquiere sentido la alusión a la mariposa monarca y el aprendizaje multigeneracional que caracteriza a la especie, ya que, para la esfera más ocultista y satanista de los controladores del Proyecto Monarca, el "privilegio" de poder contactar y comunicarse con esas entidades oscuras que veneran, se transmite consanguíneamente en los genes.

Otra evidencia que nos indica el interés de la CIA por las artes oscuras, la obtenemos del testimonio del almirante **Stansfield Turner**, director de la agencia entre 1977 y 1981, según el cual admitió en 1977 haber gastado millones de dólares de los contribuyentes estadounidenses en estudiar el vodoo, la brujería, y lo que dio en llamar "estados psíquicos especiales".

Almirante Stansfield Turner

Al respecto, son abundantes los testimonios que confirman que, en el ejército de Estados Unidos, en la CIA e incluso en otras agencias de inteligencia como el MI-5 o el MOSSAD israelí, se enquista una camarilla de satanistas practicantes que además de ser asesinos entrenados, posiblemente MK ULTRAs, también son practicantes activos del satanismo y la pederastia ritual.

Un ejemplo de esto fueron las denuncias realizadas contra el **Teniente Coronel Michael Aquino**, miembro durante años de la División de Guerra Psicológica del ejército de Estados Unidos, en las que se le acusaba de abuso sexual ritual (que regularmente quiere decir satánico) y tortura de niños, y que a pesar de que era pública su relación con grupos satanistas como el **Templo de Seth,** fundado por él en 1975, y de que también eran públicas las fotos en las que se le ve ataviado y rodeado de toda la parafernalia relativa al satanismo, el caso fue completamente desestimado y hasta donde sé, ni siquiera fue investigado...y a este miserable lo promovieron a General...¿?.

Coronel del ejército de Estados Unidos Michael Aquino

¿Ud. cree que la impunidad que rodea estos casos es por casualidad? No, tampoco es casual que no se investiguen el caso de las niñas de Alcacer o el Pizza-Gate o que permanezcan operando con total descaro las redes de pederastas satánicos en Bélgica, Holanda, el Reino Unido o el Vaticano. Esta impunidad global se presenta porque el sistema global está corrupto y ellos, quienes nos gobiernan, son los corruptores.

Aunque el tema del Control Mental podría abarcar otros cuantos volúmenes de información, considero que este escrito resume y explica en que consiste esta repulsiva práctica, en particular, en lo que respecta a la creación de esclavos MK ULTRA. Como lo mencioné anteriormente, espero tratar en una futura entrega la segunda parte del Control Mental que tiene que ver con la manipulación de masas o "Guerra Psicológica".

Canal de YouTube
Planeta Matrix Iluminati
de Sergio Mejía Uscátegui

¿Quieres colaborar con el Proyecto de Planeta Matrix Iluminati y las investigaciones de Sergio?

Puedes hacerlo en las siguientes plataformas de crowdfunding:

Paypal: https://paypal.me/PlanetaMatrixIllumin?locale.x=es_XC

Patreon: https://www.patreon.com/PlanetaMatrixIlluminati?fan_landing=true

Grupo de Facebook: Planeta Matrix Iluminati:
https://www.facebook.com/groups/578824868826942

Marta Sarasuati

PEDOSATANISMO, TRÁFICO DE NIÑOS Y AGENDA DE GÉNERO

Sobre lo que nadie quiere hablar y todos debemos saber.

Audio realizado por Marta Sarasuati a finales de marzo de 2021, en pleno bloqueo del Canal de Suez por el buque Ever Given de la empresa Evergreen.

LA VERDAD SOBRE LA TORTICERA INTRODUCCIÓN DE LA LEY INTEGRAL DE VIOLENCIA DE GÉNERO EN ESPAÑA

En el podcast de media hora de duración con el que intervengo en este libro, planteo un panorama bastante amplio, aunque muy básico, enfocado a aquellos que aún desconocen el tema, sobre la realidad acerca del Tráfico Infantil, por usar un término simple. El tema, no obstante, es harto más complicado. Y a pesar de que en el audio animo a la gente a investigar por sí misma, quiero completar esa información con un pequeño artículo en el que voy a acotar un poco más el caso concreto de España, poniendo un claro ejemplo sobre cómo el sistema judicial no sólo está colaborando con estas redes de tráfico humano, sino que ha sido el principal impulsor de las leyes que favorecen estas dinámicas.

Muy en concreto, a mi modo de ver, la que se ha llevado el gato al agua y ha hecho un órdago colosal que todavía estamos tratando de digerir, es la Ley Integral de Violencia de Género (LIVG). Ésta ha causado estragos nefastos, como las oleadas de suicidios de hombres calumniados falsamente por sus parejas, niños secuestrados por los servicios sociales que no vuelven a ver jamás a sus padres, etc. Es inabarcable el saco roto en el que siguen añadiendo supuestos machismos y delitos de odio, a golpe de antojo de la ministra más cara de la historia, "Irena Montere". En definitiva, un engendro de ley que le está poniendo la guinda al pastel que llevan cocinando durante 20 años las marionetas políticas de España.

Hace un año, más o menos, al comienzo de la locura del "coronacirco", vi el testimonio en Youtube (por supuesto ya censurado) de una mujer cuyo nombre no recuerdo, española, que había pasado su infancia en los servicios sociales porque sus padres eran toxicómanos. Era un vídeo casero que duraba cerca de dos horas, donde esta valiente mujer narraba, de manera muy cruda y con una entereza pasmosa, cómo personas con altos cargos vinculados a la justicia en Cataluña, donde ella vive, le habían realizado vejaciones y abusos sexuales de todo tipo en repetidas ocasiones.

En estas declaraciones, cuya veracidad no puedo garantizar, si bien, la encontré creíble, dicha mujer mencionaba, en concreto, cómo los magistrados Ignasi García Clavel y José María Mena habían estado compinchados mucho tiempo para condicionar la opinión pública a través de los medios de comunicación en el tema de los derechos del colectivo LGBT (hacia cuyos integrantes no tengo nada en contra, sino hacia cómo se les ha instrumentalizado para intereses elitistas).

Esto se hizo, en gran medida, gracias a que García Clavel, además de entonces director de prisiones y luego, delegado de gobierno, es periodista (supuestamente, pues no le consta ninguna publicación). Deduje, pues, de las palabras de esta mujer, antaño maltratada por estos cargos públicos, según su testimonio, que fue mediante esta colaboración mafiosa como se llegó a introducir en España la Ley Integral de Violencia de Género.

Así que realicé inmediatamente una pequeña investigación y me encontré con que, efectivamente, en el año 1987, el fiscal Mena redacta un informe en el que habla de la necesidad de otorgar a los homosexuales estatuto jurídico[25]. Años más tarde, en 1999, poco después de ser nombrado fiscal jefe de Cataluña[26], Mena ordena que se proteja a los "gays" (después veremos que bajo esa denominación entrarían, supuestamente, personas con filias más controvertidas) que denuncien discriminación y agresiones[27]. Y como ya sabemos, a partir de este momento, el avance de la LIVG ha sido imparable, llegando al punto de invertir su efecto, desequilibrando la balanza protectora a favor de los supuestos desprotegidos inicialmente, siendo, en ocasiones, minorías de costumbres mucho más cuestionables que las meramente homosexuales.

En este punto, sabiendo lo que sabemos, mucho de lo cual cuento con detalle en el vídeo podcast asociado a este artículo, llegué a una inquietante conclusión. Y es que, siendo "presuntamente" el fiscal Mena un asesino sin escrúpulos, según lo

---

[25] https://elpais.com/diario/1987/09/05/sociedad/557791202_850215.html

[26] José María Mena Álvarez fue fiscal jefe de la Fiscalía del Tribunal Superior de Justicia de Cataluña entre 1996 y 2006

[27] https://elpais.com/diario/1999/12/11/catalunya/944878053_850215.html

presentado por Santiago Royuela (también colaborador en este libro) en el Expediente que lleva su apellido, resulta fácil deducir que esta ley, metida con cuchara a base de presión mediática, lo que pretendía era, en última instancia, proteger los propios intereses pederastas de sus creadores. Y que conste que cuando digo pederasta, por fuerte que suene, eso es solo la punta del *iceberg*... pues esa es la antesala para muchos otros negocios oscuros que, como afirmo en el audio, son el más lucrativo mercado mundial ahora mismo (para el cual, por ejemplo, la compañía de transbordadores EVERGREEN, famosa por el reciente escándalo que ha provocado su atasco en el canal de Suez, es una de las grandes tapaderas). Este asunto es lo que representa, a mi modo de ver, y sin lugar a dudas, la verdadera piedra angular de la crisis mundial que estamos viviendo.

Porque si el movimiento LGBT se hubiera quedado ahí, todavía lo podríamos entender. Pero va avanzando y ya la bandera LGBT cuelga de muchos ministerios y ayuntamientos, acaparando para sí unas atenciones, protecciones y beneficios que no obtiene cualquier otro ciudadano. La bandera Trans, también empieza a ocupar balcones y escenarios de instituciones públicas.

Y qué curioso que esta bandera se parezca tanto a la bandera pedófila que aquí les muestro, donde varían un poco los colores (pueden buscarla, ya que el libro va sin color). Porque a pesar de que, "oficialmente", el movimiento LGBT+ no apoya la pedofilia, sabemos que existe un movimiento pro-pedofilia, también llamado MAP (personas atraídas por menores), cuyos antecedentes activistas se remontan a 1979[28], y que, aunque va lento, tiene

[28] https://es.wikipedia.org/wiki/Historia_del_activismo_pedófilo

objetivos muy ambiciosos, como que la ONU elimine la pedofilia de la lista de trastornos mentales. Además, hay que tener en cuenta que, aunque los fact-checks niegan que se haya legalizado la pedofilia en California, la verdad es que ya hay un proyecto de ley en ciernes (por algo se empieza).

El abuso de menores ha sido asunto común entre las élites *paias*[29] desde antiguo. Nos lo han ocultado de manera sistemática, aunque, si investigas, descubrirás que Cristóbal Colón fue uno de los mayores traficantes de niños, amparado, protegido y exculpado por la monarquía española. Así que la cuestión no es creerlo o no, sino darnos cuenta de que nos están manipulando para normalizarlo e introducirlo en nuestras vidas sin que lo cuestionemos. Y ojo, que ya han empezado a hacerlo en muchas escuelas. Hoy ya es un hecho que en España se están introduciendo guías sexuales en los colegios con una terminología y prácticas muy cuestionables, sobre todo porque van dirigidas a niños de 3 y 4 años.

También es cierto que está habiendo, gracias a grupos patriotas que actúan desde las sombras y con publicaciones en código, como el movimiento QAnon, la Alianza y los Sombreros Blancos, un importante proceso de desmantelación de estas redes.

No obstante, como no todo es confiar en que los problemas nos los solucionen otros, ante el avance de las abusivas políticas de género que esconden redes de extorsión, ¿vas a mirar hacia otro lado? ¿Te vas a quedar callado?

Marta Sarasuati
*Biografía en páginas finales

---

29 El término *paias* hace referencia a la teoría de los beres y los paios de Alexandre Eleazar.

Página web de Marta Sarasuati

https://www.martasarasuati.art/

Santiago Royuela

EXPEDIENTE ROYUELA: TESTIMONIO Y DENUNCIA SOBRE EL MAYOR CASO DE CORRUPCIÓN CRIMINAL EN ESPAÑA

Agradecer la oportunidad que Imbuk Ediciones me brinda en este libro de "denuncia pública". Porque sí, tengo mucho que denunciar, probablemente el mayor caso criminal de la historia de España, salvo en periodos de guerra. Es lo que viene conociéndose, desde el año 2020, como el "Expediente Royuela".

En este año 2021, interpongo una voluminosa querella por delitos de terrorismo de Estado, lesa humanidad, asesinatos, tráfico de drogas e influencia; prevaricación y cohecho; espionaje y violación de la intimidad de las personas; atentados por cuestiones políticas y un sinfín de delitos tipificados en nuestro código penal que denotan la clase de degeneración a la que han llegado ciertos personajes de la judicatura española y que todavía campan a sus anchas por el país.

Lo que se denuncia en dicho documento es lo más grave que jamás se haya visto en España. Por otro lado, la trayectoria de 25 años de investigación que avala estas tesis, que soporta esta denuncia pública y articula la mencionada querella, dan para otro libro propio de una novela de espionaje. Para quienes no lo conocen, les informo que el Expediente Royuela es una labor de investigación que ha conllevado espionaje, topos, contraespionaje, informaciones falsas vertidas por los malhechores; persecución judicial y mediante la prensa, prisión incluso para mi persona y la de mi padre. Pero es una labor que viene soportada por más de 30.000 documentos originales, escritos de puño y letra por los perpetradores de estos crímenes, quienes manejaban un servicio de información paralelo al oficial de la Fiscalía de Cataluña y, en cierta medida, sometido, o al servicio, del Partido Socialista Obrero Español.

No entraré en estas líneas en grandes detalles sobre los hechos que narra la querella, pues son demasiadas las historias, a razón de la cantidad de asesinatos registrados, así como la narración de cómo se fue obteniendo la información de dicho fichero. Mencionaré que en 2006 ya hubo una querella que fue abortada por el expresidente Rodríguez Zapatero, por recomendación de la masonería. También hubo diligencias indeterminadas en el año 2009 abiertas por la presidenta del Tribunal Superior de Justicia de Cataluña, Mª Eugenia Alegret Bugués y que fueron nuevamente abortadas bajo oscuros intereses. Recomiendo al lector entrar en la página web de www.javierroyuelasamit.com, sección de Documentación, para poder ver el contenido, o parte de éste. Allí encontrarán el fichero siniestro de los fiscales José María Mena Álvarez y Carlos Jiménez Villarejo. Una vez interpuesta la querella, el texto se editará en Amazon bajo el título de "Jaque Mate al Régimen del 78", pues ese es su título adecuado. De ese modo, todo lector podrá acceder al contenido de cuanto se va a denunciar. Mientras tanto, los documentos que se aporten a la querella podrán ser consultados desde la página web. Así es como se denunciará formalmente lo que vengo revelando desde YouTube durante un año. Doy por supuesto que todo lector de este artículo conoce algo del Expediente Royuela; de lo contrario, le animo a adentrarse en él por diversas vías, bien leyendo la querella, bien visionando los vídeos de mi canal en YouTube, que lleva mi nombre.

El E.R. nos presenta una sociedad incapaz de evitar la corrupción interna, una corrupción enquistada en el sistema autodenominado "democrático". A la vez, se observa, por primera vez, grupos de poder claramente mafiosos en el aparato judicial del estado español y asesinatos de estado entre dichos grupos que no son visibles a la sociedad. De otro lado, vemos hombres sin escrúpulos lucrándose, bajo sus puestos como funcionarios de la administración de justicia, de todo el espectro de la delincuencia, desde la más baja hasta la de "alto standing". Una mafia cuyo nudo principal se gestó en la propia Fiscalía de Cataluña y extendida también al resto de España. Sobre todo, tocaban el tráfico de drogas, las extorsiones a casas de alterne, los robos, el tráfico internacional de armas y drogas, el sicariado por encargo, el tráfico de influencias, el cohecho y la prevaricación en la justicia. La maldad que se plasma en esas notas manuscritas roza lo infernal y diabólico, lo más psicopático, si se quiere, del ser humano, que alcanza los límites más bajos de su moral, a cambio del dinero y el poder.

Para poner en contexto la situación actual del Expediente, prefiero hablar aquí de algo más personal, información que no revelo habitualmente, ciertas experiencias, muy íntimas, que viví en prisión, las cuales debéis interpretar y situar en su debido margen circunstancial, dado el auténtico desafío que supuso para mí hacerme cargo de algo así. Desde un punto de vista social, estamos ante una auténtica barbaridad, llevada a cabo por criminales que bien podrían ser calificados de absolutos psicópatas, rozando lo que comúnmente se ha venido a llamar "diabólico". Pero, habiéndolo pensado bien, sin centrarme sólo en los crímenes que se detallan en ese fichero, comprendí que esta historia, desde otras perspectivas, bien podría interpretarse como un combate espiritual. Juzgue el lector.

Mi hermano Javier (E.P.D., asesinado por esta misma red criminal) siempre guardaba y leía la obra de Mauricio Carlavilla del Barrio (también conocido por el seudónimo Mauricio Karl, policía, escritor y editor español, de pensamiento anticomunista y anti-masón que publicó más de una docena de obras sobre comunismo y masonería), muy amigo de la familia y padrino de mi hermano Mauricio. En los años del franquismo tardío, Don Mauricio Carlavilla era un policía muy vinculado al régimen franquista que solía dar clases de formación política y religiosa. También sobre lo que él consideraba el gran enemigo de la humanidad: la masonería. Mi padre, junto a otros camaradas, se formó bajo esa escuela, que bebía de obras extensas sobre la masonería como las de Monseñor León Meurín o Leo Taxil, ex masón que acabó acusando a la masonería de satanismo.

Así supimos que, al margen de esos 33 grados del Rito Escocés, madre de los demás ritos, o de los 90 grados del rito de Misraim, superior al escocés en número de grados, pero inferior en valor intrínseco, están los verdaderos misterios velados en todo el sistema masónico, los verdaderos misterios de los Jefes desconocidos. Finalmente, detrás de los Jefes, se oculta el verdadero inspirador y Jefe Supremo de derecho de toda la masonería: Satán. Así de claro lo expone Don Mauricio Carlavilla en su libro "Simbolismo de la Masonería". Recuerdo largas charlas con mi hermano Javier acerca de estos enemigos de la cristiandad y la humanidad. Solía decirme que la política no valía para nada, que era opio para el pueblo, para adormecerlo o enfrentarlo y entretenerlo, que el auténtico combate era un asunto espiritual, de religiones, entre el hombre antiguo y la posmodernidad que nos ha conducido al derrumbe de la cristiandad, golpeada fuertemente por la masonería en los últimos siglos a base de promover todo tipo de revoluciones, penetrando incluso en el pensamiento de muchos católicos.

No quiero posicionarme al respecto, tan solo comentar las charlas que solíamos tener a menudo, pues Javier era profundamente creyente. ¿Quién le iba a decir en aquél entonces que su asesinato sería ocultado por la masonería? Dudo que lo hubiera imaginado.

El fiscal Mena (uno de los principales protagonistas del Expediente Royuela), miembro de la Gran Logia de España, ante la querella que mi padre, Alberto Royuela, presentó contra él en el año 2006, no dudó en contactar con José Carretero, Gran maestre de la Gran Logia de España en aquellos años, para que hablara con el presidente socialista José Luís Rodríguez Zapatero, otro masón, miembro de la Logia "Humanidades" —¡También tiene gracia el nombre y el asunto! —. Igualmente, se puso en contacto con otro masón de Uruguay, Emilio Bazzaco que, a través de la "Internacional Masónica Iberoamericana", logró convencer al presidente más inútil y nefasto que ha tenido España, Zapatero, para que, a su vez, hablara con los Magistrados de la Sala Segunda del Tribunal Supremo y encontraran una "salida airosa" a la complicada situación en la que estaba inmerso el Fiscal Mena. Éste amenazó a Zapatero, advirtiéndole que *el efecto dominó sería perjudicial para ambos, pues él había asesinado para el Partido Socialista Obrero Español.*

Cándido Conde-Pumpido (fiscal general del Estado desde abril de 2004 hasta diciembre de 2011), confesó por carta al fiscal Mena, que la Sala de lo Penal del Tribunal Supremo de España se mostraba pro-royuelista, en su mayoría, ante la querella que mi padre interpuso en el año 2006. Sin embargo, la enorme capacidad de influencia de la masonería terminó desequilibrando la balanza de la "justicia". A pesar de las cartas cruzadas entre los fiscales Cándido y Mena para boicotear la querella que había presentado mi padre y que fueron interceptadas y aportadas en "tiempo y forma", la masonería consiguió que no se hiciera justicia por el asesinato de mi hermano Javier. Tampoco por su amigo Jorge Xurigué y por 32 asesinados más, de los que se aportó información en la mencionada querella. Ahora puedo decir que en aquellas charlas nocturnas en las que mi hermano me hablaba de relatos como los de J.B. de Molay, adoradores de Baphomet y otras "deidades", entre muchas otras, Javier estaba cargado de razón cuando afirmaba con rotundidad que "ellos dominan el mundo". Sin duda alguna, estamos hablando de un combate entre el Bien y el Mal.

Les recuerdo que yo me formé en las filas de la mal llamada "extrema derecha" y también compartí esas ideas sobre los poderes fácticos que dominan y controlan el mundo, avocándolo al abismo. Si eres creyente, no puedes escabullirte, no puedes obviar la existencia del mal y del demonio. No, no es una broma para asustar a niños (como el cuento del hombre del saco) o para manipular, anestesiar, narcotizar a la población. Cuando uno obvia esta realidad, acaba pagando las consecuencias pues, inevitablemente, tarde o temprano, se acaba viendo implicado en ese combate.

En el verano de 2012, dos meses antes de finalizar mi primera condena por terrorismo —sentencia amañada por el fiscal Mena, quien chantajeó al presidente de la Sala para que me condenara injustamente—, me encontraba en el módulo uno de la prisión de Brians. Mi padre había enfermado y estuvo a punto de morir, muy probablemente debido a un envenenamiento, pues tenía en su poder toda la documentación del Expediente Royuela y las diligencias que en el 2009 abrió el Tribunal Superior de Justicia de Cataluña.

Todo ello me provocaba mucha ansiedad y estaba bastante hundido, por lo que acabé sufriendo una crisis psicótica. Hoy sé que fue debido a todo cuanto sabía acerca de la corrupción en la justicia y el degaste de seis años de prisión. Esto, sumado a que también habían abierto una investigación policial fraudulenta en donde la fiscalía solicitaba para mí 55 años de prisión, acusándome de tres intentos de asesinato. Buscaban semejante condena por unos hechos que no fueron más allá de una simple pelea entre subasteros. Sea como fuere, padre e hijo que sabían demasiado y poseían el Expediente Royuela, debían ser neutralizados por todos los medios. Lo harían, bien envenenando al padre, quien llegó a desarrollar una aplasia medular casi mortal, bien hundiendo todavía más a su hijo, que ya cumplía injustamente una condena de seis años y que, en un permiso, tras un "rifi-rafe" en una discusión entre subasteros, donde nada trascendente sucedió, terminaron solicitando, por Fiscalía, esa pena de 55 años.

En aquel verano en la prisión de Brians, mi mente colapsó y perdí el control. Comencé a delirar acerca del asesinato de mi hermano. Dos funcionarios me atendían mientras yo, totalmente enajenado, les decía que mi padre mató a mi hermano —la cabeza la tenía hecha un lío—. Había llegado a distorsionar el asunto en mi mente, llegando a pensar que mi padre estuvo detrás de ese asesinato, a falta de toda la información a la que no tenía acceso desde prisión y debido a otras fuentes confusas, por no extenderme demasiado, que habían llegado a mi conocimiento. Era algo extraño e irracional, fruto de mi estrés tras seis años encerrado y diversas investigaciones fraudulentas contra mi familia y mi persona. Terminé en la unidad psiquiátrica gritando: "¡Mena, Gerard Thomas, yo os perdono en el nombre de Dios!", mientras por mi mente corrían delirios que me hacían creer que iba a ser sacrificado. Al tiempo que me ataban a una camilla para contenerme, yo pensaba que era observado por un gabinete de expertos mundiales, pero que no iba a morir si daba cuenta de la segunda llegada de Cristo. Mientras me ataban y yo vociferaba delirios místicos, mi corazón se iba acelerando, a riesgo de sufrir una parada cardíaca por lo intenso de esta sensación de que iban a matarme. Finalmente, recuerdo que me encomendé a la Santísima Virgen. Al hacerlo, todo ese estrés cesó y mi cuerpo se calmó de golpe. Una de las enfermeras, con cara atónita, le dijo a otra: "Ha sido como una implosión. Ha cesado de golpe". Más tarde me preguntaron si yo era creyente.

Tiempo después entendí que había alguna razón en ese tipo de psicosis. Fue fruto del estrés postraumático por todo lo que suponía conocer el Expediente Royuela, por el envenenamiento de mi padre, sabiéndolo a punto de morir, por el asesinato de mi hermano, por llevar seis años preso, por la solicitud de una pena de 55 años absolutamente injusta... Todo ello me condujo a ese estado que, afortunadamente, superé en apenas unos días.

Días después, ya recuperado de este episodio, me junté con un preso mayor que yo, Amaya, quiero recordar que era su apellido. Él se había convertido al budismo y practicaba yoga en el patio, enseñando a otros presos. Estaba condenado por varios asesinatos y llevaba más de 15 años encerrado. Fuera por lo que fuera, me vio mal y me acogió en su grupo, con el que empecé a practicar yoga. Me contó su vida muy por encima: De joven había militado en el Frente de Juventudes, en el "Hogar León" de Barcelona. Ya había abandonado sus creencias cristianas y, como practicante de la filosofía budista, me dijo que había encarnado en esta vida para ser un asesino y superar esa condición. Me contó que, tras analizar su vida, había entendido que él fue entrenado únicamente para matar de forma profesional. Del Frente de Juventudes (organización juvenil del Régimen del General Franco) y debido a sus ideales, fue captado por los servicios secretos del Estado de aquel entonces. Tras ingresar en "falange" (Falange Española Tradicionalista y de las JONS, partido único del franquismo), le proponen, con el tiempo, ir más allá en la lucha por aquellos ideales. Amaya decidió seguir ese camino, empujado por su exacerbado idealismo y patriotismo. El mando que le guiaba y le ofrecía un nuevo destino en los servicios secretos le dijo que, cuando estuviesen en formación el día que tocaba presentarse al servicio militar, él debía dar un paso adelante como objetor de conciencia, renunciando a dicho servicio. Luego sería conducido a un despacho donde otro contacto le esperaba y así, haciendo como que era un "traidor" que se negaba a servir en el ejército, lo enviarían a Argentina junto a otros compañeros que también habían sido captados. Una vez en el país sudamericano, pasó a formar parte de la ESMA donde fue entrenado, única y exclusivamente, para matar. Amaya me comentó que, a pesar de que ya era el año 1978, que Franco había muerto y que en Argentina eran los tiempos del General Videla, aún tuvo que seguir haciendo "favores de Estado". Con el tiempo, se dio cuenta de que esos ideales que le llevaron a ser captado por los servicios secretos, no eran los mismos a los que sirvió cuando vivió en Argentina, sino que estaba sirviendo al poder en sí mismo, haciendo favores de Estado que se debían unos a otros. Me dijo que se desengañó de la política al descubrir que sólo le habían programado desde bien joven para asesinar, mientras que los ideales eran una excusa. Me dijo que fue en "esos mundos" donde conoció a la masonería, cómo actuaban y cómo dominaban el mundo. Una vez acabaron sus misiones en Argentina, regresó a España sin futuro alguno, lejos ya de sus ideales en la democracia nueva. Todo lo que había hecho no había servido más que para satisfacer intereses de estado al margen de cualquier ideal. Y es así que pasó a convertirse en un sicario a sueldo del mejor postor, desarraigado de cualquier ideal y por dinero, pues lo único que él sabía hacer era matar. Finalmente, cayó preso en Cataluña por un asesinato. Sin embargo, como los servicios secretos siempre rinden algún favor a sus antiguos colaboradores, fueron algo benevolentes en su proceso judicial y penitenciario. Amaya me contó que eran masones quienes le ayudaron, por sus favores en Argentina, cuando lo enviaron a la ESMA. Tuvimos largas charlas en las que Amaya estaba plenamente convencido, siendo conocedor de casos muy directos y en primera persona, del poder mundial de la masonería para el control del mundo. Me hubiera gustado haber seguido en contacto con aquel preso convertido al budismo tras haber sido un sicario al servicio del Estado español, el argentino y vayan ustedes a saber qué otros intereses más. Por su edad, aspecto y forma de hablar, tras mi experiencia de seis años preso conviviendo con todo tipo de sujetos, supe que contaba la verdad: que el sistema le utilizó en su día para matar, que estaba arrepentido y que por ello abrazó el budismo como vía expiatoria. Era su camino en esta reencarnación, como él me dijo. Sea lo que fuere, era un hombre "antiguo" contra la posmodernidad.

Lejos de esta experiencia penitenciaria, quiero llamar la atención sobre el lugar donde se hallaba el "archivo del crimen" al que hace referencia el Expediente Royuela: en una clínica donde se practicaban abortos ilegales. Algo realmente siniestro. De un lado, estaba el negocio criminal del aborto ilegal, siendo el fiscal Jefe de Cataluña (Mena) socio del Doctor Carlos Morín, con toda una red clientelar nacional e internacional de abortistas. Personajes que incluso cubrían y protegían el negocio, usando contactos con logias masónicas, para presionar a quienes denunciaban a las clínicas del Doctor Morín, conocido en esas fechas por ser el mayor "abortero" del país. Pero no sólo era perversa esa clínica por estos crímenes hacia seres totalmente indefensos, sino que en ella se ocultaba todo un archivo secreto y paralelo del crimen, donde había expedientes de más de mil asesinatos perpetrados desde la Fiscalía de Cataluña. Una clínica realmente funesta, pero oculta a los profanos, como suele suceder con la masonería.

La providencia o el destino quiso que una periodista danesa filmara y evidenciara cómo se practicaban abortos ilegales por parte del doctor Morín. Pronto corrió la noticia y saltó la denuncia en el año 2006 desde tres personas jurídicas: el partido político Alternativa Española, el Círculo de Estudios Santo Tomás Moro y el movimiento católico e-cristians. Las pruebas eran contundentes y el fiscal Mena, al frente de la fiscalía de Cataluña, no pudo frenar la orden de entrada y registro en dicha clínica por parte del juzgado de instrucción nº33 de Barcelona, a cargo de la juez Elisabeth Castelló Fontova —recordad este nombre, pues reaparecerá en el ER más adelante en el 2009—. Pero, por otra parte, el fiscal Mena sí contaba con determinados policías compinchados con él en el registro para ayudar al doctor Morín si lo precisaba. Mena pudo enterarse semanas antes del registro, por lo que ordenó al doctor Morín evacuar de su despacho toda la documentación del fichero, al que sólo Morín, Mena y Ruiz tenían acceso, para que fuera conducido a la carretera de "las aguas" y ser destruido quemando el archivo completo. Hemos de tener presente que el fiscal Mena, en esas fechas, ya tenía prevista su jubilación como Fiscal Jefe de Cataluña para finales del año 2006. El fichero iba a ser destruido por completo por orden del fiscal Mena cuando se produjo esa denuncia providencial.

Pero no sólo fue esa coincidencia "azarosa", pues resultó que la mujer del doctor Morín era hermana de un antiguo camarada de mi padre en la Guardia de Franco de Falange, Fernando Durán Salmerón. Meses antes de que saltara esta denuncia, en una reunión de antiguos camaradas de Falange, mi padre comentó a Fernando Salmerón su situación vivida con el fiscal Mena, la persecución sistemática a la que había sido sometido y también que era conocedor de ciertos ilícitos económicos. Salmerón comunicó a mi padre que Mena era socio de su cuñado, el doctor Morín Gamarra y le dijo que sabía de la existencia de ese "zulo" secreto donde el fiscal guardaba con celo determinada información. Todo esto sucedió antes de la denuncia contra Morín y el registro a sus clínicas. Salmerón, en aquel entonces, puso en contacto a mi padre con personal de la clínica con el fin de que intentaran hacerse con información de ese fichero oculto antes de que fuera destruido. Algunas notas llegó a conseguir, pero el acceso total era imposible. Se planteó un robo, incluso, pero el personal de la clínica no accedió. Sin embargo, al saltar la denuncia y tener que evacuar la información, algunos de los encargados de dicho encargo eran los que estaban en contacto con mi padre. Así que le llamaron y le explicaron que tenían que destruir el fichero que mi padre tanto ansiaba. Llegaron a un acuerdo y dichos documentos, en vez de ser quemados, como ordenara el fiscal, fueron trasladados al sur de Francia, en donde mi padre efectuó la compra a los empleados de Morín encargados de destruirlos.

Fue entonces cuando mi padre abrió la "caja de Pandora".

Su mayor sorpresa fue ver el expediente judicial y las notas relativas al asesinato de mi hermano Javier. Mi padre andaba detrás del fiscal Mena porque le habían estado atormentando durante años y porque sabía que eran corruptos, pero nunca pudo imaginar que llegaría a destapar más de mil asesinatos, incluido el de mi hermano, Javier Royuela Samit. Cosas del destino o la providencia, mírese como se quiera, pero creo tampoco dimensionó el calibre de la responsabilidad que suponía asumir la cruzada de hacer justicia para toda esta gente, incluido mi hermano. Una carrera de fondo bien delicada y exigente de la que yo tampoco me pude desentender, porque ya no tengo ideologías, pero sí ideales.

Sin más que contaros, pero mucho que deciros, os animo a seguir mis vídeos de YouTube, a la vez que comprar la querella que autoeditaré en Amazon y que vendrá soportada por una página web en donde se albergará copia de los documentos originales aportados a la querella. Ya somos miles los conscientes de encontrarnos ante el caso más grave que resume los 45 años de democracia fallida en España.

Video donde Santiago comparte las notas del Fiscal Mena tramando el asesinato de Don Alberto Royuela

Canal de YouTube de Santiago Royuela Samit

Página web del Expediente Royuela
www.javierroyuelasamit.com

Pablo Salinas

CENSURA EN YOUTUBE

En 2006, Google compró Youtube por varios millones de dólares. Miles. Una cifra que en su momento me impresionó. Hoy, ciertamente, una mega-cifra para una transacción así resultaría lógica para cualquiera de nosotros. Hace 14 años atrás, la montaña de billetes que la, ya entonces, gigante compañía de Brin y Page puso por delante para hacerse de la plataforma de alojamiento de videos me pareció, en lo personal, exagerada, excesiva, fuera de proporción: 1.650 millones. Ni entonces ni ahora pretendería pasar por experto en materia de negocios del ámbito digital, pero en esto creo que tampoco hizo falta mayor sapiencia para enarbolar un análisis más o menos acertado. Google quiso necesariamente hacerse del control de un sitio que, ya entonces, concentraba las preferencias de los usuarios a escala planetaria. A como diera lugar. De ahí, la táctica de la cifra simplemente inalcanzable. Bien por esos creadores originales del sitio. El sueño del pibe, el palo al gato. La lluvia de monedas de oro premiaron su talento como innovadores.

El apetito insaciable y omnívoro de los grandes conglomerados para ir engullendo todo lo que huela a competencia y/o posibilidad de fortalecer posiciones es, quizá, uno de los rasgos más distintivos de estos tiempos. En este caso, la pareja tras Google, esa dupla de aspecto engañosamente simpático, mezcla de Midas y nerds que tan jóvenes, casi imberbes, amasan una fortuna de espanto, no son la excepción: escogen su presa, la engullen, procesan. Así, con el paso de los años, Youtube no solo mantuvo el liderazgo, sino que lo afianzó a niveles prácticamente hegemónicos. Google mismo, en el ámbito de los motores de búsqueda: no compite solo, tiene un sinfín de (virtuales) rivales, pero todos, en su conjunto, no alcanzan a sombrearle ni las rodillas. Decimos "guguéalo" (alguien que diga "binguear" o "yandexear" sería una rareza digna de museo). La potencia de generar inserciones en el lenguaje. De igual modo, "youtuber" (todavía hace algunos años leía comentarios ridiculizando el término; aún quedaban trazas de provincianismo, hoy ya no).

Entonces Youtube –que, no lo tengo perfectamente claro, pero se me antoja que ha variado el recuadro redondeado rojo de su logo apenas, lo mínimo- entró en nuestras vidas a niveles insólitos. Desde 2006 a la fecha, plasmó una redistribución -un acaparamiento- de audiencias mayúscula.

Quizá el gigantón se había portado bien hasta hace poco. La mayor parte de las echadas a pique las veíamos por problemas de derechos de autor, música, o películas. O desnudos. El ánimo de su celo variaba; en el último tramo pareció ponerse más rudo. Nada comparado con el efecto pandemia. COVID fue la voz de mando, el santo y seña mayor. Definitivamente marcial, el son del clarín, estridente, severo, metálico. Y digo mayor porque, claro, ante la orden se alinearon varios. Qué digo. Sino todos, la gran mayoría. COVID, el nuevo omertá de la era cibernética, la palabra que tienes que llenar de x, pronunciar a medias, evitarla, pasar por el lado, el término que muerde, el vocablo ante el que el ciber-clero se santigua, la ciber-policía vigila, el ciber-tribunal persigue. Y a la vez, la contraseña que hizo que el gigantón reemplazara, de una, dientes de leche por colmillos.

Tengo, desde hace años, dos canales en Youtube. Ambos, hoy, con tarjeta amarilla; uno, a punto de la suspensión total. Te anuncian los castigos con mensajes. "Somos conscientes que esta no es una buena noticia". Y, después "El 95% de los creadores que reciben un aviso no vuelven a recibir ninguno más." Vaya, estoy dentro de ese selecto 5%. Todo por contenidos COVID. Cuestionadores COVID, en rigor. Los criterios de la cúpula son declarada, abierta (diría, incluso desvergonzadamente) "no contradecir la voz de mando de la OMS, de la jefatura, del nuevo politburó redivivo". El último video suprimido, el de una entrevista que le hice a la inmunóloga Roxana Bruno, quien apunta a las incertidumbres de las vacunas COVID. Lo eliminan, aviso por mi parte en las redes de su desaparición (siento placer diseñando flyer con la imagen con tonos rojos de los Brin-Page), algunos se lamentan, sugieren que emigre a otras plataformas menos fascistoides... Pero luego alguien lo comparte. El video vuelve a circular, por otros carriles. Nada desaparece. Todo, una vez suspendido, queda orbitando en alguna parte, o en varias.

Quizá todo esto que estamos viviendo ahora nos esté entregando una representación muy clara, y por lo mismo, espléndida, del fenómeno cuántico. Algo está aquí, pero no solo aquí, en un solo punto, sino también allá y en varios puntos a la vez. Tal como mencionan los señores Youtube, los "creadores" siempre hemos sentido, en menor o mayor grado, cierto celo por la preservación de nuestras obras –tengo el recuerdo fresco de la impresión que me generó enterarme del verdadero desvelo que le producía el tema al mismísimo Miguel Ángel–. Pero, claro, una pieza hecha en la materia, una pieza única, se hace y, sobre todo, en siglos pasados, se hacía simplemente irrepetible, hasta cierto punto, irreplicable –la maestría técnica expresada en el mármol-. Pero acá, ahora, estamos hablando de otra cosa. De una mera vitrina. Una vitrina de moda, hiperconcurrida, pero que no pasa de ser una mera vitrina. El fenómeno de la creación es lo esencial. El fenómeno de la creación es todo. Y esto no está en juego. O lo está, pero solo hasta ciertos niveles. Este mismo libro, esta misma invitación, este mismo gran baile colectivo es una muestra estruendosamente clara.

Estamos. Somos. Creamos.

Pablo Salinas
*Biografía en páginas finales

Hola, Algarrobo Al Día:

Tras revisar tu contenido, hemos detectado infracciones graves o reiteradas de nuestras Normas de la Comunidad y, en consecuencia, hemos procedido a retirar tu canal de YouTube.

Sabemos que no es una buena noticia, pero debemos velar por que YouTube sea un lugar seguro para todos los usuarios. Cuando consideramos que un canal infringe de manera grave nuestras políticas, lo eliminamos para proteger al resto de los usuarios de la plataforma. No obstante, si crees que hemos cometido un error, puedes apelar esta decisión. A continuación encontrarás más detalles acerca de la política en cuestión y cómo enviar una apelación.

Kary Mullis

"La prueba PCR no dice si estás enfermo"

Kary Mullis, bioquímico inventor de la prueba PCR y Premio Nobel de Química, aclara qué hace y qué no hace su invento.

Epílogo

Si bien, este libro ha tratado diversas temáticas afectadas por el ocultamiento mediático, hemos dado mayor protagonismo a los testimonios sobre la crisis sanitaria, por ser los que hiperemplearon a la I.A. de la censura, descubriéndonos hasta qué punto temen, sus controladores, la libertad de expresión e información. Sin embargo, el lector perspicaz habrá concluido que todos los abusos denunciados en estas páginas están relacionados. Tanto es así que, como en la escena del dominó en la película "V de Vendetta", cuando una de las piezas caiga, caerán todas las demás. De los gerifaltes que afirman cada pieza de esta colosal mentira se encargarán fuerzas apropiadas y equivalentes. A los obreros de a pie nos toca otra misión en paralelo: compensar el silenciamiento y la desinformación exhibiendo otros puntos de vista, a fin de que los ignorantes se conviertan en avisados y los avisados, finalmente, seamos despiertos. No obstante, en esta contingencia, muchos nos hemos sentido impotentes a la hora de infundir a nuestros seres queridos el espíritu que nos llevó a cuestionar la narrativa oficial y descubrir otra realidad más conectada con las leyes naturales. A menudo ha sido como estrellarse contra un muro de hormigón. Unas veces, porque no encontrábamos las palabras; otras, nos ganaba la impaciencia y la vehemencia; de repente, nos enmudecía el temor a ser rechazados o ridiculizados; casi siempre, por la sordera que imponía la disonancia cognitiva del interlocutor; y al final, siempre nos quedaba la frustración de no haber podido siquiera contagiar algo de curiosidad por indagar esas fuentes de información científicas marginadas por los medios masivos.

Muchos nos preguntamos con preocupación ¿y si lo entienden cuando ya es demasiado tarde? Les invito desde aquí a reflexionar algo: ¿Somos responsables de las decisiones del otro? Pensemos que el criterio del otro pasa, a menudo, por una costumbre muy instaurada en la mayoría de hogares, como es ver la televisión todo el día. Presumen, como si fuera un gesto de madurez intelectual, de ver la tele solo por los noticieros, "para estar informados". Otros por "las películas, las series o los documentales", creyéndolos contenidos más neutrales e inofensivos. Olvidaron que, cuando los occidentales inventaron la radio, de inmediato la llevaron a los indígenas americanos para usarla como instrumento de programación de su inconsciente y vencerlos desde adentro. Así, sumada al espejo y al alcohol, entregaron el "regalo" con que el indio destruiría su propia cultura y asumiría otra sin oponer resistencia. Hoy sólo se ha sofisticado el aparato manipulador, pero sospecho que muy poco de lo que se proyecta en TV es inocente.

Por alguna desconocida razón, hay un porcentaje de la humanidad que decidimos apagar definitivamente la "caja tonta" y provocar, con ello, un sismo en nuestra conciencia. Ese simple gesto derribó el escenario de miedo y consumismo con que nos dirigieron, develando las raíces de unos seres poderosos, creadores y autosuficientes, como lo fueron nuestros ancestros en tiempos remotos. En cambio, misteriosamente, a otros humanos no les pasó lo mismo. La actual crisis solo ha puesto de manifiesto la existencia de distintas velocidades en el proceso de emancipación humana respecto a los controladores.

¿Qué vamos a aprender de todo esto? Yo he aprendido que no podemos recorrer el Camino de Santiago, volver a casa y tratar que nuestra gente asimile lo que significa esa experiencia, solo con nuestro relato, por muy apasionado que éste sea. Les puedes mostrar fotografías, vídeos, audios e incluso podrán viajar a Santiago de Compostela en auto y, con todo, jamás comprender la conmoción del peregrino. Algunos hemos llegado al actual discernimiento después de una trayectoria de años, no sólo de formación, sino también de crisis personales, cuestionamiento de paradigmas, de búsquedas, de pérdidas y una ardua labor de autoconocimiento. Una escuela sin títulos a la que no todo el mundo asiste. Probablemente porque su misión en la vida era otra: por ejemplo, ser incansables trabajadores y buenos proveedores, no sólo de víveres, sino de emociones, experiencias y de los obstáculos que otros debíamos superar para pasar de nivel en nuestra apuesta por no morir idiotas. Esos familiares y amigos a quienes, con cierta soberbia, llamamos "dormidos" nos están revelando nuestras propias asignaturas pendientes: a saber, esa necesidad de salvar al otro tomando por él una decisión que corresponde a cada cual, y que le conllevará, además, un invaluable aprendizaje. ¿Que esa lección le puede costar la vida? Tal vez. Pero ¿hasta qué punto amas la libertad, tuya y suya? También ellos piensan que, al rechazar la vacuna, te expones a una muerte casi segura. "¡Prefiero que me mate el virus!" proclamamos algunos con cierta temeridad, obviando el poder del decreto. Nosotros podemos creer que no hay un virus tan peligroso, pero ellos no. Ellos están convencidos de que lo hay, que es mortal y que podemos morir por nuestra tozudez. Su emoción y la nuestra son idénticas: mismo temor, mismo amor. Y, sin embargo, nos atrincheramos en frentes opuestos, lanzándonos todo tipo de improperios. Creo que ya es hora de trascender eso.

¿Respetar su opción significa no hacer nada? En absoluto. Porque sabemos que hay fuerzas oscuras hiperactivas en la dirección contraria, azuzando el fuego de la confusión y el terror. Si estamos aquí y sabemos lo que sabemos, no podemos callar. Debemos entregar la información, dejarla lo más cerca posible de su alcance e invitarlos a consultarla antes de decidir. Pero sin imponerla. Lo que no nos compete es decidir por nadie ni reprocharle que elija la peor opción. Es difícil, porque implica un desgarrador desapego. Pero ese es el precio de nuestro amor a la libertad.

Donde debemos dirigir nuestros cañones y ejércitos es donde duele a los de arriba: al centro de la insensatez y arbitrariedad que ofrecen como verdad empírica sin prueba alguna, inoculada en el inconsciente colectivo solo a base de repetición obsesiva por los medios. Contra ello, disparamos información veraz y fundamentada, investigaciones profundas, evidencias contundentes, argumentos sustentados por el método científico y voces respaldadas por un currículo que el propio sistema acreditó. Lo hacemos en papel, para que nadie te robe, con un clic de teclado, tu sagrado derecho a informarte. Este documento no dinamitará los cimientos del estado profundo, pero sí representará una piedra en su zapato y un barrote menos en la celda de sus prisioneros, ofreciendo un resumen de lo que necesitan saber para salir de ella, SI ASÍ LO DESEAN.

Quienes creemos que la consciencia, como energía que es, trasciende el cuerpo, podemos entender que, quizá, muchas almas hayan decidido desencarnar en este momento y han elegido hacerlo de esta forma, virus, mascarilla o vacuna mediante. A la luz de tanto indicio sociopolítico, económico, geológico y climático, sabemos que se avecinan cambios tan extremos que, tal vez, muchas almas los encuentran insoportables para la personalidad que habitan, o bien, no estaba en su cuaderno de tareas exponerse a ellos, por tanto, deciden que ya vivieron lo suficiente en este plano. Y están en su derecho. Al fin y al cabo, lo de morirse no es para tanto. No obstante, también hay escépticos más abiertos, que albergan dudas, pero les falta tiempo y acceso cómodo a una información confiable. Por ellos luchamos con la ecuánime arma de la palabra escrita en un libro, inmune al ataque digital, perdurable y transferible como precioso objeto de regalo. "Sin Censura To You" quiere resolver la dispersión del mensaje alternativo, contener a sus mejores representantes y ser vector de contagio del conocimiento, abriendo una grieta en el discurso único, ampliando el abanico de respuestas y mejorando, con todo, la calidad de nuestra libertad. Sus creadores, al menos, no son sospechosos de trabajar a sueldo de intereses ocultos, pues muchos de ellos se han expuesto, no sólo a perder pingües estímulos económicos, sino a recibir sanciones, amenazas y escarnio de colegas, autoridades y medios. Eso, para mí, los hace, no solo más creíbles, sino dignos de admiración.

Usemos esta obra, pues, como vehículo pacífico de un mensaje al servicio, principalmente, del amor, la justicia, la libertad y la soberanía.

Mireya Machí.

BIOGRAFÍAS

(Orden alfabético)

Aitor Guisasola

Licenciado en Derecho por la Universidad de Deusto (1988-1993), Bilbao, Bizkaia, con la calificación de Notable. Diploma de Especialidad en Práctica Jurídica. Experiencia como profesor en la Universidad del País Vasco, ponente de cursos y autor de publicaciones sobre Derecho del Seguro. Abogado Colegiado en 1993 hasta hoy con despacho propio habiendo llevado miles de procedimientos. Fundador y gerente del despacho GUISASOLA ABOGADOS, Defensa y Reclamación Legal S.L, con despachos en Algorta y Bilbao, que integra un equipo de 16 personas contratadas. Abogado de varias compañías de seguros y miembro de dos asociaciones, internacional y nacional, de su ámbito.

Paralelamente a su actividad laboral, ejerce una intensa labor divulgadora sobre la actualidad ilegal española por medio de su canal en YouTube “Un abogado contra la demagogia” y su web www.uacd.tv

Dan Macías Flores

Médico cirujano certificado por la Universidad Austral de Chile el año 2014. Desde esa fecha se ha desempeñado en el Servicio Público de Salud de Chile, específicamente en la resolución de Urgencias y Emergencias no quirúrgicas. Desde el año 2020 se ha dedicado a la investigación bibliográfica respecto al fenómeno sanitario llamado "covid 19".

David Aragón Cortés

Nacido en Santiago de Chile, se formó en escuelas públicas y estudió Química y Farmacia en la Universidad de Chile. Trabaja en farmacias comunitarias. Desde joven estudió terapias complementarias como Flores de Bach, Reiki, Constelaciones Familiares, Péndulo Hebreo, Masoterapia, y otras desarrollando herramientas más personales para ayudar a resolver problemas en el ámbito emocional. Divulgador de las virtudes de estas terapias ha participado en programas de radio y televisión locales.

Lector incansable, tras descubrir a Jim Humble y los trabajos de Andreas Kalcker, decide experimentar con el Dióxido de Cloro. Los resultados extraordinarios y rápidos de los tratamientos con el "agua milagrosa" le convencen de que debe dedicar parte de su tiempo para proporcionarlo a pacientes con Covid19.

Emilia Poblete

Médico cirujano, de la Universidad Central del Ecuador, Magister en Acupuntura, diplomado en terapia Neural, diplomado en medicina Reguladora, trabajó diez años en atención primaria de salud en Chile y desde el 2003 en la unidad de Medicina complementaria de un hospital.

Cursando 2º año de Psiconeuroinmunoendocrinología. Vicepresidenta de COMUSAV Chile.

Emilio Carrillo

Economista (Licenciatura y doctorado, con Grado de Sobresaliente, en Ciencias Económicas y Empresariales por la Universidad de Sevilla), escritor (67 libros), conferenciante (más de 850 conferencias en 23 países de los cinco continentes), Experto Internacional en Desarrollo Local por Naciones Unidas y funcionario del Cuerpo de Técnicos de la Administración General.

Ha desplegado una amplia labor académica, política y de gestión en Desarrollo Económico y Territorial y Hacienda Pública, materias en las que ha publicado 36 libros, y ha sido profesor de diversas universidades españolas y extranjeras, Consultor de Naciones Unidas, vicealcalde de Sevilla, vicepresidente de la Diputación hispalense y presidente de la Red de la Unión Iberoamericana de Municipalistas y del Programa de Desarrollo Local de la Organización Internacional del Trabajo (OIT-Naciones Unidas).

Compaginó siempre estas actividades con el interés por otros ámbitos temáticos. Pero desde el año 2000, a partir de una serie de experiencias vitales y conscienciales, su atención se centró prioritariamente en la Filosofía, la Historia, y, sobre todo, la Consciencia y la Espiritualidad, campos en los que ha impartido cerca de medio millar de conferencias y talleres y en los que es autor de 31 libros, como "Los Códigos Ocultos" (2005), "Buscadores" (2009), "Amor: Vida y Consciencia" (2012), "Dios" (2013), "Sin mente, sin lenguaje, sin tiempo" (2015), "El Tránsito: vida más allá de la vida y experiencias cercanas a la muerte" (2015), "Ojos nuevos" (2016), "Consciencia" (2017), "¿Qué hay después de la muerte?" (2018), "Conócete a ti mismo" (2019), "El Yoga: lo que realmente es y cómo practicarlo" (2019), "Consciencia y Sociedad Distópica" (2020) y "La Gestión del Misterio" (2021).

Dirige la Academia de la Consciencia y el Proyecto de investigación Consciencia y Sociedad Distópica, es Presidente de Honor de las Asociaciones Hinneni y Sevilla Consciente y Patrono de la Fundación Espató.

Imparte clases de Consciencia y Espiritualidad en másteres y cursos de experto universitario de Barcelona, Madrid, Sevilla y Valencia y gestiona el blog El Cielo en la Tierra, que cuenta con ocho millones de visitas directas:

https://emiliocarrillobenito.blogspot.com/

Nota: Relación completa de sus 66 libros, con ISBN:

http://emiliocarrillobenito.blogspot.com/2015/02/bibliografia-completa-de-emilio-carrillo.html

Jon Ander Etxebarría Gárate

Licenciado en Biología por la Universidad de Oviedo. Facultad de León.

Master en Dirección y Planificación Medioambiental: Microbiología, Ecología y Contaminación Ambiental. 39 años de experiencia profesional en áreas de Contaminación de aguas (Rios y Embalses), Eutrofización de Embalses,Tratamientos de potabilización y depuración de aguas, Epidemiología y Salud Pública, Dirección de Laboratorios cubriendo amplias técnicas analíticas incluyendo la de PCR.

Decano del Colegio de Biólogos de Euskadi y Tesorero del Consejo General de Colegios Oficiales de Biólogos de España.

Recién jubilado.

Josep Pàmies

Agricultor ecológico de Balaguer (Lleida) Cataluña, dedicado a la producción de vegetales para consumo humano bajo técnicas tradicionales y respeto al medio ambiente. Peleó por introducir la Stevia Rebaudiana en España, un auténtico tesoro para diabéticos, hipertensos y obesos. Vicepresidente de la Asociación Dulce Revolución y defensor del dióxido de cloro, es uno de los grandes perseguidos por la industria farmacéutica.

Luis Marcelo Martínez

Médico egresado de la Universidad de Buenos Aires, MN 107982. Especialista en Genética Médica. Magister en Ingeniería Genética y Biología Molecular.

Ex presidente de la Sociedad Argentina de Genética Médica. Médico Genetista con amplia experiencia en Diagnóstico Prenatal y Medicina Fetal.

María José Martínez Albarracín

Licenciada en Medicina y Cirugía por la Universidad de Murcia (1979). Catedrática de Procesos Diagnósticos Clínicos (actualmente jubilada). Ha sido profesora de Bioquímica, Inmunología y Técnicas Instrumentales de Diagnóstico en el Ciclo Superior de Formación Profesional "Laboratorio de Diagnóstico Clínico".

Formación complementaria: Técnicas Instrumentales de Análisis en bioquímica, genómica y proteómica en S.A.I (Servicio de Apoyo a la Investigación U.M.U.) y Facultad de Farmacia de la Universidad de Alcalá de Henares.

Formación adicional y de postgrado en Medicina Integrativa y Alternativa:

Completé mi formación en Análisis Clínicos en la Facultad de Farmacia de la Universidad de Alcalá de Henares (Madrid) y en el Servicio de Apoyo a la Investigación de la Universidad de Murcia.

OTRAS DISCIPLINAS:
Postgrado en homeopatía unicista con Homeopatía de México: Escuela de Proceso Sánchez Ortega.
Postgrado en homeopatía pluralista con el CEDH francés.
Postgrado en Psicoterapia Gestalt con las Escuelas Madrileña y Murciana de psicoterapia Gestalt.
Formación en Medicina Biológica Integrativa.
Formación en Nutrición Ortomolecular.
Formación en Oligoterapia Y Terapia Floral de Bach.
Formación en Kinesiología Escuela *Touch for Health.*
Formación en Biomagnetismo y Par Biomagnético: Escuela Dr. Isaac Goitz.
Investigación en terapia de Resonancia Escalar

Mariana Maffía

Fisioterapeuta por la Universidad del Salvador, Buenos Aires, MP 2233. Dra. en Quiropráctica por el Anglo European College of Chiropractic (Inglaterra). Mamá de Lucas (autismo y epilepsia)

Marta Sarasuati

Artista polifacética y Comunicadora. Su labor principal es la Joyería, que compagina con la escritura y la divulgación. Es autora del libro *"El Elixir Masculino en la Mujer Nueva"*, en el que da testimonio de su proceso de sanación femenina.

Como divulgadora, ha realizado informes, traducciones, doblajes y entrevistas sobre asuntos cruciales de rigurosa actualidad, como *El Plan para Salvar al Mundo*, de QAnon, el *Reseteo Económico (NESARA-GESARA)* y las *redes de Pedofilia y Satanismo*, entre otros, por lo que ha sido censurada en repetidas ocasiones. También ha ofrecido varias conferencias sobre temas de Sanación y Conciencia en canales de Youtube como Mindalia o La Caja de Pandora.

Actualmente está a punto de que le cierren por segunda vez su canal Youtube y, aunque ha creado otro que también lleva su nombre y seguirá informando en la medida que lo sienta y considere necesario, se está centrando más en su labor creativa artesana y en el asesoramiento personalizado, a través de herramientas como *El Árbol de la Vida de la Cábala Práctica.*

Natalia Ravanales

Abogada chilena Abogada chilena con especialidad en Derechos Humanos, Civil, Público, Familia y Laboral. Con vocación natural a la defensa de los Derechos fundamentales. Licenciada por la Universidad Andrés Bello de Viña del Mar, con notas sobresalientes. Mientras estudiaba, trabajó como telefonista en el Senado, donde fue discriminada a causa de su discapacidad visual del 95%. En 2016 y 2017 interpuso una denuncia al Senado, ganando dos veces consecutivas ante las Cortes. En 2018 se revocó ese fallo en la Corte Suprema, por lo que, en 2020 demandó al Estado de Chile a través de la Comisión Interamericana de Derechos Humanos. Esta batalla legal le dio experiencia y conocimiento interno sobre el sistema, además de hacerla conocida en medios como una "David contra Goliat".

La contingencia actual le dio mayor visibilidad y censura en redes sociales por sus contundentes críticas a la gestión de las autoridades y como defensora de ciudadanos vulnerados por la dictadura sanitaria.

Actualmente es directora de la agrupación en formación *Verdad y Justicia Chile*. También hace activismo por la infancia de forma independiente. Se considera patriota con sentido de justicia y libertad.

Pablo Salinas

Nace en Santiago de Chile en diciembre de 1969. En 1989, antes de cumplir 20 años, se radica en Algarrobo, lugar donde desarrolla su labor creativa en dos ámbitos: las artes visuales y las letras.

Dentro del primero, destaca tempranamente en importantes certámenes nacionales, siendo seleccionado en el Concurso Matisse (1990, MNBA), PROYECTARTE 93 y 95 (MNBA / Galería Jorge Carroza), Tercer Concurso Marco Bontá (1995, Corporación Cultural Las Condes).

En 1997, con 27 años, hace su primera exposición individual (Sala Fabrics, Santiago); al año siguiente, la segunda (Sala Eserre, Santiago), y en 2000, la tercera, en Canning House Gallery, en Londres, Inglaterra. Hasta la fecha, suma otras 4, destacándose las de 2009, en Córdoba (Galería María Elena Kravetz) y Buenos Aires (Galería Theo). Junto a estas, ha participado en una veintena de muestras colectivas. Sus obras se reparten en colecciones de Chile, Argentina, México, EEUU, Inglaterra y España.

A fines de la década del 2000, reactiva su quehacer literario, publicando la obra dramática “El Centro”, que recoge aspectos de su experiencia como funcionario municipal a cargo de la desaparecida Oficina de Eventos de Algarrobo, obra que fue señalada por la crítica argentina Margarita Pollini como “un clásico de nuestros tiempos”. En 2011, publica su primera novela, “La Doctrina de la Periferia”, calificada por el académico, poeta y narrador Hernán Castellano Girón como una creación “densa, compleja y sorprendente”.

Activo bloguero, a fines de 2011 crea “Algarrobo Al Día”, plataforma digital que da difusión a contenidos culturales y de investigación y denuncia medioambiental, siendo en la actualidad uno de los medios más visitados de la provincia de San Antonio.

En 2019 publicó el libro “La Tentación de la Carne” y en 2020 fue destacado por La Corporación de Artistas ProEcología de Isla Negra con el Premio N’Aitun, por su aporte en las comunicaciones. Además, ese mismo año, publica su libro “Diario del virus”, texto que presenta una aproximación de especial agudeza al fenómeno socio-sanitario de la pandemia.

Patricia Lugo Uvamoesch

Desde muy temprana edad, reconocí una intensión permanente de ayudar en situaciones difíciles en las que se comprometían los seres vivos. Especialmente en temas relacionados con la salud y el bienestar.

Después de encaminar mis estudios desde la secundaria hacia la carrera de medicina, ingresé a la Universidad Militar Nueva Granada en mi ciudad natal Bogotá, Colombia. Al terminar mis estudios como médico cirujano, vi la necesidad de enfocarme mucho más en algunos temas que, desafortunadamente, no están contemplados en el currículum académico en las ciencias de la salud. Es por esta razón que decido investigar en la Medicina China y en otras medicinas alternativas para complementar los conocimientos “oficiales” de la medicina occidental. Por supuesto, complementar nuestros conocimientos es una tarea de nunca acabar.

Junto con los estudios de medicina que menciono más adelante, tuve la oportunidad de hacer una especialización en gerencia integral de proyectos.

Una de las actividades que mayores satisfacciones me ha dado es haber acumulado 30 años de experiencia con caballos (uno de los grandes regalos en mi vida). También he estudiado arte y naturaleza humana, lo que me ha permitido unir varios saberes y que hoy puedo interpretar adecuadamente y enseñar. Se suma a lo anterior el haber vivido en cinco países diferentes, cada uno con sus enseñanzas en el diario vivir y en lo académico, siento que ha llegado a un momento de retornar y compartir con otras personas para que sigamos en este hermoso aprendizaje de la vida, en donde somos un todo y hacemos parte de un todo y así debemos reconocernos.

El bienestar, salud, satisfacción, dicha, felicidad, paz, serenidad, calma, abundancia, prosperidad, depende de cada uno de nosotros y esta es la tarea que debemos desarrollar mientras estemos aquí.

Los conocimientos adquiridos en medicina occidental, medicina oriental, sanación pránica, la nueva medicina germánica y el poder de los alimentos en nuestro metabolismo, integran mi formación.

Patricio Pino Pacheco

Psicólogo titulado con excelencia académica por la Universidad de la Ciencia y a Informática, Santiago de Chile, con tesis en Clima organizacional y trabajo de práctica en DO (desarrollo organizacional). Magíster en Psicología, con tesis en la Empatía docente. Experiencia laboral en empresas públicas y privadas en las áreas de RR.HH., Operaciones, Comunicaciones y Administración. Experiencia en coaching, diagnóstico de procesos de RR.HH. en educación, análisis y descripción de cargos, manejo de conflictos sociales, construcción de proyectos sociales y de modernización del estado. Clínica psicológica privada. Docencia universitaria en cátedras con alumnos de 5º año de Psicología. Trabaja actualmente como interventor clínico en SENAME.

Patricio Villarroel

Médico cirujano y Médico Veterinario de la Universidad de Chile, Master en Terapia Neural Universidad de Barcelona, España, Diplomado en Medicina Biorreguladora Universidad Mayor Chile, ha trabajado en servicio público en Urgencia pediátrica y servicio salud mental infanto-juvenil, actualmente está enfocado en la medicina integrativa. Presidente de COMUSAV Chile y miembro de la Sociedad Chilena de Medicina Integrativa.

Roxana Bruno

Argentina por nacimiento (30/11/1969 Buenos Aires) y española por adopción. Licenciada en Bioquímica Clínica, PhD en Inmunología, con formación en análisis Genético y Genómico y dos posdoctorados en Neuroinmunología y Neurociencias.

Fue residente de Bioquímica Clínica en el Hospital Central de Mendoza, Argentina. Es Magister en Inmunología por la Universidad Autónoma de Barcelona (calificación: matrícula de honor) y Doctora en Ciencias –PhD en Inmunología– por la misma universidad (calificación: sobresaliente 'Cum Laude').

Entre los años 2002-2004 se desempeñó como investigadora posdoctoral en el Departamento de Neuroinmunología del *Max-Planck Institute for Neurobiology* en Munich, Alemania. Entre el 2005-2007, se desempeñó como investigadora pos-doctoral en el Instituto de Neurociencias de Alicante del CSIC-Universidad Miguel Hernández en Alicante, España.

Entre los años 2012-2019, recibió formación en Neurociencias Médicas por parte de la *Duke University*, en Estados Unidos, en Medicina Genómica en la *Georgetown University*, y tomó cursos de análisis de datos Genómicos, introduciéndose en tecnologías genéticas en la *John Hopkins University*.

Forma parte del grupo de científicos denominado *Epidemiólogos Metadisciplinarios Argentinos*.

Santiago Royuela Samit

Licenciado en Física Teórica por la Universidad de Barcelona. Actualmente trabaja en Intermediación financiera. Estudia el grado en Matemática con miras a hacer un doctorado. Divulgador, denunciante y afectado directo del llamado "Expediente Royuela".

Sergio Mejía Uscátegui

Nació en Bogotá, Colombia en 1965. Aunque desde muy pequeño se interesó por la Medicina y la noble tarea de salvar vidas, el devenir de la vida lo fue encaminando hacia el estudio de la Psicología y la investigación de la conducta humana con sus correlatos socioculturales, tan complejos y a la vez tan sorprendentes y maravillosos.

Siendo un ávido lector, en su juventud navegó por las letras de escritores y filósofos como Gabriel García Márquez, Rene Descartes, Eduardo Galeano, Nietzsche o Julio Cortázar, que le imprimieron el amor por la literatura y por el sano ejercicio de la duda metódica. Luego, gracias a la influencia de lo que vio en su padre, se interesó por el conocimiento e investigación de la ciencia, primero desde una perspectiva positivista y luego contestaria, pero siempre con afán legítimo por acercarse a la verdad.

Se reconoce como investigador anárquico, entendiendo que existe más de una forma de explicar la historia, la ciencia y la realidad en general, y, por tanto, que no hay dogmas de fe científicos, ni sociales, ni religiosos, ni de ningún tipo, que no puedan y deban ser cuestionados desde una perspectiva revisionista y sin veleidades hacia el poder, provenga de donde provenga.

Con esto en mente, creó hace un poco más de 10 años un Proyecto de divulgación llamado "Planeta Matrix Iluminati" en el que, desde una perspectiva fiel a la investigación y la sustentación fáctica, ha procurado la divulgación de esas verdades alternas a la versión oficial de la historia, la ciencia y la manipulación mediática y sociocultural que desde la tiranía elitesca del poder nos transmiten e imponen.

"Control Mental MK ULTRA y el Proyecto Monarca; Instrumentos de la Élite para Esclavizar a la Humanidad", es el primer artículo escrito de su autoría que pretende ser un abrebocas de sus investigaciones sobre el complejo tema del Control Mental, sus vínculos con quienes ostentan el poder y su agenda siniestra, que, dentro de un contexto más global, espera tratar más profundamente en un libro sobre el mundo de humo y espejos en el que vivimos y que no nos pertenece.

Tania Bernoff

Químico Farmacéutico de la Universidad de Valparaíso, se ha dedicado a trabajar en cuidados paliativos y manejo del dolor en enfermos terminales de Cáncer. Capacitada en implementación de HACCP en Industria en planta de hierbas medicinales.

Diseño y creación de software para gestión de la dispensación de medicamentos en pacientes hospitalizados para hospital público. Desde marzo del año 2020 hasta la fecha, dedicada a la investigación bibliográfica sobre la Pandemia atribuida al Sars-CoV-2.

Virgina de Vidts

Psicóloga. Bióloga Marina. Diplomado en Gestalt, enfoque Holista de la Salud y Enfermedad (enfoque Gestáltico creado y dirigido por la Dra Adriana Schnacke). Estudios en Inmunonutrición en la Universidad Católica de Valencia, España, online. Curso Ciencia Curativa Germámica, basado en las 5 Leyes Biológicas descubiertas por el Dr Hamer, Universidad Autónoma de Managua, Nicaragua. Diplomado en Medicina Ayurveda en Ayurdharma, Valdivia. Facilitadora Psych-k®. Estudios de sanación energética ADABA Nivel 1. Estudios sanación energética SAAMA Nivel 1. Conferencista sobre usos terapéuticos del Agua de Mar.
6 años de investigación sobre causas y tratamientos tradicionales y naturales del cáncer y otras enfermedades crónicas.

Una investigadora incansable en el área de la salud y nutrición, amante de la naturaleza, la ciencia, la vida sencilla y con una gran convicción de que debemos vivir en coherencia entre lo que sentimos, lo que pensamos y nuestro actuar.

Actualmente asesora y acompaña -en forma individual y/o grupal- a personas que deseen ampliar sus conocimientos respecto a aspectos relacionados con la salud integral, hábitos alimenticios, estilo de vida, nutrición inteligente y consciente.

Contenido

¿Te gustaría participar en siguientes volúmenes de "Sin Censura To You"?

Escríbenos y cuéntanos por qué, pues queda mucho por hablar, de lo mismo y de otros temas (historia oculta, educación prohibida, tráfico humano, geopolítica, exopolítica, energías libres, transhumanismo, eugenesia, fundaciones bajo sospecha, sociedades secretas, programa espacial, Kennedy, infancias robadas, Hollywood, tecnologías ocultas, reset económico, etc.)

sincensuratoyou@yahoo.com

SORPRESAS FINALES

Una de las participantes de este libro nos comparte su biografía en su propia voz con detalles interesantes que no están escritos. ¿Quién será? (Audio de 3:23 min.)

Tras leer aquí sobre sus propiedades e inocuidad, si necesitas adquirir ese purificador mineral que convierte el agua en una aliada de tus procesos de sanación, te recomendamos en Chile los distribuidores vinculados a Génesis II, a COMUSAV, o bien, los de la web del siguiente QR

www.waiolachile.jimdofree.com

En la web promocional de este libro encontrarás cosas que no están en el texto, como la forma de adquirirlo en digital, las fotos de los autores, e incluso, la puerta de acceso a un proyecto muy mágico y coherente con los fines de esta obra: la iniciativa que resuelve la pregunta ¿cómo ser libres? A ella y a la difusión del libro se destinan los beneficios. Algo en lo que sus participantes estuvieron de acuerdo.

www.scty.jimdofree.com

imbukinfo@gmail.com

www.ingramcontent.com/pod-product-compliance
Lightning Source LLC
LaVergne TN
LVHW101915220826
846093LV00009B/258
9789560941466